JN294412

復刻

公理的方法に基づく算数・数学の学習指導

杉山吉茂 [著]

The Mathematics Education based on Ideas of Axiomatic Method

東洋館出版社

復 刻 に よ せ て

　本書は私の学位論文で，この論文により1985（昭和60）年筑波大学から博士の学位をいただいた。

　本論文をまとめるに当たっては，ただ単に学位を取得するためだけでなく，数学教育はどうあるべきか，将来自分がどんな姿勢で数学教育に対すればよいかを探っていたことを思い出す。そのため，数学を数学たらしめ，現代数学に力を与えている基本的な考え方を探り，確かな数学教育，人間形成に資する数学教育を構築できる理念を導こうと考えていた。この論文に示した考えは，創造的・発展的な数学教育を実現する一つの道であると思っている。

　ふり返ってみれば，この論文で得られた考え方や姿勢は，その後の私の研究と実践を導いてくれてきたと思うし，今読んでみても，これからの数学教育を考えるときの基本姿勢を示すものとなっているように思う。そうした意味で，この度，東洋館出版社のご好意により，復刻の願いが叶えられたことは望外のよろこびである。本論文の価値を認めていただき，復刻の声をお寄せ下さった方々とともにそのよろこびを味わいたいと思う。

　と同時に，本書を読む方々には「杉山がどんな論文を書いていたのか」という好奇の目で見るのでなく，私の考えたことを吟味していただき，本書に示した考え方や姿勢を，これからのよりよき数学教育を実現するための指針として役立ててほしいと思う。本書とともに，東京学芸大学と早稲田大学での講義記録を整理した「初等科数学科教育学序説」（平成20年刊），「中等科数学科教育学序説」（平成21年刊）を合わせて読んでいただければ，私の数学教育をより一層理解していただけるものと思う。

　本書を手にした方々の中からは，本書が手ごわく，読みにくいという声も聞かれたが，そう言われてみれば，第1章は難しく，その意図が理解しにくいかもしれない。ギリシャ時代に数学を数学たらしめ，また，現在広い分野で力を発揮している現代数学の基礎となる公理的方法の基礎にある考え，数学を作ってきた精神を明らかにしようとしたものであるが，数学教育を具体的に論じるまでの道が遠すぎるかもしれない。

　それならば，第1章は軽く読む，あるいは，とばして，第2章から読み始めら

れるとよいかもしれない。第2章で基本的な考えを知った上で，その由来を尋ねて第1章を読まれてもよいし，3章，4章，……と読み進まれて，最後に第1章を読まれるのも一つの読み方だと思う。

　なお，本書には初版になかった「さくいん」をつけた。読まれるときの手がかりとして役立てば幸いである。

　今年は，学位を授与された1985（昭和60）年から丁度25年（四半世紀）になる年である。幸い，まだしばらく元気でいられるように思うので，本書を介して若い人と数学教育を論じることができればと思うし，よりよき数学教育の実現に役立てることを見ることができればと思う。そして，何よりも，私を乗り越えて進む人が出てくることを楽しみとしたい。

　最後になったが，旧版の誤字，脱字等の修正に当たっていただいた宮城教育大学の田端輝彦教授ほかの方々，復刻のためにお力添えいただいた東洋館出版社の永井信様に心よりお礼申し上げる次第である。有難うございました。

2010（平成22）年3月

　　　　　　　　　　　　　　　　　　　　　　　　杉　山　吉　茂

序 に か え て

和 田 義 信
（東京教育大学名誉教授）

　このたび杉山吉茂氏が「数学教育における公理的方法の役割」との論文を筑波大学に提出され，同大学から教育学博士の称号を取得された。数学教育の研究を志している一人として御同慶の至りである。

　さて，小学校の算数の教育についての研究会の席上で，公理という語を耳にしたことはあまりなかった。ましてや公理的方法などの方法論にまで掘り下げての研究に接する機会のなかったのは，私一人ではあるまいと思われる。これは公理という語を用いたのでは，小学校における算数であるにもかかわらず，堅苦しい数学の初歩であるかのような印象を与えるからではあるまいか。児童の自由な思考を認めず型にはまったものにするかのように思われるからではあるまいか。あるいはまた，教育の場において望ましいイメージを作ろうとしての意図がどこへやらということになりかねないと思われてのことではあるまいか。

　公理に生産性あるいは創造性をもたせ，内容に豊かな直観的イメージをもたせることにより，児童・生徒の論理的思考を深めたり，あるいは高めたりするのに不可欠な土壌を作り，豊かな素地に培い，公理という言葉のもつ語感から考えにくいような役割を果たすことができるとの期待をもつことができるのではあるまいか。杉山氏は，この可能性を求め，そのための方法論を追究し続けておられるように思われる。

　杉山氏の研究の一端が公刊されるに当たり，氏から求められるがままに，私の抱いている感想を率直に綴り余白を埋めてもらうことにした。

　この書の刊行により，杉山氏の研究の成果を，より多くの同好の士とともに味読できるようになった。このことにつき，読者の皆様ともどもに，心から御礼申し上げたい。また，杉山氏は勿論のこと，私たち自身も努力を重ね，本論文の完璧を期するための協力を惜しまないことを誓い，筆を擱くことにする。

父，母に捧ぐ

は　じ　め　に

　人間の営みは，何であれ学問の対象となり得る。数学教育もその例外ではない。しかし，数学教育は，学問というのが気恥ずかしいほど若い学問である。見る人から見ると，学問などというのはおこがましいと言われるかもしれない。けれども，着実に学問への道を進んでいると思う。

　数学教育は，数学を教える実践を対象としている学問である。実践だけでは学問となり得るわけはなく，理論的考察は欠かせない。しかし，その理論は理論のための理論ではなく，実践の問題を解決し，よりよい数学教育の実践を導くものであるべきだと考える。まだ若い学問であるために，学問であろうと背伸びして，難しい用語と理論がふり回されることもあるが，易しいことばと平易な表現で論じ，実践者とともに歩めるものとする方が学問としての進歩も地についたものになると考える。

　本論文をまとめるにあたっては，常にそのことを念頭においてきた。したがって，理論研究の対象として取り上げるのはどうかと思われるものまで，考察の対象に取り入れて論じた。そのために，格調の面でバランスを欠いた面がないではない。しかし，本論文に示した考えは，学習指導を考える上でも，カリキュラムを構成することを考える上でも，基本的な考えとして役立つものと思う。また，いくつかの仮説も検証するに値するものと考えている。具体的な例については，小・中・高等学校すべてにわたって考究したかったが，時間の都合でその一部しか提示できなかった。

　本論文は，論文として一応完成させたが，実際には，筆者の基本的な考え方を示し，今後の数学教育を考えていくときの構想を示したにすぎないとも見られよう。今後の研究にまつところも多い。本論文を公刊するのを機会に，改めて第一歩を踏みだす決意をしている。共感される方があれば，その方々と共に進むことができれば幸いである。

　筆者は，本論文によって，本年3月筑波大学から学位を授与していただいた。本書は，その論文に少し手を入れて公刊するものである。筆者にとっては，上京満20年目に当たる記念すべき年であり，感無量たるものがある。現代化運動，そ

の失敗と問題の多い時代であったが，そのために数学教育を考えていく材料を数多く得ることができたのは幸せであった。

本論文をまとめるまでには，多くの方々にお世話になった。今あるのは，それらの方々のお力添えがあったからと，改めてその御恩に感謝している。

まず第一に，上京以来の長い間，学問の上でも，また，人間形成の上でも，親身になって御指導いただいた東京教育大学 名誉教授 和田義信 先生に心より御礼申し上げたい。本論文は，先生の御指導の賜物以外のなにものでもない。筆者の力が至らなかったために，先生の御指導を十分活かせなかったことを本当に心苦しく思っている。

和田先生をはじめ，筆者はよい先生とよい同僚に恵まれたとつくづく思う。

筆者に上京を勧めてくださった学生時代の 指導教官愛知教育大学 名誉教授 鈴木八郎先生，筆者が大学へ奉職して以来上司として御指導，御援助いただいただけでなく，本論文の第3章に入れた『代数的構造の考えの指導とその活用についての実験研究』を計画，実施させていただいた 東京学芸大学 名誉教授 中島健三 氏，本論文の提出のきっかけを与えて下さった上越教育大学教授（前筑波大学教授）古藤怜氏，本論文の審査に当たりいろいろアドバイスをいただいた筑波大学教授 三輪辰郎 氏，大学院入学以来これまで 共に学び，陰に陽に心をかけてくださり，本論文の作成にもお力添えをくださった 愛知教育大学 教授 柴田録治，筑波大学 助教授 能田伸彦 の両氏，本論文の作成に当たって御助言，御協力をいただいた福井大学助教授 飯島康男，東京学芸大学助教授 伊藤説朗，茨城大学助教授 佐藤瑛一，文部省教科調査官 清水静海，三重大学 助教授 島田和昭 の諸氏，原稿の下書きの整理，文献の検索等いろいろな面で徹夜も辞さず御協力いただいた東京学芸大学講師 梶外志子氏，思い出されるままにあげてもすぐ十指に余る。また，東京学芸大学大学院の院生およびその卒業生にも文献や注の整理，原稿整理に徹夜してまでご協力いただいた。これらすべての方々に心からお礼申し上げるとともに，それぞれのときの苦労を本論文とともに忘れ得ない思い出としたい。

さらに，ここにはひとりひとりのお名前は挙げないが，東京教育大学および筑波大学の先生方，東京学芸大学の先生方には，いろいろとお世話になった。そのほか，心暖かく見守り，協力して下さった多くの方々にも心から感謝している。

お世話いただいた方の中には，既に故人になられた方もおられる。その方々にもこの論文を見ていただきたかったことを思うと，なんともいえず残念である。

最後になったが，本書の出版については，東洋館出版社の市川敦美氏に大変ご迷惑をおかけし，また，ご協力をいただいた。心から御礼申し上げる次第である。

昭和60年12月

杉 山 吉 茂

目　次

はじめに

序　章　本論文の意図とその構成について 9

0.1　数学教育に対する基本的な立場 9
0.2　基本的な立場に基づくこれまでの研究 13
0.3　先行研究と本論文の意図 14
0.4　本論文の構成について 16

第1章　公理的方法の歴史的考察 21
　　　　　——公理的方法を支えている思想——

0.1　公理的方法の型について 21

1節　ユークリッドの『原論』の成立と古典的な公理的方法 25

1.1　ユークリッドの『原論』の成立 25
　1.1.1　『原論』の著者ユークリッド 25
　1.1.2　『原論』の成立の背景 27
　1.1.3　『原論』の構成の特徴 30
1.2　公理的方法の源流 31
　1.2.1　アリストテレスと公理的方法 32
　1.2.2　エレア学派と公理的方法 34
1.3　数学教育に対する示唆 37
　1.3.1　存在の確認＝数学的世界の創造 37
　1.3.2　原理からの理解 39
　1.3.3　平等の精神 41
　1.3.4　説得と体系化の方法を越えて 46

2節　ヒルベルトの『幾何学の基礎』と現代的な公理的方法 50

2.1	完全な公理系を求めて	50
2.2	分析的方法	52
2.2.1	公理の及ぶ範囲を明らかにする	52
2.2.2	適切な分離と総合	55
2.3	構造への着目	57
2.3.1	原始要素の無定義	57
2.3.2	形式的・抽象的幾何学へ	61
2.3.3	代数学の進歩に見る「構造の考え」	64
2.3.4	数学的構造の役割	65
2.4	数学教育に対する示唆	68
2.4.1	分析の方法としての仮説―演繹法	68
2.4.2	構造への着目	69

第2章　公理的方法の考えとその教育的価値 ……73

1節　公理的方法の考え ……75

1.1　根拠（公理，原理）を探る ……75
1.1.1　説得と体系化の方法の基礎 ……75
1.1.2　矛盾の告発に対して ……76
1.1.3　確かな知識を求める ……77

1.2　仮設（公理）をおいて考える ……78
1.2.1　公理を仮設と見る考え ……78
1.2.2　分析の方法との関係 ……79
1.2.3　構造の考えとの関係 ……80

2節　公理的方法の考えに期待する役割 ……82

2.1　数学の学習指導に対する基本的な考え ……82
2.2　数学教育に対する批判と筆者の考え ……84
2.3　公理的方法の教育的価値 ……85
2.3.1　思考力の育成 ……85
2.3.2　日本人に欠けている思想を補う ……87
2.3.3　創造的・発展的な学習指導 ……89

3節　公理的方法の考えに基づく学習指導のための配慮 ……94

3.1　論理的な説明への努力 ……94

3.2	平等の精神	96
3.3	教育における厳密さの問題	97
3.4	公理的方法の考えに基づく指導のあり方	100

第3章　公理的方法の考えに基づく論証指導 … 103

1節　論証指導の問題点とその指導 … 105

1.1 中学校における論証指導の問題点 … 105
　1.1.1　証明の必要を感じない … 105
　1.1.2　証明の難しさ … 106
1.2 証明の必要とその意味を認識させる指導 … 108
1.3 "The Nature of Proof" に見る論証指導 … 113
　1.3.1　当時の論証指導の問題点と実践研究 … 113
　1.3.2　実践の概略 … 117

2節　公理的方法の考えに基づく論証の意味とその指導 … 123

2.1 証明の意味 … 123
2.2 論証指導の導入 … 128
2.3 証明を見返す価値 … 134
2.4 証明に基づく発展的な学習指導 … 137
　2.4.1　証明に基づいた新しい知識の発見 … 138
　2.4.2　証明に基づいて問題を見つめる … 140
　2.4.3　統合的に見る観点・本質を知る … 143
　2.4.4　論拠の違いに基づく発展の違い … 149

第4章　公理的方法と数学的構造 … 155
　　　　――学習指導における数学的構造の役割――

1節　現代化運動における構造の強調 … 157

1.1 数学的構造とその価値 … 157
1.2 群の指導の試み … 158

2節　教育における構造理論 … 164

2.1 ブルーナーの『教育の過程』に見る教科の構造の強調 … 164
　2.1.1　その背景 … 164

  2.1.2 ブルーナーがあげている教科の構造の例 ……………………… 166
  2.1.3 ブルーナーの考えている構造 ………………………………… 167
  2.1.4 構造の強調についての四つの主張 …………………………… 170
 2.2 「構造」の解釈の多様性とその問題点 ………………………… 173
  2.2.1 「構造図」「系統図」的解釈 …………………………………… 173
  2.2.2 「学問の構造＝教科の構造」という解釈 …………………… 181

3節 構造の強調に対する筆者の考え …………………………………… 187
 3.1 構造とは ………………………………………………………… 187
 3.2 与えられた情報の乗り越え …………………………………… 189

4節 数の指導における代数的構造の役割とその指導の試み ………… 196
 4.1 代数的構造の考えの指導 ……………………………………… 196
  4.1.1 代数的構造に着目させる理由 ………………………………… 196
  4.1.2 群の考えとその活用 …………………………………………… 198
  4.1.3 分数の除法などの指導の問題点と群の考え ………………… 200
 4.2 代数的構造の考えの指導の試み ……………………………… 202
  4.2.1 調査のねらい …………………………………………………… 202
  4.2.2 指導の概略 ……………………………………………………… 204
  4.2.3 評価問題 ………………………………………………………… 209
  4.2.4 調査の実施とその結果 ………………………………………… 212
  4.2.5 まとめ …………………………………………………………… 214

第5章 公理的方法に基づく算数・数学の学習指導 ……… 217
   ——創造的・発展的な学習指導をめざして——

1節 公理的方法の考えに基づく学習指導 ………………………………… 218
 1.1 既知の知識の中に根拠（原理）を求める …………………… 218
  1.1.1 **小数の乗法** …………………………………………………… 218
   1.1.1.1 問題の所在 ………………………………………………… 218
   1.1.1.2 数直線のモデルによる解決の試み ……………………… 220
   1.1.1.3 用語「倍」を用いる試み ………………………………… 222
   1.1.1.4 公理的方法の考えに基づく解決 ………………………… 224
   1.1.1.5 まとめ ……………………………………………………… 228
  1.1.2 **正負の数の乗法** ……………………………………………… 230

1.1.2.1	具体的な場面を用いる指導	231
1.1.2.2	具体的な場面の吟味	232
1.1.2.3	用いられている法則の吟味	234
1.1.2.4	「わかる」ことの意味	235
1.1.2.5	数直線による拡張	236
1.1.2.6	計算法則を仮定して	240
1.1.2.7	三つのアプローチの位置づけ	244
1.1.3	不等式の指導	245
1.2	**仮設（公理）をおいて新しい世界を拓く**	**249**
1.2.1	平方根の指導	250
1.2.1.1	数を拡張する立場	250
1.2.1.2	$a+b\sqrt{2}$ の集合	251
1.2.1.3	このような展開をすることの価値	253
1.2.2	分数の除法	255
1.2.2.1	数直線を用いて	257
1.2.2.2	単位を変えて	258
1.2.2.3	乗法と除法の関係をもとに	258
1.2.2.4	除法の法則を用いて	259
1.2.2.5	その他の考えとまとめ	260
1.2.3	面積の指導——自らの誤りに気づかせる指導	261
1.3	**計算法則の数計算指導における役割**	**264**
1.3.1	計算法則の位置づけ	265
1.3.2	計算法則などを取りあげる基本的な考え	273
1.3.3	加法・減法についての計算法則	276
1.3.4	加法と減法の関係	279
1.3.5	乗法についての計算法則	280
1.3.5.1	分配法則	280
1.3.5.2	結合法則	283
1.3.5.3	交換法則	285
1.3.6	乗法と除法の関係および除法についての法則	286
1.3.7	計算法則の役割と教育的意義	288

2節 公理的方法の考えによる学習指導をする立場からの内容の検討 ……… 293
——少なく教えて，多くを学ばせるために——

2.1 発展的な学習を支える根拠を求めて——分数の除法を例に—— ………… 295

   2.2　発展的な学習の可能性を探る……………………………………………… 299
     2.2.1　命数法 ………………………………………………………………… 300
     2.2.2　記数法 ………………………………………………………………… 303
     2.2.3　整数の加法 …………………………………………………………… 305
     2.2.4　整数の乗法 …………………………………………………………… 308
     2.2.5　小数，分数の導入 …………………………………………………… 312
     2.2.6　表記法としての小数，分数 ………………………………………… 318

 3節　本章のまとめ ……………………………………………………………… 325

終章　本論文のまとめと今後の課題 …………………………………… 327
 1　本論文のまとめ ……………………………………………………………… 327
 2　残された問題点と今後の課題 ……………………………………………… 332

引用・参考文献一覧 ……………………………………………………………… 335

序章
本論文の意図とその構成について

　本論文は，公理的方法の立場から数学教育を考え，それにより実現し得る可能性のある価値を明らかにし，その実現のための構想を示そうとするものである。
　公理的方法とは，ある学問領域について，公理を基礎に演繹的な体系を作る方法であり，数学はこの方法により学問としての数学となった。したがって，数学とは何かを理解するためには，公理的方法の理解は欠かせない。数学教育の現代化運動において公理的方法が強調されたのも現代的な数学の理解のためには公理的方法の理解が必要であるという考えが前提となっていたように思う。
　しかし，本論文は，公理的方法の理解を直接目ざすものではない。公理的方法に見られる考えを明らかにし，これを算数・数学の学習指導に活かすことを考えることにより，数学教育のあるべき姿を求めようとするものである。
　このことを考えるに至るまでには，次のような数学教育に対する筆者の考えと，それに基づく研究と著作活動がある。その一部は本論文にも取り入れたが，それらを含め，これまでの研究および著作活動を概観し，本論文の意図と全体の構成を示すことをもって序章とする。

0.1　数学教育に対する基本的な立場

　筆者は，何のために数学を教えるのかを問い，何を教えるべきかを問い続けてきた。それは，大学を出てからの短い教職経験に根ざしている。
　社会全体の立場に立ち，数学が文明の発達において果たしてきた役割を考えるとき，次の世代を担う子ども達に数学を教えることが欠くべからざるものであるということにはなんの疑問もない。しかし，目を転じて，ひとりひとりの子どものことを考えてみると，なぜ数学を教えなければならないのかを問わざるを得な

い。社会全体にとっては，高い数学的素養を備えた人が数多く必要なことは明らかであるが，個々の子ども，個々の人間の立場に立って考えると，数学が本当に必要なものであるかどうか疑わしくなってくるからである。

多くの人々には，直接それほどの数学が必要なわけではない。

日常的な社会生活を過ごすためならば，小学校4年生程度の数学の力があればすむであろう。理科やその他の教科を勉強するためには，もう少し数学が必要であるかもしれない。学問によっては，かなり程度の高い数学が必要となることもある。しかし，実用性という立場からいえば，数学を必要とする人は少数であって，それ以外の人々にはそれほどの必要があるわけではない。あまり必要でないことのために，我々は児童・生徒の楽しかるべき時間を奪っているのではないだろうか。

筆者は，小・中学校の教師をしている間，数学がわからないにもかかわらず，黙って座っている子ども達の顔を見ながら，このようなことを考えていた。

しかし，だからといって，数学を教えることを止めてはどうかとはどうしても言えない。だれにとってどんな数学が必要で，だれにとって数学が必要でないかがその時点では分からないからである。それが分かった段階で教えればよいとも考えられるが，他の教科とはちがって，数学は即席に短時間で学べるというものではない。したがって，早くから教えておかなければならない。

自力で学べることは学校で教える必要はなく，学校では自力で学びにくいものを教えるべきだと考えるが，数学はその最たるものであろう。基礎的な学問の中で，数学ほど自力で学びにくいものはなく，自力で学べるようになるまでにはかなりの学習が必要だからである。

すると，やはり数学はすべての子どもに教えざるを得ないことになる。しかし，一方では，数学をそれほど学習する必要がない人，あるいは，人生をふり返ったときに，学校で学習した数学が役に立たなかったと思う人が多いであろうことを考えるときディレンマに陥る。すべての子どもに教える必要はないはずなのであるが，すべての子どもに教えておかなければならないというディレンマである。このディレンマをどうしたら解消できるかが問題であり，それ故，なぜ数学を教え，何を教えるべきかを問わなければならなかった。

これを解消する一つの方法として，数学を教えることを通して，だれにとっても大切だと感じられることを教えたらどうだろうかということを考えた。数学的知識の理解がたとえ十分でなくとも，授業に参加していることによって何かを得させる。人間としてこれから生きていくときに力となるようなものを教えるようにする。あるいは，詳細はわからなくても，「うまいことをするな」と，人間の知恵を感じさせるようなものを教えるように努力することである。

たとえば，平行四辺形の面積や三角形の面積の公式を求める手続きは，「既知のことに結びつける」，「既知のことに帰着させて考える」という考え方を示しているが，そのことを教えると同時に，世の中にはそのように考えていることが多いということを具体例をあげて示すのである。そうすることにより，ものを見る目を拡げてやることができる。もし，数学の指導を通して，いつもそのようなことを教えることができるなら，数学の授業に参加することがどの子どもにとっても有意義なものになるのではないだろうか。

この考えは，いわゆる形式的陶冶に通ずるものであるかもしれない。数学を教える目的については，昔から実質的陶冶価値とともに形式的陶冶価値が考えられてきた。形式的陶冶を重視する立場から，数学的知識よりも，数学を通して「論理的に考える力を育てる」ことなどの方に重きが置かれた時代もあった。しかし，周知の如く，能力心理学に支えられたこの形式的陶冶への期待は，新しい心理学の発展とともに否定されるようになっている。

一方ではまた，考える力を伸ばすというようなことに対して否定的立場に立ち，数学を教えさえすればよいという主張もある。その「数学」の意味することが明らかでないので，安易にこれを批判するわけにはいかないが，もし「数学を教えればよい」と言っていることが，単に数学的知識・技能を伝えるということだけであるなら，これは批判せざるをえない。もちろん，数学的知識・技能をできるだけ多く伝え，数学がよくできる人が増えることを否定しているわけではない。そうあってほしい。しかし，それだけに終わってはならないというのが筆者の基本的な立場である。数学的知識に加えて，人間にとって大切なこと——つまり，ものの見方・考え方を育て，数学を創りあげてきた先人の努力に感謝し，それを通して人類が努力してきた跡を知り，人間のすばらしさを知るようになってほしいと考える。

確かに，手放しで形式的陶冶に多くを期待すべきではあるまい。しかし，教育の目ざしていることは単に多くの知識を知り，技能を得させるだけにあるわけではなく，それらを通して人間形成を助けることにある。人間形成ということばも広い概念であり，すべてを言い尽くすことはできないが，少なくとも，広い立場からものを見，確かな考えによって正しい判断をする力と，人間に対する愛情をもち，民主的な社会を構成できる自立した人間を育てることを目ざしていると考える。数学教育も，数学を通して，それに寄与することが期待されているはずである。

けれども，このことは忘れられていることが多いように思われる。最も多く見られるつまらぬ考えは，数学の出来不出来が入学試験に影響するという理由だけで数学を教えるという考えである。今世紀初頭の数学教育改良運動の旗手ペリー

(J. Perry)[1]も，数学の有用性の一つとして入学試験に合格することを挙げていた。しかし，ペリーは，「これが現在認められている唯一のものである」[2]と，皮肉な注釈を添えていた。今でもなおそれだけの有用性しか認められていないとしたら，数学教育は80年以上も前と変わりないことになる。

　数学は，その学習を通してものの見方を養い，考える力を育てることができる力をもっていると一般に考えられているし，筆者もそう考える。考える力を育てるという意味で，数学は大きな可能性をもっている。あるいはまた，人間形成に役立つ考え，ものの見方を提供し得る可能性をもっている。

　戦後出された学習指導要領では，初め，数学教育の目的がそのようなことも含めて広い範囲にわたって示されていた。筆者は，その立場を支持するものであるが，実際には，学習指導要領の改訂とともにそれらは表面に出されなくなった。その理由は，そのような目的は当然のことで，わざわざ書き示すまでもないという考えがあったようである。だが，もっと大きな理由は，その目的を達成するように数学を教えることが難しかったからではないかと推察する。

　この目的を明記しなくなっても，それらが当然達成されるべきものとして追究されたかというと，否定的な答えをせざるを得ない。これらの目的を達成する努力もあまりなされなかったようであるし，実際に達成しているとも思われない。なぜなら，そのような一般目標はあくまでも目的であり，願いであり，数学を教えることを通して実現できると考えられる可能性を示しているにすぎず，その可能性は，ただ数学的知識を伝えていれば達成できるというものではないからである。それを達成するには，数学のもつ考えを知り，目的を定め，その可能性を明らかにすると同時に，それが育つように数学を教えなければならない。ヤング(J. W. A. Young)も，その著 The Teaching of Mathematics in the Elementary and the Secondary School の中で，「どの教科も考えられている以上に広い機能をもっている。もし教師が，ある教科の内容を学生に習得させること以外に目的をもっていなければ，達成するはずの最もよい結果のいくつかは達成されないであろう」[3]と述べている。目的をはっきり自覚しておくことは，その実現のために欠くべからざることである。

（1）Perry, John (1850～1920)
（2）Perry, J.: The Teaching of Mathematics (Educational Review Vol. XXIII Feb. 1902) p. 162
（3）Young, J. W. A.: The Teaching of Mathematics in the Elemenary and the Secondary School (Longmans, Green and Co. 1907) p. 11

0.2 基本的な立場に基づくこれまでの研究

　　筆者は,『現代教育評価講座 4』の中で,数学教育に期待されている目的を整理する観点を示し,それを実現する方策の一つとして,小学校から,その目的に照らして,その考え方,精神をもって算数・数学の指導にあたることの必要を提案した[1]。考え方,態度,精神の構えといったものは,一朝一夕で形成されるものではないからである。

　そのような考え方,態度・精神を育てるのに,具体的にどのような手法を用いるとよいかは,まだ明らかではない。しかし,少なくとも,その素地を作っていくには,教師がその考えに基づいて授業を進めていくことが大切であると考える。それは篠原助市が,『「問」の本質と教育的意義』[2] の中で述べていたことであり,筆者はその立場に立って,『考えることの教育』の中で,『「考える」能力や態度を伸ばす指導』[3] をまとめた。

　また,それらの研究に先立ち,大学院修士課程では,数学を通して育てることができる考えにどのようなものがあるかを考察し,特に意義があると考えた公理的方法を修士論文のテーマに取り上げた。本論文は,その延長線上にあるものである。

　そこではまず,公理的方法について歴史的な考察をした。ユークリッドの『原論』から非ユークリッド幾何学の発見への過程を追い,古典的な公理的方法から現代的な公理的方法への発展を見た。古典的な公理的方法と現代的な公理的方法には違いがあるのだが,その違いがどのような歴史的背景に基づいており,またそれがどのような数学観を生んだのかに興味があったからである。

　そのうえで,公理的方法に含まれている考えを教育の中に取り入れることを考えた。その場合,具体的な考察をするというよりは,考え方に関心があったので,その考え方をことばで表現することに中心をおいた。それが,公理的方法から示唆される数学的な考え方であると考えたからである。

　修士論文をまとめるまでは,公理的方法から示唆される考えをまとめた後では,これを生かす指導を具体的に考えると同時に,他の考え方を調べてこれを明らかにしていくつもりであった。

　しかし,修士論文をまとめ終わってみると,公理的方法に対する理解や,それに基づく教育に対する考えがまだまだ表面的であることに気づいた。というの

---

(1) 沢田利夫・杉山吉茂編:現代教育評価講座4 算数・数学(第一法規　1978) pp.7〜32
(2) 篠原助市:「問」の本質と教育的意義(「教育学研究」第2巻7号 1933) p.782
(3) 和田義信編著:考えることの教育(第一法規　1977) pp.41〜57

は，公理的方法から示唆されることは，単にものの見方・考え方といったレベルにとどまることなく，数学の理解そのものにも，したがって，学習指導を考えるときにも有効なものであるということがわかってきたからである。そして，公理的方法を根底において考えることが，実際の数学教育を考えるについても，数学教育を研究するについても価値あるものをもたらし，これから後，数学教育を考えていく一つの立場となり得るのではないかと考えるに至った。本論文は，その可能性を探り，これを明らかにしようとするものである。

0.3　先行研究と本論文の意図

　ところで，教育において公理的方法を考えるとき，そこには大きく分けて二つの立場がある。一つは，公理的方法を学習指導の方法と考える立場であり，もう一つは，公理的方法を学習指導の目的と考える立場である。

　例えば，公理的方法と言われたときに，公理的に体系化された数学，演繹的な数学を思い，演繹的に説明する数学の指導を想像するとすれば，それは公理的方法を学習指導の方法と考えていることになる。ふつうは，そう考えられることが多いようである。

　その方法が用いられるとすれば，その理由としていくつかのことが考えられる。それが数学の知識伝達の能率的な方法であると考えられていることもあろう。演繹的に推理する力を伸ばす方法であると考えられているかもしれない。あるいは，公理的方法を理解させる方法であると考えられたり，数学の特質を理解させようというねらいをもっていることもあろう。公理に基づいて演繹論理により体系化されている姿は，最も数学らしいものだからである。

　もう一つの立場，つまり，公理的方法を目的と考える立場は，公理的方法を知ることが真に数学を理解するためには欠くことができないものであるという立場に立っている。しかし，この立場も，知るということの深さに応じて，大まかに二つに分けて考えられる。その一つは，公理的方法について，これを知識として知るレベルであり，もう一つは，知識として知るにとどまらず，それが使えるまでに知るというレベルである。

　公理的方法について知るとは，公理とは何かといったことを含めて，公理的方法がどのような方法であるかを知識として知ることを意味している。進んだ段階では，その中に，公理系の満たすべき条件（無矛盾，独立性など）や，それらの調べ方についての知識も含まれるであろう。それらについての知識ならば，解説

することによって知らせることもできる。あるいは，なにか小さな体系を例にして，体験的に理解させることもできよう。

　もう一つの公理的方法の知り方は，単に知識として知っているにとどまらず，公理的方法を自ら使えることを意味している。これを目ざすとすれば，公理とは何か，公理的体系とはどのようなものかを単に知識として知っているだけではすまない。公理的方法に含まれている基本的な考えを理解し，それを能力として身につけていることが必要となる。

　本論文で考えていることは，数学指導の基本的な考えを公理的方法に求めているという意味で，公理的方法を学習指導の方法と考えているといってよいかもしれない。しかし，それは演繹的な解説をすることによって算数・数学を指導することを意味しているわけではない。できあがった既成の数学の解説をし，知識や技能を得させることだけを数学教育の目的と考えているわけではないからである。

　このように言うと，「演繹的な体系を作る」という公理的方法の考えと相容れないことを言っているように聞こえるかもしれない。しかし，決してそうではない。公理的方法を考える以上，演繹的な体系を作ることを予想し，演繹論理を用いることを考えている。それにより演繹的に推論する力を伸ばすことも考えている。しかし，それは既成の数学の演繹的な解説による指導によってもたらされるわけではないと考える。このような指導が適切でないことは，数学教育の歴史が示しているところである。

　たとえば，ユークリッドの『原論』に依存した19世紀のイギリスの幾何教育の失敗は，このことを如実に示している。また，"The Nature of Proof"の著者フォセット（H. P. Fawcett）も，数学の教師は，数学の授業で証明を教え，生徒に証明を書かせているから，当然，演繹的に推論する力，批判的・反省的に考える力を伸ばしていると考えているが，結果を教えているだけではそれは達成されないと述べ，その目的を達成するためには，それなりの指導の工夫がいると主張している[1]。

　あるいは，マイヤーズ（R. H. Myers）も，公理的方法の役割を論ずる論文の中で，「公理的方法を教える」目的を達成するためには，公理的方法を用いて教える（つまり，公理的な体系にしたがって公理から演繹的に説明する方法）がよいと一般に考えられているが，そうすべき論理的な必然性はないと言っている[2]。演繹的に推論する力を伸ばすことが目的であったとしても，演繹的な数学を提示することがその目的にかなっているという主張は必然的には導かれない。これ

---

(1) Fawcett, H. P.: The Nature of Proof (N. C. T M. 13th Yearbook 1938) p. 1
(2) Myers, Jr., Robert H.: The Role of the Axiomatic Method in Secondary School Mathematics (Doctoral Dissertation, Harvard Univ 1972) pp. 41〜76

は，科学的知識を教えたとしても，科学的にものを見る目が養われるわけではないことと同じである。

　このように，公理的に体系化された数学を，公理から演繹的に導きだすように解説する方法で数学を教えることは，演繹的な推論をする力を伸ばす上からも，また，公理的方法を理解させる点においても，有効でないことがこれまでに明らかにされてきている。

　最初にも述べたように，本論文では，公理的方法の理解を直接目指すものではない。しかし，そのことにまったくかかわらないというわけでもない。公理的方法の考えを根底において数学の学習指導をさせることが，後者の意味での知り方，つまり，公理的方法を使える力を育てる素地となると考えている。つまり，公理的方法の考えを根底において数学の学習指導をすることが，公理的方法を教えるときの助けとなり，それが使える力を育てる上からも有効だと考えている。

　このように，公理的方法を根底において数学の指導を考えることが，公理的方法理解のためにも役立ち，考える力を育てるためにも役立つであろうことを仮定はしているが，本論文の主たるねらいは，公理的方法の考えをもってすれば，数学を創造し，発展させていくように数学を学習させることができるのではないか，しかも，発見学習に伴いがちな非能率な学習に陥らない学習指導ができるのではないかということにある。本論文は，このような立場で，小学校での学習まで含めて学校教育で公理的方法の考えを取り入れることを考える。

0.4　本論文の構成について

　本論文の主たるねらいを上に述べたことにおくとき，公理的方法の考えとは何かが問題となるが，本論文では，公理的方法の考えを，「根拠を探り，これを明らかにする」ことと，「仮設をおいて考える」こととした。本論文で考えている公理的方法の考えは，一言で言えばそれだけのものであるが，この中には公理的方法にかかわりのあるいろいろな考えが含まれており，それらを二つに集約したのである。

　その中にどのような考えが含まれているかを示すために，第1章では，公理的方法を代表的に示す二つの著書，ユークリッドの『原論』とヒルベルトの『幾何学の基礎』を中心に，公理的方法の考えのいくつかの側面を明らかにしていくことにする。

　似たことを修士論文でも行ったが，そこでは，古典的な公理的方法から非ユー

クリッド幾何学の発見を経て，現代的な公理的方法へ至る歴史を追うことを主にしていた．本論文の第1章では，その代表的な二つの著作を正面にすえ，その成り立ちを追うことによって，古典的な公理的方法および現代的な公理的方法に含まれているいろいろな考え・精神を明らかにする努力をする．

第2章では，第1章で認められたいろいろな考えが，上に述べた二つの考えの中にどう集約されるかを示し，筆者が考える学習指導とそれがどうかかわりを持ち，教育的にどのような価値をもっているかについて考察することにする．

第3章以下の章は，公理的方法の考えによるとどのように創造的・発展的な学習指導ができるのか，数学教育に見られるどのような問題が解決されるのかについて，その可能性を考察する．副次的には，そのような考えで数学の指導に臨むならば，論理的な思考，反省的・批判的思考を育てることに役立ち，数学に期待されている諸々の教育的価値——数学の教育的価値として列挙されはするが，その実現への方策がほとんど語られない教育的価値——の実現にも寄与することができるものと考える．

第3章では，公理的方法に直接つながりのある論証の指導を取り上げる．そこでは，主として「根拠を探る」という公理的方法の考えから，証明の指導を考える．つまり，証明の役割を，根拠になっているものを明らかにすることにあるとし，そう考えれば証明に対する考え方が変わり，証明指導に改善をもたらすことができる可能性があることを示したい．しかし，根拠を探ることは，それだけにとどまらず，それをもとに新しい問題や事実を発見することに役立て得るという発見的・創造的な面があることも示したい．

一般に，論証は，直観が得たものを確かめ，これを他に示すために行うものと考えられている．また，論理は不毛であるともいわれる．しかし，本質や原理が明らかにされることにより，それをもとに発展的な考察ができるという創造的な側面も有すると考える．現在はあまり見られないが，論証指導にそのようなことも取り入れたいものと考える．

さらに，演繹的な説明体系を作ろうとする公理的方法の考えを活かす立場から論証指導の導入を考えることによって，論証指導についてのいくつかの問題を解決できる可能性があることも示すことにする．

第4章では，教育における構造の強調について考察する．

教育における「構造」の主張は，ブルーナー（J. S. Bruner）も述べているように，自然科学および数学において，基本原理，法則，構造に着目し，これを活かして作られた実験教科書に示唆されたものである．構造とは，いくつかの現象や理論に共通する法則，原理をいうが，公理的方法はその構造を明らかにし，無定義な原始要素を含む公理系により，これを明示する方法でもある．構造は，いく

つかの現象や理論に共通するものなので，構造を知ることが，多くの細かなことがらを理解するのに役立つものと考えられる。ブルーナーは，そこに四つの価値を認め，これを『教育の過程』に列挙している[1]。

しかし，その理論は，実際には，主張されるほどには効果をあげ得なかった。その原因は，「構造」をどう考えるかについて一致した見解がなく，議論が不毛に終わったこと，そして，その本来のあり方とは違う方向で具体化が行われたことにあったと考える。「構造」についての考え方もまちまちであり，また，ブルーナーがあげた数学の具体例も必ずしも適切ではなかった。

ブルーナーの主張は，数学教育における数学的構造の強調に教育学的な理論的裏づけを与えてくれるものとも考えられた。しかし，実際には，数学的構造に関係するいくつかの概念——たとえば，代数的構造についていえば，単位元，逆元など——が学校数学の中にもちこまれただけで，主張されていた価値はあまり実現されなかった。これは数学的概念を解説して覚えさせることに力を入れる指導のもたらしたことであると考える。

中島健三氏と協同して行った実験研究『代数的構造の考えの指導とその活用についての実験研究——群を例として——』[2]は，その基本的な考えに立ちもどり，代数的構造を小・中学校の数学の指導に活かすことを想定し，現在の数学のカリキュラムの中で，その指導が可能であるかどうかを調べたものである。

第4章では，教育における構造の強調に対する批判とその本来のあり方を論ずるとともに，上にあげた『代数的構造の考えの指導とその活用についての実験研究』の意図とその研究調査の概略を示し，具体的な事例を示す代わりとした。

代数的構造の主張とともに，その公理系の一部をなす計算法則が小学校から強調されているが，小学校では，いわゆる抽象的・記号的なものでなく，もう少し演算の意味に即したものを考える方が価値があると思われる。これは，第5章の中に「数と計算の指導における計算法則の役割」として示すことにする。

これら第3章，第4章で考察することに共通していることは，公理的方法のもつ考えを活かすことにより，数学の学習を創造的・発展的なものにしたいということである。創造的な学習を経験させる中でこそ，人間にとって大切な考えを示すことができ，初めに述べた基本的な考えを活かせる道があるのではないかと考えられるからである。数学における発見，創造は帰納によることが多いので，帰納的な考えも大切にするが，原理を把握することによる発展的な学習や構造に着目することによる発展的な学習も，同じく価値をもつと考える。

このことに価値をおくとすれば，レベルは低いかもしれないが，小学校で学習

---

(1) Bruner, J. S.: The Process of Education (Harvard Univ. Press 1960) pp. 23〜26
(2) 中島健三，杉山吉茂：代数的構造の考えの指導とその活用についての実験研究——群を例として——（日本数学教育学会誌数学教育学論究 vol. 25．26 1974) pp. 1〜34

していることについても同じことを考えることができる。帰納的に学習を進めると同時に，原理から理解する努力をさせることによって，創造的な学習をさせることが期待できる。そのことにどれほどの可能性があるかを考察するのが第5章のねらいである。そこでは，学習指導の基本的な考えとして，暗黙に仮定している原理を明らかにし，それをもとに新しい数学を創造していくという考えを取り上げる。これによって，現在問題点を含んでいる題材についての問題を解決することができることも示したい。

とは言っても，現在のカリキュラムの中で，これらすべてが直ちに実現可能であるとは考えられない。公理的方法に見られる考えを活かすことにより，創造的な学習を経験させようとするならば，算数の内容についての見方も変え，カリキュラムの構成も変える必要がでてくるからである。そのために，指導内容の見方・考え方についても，一部ではあるが具体的に考察してみることにする。

このとき，「仮設をおいて考える」ことの中に含まれている「公理の限界を考える」という公理的方法の考えに通ずる考えを用いる。それにより，教えるべきことは教え，教えたことは徹底的に使わせ，教えないでも子ども自らが獲得できることは教えないですませる指導をすることが可能になると考える。このことにより，能率的かつ充実した数学の学習の場を与えることができるものと予想している。内容についてのこの考察と，既に述べてきた学習指導の基本的な考えとがあいまって，これからの数学教育のあり方を示唆できると考える。

「新しい酒は新しい皮袋に」という。新しい皮袋を作っておかなければ，新しい酒も古くなる。新しい数学は新しい精神の中で伝えられなければならない。これが公理的方法の立場から数学教育を構想する理由でもある。

第1章

公理的方法の歴史的考察

——公理的方法を支えている思想——

　　公理的方法とは，基礎に公理を設定し，その公理に基づいて純粋に論理的に理論を構築する方法である。しかし，公理や無定義術語の意味，公理的方法の目的や役割等に着目することにより，幾つかの型に分けることができる。実際，ファンデァヴェルデン（B.L. van der Waerden），ワイルダー（R.L. Wilder），バック（R.C. Buck），フロイデンタール（H. Freudenthal）など何人かの数学者がその分類を試みている。

　　筆者も，既に序章において，古典的な公理的方法と現代的な公理的方法という言葉を用いてきた。本章では，公理的方法を支えているいろいろな考えを明らかにすることをねらいとするが，それに先立ち，公理的方法の型について概観しておく。

0.1 公理的方法の型について

　　ファンデァヴェルデンは，学校教育における公理的方法の役割についての議論にたびたび生じる誤解は，教育的に全く異なった機能を果している公理的方法を区別しないために起こっているので，議論をするときには，それらをはっきり区別しておかなければならないと述べ，古典的な公理的方法と現代的な公理的方法の二つを示している[1]。

　　古典的な公理的方法とは，ユークリッドの『原論』に見られるものである。ユークリッドの『原論』に見られるものを公理的方法の一つのタイプとするという

---

(1) Van der Waerden, B.L.: Klassische und Moderne Axiomatik (Elemente der Mathematik Bd. XXII Heft 1. Jan. 1967) ss. 1～4

ことについては，他の3人，ワイルダー，フロイデンタール，バックも一致している。

　古典的な公理的方法の特徴は，ファンデァヴェルデンによれば，まず第一に，対象は初めから決まっており，既に知られているものであるということである。ユークリッドにあっては空間の図形であり，ニュートンにあっては，運動している物体，および，互いに影響しあう力であった[1]。ワイルダーは，それを「原始術語が無定義として扱われておらず，モデルも一つしかないものである」[2]と述べている。そして，「そのモデルは，物理的，社会的な世界から示唆される概念で，公理的方法はモデルの基本的な性質とそれらの間の関係を示すことを目的としている」[3]と述べている。

　ファンデァヴェルデンは，第2の特徴として，公理を立てた人がそれを真であると信じていることを挙げている。そして，「ニュートンは，アリストテレスの力学は誤っていると思い，自分のものが真だと思っていた。ギリシャ人達は，光線も視線も直線であるという仮定をもって，ユークリッドの幾何学の諸定理を光学，力学，天文学の問題にためらわずに適用した。彼等は，その諸定理を真なるものと思っていた」[4]と述べている。この古典的な公理的方法の目的は「いくつかの，あるいは，すべての基本仮定をはっきりと示し，この基本仮定から説得するに足る方法で定理が演繹的に推論されるように，ある理論を示すこと」[5]にある。

　古典的な公理的方法については意見が一致しているが，現代的な公理的方法の分け方についての見解は一致していない。ファンデァヴェルデンは，ヒルベルト以降のものを現代的な公理的方法とし，その特徴を次のように述べている。

　『話題にしている対象が公理を満たしている限りにおいて，任意のものでよいという点で，古典的な公理的方法と異なっている。群の公理を満たしている構造は，どれも群である。よく言われるように，公理系の対象は，公理によって〔暗に定義されて〕いる。公理の〔真実性〕という問題は，現代的な公理的方法では，なんの意味もない。その公理を満たす対象は存在し得，その公理から導かれ演繹されたことはすべて，この対象にあてはまる。公理は，その設定者によって，正当性が主張されてはいるが，真なる立言ではなく，公理系全体が定義の一部にすぎない。すなわち，これらの公理が満たされているとき，

---

(1) Van der Waerden, B.L.: Klassische und Moderne Axiomatik (Elemente der Mathematik Bd. XXII Heft 1. Jan. 1967) s.1
(2) Wilder, R.L.: The Role of the Axiomatic Method (The Amer. Math. Mothly Vol. 74 No.2 1967 Feb.) p.122
(3) ibid., p.122
(4) Van der Waerden, ibid., s.2
(5) ibid., s.3

0.1 公理的方法の型について

我々は，そこにある構造を群とか，ユークリッド幾何学とか名づけているのである」[1]

ワイルダーは，この特徴を「原始術語が変数（variable）である」[2]という表現を用いて述べ，古典的な公理的方法の原始術語が定数的（constant）であることと対比させている。

ワイルダーは，数学的論理学の観点から公理的方法の役割を再評価するために，形式化の程度にしたがって，ファンデァヴェルデンのいう現代的な公理的方法を二つに分け，公理的方法を三つのタイプに分けている。

第1のものは，先にも述べたように，ユークリッドの『原論』に見られるものである。第2のものは，現在数学の研究に使われている方法である（ワイルダーは，これを「素朴な公理的方法（naive axiomatics）」と名付けている[3]）。これは，原始術語を丁寧にあげるが，論理的な規則や集合論についてはこれを形式化していないものである。第3のものは，論理や集合論も吟味し，はっきり形式化するものである[4]。この第3の型では，集合論が公理化できるか否かも問題となり，基礎論にかかわるものとなる。

ワイルダーのいう第3の型があまりに数学的であるとすると，ファンデァヴェルデンの考えている現代的な公理的方法は，ワイルダーの第2の型とほぼ同じものと見てよいであろう。

バック[5]は，ワイルダーとほぼ同じように，公理的方法を三つに分け，「素朴な記述的段階」，「構造的段階」，「哲学的段階」と名づけている。フロイデンタールは，この第2の型をさらに2分する考えを出している[6]。つまり，ヒルベルトの『幾何学の基礎（Grundlagen der Geometrie）』に見られるもの（ヒルベルト型）と，もっと抽象的なものとを区別する考えである。

ヒルベルト型の特徴は，フロイデンタールによれば，無定義術語，および，それらを用いて作られている命題（すなわち，公理）を設定し，演繹論理により公理から命題（定理）を導出することをその方法の一般的な形式とし，ユークリッドの方法とは，存在論的なつながりから解放されていること，ユークリッド型が非形式的であるのに対して形式的であること，また，完全（範疇的）であることを意図するところに違いがあるとしている。ユークリッド型と共通な特質は，一

---

(1) Van der Waerden, B. L.: Klassische und Moderne Axiomatik (1967) s. 2
(2) Wilder, R. L.: The Role of the Axiomatic Method (1967) p. 116
(3) ibid., p. 124
(4) ibid., p. 126
(5) Buck, R. C.: The Role of a Naive Axiomatics ("The Role of Axiomatics and Problem Solving in Mathematics" Ginn and Co. 1966) p. 26
(6) Freudenthal, H.: Was ist Axiomatik, und welchen Bildungswert kann sie haben? (Der Math. Unterricht 9 Jahr Heft 4 1963 Nov.) ss 5～10

定の命題群の中から，論理的含意関係で初めの論拠となるもの，すなわち，公理を探すという基礎探究，および，完全性を指向するところにあるとしている[1]。

ヒルベルト型と抽象型の根本的な違いは，前者が完全（範疇的）であることを意図するのに対し，後者が不完全性（非範疇性）を自覚していることにある。

公理的方法を，このように二つ，あるいは，三つに分けて，それぞれの特徴を明らかにしているものを見ることにより，公理的方法の如何なるものかがほぼ明らかになってくる。また，公理的方法が如何なるものであるかを説明する立場に立ったときは，この吟味は欠かせない。ファンデァヴェルデンは，古典的な公理的方法をユークリッド幾何を例に学ばせることが教育的に価値があると論じ[2]，ワイルダーは第2の型も教育的に価値があると論じている[3]。

このように，公理的方法は，その立場によっていくつかの型に分けることができるが，筆者はファンデァヴェルデンと同じく，古典的なものと現代的なものとの二つに分ける立場をとることにする。ワイルダーは形式化の程度において三つの型に分けているが，その第3の型は基礎論の対象であり，学校教育を考えるときは，そのレベルまで考える必要がないと思われるし，また，フロイデンタールとバックの考えている三つのうちの二つは，現代的な公理的方法の中に含めて議論してさしつかえないと考えるからである。

以下の節では，教育の中に活かすという立場に立ち，それらの方法を支えている考え方や態度を明らかにするために，公理的方法がどのような課題をもち，何を目的に生まれてきたのか，その背景にはどんな社会的状況，どんな数学的状況があったのかを見ていくことにする。

第1節では，古典的な公理的方法を具体的に示すユークリッドの『原論』を中心に，第2節では，現代的な公理的方法を具体的に示すヒルベルトの『幾何学の基礎』を中心に，それらを支える考え，精神を探っていくことにする。

---

(1) Freudenthal, H.: Was ist Axiomatik, und welchen Bildungswert kann sie haben? (Der Math. Unterricht 9 Jahr Heft 4 1963 Nov.) ss 5〜10
(2) Van der Waerden, B. L.: Klassische und Moderne Axiomatik (1967) ss. 3〜4
(3) Wilder, R. L: The Role of the Axiomatic Method (1967) pp. 124〜126

1節　ユークリッドの『原論』の成立と古典的な公理的方法

　　ユークリッドの『原論($\Sigma\tau o\iota\chi\varepsilon\iota\alpha$)』は，古代ギリシャにおいて考えられた公理的な体系を具体的な形で後世に伝えてくれた。それは長い間，公理的方法の手本として，また，学問の体系の典型としてあがめられてきた。歴史上多くの学者がこれをまねて学問の体系化をはかっている。特に，ニュートン(Newton, Isaac 1642~1727)が物理学を論じた『プリンシピア(Philosophiae Naturalis Principia Mathematica)』，スピノザ(Spinoza, Baruch 1632~1677)が倫理学を論じた『エチカ(Ethica ordine geometrico demonstrata)』などはよく知られている。上に示した『エチカ』の原題からもうかがうことができるように，「幾何学化」とは，「公理的体系化」の別名ですらあった。

　　『原論』は，このように，数学だけでなく，他の学問に対しても体系を構築する上での典型を示す役割を果たしてきた。しかし，それは完成された形式としての典型を示すものとしてであり，体系を作るための方法を直接示しているわけではない。その完成された形式から，体系化する方法を想像することはできるが，その背景にある考え方や精神までを，この書物のみから想像することは難しい。考え方や精神を明らかにするためには，成立した時代に思いをはせることが必要である。

　　本論文は，その完成された形式や想像される方法を形の上で真似ることにねらいがあるのではなく，公理的方法のもっている考え方や精神を数学教育に活かしていこうと考えている。そこで，本節では，ユークリッドの『原論』を成立せしめた背景を探り，そのことから数学教育に対する示唆を求めていくことにする。

1.1　ユークリッドの『原論』の成立

1.1.1　『原論』の著者ユークリッド

　　ユークリッドの『原論』は，人間の理性の生んだ傑作として，また，学問体系

の典型として重んじられ，歴史上，聖書に次ぐ読書人口を持ったといわれている。このように人類に大きな影響を与えた書物の著者であれば，どのような人物であるのかよく知られていそうなものであるが，実際にはほとんど知られていない。ヒース (T. L. Heath) および伊東俊太郎によれば，ユークリッドについて知ることができる文献は，パッポス (Pappus)，ストバエオス (Stobaeus)，プロクラス (Proclus) の三人のものしかないということであり[1]，その文献から，ユークリッドの活動した時期がほぼ紀元前300年を下らない頃であろうと推定されること，および，ユークリッドについて次の二つのエピソードが知れるだけだという。

一つは，ユークリッドのもとに幾何学を習いに来た人に，「それを学んだことによってどんな利得があるでしょうか」と尋ねられたユークリッドが，「彼に3オボロスの小銭をおやり。彼は学んだことから利益を得なければならないのだから」と奴隷に言いつけたというストバエオス (Stobaeus) の伝えた話である[2]。

もう一つは，プトレマイオス王に，幾何学を手っ取り早く学べる道を尋ねられて，「幾何学に王道なし」と答えたという有名な逸話である[3]。

この二つの逸話から，ユークリッドが，金銭的な欲望にも左右されず，権力におもねることもなく，ひたすら学問の道を究め，学問一筋に生きた人物であろうということを察することはできる。

『科学史における数学』を書いたボホナー (Bochner, Salomon 1966) も，ユークリッドの『原論』に対して次のような評をした後，「要するに，この原論は，ある許しがたいまでに学者ぶった規律主義者の作品であるという主張は，ちょっと反駁の余地のないことなのである」[4]と結論している。

「人間の感情を語るのでもなし……直接にずばりと知性に戦いを挑むものでもない。……直接に科学的に意味のある本ですらなく，また一人前の大人に直接訴えかけるような本でもない。……「技術的」に意味のある本でもない。……そこには何の「動機」も示されていないし，説明のための「脇道」もない。何かを「直観的」にしようとする試みもないし，「応用」などは，この本の欠点といってよいほど極端に避けられている。……ここには，一人の人の名も挙げられておらず，また数学の生まれて以来の展開については一言もないばかり

---

(1) Heath, T. L.: The Thirteen books of Euclid's Elements vol. 1 (Dover Publications, Inc. 1956) pp. 1～6
　　伊東俊太郎：ユークリッドと『原論』の歴史（『ユークリッド原論』共立出版　1971) pp. 437～438
(2) ibid., p. 3
　　上掲書 pp. 438～439
(3) ibid., p. 1　上掲書　p. 439
(4) ボホナー，村田全訳：科学史における数学（みすず書房　1970) p. 26

か，これを（意識して）ほのめかしたところさえない。ここにはまた相互参照が，ただ一つの例外を除いて他に全くない」[1]

ユークリッドの人柄を間接的に伝えるものとしてはパッポス (Pappus) のものがある。パッポスはユークリッドがアリスタイオス (Aristaios) の円錐曲線論に対する貢献を無視せず，それを率直に認めている態度を取り上げ，「たとえいくらかでも数学を前進せしめることのできたすべての人びとに対し，ユークリッドはこのように非常に公平で好意的であって，アポロニオスのようにすぐ文句をつけ，それ自身は精密ではあるがやたらと自慢するというようなところがなかった。かれ（ユークリッド）は，アリスタイオスの円錐曲線による軌跡について，その証明が完全であることを求めることなく，示し得る限り書き誌した」と，アポロニオスの狷介高慢な性格と比較して，先駆者の業績を率直に認めるユークリッドの公平温和な態度を伝えているという[2]。

ヒースは，『ギリシャ数学史』の中で，「ユークリッドの現在の諸著作には，独創であることを主張した形跡がすこしも認められない」[3]から，パッポスの言っていることは信用してよいだろうと述べている。さらにヒースは，ユークリッドは自分の独創を主張してはいないものの，ユークリッド以前に書かれていた『原論』の全巻の配置を変え，それらの間の諸命題の区分をし直し，新しい順序にしたため以前の証明が適用できなくなった箇所には新しい証明を発明し，大きな変更を行ったという[4]。けれどもユークリッドは，自分の明敏さの及ばないような変更は加えず，最新の特殊研究（エウドクソスの比例論のようなもの）にはいっそう科学的に処理する必要を示したといってもさしつかえないと言っている[5]。

ユークリッドについて知ることができることは，ほぼこれだけのようである。これらのことからは，ユークリッドという人が金銭にも左右されず，権力にもおもねることなく，公平温和で，ひたすら学問の道を究めようとし，学問に対して真摯な態度と謙虚な姿勢とをもっていた人であったであろうということが推察できるだけである。

1.1.2 『原論』の成立の背景

『原論』の成立の要因の一つとしてユークリッドの人柄を知ろうとしたが，そ

---

(1) ボホナー，村田全訳：科学史における数学 (1970) p. 26
(2) 伊東俊太郎：ユークリッドと『原論』の歴史 (1971) p. 438
(3) Heath, T. L.: A Manual of Greek Mathematics (Oxford at the Clarendon Press 1931)
　　ヒース，平田寛訳：ギリシャ数学史I（共立出版　1956) p. 165
(4) 上掲書　p. 165
(5) 上掲書　p. 166

れは霧のかなたにあってはっきりしない。学問に対して真摯な態度と謙虚な姿勢をもつことが大切であることは理解できるが，なぜ公理的体系を生む考えが出てきたのかを説明するには不十分である。そこで，ユークリッドの人物像を求めることから離れて，彼が活躍した社会的背景にその成立の要因を求めてみることにする。

ユークリッドの活躍期であると考えられている紀元前3世紀は，アレクサンダー大王の東征により，アレクサンダー大帝国ができ，ヘレニズム世界が成立していた時代である。ユークリッドは，丁度，プトレマイオス1世の治下にアレクサンドリアにいたと推測されており，ヒースによれば，アレクサンドリアに学校を創立し，門人に数学を教えていたということである。学校を創立したかどうかは臆測の域を出ないが，子弟を教えていたことはパッポスの著作から推測してもまちがいないだろうという[1]。

周知の如く，アレクサンドリアは，アレクサンダー大王によって，ナイル河口，地中海に面したところに建設された商業都市で，そこには，マケドニアの将軍プトレマイオスがギリシャ語を話す宮廷に国王として臨んでいた。H. G. ウェルズによれば，「かれは王となる以前にアレクサンドルとも親しんでいたので，アリストテレスの思想は深く理解しており，その偉大な精神力と能力とをもって知識と研究の組織化に努めた」[2]ということである。

ソ連の数学史家ルイブニコフ（Рибников, К. А.）によれば[3]，この商業の中心地であり技術の中心地として有利なアレキサンドリアに，科学研究センターとしてムセイオンを作ることをプトレマイオスが呼びかけ，50万冊を上まわる科学関係の写本が集められていたという。そして，古代ギリシア時代のほとんどすべてのすぐれた学者（その中には，ユークリッド，アルキメデス，アポロニウス，エラトステネスなどがいた）が国家の保護のもとに，絶えず，あるいは一定の期間，科学の研究にたずさわっていたという。

このムセイオンに集められた写本をユークリッドが利用できたであろうことは想像に難くない。これが『原論』の成立に一つの意味をもっているように思われる。というのは，16世紀に既に，ペトルス・ラムス（Petrus Ramus）が，ユークリッドを「発見者」でなく「編集者」であるとしている[4]ように，また，T. L. ヒースも言っているように，ユークリッドは当時得られていた数学的知識を整理補充することにより，『原論』を作ったものと考えられ[5]，そのためには，それらが一堂に集められていることが仕事をしやすくしたと考えられるからである。

(1) ヒース，平田寛訳：ギリシャ数学史Ⅰ (1959) p. 165
(2) ウェルズ，藤本良造訳：改訳世界文化小史〔上〕(河出書房 1955) p. 125
(3) ルイブニコフ，井関清志，山内一次訳：数学史（Ⅰ）(東京図書 1963) pp. 65〜66
(4) 伊東俊太郎：ユークリッドと『原論』の歴史 (1971) p. 461
(5) ヒース，平田寛訳：ギリシャ数学史Ⅰ (1959) pp. 176〜206

『原論』の内容となっているほとんどのものが、ユークリッドの独創ではなく、それに先立つ時代の数学的研究から得られたものであるということは古くから認められていた。プロクロスは、ユークリッドが編集者であったことは認めながらも、彼がエウドクソスの多くのものをまとめ上げ、またテアイテトスの多くのものを完成し、さらに先行者達によって粗雑に証明されていたものを、非難のうちどころのない厳密な論証にまで高めたとして、編集者であったとしても、ユークリッドにはそれなりの功績があったことを認めているという[1]。

ユークリッドの『原論』の数学的内容の起源については、19世紀後半以来、多くの研究がなされてきた。ヒースは、"The Thirteen Books of Euclid's Elements"[2]の中で、各巻の内容についてかなり詳しく述べているし、中村幸四郎も『ユークリッド原論』の解説の中で、各巻の諸命題の発見者・研究者について詳しく分析している[3]。これらの成果をもとに伊東俊太郎は、『原論』の内容の形成の概略を次のように述べている。

「まず、「平面幾何学」の部分ではバビロニアやエジプトにおける長期にわたる個別的知識の堆積があり、これがギリシャに伝えられ、とくにパルメニデスをはじめとするエレア学派との接触により厳密な公理論的論証数学として形成され、ピタゴラス学派の研究により第1～2巻の内容は先取されていたと思われる。第3巻の円論はキオスのヒポクラテスのころにはほとんど整理され、第4巻の内容もしだいに完成されていったであろう。決定的に新しいのは第5巻の比例論で、これはアルキメデスの証言にしたがって明らかにエウドクソスの創始にかかわり、おそらくユークリッド以前の『原論』にはなかったものであろう。第7～9巻の「数論」の部分はやはりピタゴラス学派によってほとんどでき上がっていたようで、ユークリッドはそれをそのまま受けただけであろう。おそらく似た内容がレオンやテウディオスの『原論』にも載せられていたものと思われる。しかし、第10巻の無理量論はテアイテトスによってもたらされた新しいものである。「立体幾何学」の部分については、これもピタゴラス学派の先駆的仕事があり、とくに第13巻にはテアイテトスの貢献が著しく、第12巻の「取り尽くし法」はエウドクソスの考えだしたものによっている」[4]

このようなことから、ユークリッドに先行する業績が数多くあり、それを背景に『原論』が生まれてきたことがわかる。つまり、『原論』は、それまでの数多

---

(1) 伊東俊太郎：ユークリッドと『原論』の歴史 (1971)　p. 465
(2) Heath, T. L.: The Thirteen Books of Euclid's Elements vol. 1, 2, 3 (Dover Publications, Inc. 1956)
(3) 中村幸四郎：『原論』の解説（『ユークリッド原論』共立出版　1971) pp. 489～522
(4) 伊東，上掲書　p. 464

くの研究の成果としての大量の知識を整理しなければならない必要によって編まれたものであるということができる。ワイルダー(R. L. Wilder)は，この必要をhereditary stress と表現している[1]。

1.1.3 『原論』の構成の特徴

知識の量が多くなれば，これをなんらかの形に整理する必要が起きることは，洋の東西を問わず，また古今を問わずいつでも考えられることである。とすれば，問題なのは，hereditary stress があったことではなく，その整理の仕方にあるといわなければならない。整理の仕方としては，百科辞典のような整理も考えられるし，また，項目別の整理も考えられる。

たとえば，エジプトと並んで文化の発祥の地とされる中国には，当時の数学の知識を伝えるものとして，『九章算術』（B.C. 2～3世紀）があるが，その書物では，次の章立てに見られるように，数学が使われる方面によって整理されている。

　　　　巻第一「方田」　　以御田疇界域
　　　　巻第二「粟米」　　以御交質変易
　　　　巻第三「衰分」　　以御貴賤禀税
　　　　巻第四「少広」　　以御積冪方圓
　　　　巻第五「商功」　　以御功程積實
　　　　巻第六「均輸」　　以御遠近勞費
　　　　巻第七「盈不足」　以御隠雑互見
　　　　巻第八「方程」　　以御錯糅正負
　　　　巻第九「句股」　　以御高深広遠[2]

それぞれの章の中では，数学的にほぼ易しいものから難しいものへと問題が配列されている。しかし，その記述の仕方はそれらの事柄の正しいか否かを論理的に説明するというよりも，数学的事実を伝え，問題の解き方，数学的知識の使い方の手続きを示すことの方に主眼があり，それらを伝えることにねらいがおかれているものと見ることができる。

実際に数学を使うという立場から見ると，ユークリッドの『原論』の整理の仕方はあまりよいものとは言えない。ユークリッドの『原論』は，数学についての

---

(1) Wilder, R. L.: The Role of the Axiomatic Method (1967) p. 115
(2) 銭宝琮校点：算経十書（上）（中華書局　1963）pp. 1～2

知識を使う分野に従って整理しているのではなく，論理的帰結の順序関係によって整理しているからである。『原論』の主たる目的の一つは，数論を展開することにあると見られるが，その前提として平面幾何の整理が前半にあり，これが後半の数論を展開するための基礎となっている。『九章算術』の方は，必ずしも前半が後半のための準備となっているわけではない。これらの点で，『原論』と『九章算術』の構成は違っている。

ユークリッドの『原論』は，以前に確かめられた知識をもとにして，次の知識を導き出し，またその知識をもとにして次の知識を導き出すという形に整理されており，その最初の知識がいわゆる「自明の真理」と見られている公理である。これに基づき，演繹的な推論を用いて諸知識を導き出すことにより，それらの諸知識の真なることが保証される。それはまた，合理的な説明の方法でもある。言い換えれば，『原論』の編集方針は，数学的知識の整理をするだけでなく，それらの知識の論理的帰結の関係を示すことにより，その真なることを示しながら数学的知識を伝えることにねらいをおいているということができる。

1.2 公理的方法の源流

ユークリッドが『原論』で用いているこの方法は，それ以後，数学，あるいは，学問を作り上げる方法として認められるのであるが，この方法がどのような動機，どのような思想のもとに，どのようにして考え出されたのかを尋ねてみたい。この方法がユークリッドに由来するものならば，ユークリッド個人のことすらわからないので断念せざるを得ないが，ユークリッド以前にすでに人々に知られて用いられており，ユークリッド以外にも『原論』を著していた人がいるということなので，その方法の由来を尋ねる可能性は存する。

伊東，あるいは，ヒースによれば[1]，ユークリッドに先立って，少なくとも3人の人——キオスのヒポクラテス（Hippocrates），レオン（Leon），マグネシアのテウディオス（Theudios）——が，『原論』を編集していたということであり，19世紀後半以降の研究から，ユークリッドより150年も前に，既に『原論』において典型的に見られるような厳密な論証的数学が存在していることが確認されているという[2]。ユークリッドの『原論』は特にすぐれていたためか，あるいは，偶然残されて我々に伝えられたもののようである。

---

(1) Heath, T L.: The Thirteen Books of Euclid's Elements vol. 1. pp. 116〜117
　　伊東俊太郎：ユークリッドと『原論』の歴史 (1971) p. 463
(2) 伊東，上掲書　p. 463

1.2.1 アリストテレスと公理的方法

　　公理的方法，とりわけ，公理，公準については，いろいろな考えがあったようである。ユークリッドの考えは，アリストテレスのものに最も近かったとヒースは言う[1]。すなわち，公理とは，すべての科学に共通な自明の真理であり，公準とは，ある科学に対してのみ成り立つもので，その科学においては真と認めなければならないものという考えである。

　　アリストテレスは『形而上学』の中で，公理を考察すべきもの（学問）は，知恵を愛求する者「哲学者」の学がすべきである[2]と言い，なぜなら「公理は存在するすべてに妥当するものであって，他の或るものとは別の或る特定の類のみに通用するというようなものではないからである」と言っている[3]。また他のところでは，「公理が存在としてのあらゆる事物に妥当するものであることは明らかであるからして——というのは存在ということはあらゆる事物に共通だからであるが，——そうだとすれば，こうした公理についての研究も，存在としての存在を認識している者のまさになすべき仕事である」[4]と述べ，公理が普遍的に真なること，従って普遍学である哲学の扱うものであると言っている。

　　アリストテレスは，また，数学を含めて広く論証的な学問についての考察を『分析論後書』でしている。その中では公理について次のように述べている。

　　「「定立」と私が呼ぶのは，それを証明することをえず，また，何ごとかをこれから学ぼうとする者が〔予め〕それをもっていることが必ずしも必然ではない原理のことである。これに対して，何であれ何ごとかをこれから学ぼうとするものが，必ず〔すでに〕もっていなければならない原理を「公理」と呼ぶ。……定立のうち一つは，矛盾対立〔する二陳述〕のうちのどちらか一方を摂取，容認するものであって，それが「基礎定立」である。すなわち，それは或る何ごとかがある，とか，或る何ごとかがあらぬとかとするものである。これに反して，そのようなことのないものが「定義」である」[5]

　　ここであげられている基礎定立は，現在の仮設にあたるものと考えてよいようである。

　　これについて，訳者は次のような注をつけている。

---

(1) Heath, T. L.: The Thirteen Books of Euclid's Elements (1956) p. 120
(2) アリストテレス，出隆訳：形而上学（上）（岩波書店　1959）p. 120
(3) 上掲書　p. 120
(4) 上掲書　pp. 120〜121
(5) アリストテレス，加藤信朗訳：分析論後書（岩波書店　1971）p. 619

1節　ユークリッドの『原論』の成立と古典的な公理的方法

「「公理」の語は「値あるとみなす，相応しいとみなす，よしとみなす，要求する，みなす，思う」等を意味する動詞より由来する語で，「値打」，「名誉」を意味する通常の用法の他に，或る場合，「（或る人の）決定」，「考え」を意味した。ここで論証の第一原理の一種を意味するものとして用いられた「公理」の語は，数学における用法を，アリストテレスがより一般的に拡張して用い，凡そある限りすべての論証の基本原理を意味するものとして用いたものであって，「共有の原理」とも呼ばれる。そして，そこには思考の基本原理としての矛盾律，排中律と共に，数学の内部で算術と幾何学にとって共通な原理である「等しいものから等しいものを取り去れば残りは等しい」というような数学的原理も含まれている。数学の基本原理がここに含まれる理由は，おそらく，この語の古い用法に依拠するものと考えられる。これらの原理が「公理」の名で呼ばれる理由は，これらの原理が，存在の探究において，ひとが存在の全体から特定の対象を選んで自分の眼前に引き据え，これに観照の目を向ける時，〔この特定化，指定化の働きの〕「基礎に置かれてあるもの」（＝「基礎定立」）としてある「原理〔初めのこと〕」ではなく，いかなる対象をひとが考究し，観照しようとするのであれ，およそ「何かあるもの」に思考の目を向けるためには，「そのことがそうであること」を初めから，無前提に認め，そう看做して置かなければならないような「原理〔初めのこと〕」であるところによると考えられる」[1]

このように，アリストテレスは，公理はひとり数学の占有物ではなく，本来哲学あるいは論理学に属するものであるとしている。ワイルダーは，この論理学が数学の一部に適用されてできあがったものがユークリッドの『原論』であると見ることができるという[2]。

現在，公理，公準の区別はされないが，古くは，公理はすべての学問に共通な自明の真理であり，公準はある学問に対してのみ成り立つものであったという見方が一般の通念となっている。

しかし，ことがらはそれほど簡単ではないようである。ヒースの文献やアリストテレスの著作やプラトンの著作などでも，ある訳書では「公理」と訳されているのに，他の訳書では「仮説」や「定立」などの用語になっていることがある。ところが，それは訳者のせいではなく，サボー（A. Szabo）の『ギリシャ数学の始源』によれば，古代ギリシャの時代においてすら用語が一定しておらず，したがって，現在解釈されている公理，公準の意味も固定したものではなかったとい

---

(1) アリストテレス，加藤信朗訳：分析論後書 (1971) pp. 779～780
(2) Wilder, R. L.: The Role of the Axiomatic Method (1967) pp. 115～116

第1章　公理的方法の歴史的考察

うことである[1]。

　サボーによれば，アリストテレスの用語は次の図式のようになるだろうという[2]。

```
              第一原理 archai
             /            \
        定立 thesis       公理 axioma
        /       \
   仮説 hypothesis  定義 horismos
```

　このアリストテレスの「公理」とユークリッドの「共通概念」とが同値であることは確認されているが，ユークリッドの用いている「公準」はアリストテレスの「仮説」と同列に置けそうに思われても，同一ではなく，また，アリストテレスが用いている「要請」とも結びつけ難いという[3]。

　このことから，サボーは，アリストテレスとユークリッドの関係を薄いと見，また，アリストテレスと数学史との関係づけも用心しなければならないとしている。そして，ヒースも述べていたように，ユークリッドの『原論』は彼個人に始まるのではなく，既に存在した多くの先駆者に負うものであり，さらに，その用語法が自分達のものと同じかどうかすら顧慮することなく，原型のまま継承したのではないかと考えている。サボーは「体系的・演繹的数学は，ユークリッドに先立つこと少なくとも200年の昔に始まっており，既にB.C.5世紀の半ば頃には，キオスのヒッポクラテスが『原論』をまとめていた」[4]ことを指摘し，体系的なギリシャ数学ならびにその基礎づけの歴史的発端を，もっと古い時代に求め，研究の結果，その発端をエレア学派に見出している。

1.2.2　エレア学派と公理的方法

　エレア学派は，紀元前6世紀の後半，南イタリアの町エレア（Elea）にいた哲学者の一派で，クセノファネス，パルメニデス，ゼノン，メリッソスが代表的な人々とされている[5]。紀元前6世紀は，アリストテレスの師であるプラトン（427～347B.C.）が生きていた時代よりもさらに半世紀も前であり，ソフィストの活躍する以前である。

　サボーは，その考察を「仮説（υποθεσεις）」の吟味から始める。これが，体系的・演繹的な数学の構成にとって鍵となる用語だと考えられるからである。語源的には，υποθεσεις（仮説）は（υπο〔下に〕と τιθεσθαι〔置く〕とから）下に置かれ

---

(1) サボー，中村幸四郎他訳：ギリシャ数学の始原（玉川大学出版部　1978）pp. 374～377
(2) 上掲書　p. 274
(3) 上掲書　p. 275
(4) 上掲書　p. 277
(5) 哲学辞典（平凡社　1954）p. 146

ているものを意味し，したがって，何か他のものの基礎として通用し得るものを意味するのであるが，サボーは語源論的吟味で満足せず，そのことばの通用範囲の吟味をする。

まず，プラトンの対話編『メノン』に見られる「仮説に基づいて吟味する」という仮説的手続きが，幾何学者が研究に用いている研究法とされていることを見る[1]。その場合，仮説は，「もし，問題の平面図形がこれこれの性質をもつとすると，そこからは，その図形がその性質をもつことのできない場合と比べて何かしら違った結論がでてくるように私には思われる」というように，あくまでも，幾何学者が研究の基礎においた仮定であり，この $υποθεσεις$（仮説）から何が導き出されるかを述べ，それとは別の仮定が同じ研究の基礎に置かれたとすれば，すなわち，問題の図形がその性質をもってはいないとする何か別の結論がでてくるという考えが見られるという[2]。これは，一般に考えられているような，自明の真理といったものではないようである。この考えは，ヒルベルト以降の現代的な公理的方法の考えと共通するものをもっている。

サボーは，プロクロスが「幾何学とは仮説に依存する学問である」と主張していても，その場合の仮説は「ただ1回確定されて動かない数学の基礎原理一般」について述べているものと見られるのに対し，プラトンの『メノン』に見られる仮説の使い方は「…を許して欲しい」と頼み，対話の相手の同意を待って初めて，相手とともに進める研究の基礎になるといった性格のものだと主張する。さらに，この仮説（$υποθεσεις$）なる語は，数学の術語であると同時に，弁証法の術語でもあるとみられ，さらにさかのぼると，それは初め弁証法に起源があり，それが数学の方に典型的に具体化され，固定化されたものだという[3]。

このことをサボーは『ギリシャ数学の始源』で論証している。数学が弁証法に影響を与えたのではなく，間接証明の方法とともに仮説適用の手続きが対話的弁証法に起こり，それが数学に移されたという。したがって，初期のギリシャ数学は，対話的弁証法の一つの特殊分野とみなせることになる[4]。

このエレア学派に起こった仮説適用と間接証明の手続きとは，パルメニデス，ゼノンからプラトンに至る期間に，一方では詭弁哲学に退化し，他方では，プラトンの時代に数学の中に開花し，その延長上にユークリッドの『原論』があるとサボーは見ている[5]。さらに，「公理」にあたる $αξιωμα$ も，$υποθεσεις$（仮説）などと同様，対話的弁証法起源のことばであることを指摘している。$αξιωμα$（公理）は，アリストテレスの以後の時代になって初めて，数学用語として本質上当然

---

(1) サボー，中村幸四郎他訳：ギリシャ数学の始原 (1978) pp. 278
(2) 上掲書　p. 279
(3) 上掲書　pp. 280〜282
(4) 上掲書　p. 307
(5) 上掲書　p. 307

第1章 公理的方法の歴史的考察

「正しいと見做される」命題であるかのような意味に曲解されたようだとサボーは述べている[1]。

これまで公理的方法を，数学的知識を整理・体系化するための方法と見てきた。しかし，その起源をたどってみると，その体系化は知識の体系化そのことのみを目ざしていただけでなく，もっと根本的な動機がそこにあることが認められる。

周知の如くエレア学派のゼノンは，「アキレスと亀」「飛矢静止論」などの有名な逆説を提出し，運動を否定し，感覚を否定し，存在を疑い続けた。そして，空間の存在すら，「空間」の概念がもつ自家撞着性を多数の論拠をあげて証明し，その存在の否定を示すのに成功しているという[2]。空間の否定は，その中に存在する図形の存在の否定にもつながる。

このことは，サボーも指摘するように，空間にしろ，運動にしろ，「感覚的知覚によれば，十分経験できるが，純粋かつ無矛盾な思考によっては把握できない」[3]といった意味である。ユークリッドの『原論』への努力は（先にも述べたように，ユークリッドの『原論』だけではないが），運動や直観に頼らず，論理のみによって幾何学を得る試み，つまり，幾何学の無矛盾な理論体系を作る試みと見ることができる[4]。その背景には，上に述べた運動や空間の存在の否定に答えようとするものがある。

エレア学派のように運動や空間を否定することを考えなくても，数学それ自身にも解決されなければならない問題があった。それは，共約量をもたない量の存在である。

周知の如くピタゴラスは数を万物の根本物質であり，原型であるとした。それは，天体の運動にも，調和音を発する琴の弦の長さの間にも，技術の中にも，数の法則が貫いていることに示唆されている。このような数の支配する世界には調和と法則性があり，この法則は数および数の比で表現されると考えたのである。

ところが，ピタゴラスの定理が発見され，それを正方形に適用したところ，その1辺と対角線の長さとの比は自然数の比では表せないことがわかった。その発見は，当時の数学者，哲学者に深刻な影響を与えたと想像される。数を自然数の比として表す術を失った人々は，その数についての議論をするために図形的なモデルに頼らざるを得なくなり，その結果，数論は幾何学化されて考察された。

世界を自然数およびその比の支配する世界と見，そこに調和と法則性を見ていた人々にとって，無理数は不合理な数であるかのように考えられたにちがいな

---

(1) サボー，中村幸四郎他訳：ギリシャ数学の始原 (1978) pp. 349
(2) 上掲書 p. 381
(3) 上掲書 p. 381
(4) 上掲書 pp. 388～395

1節　ユークリッドの『原論』の成立と古典的な公理的方法

い。しかし，無理数の存在が主張されれば，その確認をしなければならない。そして，この無理数の存在を認めざるを得なくするきっかけとなったピタゴラスの定理の真理性が保証されなければならない。『原論』の第1巻は，そのためであるかのように，ピタゴラスの定理が第1巻の最後にきている。ピタゴラスの定理の真なることが論理的に保証されれば，無理数の存在も認めざるを得ず，無理数についての諸事実を明らかにする努力へ向かわなければならない。そこで，『原論』では，比例論に続いて無理数論が展開されている。

　このように見てくると，公理的方法は，疑いをもたれる対象について，その存在を示すことにより，真なることを保証し，あるいは，これを確認する役割をもっていると見ることができる。

　先に，公理的方法の考えの基礎はエレア学派の仮説的な考え，間接証明の手続きにあることを見てきた。その考え方によって，彼等はいろいろな逆説を考え出したのであるが，逆説，詭弁に対抗するためにも，その考え方が有効であった。公理的な体系は，そのために作られた体系であると考えることができる。ワイルダーは，19世紀に集合論のパラドックスが出てきたときに，この方法がまた同じ目的を果たすために用いられたことを指摘している[1]。つまり，公理的方法は，矛盾の告発，論理的な疑問，存在の疑問などに応える方法としての役割をもっている。

1.3　数学教育に対する示唆

1.3.1　存在の確認＝数学的世界の創造

　サボーの指摘するエレア学派の態度から，公理的方法およびそれに基づく数学教育についていくつかのことが示唆される。

　ひとつは，公理的方法が基本的に存在そのものに目を向けていることである。周知のように，現代の数学では必ず存在の吟味が問題にされる。解を求めるより先に，解の存在が確認される。これは現代数学の特徴であるが，古代ギリシャの哲学では，一般的な意味での存在の吟味が一つの大きな問題であった。幾何学の基礎づけは，直感的，感覚的な知識を，論理によって把握できる対象としようとしているものと見てきた。その基礎には，対象をどのような存在としてとらえる

---

(1) Wilder. R. L.: The Role of the Axiomatic Method (1967) p 117

かの努力，言い換えれば，如何なる意味で存在するのか，どのようにして存在するかを明らかにする努力がある。

　ユークリッドの『原論』でも，存在を確かめる仕事をしていると見られるものがいくつかある。たとえば，第1命題は正三角形の作図題であるが，それは，述べられている公準さえ認めてくれれば，正三角形が論理的に存在し得ることを示しているものと見ることができる。ツォィテン[1]は作図がその存在を確認していることになっていることを指摘しているが，筆者もこれにくみする。サボーは，必ずしも作図が存在を確認することにはなっていないと述べている[2]が，ユークリッドの『原論』には不十分にしか見られぬとしても，その意図はあったと考えたい。そう考えると，ユークリッドの『原論』の公準の書き出しに，「つぎのことが要請されているとせよ」と書かれていることも，意味深いものを含んでいることがわかってくる。

　如何なる意味で存在するかを問うことは，その存在は何を仮定することによって，言い換えれば，何を根拠にすることによって存在するかを明らかにすることを求めていることである。この探究を，公理的方法と考える。対象を定義し，公理を要請することによって，考察の対象としているものを論理的に存在させることができ，そうすることによって，また，そこに含まれる諸々の事実を論理的に探究することができる。つまり，定義をし，公理を要請することによって，一つの数学的世界が作られていく。それこそ，「数学化」といってもよいであろう。公理系を設定するということは，その公理系を前提に，ある数学的実体を論理的・数学的に存在させているものと考えられるからである。

　このことは，公理系の設定についてだけでなく，概念についてもいえる。ある概念は，ある体系内で定義されることにより，その体系内での存在が与えられたことになる。卑近な例を挙げれば，たとえば，物体の運動の速い，遅いは，われわれの経験的世界では普通に認識されるが，直観的にそれを観察し，感覚的に把握しているだけでは，それは数学的存在とはなり得ない。動きに要する時間と動く距離とが比例することを仮定した上で，時間と距離の比として定義されて初めて数学的存在となり，数学的考察の対象となる。

　このようなことであれば，高等な数学でなくとも，小学校や中学校の数学で対象としていることがらの中にも見られる。現在，「速さ」の指導をする場合，教師が時間と距離のデータを与え，「速さ」の定義をしていることが多い。しかし，上のような立場に立つならば，その現象的存在を数学的存在たらしめるために

---

(1) Zeuthen, H. G.: Die geometrisch Construction als "Existenzweis" in der antiken Geometrie (Math. Annalen 47 1896) p. 223
(2) サボー，中村幸四郎他訳：ギリシャ数学の始原 (1978) pp. 395〜401

は，どのような要素がどのように関係し，何を仮定することが必要なのかを吟味し，それに基づいて数学的概念を用いて定義させ，数学的存在たらしめるということが考えられる。これこそ数学化であり，数学の創造といえるものである。

よく「数学を作る」とか，「考える数学」「発見的・創造的な算数・数学」を標榜した授業が行われる。しかし，往々にして，その授業は思いつきの発表に終始し，それらを教師が適当に取捨選択することによって目的が達せられるということになっている。目ざすべき知識を教師が知っていて，その方向へ向かって進めていくので，一応うまくいっているように見えるが，それに参加した子どもたちは，何を目指し，何を考えればよいかがわかっているであろうか。上に述べた公理的方法の考えは，そのような授業や考え方についての基本的な考えを示唆してくれる。

1.3.2 原理からの理解

二つめの示唆は，仮説的な方法，公理的な方法がなぜエレア学派に由来するのかということを考えることから得られる。

先にも見たように，エレア学派は，感覚を疑い，運動を疑い，存在そのものすら疑った。その疑いを生ませたものは仮説的な思考法なのであるが，その仮説的な思考法が，ひるがえって，対象を論理的に存在させる方法として疑問に対応する手段となり，公理的方法を生んだ。そこには，論理への強い信頼が見られる。疑いを導くのも論理であれば，その疑いに対応しているのも論理である。これはエレア学派の祖といわれるパルメニデスが「理性 logos のみが真理の基準で，それによって考えられるものは存在するが，考えられないものは存在しない」[1]という立場に立っていたことにも由来する。

ところで，彼等をしてそのように考えせしめた背景には何があるのだろうか。

出隆は，「先進諸民族の知識に比して彼等ギリシャ人のそれを特に学であり学的知識であるとする所以の，随って其処に初めて学的なる学が新生したと言われる所以」は，「一言を以ってすれば，「理論的」な点にあった」「すなわち，その離れて見るテオーリア的（観想的・理論的）な態度に於いて理論的であり，その広汎に比較考量するロゴス的（論理的・比量的・普遍的）な点で理論的であり，随ってそれらが更に深く一切事物の根本原理を求めこの原理から一切を理解しようとした謂はばアルケー的（原理的・根本的）な点に於いてもまさに理論的であった」ことにあるとする。そして，「ギリシャ人が……物事を「原理から」（カントの語を以ってすれば，'aus Principien' に）考へることに初めて気づき，この

---

(1) 哲学辞典（1954）p. 949

第1章　公理的方法の歴史的考察

新たな考へ方で物事の原理を問ひ求め，この原理から物事の然か成り然か有る所以を論証し理解して行った……」[1]こと，それが数学的自然科学の発達につながったとしている。

この「原理から考える」ということが，どこから来たかについては，出隆は次のように説く。

「……この一般人の実用主義的傾向にも拘わらず，西紀前第六世紀の或る恵まれたるギリシャ人が，一先ず実利効用の念から離れて物事を眺め考へ始めたとき，あのように「原理」を問ひ「原理から」論証し理解する学が起こった……。とにかく，眼前の実生活の必要に追はれず囚われないで生活し得る物質的余裕と宗教的伝統の地から離れて比較的冷静に物事を顧み考へ得る精神的自由とに恵まれたイオニア植民人の間に或る恵まれた思想家が生まれ，そこにあの革命的な考へ方が現はれた……」[2]

そして，「何故に特にあの原理から考へる考へ方がこの純なる知識欲の一つとして現われたのであろうか」という問いには，「結局，タレスとかピタゴラスとか呼ばれる或るギリシャ人がその「或る試みに於いて恵まれた所の仕合せな思ひつきによって」と答へるのほかないであろう」と一応答えた上で，「しかしそこにはまさに現はれるべき或る必然的連関が考へられないではない」として，「物事を……実利効用に即して考へる普通一般の考へ方は，考へる人自らを中心とする考へ方であり，……自己中心的主観的ともいふべき考へ方であるが，……物事を単にただ知ろうとする態度は，……自己を棄てて……離れて静かに当の物事を眺め考へる傍観的な態度であった。それは，恰かも観光客が名勝の地を見物し或ひは観客が芝居を観覧する'Theoria'（見物・観覧）の態度と同類であるところから，後にアリストテレスが'theoretikos'（観想的・理論的）と呼んで，……区別したところの態度であった」[3]という。要するに，自己中心的主観的，実利効用的立場を離れ，物事を客観的に見，しかもそれを原理から知ろうとする基本的な態度が公理的方法を生んだ土壌であるということである。「原理から知ろう」とし，「原理から考えよう」とすれば，まず，「原理を深る」ことから始めなければならない。これこそ，公理的方法の基本である。

このように，公理的方法が「原理から知る」「原理から考える」ことを基本としているとするならば，当然，論証も「原理から知る」ことを目ざしているものと見ることができる。学校教育における論証指導も，もっとその立場を強調して

---

(1)　出隆：ギリシアの哲学と政治（岩波書店　1943）pp. 16〜17
(2)　上掲書　pp. 18〜19
(3)　上掲書　pp. 19〜20

もよいはずである。

　物事をあらしめている原理を探るということは，論証にのみ見られるわけではない。種々の事象を見ることにおいても，問題場面を見ることにおいても，その本質を見極めようとする考え方は，原理を探ることに通ずる。あるいは，数学を本格的に少しでも勉強した人ならば，問題に対する答えを得るだけで満足せず，その問題の本質を探ろうとするが，それも問題を原理から知ろうとする考えにほかならない。原理を知ることにより，問題がよりよく理解でき，関係ある問題が見つかり，諸問題が関連づけて見られる。さらに，その原理に基づいた発展・一般化が考えられるが，それは，「原理から知る」ことが，「原理を探る」にとどまらず，原理からの演繹により新しい知識が得られることも意味している。論証も原理を把握する行為であるから，当然のことながら，それに基づき，発展的な考察をすることもできる。

　「証明ナサザレバ，理顕レズ」という。このことは，言い換えれば，証明をすることにより，その原理が現われ出るということである。問題を解くことによっても理は現われる。証明や問題解決には，そういう意味での価値がある。そのような目で見ることが，公理的方法の態度であり，公理的体系を作る基本である。

　言い換えれば，原理を求め，原理を考えることが，公理的方法の基本的な心がまえであるが，それはものごとを本当に理解することをも意味している。

　この項では，公理的方法の基本的な態度の一つを，「原理から知る」ことにあると見てきたが，それを基本的な態度とすることにより，論証に対する見方も問題解決に対する見方も変わってくる。論証や問題解決が，それのみで完結せず，新しい創造への示唆をも含んでいると見られるようになる。

　同じことは，ものごとの理解一般についてもいえる。ものごとの原理を探り，その原理に基づいて理解することが，新しい知識の理解や発見を示唆する。つまり，既知の知識の単なる理解にとどまらず，予測が可能となる。これが理論の価値であり，科学，学問の価値である。構造を強調することを主張したブルーナーが，「基本的なもの（fundamentals）を理解するならば，教科を理解しやすくなる」[1]と述べているのも，それにつながることであると考える。

1.3.3　平等の精神

　前項で「原理から理解する」態度を取りあげたが，その考え方を生み出すもとにあるものも大切にしたい。出隆は，原理を求め，原理から考えることをギリシ

---

(1) Bruner, J. S.: The Process of Education（Harvard Univ. Press 1960）p. 23
　　ブルーナー，鈴木祥蔵，佐藤三郎訳：教育の過程（岩波書店　1963）p. 29

ャ人の特質と考え，それは，偶然，すぐれた人によってもたらされたものとしている。そして，その背景には，実生活の必要に追われず，自分を離れて物事を眺め，物事に即して考えることができる人が出てきたことがあるという[1]。

しかし，もっと社会的な環境，政治的な制度にこれを求めることができるという人もいる。

たとえば，ギリシャ以前の数学とギリシャの数学との差は，後者に証明の自覚があったからだと説く下村寅太郎は，その証明的方法の成立を単にギリシャ人の究理心という性質だけで片付けることはできず，ギリシャ人の人間観，及びその社会体制としてのポリスに原因を求められると説いている。そして，次のようにいう。

「ギリシャ人は，……ポリスを形成したことをその民族の特色としている。彼らにとっては，ポリス的であることが人間そのものの本分に属する。「政治学」の初めの有名な句の示す如く「ポリス的であること」が人間の「自然」──人間の目的であり最善である。……このポリスは周知の如く単に自然的種族的な共同社会ではなく，「よき生活のために」「自然的にあるもの」である。ポリスも種々なる政治的変遷を含むものではあるが，本来単なる権力によって支配された東方的な monarchia でなく，等しき法の信奉によって形成された democratia である。……ポリスを形成する法はヘブライ的な峻厳な「掟て」でもなく，ローマ的な「法律」でもなく，まさしくロゴス的なそれである。「ロゴス」は本来論議であり，論議に於いて自己を顕わにする「理性」である。ポリスの法は，かかるロゴスによる規定である。それは個々の人間を越えた権威と同時に個々の人間が自発的に承認し信奉する親昵性をもつことを特色とする。ポリスは，単に命令する法に於いてでなく，説得し忠告する法に於いて成立する。我々はロゴスを，或は又ギリシャ的な理性をポリスのこの性格と連関せしめなくては理解し得ないであろう。……かかる「ポリスに於ける人間」たるギリシャ人が「いかなる他の民族よりも，談話なくしては精神の発展を考え得なかった」のは当然である。従って又彼等の大なる「会話の場所」は──思索する場所は──「Agora と Symposion であった。」……斯くの如き場所に於いて，斯くの如き仕方によって行なわれた思惟或は思惟法が，単独的私的でなく，共同的公共的となり，内省的独断的でなく対話的論証的となることは自ら明らかである。かかるギリシャ的な思惟が哲学者によって自覚的に典型化され，ソクラテスの「対話法」，プラトンの Dialektike となり，最後にアリストテレスに於いて Apodiktike や Syllogistike として完成されたことも自ら理解される

---

(1) 出隆：ギリシアの哲学と政治 (1943) pp. 17～18

であろう。これらの哲学者の思惟の仕方はポリス的なポリテス的なそれに外ならぬ。そして又彼らの思惟が専ら言語を媒介し，言語的論議に即することも亦自ら当然となる。アリストテレスの Syllogistike が近代の単なる Schlusslehre でなく，直接に近代語に該当する語がなく，本来二人の人間の間に於いて行なわれる対話的思惟の方法であることは夙に文献学者の指摘するところである。シュロギスモスとは本来「論議（ロゴス）」であって，或る立言から，これに基づいて他の立言を必然的に帰結せしめる方法である。新らしき真理の発見の方法でなく，与えられた真理を論証する方法なのである。ギリシャ人の弁論術，修辞法に対する異常な偏愛もかかるポリス生活の必然的な性格である。

　かくして，又かくの如きところにおいて証明的方法が確立され得た。むしろかくの如き状況に於いては，思惟は証明的とならざるをえない。かくして証明を方法とする学問としての数学はポリスに於いてこそ成立し，又成立し得たと言い得ないであろうか。ヘロドトスの伝える如く，幾何学はその初めエジプトの僧侶の閑暇に於いて成立したが，しかしそれが凡そギリシャ的な幾何学と異なるのは，それが論証性をもたないことである。論証性は直観や悟達ではない。談り，談られることによって共同の思惟に於いて成立し公共的承認を前提とする思惟である。結局，ポリスに於けるポリス的思惟である」[1]

下村寅太郎は，古代ギリシャ人が都市国家ポリスを形成し，対話による思考，弁論による説得による政治を行なったこと，そして，そのポリス的な精神が，対話，論議による共同的思惟をもたらし，公理を生み，定義を求め，公理的方法を確立したという。

このように，学問としての数学の精神の根本が民主的な社会にあるとすれば，その精神に立って数学の指導を考えることが民主的な社会を構成する市民を作ることに貢献すると期待してよいのではないだろうか。

同じようなことを，『ギリシャ思想の起源』を求めたヴェルナン（Vernant, Jean Pierre）も指摘して，次のように述べている。

「ポリス制度の第一の特徴は，他のすべての権力手段に対する言葉の徹底的優越である。言葉は最も重要な政治的道具，国家におけるあらゆる権威の鍵，他人に命令し支配するための手段となる。……この場合の言葉は，祭儀のさいに唱えられる語，その場に適合した呪文ではなく，相対立した弁者間に戦われる論戦であり，討論，議論である。この言葉は公衆に向かって，公衆を審判官として語られる。対立する議論の間の優劣は，最終的には挙手によって表示さ

---

(1) 下村寅太郎：科学史の哲学（弘文堂　1941）pp. 124～128

れる公衆の意思によって決せられる。………アルケ（命令）の及ぶ範囲に属する一般の利害に関わる問題は，かつてはすべて君主の裁断によって処理された。ポリスにおいては，この種の問題はことごとく弁論術の取り扱うところとなり，討論を経て裁決されるようになる。それ故ポリスの住民にとっては，あらゆる種類の問題につき自己の見解を演説の形で表明し，それを反対命題の論証，反対討論の鋳型に流し込みうることが必要となる。政治とロゴスの間には，このようにきわめて密接な相互関係が存在する。政治術は本質において言語の操縦法に他ならない……，また，ロゴスが，そもそもおのれはいかなるものであり，いかなる規則にしたがうとき，いかなる力を発揮しうるかを意識したのは，その政治的機能を通じてだった……。歴史的には，まず修辞学と詭弁法による，議会と法廷の闘争に勝つ手段としての演説の形式の分析がおこなわれ，……説得の技術に対立するものとして，証明の規則が定義され，……，危険を伴う論争に用いられる真らしいものまたは蓋然的なものの論理に対して，理論的知識の探究に用いられる真なるものの論理が樹立される」[1]

ヴェルナンは，ポリスの第二の特徴として，「社会生活上の最重要事項に対して与えられる，完全に公共的な性格」を挙げる。一部の者の独占物であった「慣行，方式，知識のすべてが，徐々に集団全体のものとされ，万人の監視の下におかれるようになる。……共通文化の要素となることにより，知識，価値，精神的技術それ自体もまた広場に持ち出され，批判と論議の対象とされる。……一般に公表されることによって，解釈，さまざまな説明，反対，白熱した論争を産む。こうして議論，討論，論争は，政治競技のルールであると同時に，また知的競技のルールにもなる。……政治的権威も知的権威も，もはや個人的あるいは宗教的な威信の力によって立つことはできず，弁証法的方法で自己の正当性を証明することが必要になる」[2]

これらの説明は，ポリスの政体と弁論およびロゴスとの関係をよく説明している。ヴェルナンは，その起源をドーリア人の侵入によるミュケナイ王政の崩壊からポリス政体への移行の過程にその起源を求めようとしている。そこには王権の分散に始まり，相拮抗する集団間の軋轢，相対立する特権と機能の間の葛藤の中から秩序を産み出す努力があり，争闘，競争，対抗の価値の称揚が，同一の共同体への帰属の感情，社会的統一と結合の必要と結びついて見られるようになるに至る。政治も言論の戦いとなるが，「言論を武器として戦い，演説に対して演説をもって立ち向かう者たちは，……平等者の集団を形成する」[3]。ヴェルナンは

---

(1) ヴェルナン，吉田敦彦訳：ギリシャ思想の起源（みすず書房　1970）pp. 46〜48
(2) 上掲書　pp. 48〜49
(3) 上掲書　p. 43

「すべて競争－エリスは平等を前提とする」[1]と言っているが，この平等の精神こそポリスを形成する基礎であろう。

ヴェルナンは，ポリスの精神的世界のもう一つの特徴として「その出身，社会的地位，職務等の違いにもかかわらず，ある意味では相互に「似かよった」者たちであることを意識する。この類似性がポリスの統一の基盤である」と説く。「これによって，かつての階層化された服従と支配の関係に代わって，相互的で可逆な関係となる」[2]。これにより対話が生まれる。

公理的方法を考えるとき，このことは示唆的である。というのは，この平等の精神，似かよった者の集まりという意識が民主社会を構成する市民にとって欠くべからざるものであり，公理的方法もその精神によって生みだされたものだからである。同じ土壌から育っているとすれば，公理的方法を用いることの中に民主的な社会を構成する精神が見出せるはずである。

数学は，その精神と方法から生みだされたものである。したがって，数学は民主的な市民を育てるという意味で，教育的な価値を実現する可能性をもった存在であるといえる。しかるに，現在の数学教育は往々にしてその精神を忘れ，単なる知識・技能の伝達に終わっているように見受けられる。数学のもつ教育的な価値を実現するためには，今一度根本に立ち帰り，公理的方法の視点から数学教育を考えることが必要であると思う。公理的方法の視点から数学の指導を考えることが，数学教育に本来の生命を与えることになると考える。

ポリスの人々は，それぞれが対等であるが故に疑いを素直に表に出すことができ，また，対等であるが故に相手に理解される説明（論証）をしなければならなかった。優位な位置に立って押しつけることは，公理的方法の精神に反することである。公理的方法は互いの疑問をともに解決し合い，ともに進んでいくという精神を基本としている。

このことは，他人に対してだけ言うことではない。なんとなく納得し難い気持ち，しっくりしない気持ちを抱いた場合，納得できる気持ちになるように努力すること，これが大切であり，原理を求めてなされる検討がそれを助けてくれるはずである。

デューイ（J. Dewey）は，教育の目的を「各個人をして自己の教育を継続させることである」[3]と言った。これは，自己教育（self-education）ができ，自己評価（self-evaluation）ができる人間を育てることであると言い換えることができ

---

(1) ヴェルナン，吉田敦彦訳：ギリシャ思想の起源（1970）p. 44
(2) 上掲書 p. 59
(3) Dewey, J.: Democracy and Education (The Macmillan Co. 1916, The Free Press 1966) p. 100
　　 J. デューイ，帆足理一郎訳：民主主義と教育（春秋社 1952）p. 111

る。公理的方法は，生徒自ら学べることは自ら学ぶことを期待し，自らの考えを自ら評価できる人間を育てることを期待している。そのためには，まず，わからないという気持ちをごまかさない態度が基本である。それがあれば，公理的方法はこれに応えてくれるはずである。

1.3.4 説得と体系化の方法を越えて

先にも述べたように，ユークリッドの『原論』は，後世の学者達に大きな影響を与えた。ニュートンやスピノザのように自らの学問を『原論』に見習って体系づけた学者もある。これを論証の方法，あるいは，説得の方法と位置づけた人もある。いずれにしろ，一般的にはユークリッドの『原論』は体系化と説得の方法を示しているものと考えられていた。そのことを明確に述べている人にパスカル（Pascal, Blaise 1623～1662）がいる。パスカルは『幾何学的精神について（De l'esprit geometrique 1657）』の中で次のように述べている。

「すでに見いだされた真理を論証し，その証明が不可抗であるようにそれらの真理を解明する術こそ，わたしが述べたいと願っている唯一のものである。そして，このためには，そのさい幾何学が守っている方法を説明すればよいのである。なぜなら，幾何学はその術についてなんらの論議もしないが，その実例によってそれを完全に教えてくれるからである。またこの術は二つの重要なこと，すなわち各命題を個々に証明することと，あらゆる命題を最善の秩序に配列することとから成り立っているので，わたしもそれを二つの部に分けたいと思う。一つは幾何学的な，すなわち，方法論的な完全な論証をするための規則を含むであろうし，他は，幾何学的な，すなわち，方法論的な完結した秩序の規則を含むであろう。そして両者を合わせれば，真理を証明し識別する推理の筋道に必要な一切を含むことになろう」[1]

パスカルは真理を説明する方法をユークリッドの『原論』が例示していると明言し，それを手本にしようと言っている。文中にでてくる「幾何学的な」は「公理的な」の意味である。パスカルは，その第2節で説得術について述べているが，そこには古典的な公理の見方がはっきり現われている。

「わたしが説得術と呼ぶところの，もともと方法論的な完全な証明の運用にほかならないこの術は，三つの主要な部分から成り立っている。すなわち，用

（1）パスカル，前田陽一，由木康訳：幾何学的精神について（世界の名著 24 中央公論社 1966）p. 498

いるべき用語を，明瞭な定義によって定義すること，問題となっていることがらを証明するため自明の原理または公理を提示すること，論証にあたって定義されたもののかわりに定義そのものをつねに心の中で置きかえること，これである。

　この方法の理由は明らかである。なぜなら，解しがたいすべての用語をあらかじめ明瞭に定義しないかぎり，証明すべき問題を提出したり，その論証を企てたりするのは無益であろうし，また同様にして，基礎がしっかりしていなければ建物もしっかりすることはできないので，論証にはそれに必要な自明の原理を要求することが先行しなければならないであろうし，そして最後に，定義されたもののかわりに定義それ自身を心のなかで置きかえることが必要であるのは，そうしなければ，用語に存在する種々の意味を濫用することになるであろうからである。この方法を守れば，確実に説得しうることは，すぐわかる。その理由は，用語がすべて定義によって理解され，曖昧さから完全にまぬかれ，原理が承認されているのであるから，論証にあたって，定義されたもののかわりに定義そのものを心のなかで置きかえさえすれば，結論のいかんともし難い力はその効果を発揮せざるをえないからである」[1]

そして，定義と公理と論証とを考えるときに必要な規則を，定義のための規則，公理のための規則，論証のための規則として要約している。

　パスカルのこの見方は，一般に考えられている公理的方法の考えと同じである。ワイルダーによれば，ライプニッツは政治学にこの方法を用いたという[2]ことであるが，それもやはり，説得の方法としてであった。つまり，一般に公理的方法は，真理を得る方法というよりは，真理を説明する方法として位置づけられる。

　教育において公理的方法を用いることについての反対は，ここから出ているように思われる。つまり，公理に基づいて演繹的に記述することは，数学における最終段階であり，公理的・演繹的展開は創造的な過程を省略しているので，数学の指導においてこの方法を使うのは好ましくないというものである。教育において公理的方法を用いることを強く反対しているクライン（M. Kline）は次のようにいう。

「生きた数学は，創造的な活動であり，学生にとっては再創造の過程である。数学的活動は，だれか他の人の考えに同意することではなくて，自分自

---

(1) パスカル，前田陽一，由木康訳：幾何学的精神について (1966) pp. 519〜520
(2) Wilder, R. L.: The Role of the Axiomatic Method (1967) pp. 122〜123

身で考えること，即ち，当て推量し，臆測し，試行錯誤し，具体的な証拠から帰納し，思考の中に入ってくるその他いろいろなあらゆる偶然的な過程の中に存する。創造力は，問題を解くときの柔軟性を前提としており，将来有望と思われる数学的なアイディアは，それが個々の公理的構造の範囲内にあろうがなかろうが，喜んで取り入れるべきであろう。実際，公理的構造は，心に囚人服のような役割をするのである」[1]

しかし，ユークリッドの『原論』の成立，あるいは，これまで見てきた公理的方法の起源から考えると，この言は必ずしも妥当とは認められない。公理的方法の基本的な考えの中には，説得の方法としての考えもある。しかし，もっと基本的には，平等な人間，対等な人間の間で疑問を解きほぐし，その疑問を解消するための方法であることを見てきた。また，この考えは，原理から理解しようという欲求に支えられているということも見てきた。これは，クラインがいう創造の過程と矛盾するものではない。創造の過程において生ずる疑念，不審の念を解消するのに役立つであろうし，原理から理解することは，発展をも含んでいる。

クラインの批判は，公理的に体系化された数学を，その公理的体系に従って教えることに対する批判であろう。公理的な体系にそって理解させることをもって公理的方法とする立場は，筆者もとらない。公理から，それも与えられた公理から演繹することは公理的方法の一部にすぎない。それだけでなく，すでに明らかにしてきたように，諸々の法則を見つけ，演繹的な体系を作るために基礎にある原理を求め，できるかぎり原理から理解しようと努力すること，公理を置き，定義を作ることによって数学的存在とし，論理的に整合性をもった理論体系を作る努力をすること，その中に公理的方法が認められる。パスカルが考えているように，一面では，公理的方法は説得の方法としての側面をもっているが，それだけでは不十分で，原理を求め，原理から明らかにしようと努力すること，議論の対象となるように定義を作るなどしてその準備をする方法と考えるべきである。

既にこれまで，公理的方法は単に事実の真なることを保証するだけのものではないことを見てきた。発生的に見れば，公理的方法は仮説的な思考法に源がある。研究の基礎に仮定をおき，相手の同意を得て，それを基礎に相手とともに研究を進めていこうという態度がある。その仮定も固定したものではなく，他の仮定を置けば，他の結論が出るということが認められているようなものであった。古代ギリシャ時代には，現代的な公理的方法の考えのように，公理が違えば，違った数学ができるというような形では残らなかったけれども，そのような思考法

---

(1) Kline, M.: Mathematics and Axiomatics ("The Role of Axiomatics and Problem Solving in Mathematics" Ginn and Co. 1966) p. 59

が根底にはあった。この相手の同意を得て，その仮定を基礎にして論を進めるという方法が，公理的方法としてユークリッドの『原論』に結実したものと見ることができる。

　基礎に仮定を要請するという考えは，パスカルが公理について述べているように，どこかに論証なしに認めてもらわなければならないものを置かざるを得なくなる，ということにあるだけではない。対象としているものが，如何なる意味で存在するのか，何を根拠に存在するかというように，存在を吟味する精神にも支えられている。

　古典的な公理的方法は，人々がいうように，唯一の実在を対象にしているものではあるが，実在を論理的に確かに理解するための方法である。それができるためには，対象を論理的に解明できる対象としなければならない。対象として論理的に存在させるものが公理であり，定義である。その公理や定義を述べることができるためには，対象としている現象の根底を探らなければならない。原理を求め，基本性質を明らかにしなければならない。

　公理的方法は，疑問を解きほぐし，その疑問を解消するための方法でもある。その疑問の解消は，原理に基づいて，原理から理解されることによってなされる。そのためにも原理の追求が欠かせない。

　このことに関連していうならば，疑問を大切にすることが欠かせない。それと同時に，いい加減な納得を許さない態度が必要である。納得し難いことは，納得し難いと素直に認める正直さが欠かせない。曖昧なままにしておかない精神が大切である。

　公理的方法が有効に機能するためには，仮定の要請だけでなく，その仮定からの厳密な演繹が欠かせない。同時に，仮定を置いているということの認識と，他の仮定をすることも可能であるということの認識も欠かせない。

　公理的方法とは，要するに，原理を求め，原理から論理的に理解しようとする精神に支えられ，仮定を置いて，実在にアプローチしようとする方法，言い換えれば，研究を進める方法であり，態度であるということができる。このことは，現代的な公理的方法において，さらに明確に主張できる。

2節　ヒルベルトの『幾何学の基礎』と現代的な公理的方法

　数学を体系化する方法として，また，学問の方法としての公理的方法がユークリッドの『原論』に具体的に示されていたように，20世紀の数学の発展の基礎を与えた現代的な公理的方法の考えは，ヒルベルト[1]の『幾何学の基礎（Grundlagen der Geometrie 1899）』に具体的に示されている。

　ヒルベルトは，この本でめざしていることを，その序文で次のように述べている。

　　「……幾何学に対し完全な，できうるかぎり簡単な公理系を設け，これらから最も重要な幾何学の諸定理を導くと同時に，その際，種々の公理群の意義と各個の公理から導かれる結論の限界とを明確にしようとする，一つの新しい試みである」[2]

　ここには，二つの目的が述べられている。一つは，幾何学の完全な公理系を求めることであり，もう一つは，公理の意義とその公理から導かれる結論の限界とを明確にしようとすることである。本節では，これらの意義と教育への示唆を明らかにしていくことにする。

2.1　完全な公理系を求めて

　まず，第一の場合，すなわち，「幾何学に対し完全な，できうるかぎり簡単な公理系を設け，これらから最も重要な幾何学の諸定理を導く」ことについて見ていく。このことには，次のような歴史的背景がある。

　ユークリッドの『原論』は，厳密に論理的な展開がなされているという点で完全無欠なものと長い間信じられてきた。だからこそ，2000年の長きにわたり，厳

---

(1) Hilbert, David　1862〜1943
(2) Hilbert, D : Grundlagen der Geometrie (1899)
　　ヒルベルト，寺阪英孝，大西正男訳：幾何学の基礎（現代数学の系譜　7　共立出版　1970）p. 4

2節　ヒルベルトの『幾何学の基礎』と現代的な公理的方法

密な学問の手本としてあがめられ，また，論理的に推論する力を養うための教科書として，20世紀になるまで使われてきたのである。

しかし，19世紀も後半になると，数学の基礎を吟味する時代の中にあって，『原論』の中には直観的なイメージが推論の中に入り込み，暗黙に認められている仮定があり，論理の厳密さに欠けているところがあることに気づかれるようになった。

その一つの例として，ユークリッドの『原論』の第一命題の証明がある。これは，与えられた線分を一辺とする正三角形の作図を示すものであるが，それは，線分ＡＢの両端を中心に線分ＡＢを半径とした円を描くことによってなされている。ユークリッドの『原論』では，この二つの円は交わると述べているが，これを保証する公理は述べられていない。実際にこのような二つの円を描けば必ず交わるので，これが当然のこととして認められていても不思議ではない。

しかし，それは直観的に認められることではあるが，厳密に考えれば，公理として仮定されなければならないことである。このことをパッシュ（Moritz Pasch 1843～1930）が指摘した。これは，ヒルベルトの『幾何学の基礎』では，公理群Ⅱ．「順序の公理」の中にⅡ₄「平面の順序の公理」として示されている。

また，ユークリッドの『原論』の公理の中にある「互いに重ね合わせ得るものは等しい」という公理は，図形の形・大きさを変えないで移動し得るということを前提としているが，本当にそれが可能かどうかは問題である。これが公理であることは，ヘルムホルツ（Hermann Ludig Ferdinand von Helmholtz 1821～1894）が指摘したと言われる[1]。

この剛体の可動性の要請は，ユークリッド幾何学では欠かすことのできないものであるが，それまでは当然のこととして暗黙のうちに認められていたのである。パッシュ（M. Pasch）は，これが公理であることも指摘した[2]。彼はこれを計量幾何学を射影的に扱う問題を解こうとして深く研究したと言われる[3]。

パッシュに続いて，1889年にペアノ（Giuseppe Peano 1858～1932），1899年にはピエリによって「結合の公理」と「順序の公理」が深く研究され[4]，連続性の公理は，カントール（Georg Cantor 1845～1918），デデキント（Julius Wilhelm Richard Dedekind 1831～1916）によって研究された。

このようにして，ユークリッド幾何学の中に埋もれていた公理が次第に取り出されてゆき，それまでに知られていた諸結果を，新しい考えでヒルベルトがまとめたものが『幾何学の基礎（Grundlagen der Geometrie 1899）』である。

（１）　中村幸四郎：幾何学基礎論（輓近高等数学講座　26　共立出版　1934）pp. 5～6
（２）　上掲書　p. 6
（３）　ルイブニコフ，井関清志，山内一次訳：数学史（Ⅳ）（数学新書　48　東京図書　1966）p. 581
（４）　上掲書　p. 581

第1章　公理的方法の歴史的考察

　　　　　ヒルベルトは，ユークリッド幾何学のよって立つべき公理を，次の五つの公理
　　　　群に分けて示している。
　　　　　　Ⅰ　結合の公理
　　　　　　Ⅱ　順序の公理
　　　　　　Ⅲ　合同の公理
　　　　　　Ⅳ　平行線の公理
　　　　　　Ⅴ　連続の公理
　　　　　ヒルベルトは，ユークリッド幾何学には，これらすべての公理が必要であるこ
　　　　とを示している。

2.2　分析的方法

2.2.1　公理の及ぶ範囲を明らかにする

　　　　　ヒルベルトが『幾何学の基礎』で試みたもう一つのことは，これらの公理群の
　　　　意義と各個の公理から導かれる結論の限界とを明確にしようとすることであっ
　　　　た。このことは，「5群の公理の一群一群の上に，それからそれらの組み合わせ
　　　　の上に，如何に等級正しく組織された幾何学の一系列の基礎が置かれ得るか」[1]
　　　　を示すことによって行われている。
　　　　　これは，公理群および定理の示し方に現われている。
　　　　　ユークリッドの『原論』では，第1巻の冒頭に定義が述べられ，続いて公準，
　　　　公理が述べられて定理が証明されている。その後，定義は必要な場所で述べられ
　　　　ているが，公理および公準は第1巻だけで後は出てこない。ところが，ヒルベル
　　　　トの『幾何学の基礎』では，初め§1で無定義な要素と五つの公理群の名が挙げ
　　　　られた後，§2で「結合の公理」八つが示され，定理が二つ証明されている。次
　　　　の§3では，無定義術語である「間」の定義が述べられた後，「順序の公理」四
　　　　つが示されている。そして，§4で，結合の公理と順序の公理からの結論として
　　　　定理が八つ証明される。その間にも必要に応じて定義が述べられる。以下，「合
　　　　同の公理」が述べられて，その帰結が示され，「平行線の公理」が述べられると
　　　　その帰結が示される，というように第1章が構成されている。
　　　　　現代的な公理的方法については，公理系の無矛盾の吟味は欠かせないのである

---

(1)　ピエール・ブートゥール，河野伊三郎：数学思想史（岩波書店　1943）p.160

が，ヒルベルトは，第2章でユークリッド幾何学の無矛盾を実数の無矛盾に依存させるという考えを示している。この考えは，公理系の無矛盾を考えるときの基本的な考えとなっている。

公理系については，その他に公理の独立性と範疇性が問題になる。ヒルベルトは，第2章で独立性についても吟味をしている。範疇性については，ヒルベルトがユークリッド幾何学について求めていたものが範疇的なものなのでここでは問題にならない。

第3章では，比例論が論じられているが，そのとき，「パスカルの定理」が導かれたあと，それにより実数に対する算法がそのまま成り立つような線分による演算を導入し，解析幾何学の可能性を論じている。しかも，この過程において，「アルキメデスの公理」なしにユークリッドの比例論を基礎づけることができることを示している。それ以下の章では，これらの公理群のいくつかの組をもとに「パスカルの定理」や「デザルグの定理」その他の考察がなされている。

これが，ヒルベルトの述べている「種々の公理群の意義と各個の公理から導かれる結論の限界とを明確にしよう」としていることが，形の上で現われているものである。どんな公理をもとにすれば，どんな定理が導かれるのか，この公理がなかったら何ができなくなるのか，あるいは，どこまで大丈夫なのかということについての吟味が見られる。それによって公理の意義が明らかにされている。

ヒルベルトがこの考えをどこから得たのかはわからない。C.リードの著した評伝『ヒルベルト』[1]にも，そのことにはふれられていない。ただ，ヒルベルトの『幾何学の基礎』に影響を与えたとしてよくひき合いに出されるヴィーナー（H. Wiener）の講演が，すべての交点定理が「パスカルの定理」と「デザルグの定理」を仮定するだけで必然的に証明されるということを示す内容であったという[2]ので，このことに示唆されたことは十分考えられる。あるいは，非ユークリッド幾何学の成立に関連して，公理系の独立性，無矛盾性を吟味する中から得られた考えなのかもしれない。

その着想がどこから得られたかは定かではないが，その意味することの与えた影響は大きかった。というのは，これが数学研究の新しい方法を示唆しているからである。

古い数学は，身のまわりの問題の解決や処理の必要から生まれてきた。それらから概念を抽象し，問題を解決しながら，新しい知識を得てきた。そのような研究から得られた多くの知識が，後に公理をもとに論理的に体系化されることによって数学となったのである。公理は，抽象された数学的対象の基礎を探ることに

---

(1) リード，弥永健一訳：ヒルベルト――現代数学の巨峰――（岩波書店 1972）
(2) 吉田洋一，赤攝也：数学序説（培風館 1954）pp. 131〜132

よって得られたものであったし，既に見つけられている数学的諸事実の真なることをすべて保証することができれば，それで十分であった。

ヒルベルトは，全体を覆うという公理の在り方に満足せず，もっと分析的に，個々の公理の果たす役割，限界を吟味しようとしている。ある公理を置いたときに覆うことができるものと，その限界を明らかにしようとしている。それは言い換えれば，新しい数学的世界の創造と見ることもできる。

先に，古典的な公理的方法について，「原理を探る」という考えのあることを見てきた。ヒルベルトは，それをより一層明確に，かつ，分析的に考えようとしていることが認められる。つまり，定理の側から言えば，それを支える公理が何と何とであるかを見ることになっており，公理の側から見れば，それが及ぶ範囲を明らかにしようとしている。ある公理がなければ，どんなことが起こるのかも吟味している。これは，公理の独立性を吟味することでもある。単に根拠や原理を求めて安心して終わるのでなく，その根拠や原理の及ぶ範囲にあるものを分析的に明らかにしようとする態度，考えがある。このことから，公理的方法は分析の方法であるということができる。

そうすることによって，これまで気づかれなかった事実が見つかることもある。その場合には，発見の方法，創造の方法ということもできる。諸事実の間に新しい関連が見つかることもあろう。このようにして見つけられた諸事実は，同じ原理に支配されているものと見ることができるので，結果として統合がもたらされることにもなる。

ヒルベルトのこの考えは，前節で，古典的な公理的方法の源にさかのぼっていったとき，仮説的な思考法があったことを思い起こさせる。エレア学派の人々は，あることを仮定することを要求し，その仮定を根拠に論理的に導かれるものを追求していった。そして，ときには，そこに自己撞着を見出したり，現象世界における経験と矛盾することを導きだすこともあった。空間そのものの存在すら，空間の存在を仮定することにより自己撞着が生ずることを導き出して，その存在を否定している。

ヒルベルトは，この仮定に基づく演繹をひとつひとつの公理，および，公理群について行ったものと考えられる。この考えは，新しい数学を生み出すもとになる考え，つまり，公理を仮設とし，それから導かれる命題の形式的依存関係を追求するのが数学であるという数学観を徹底したものと考えられる。この数学観は，非ユークリッド幾何学の成立に基づくものであることは周知のことである。

非ユークリッド幾何学における平行線公準は，ユークリッド幾何学のそれと相矛盾するものであり，もし，幾何学が空間を記述する学問であるならば，どちらか一方の幾何学しか許されないはずである。数学を，公理から形式的依存関係を

追求する学問であるとすることによって初めて，両者は並び立つ幾何学として認められる。

　ヒルベルトが公理の意義と限界とを示しているこの方法は，公理の独立性を吟味する方法になっているのであるが，これはものごとを考える方法としても示唆に富む。公理の限界を追求するという考えは，言い換えれば，あることを一度根拠にしたら，可能な限りそれですませていこうとする考えでもある。それは，根拠として覚えるべきことをできるだけ少なくしたいという経済性の原則にもつながることであり，これにより，公理の数を少なくすることができる。それは結局，公理の独立性の問題を解決することになる。

2.2.2　適切な分離と総合

　公理的方法を分析の方法と見る考えは，直観主義の立場をとるワイル（H. Weyl）[1]が『半世紀の数学』で述べていることの中にも見られる。ワイルは問題解明の方法としての姿を公理的方法に認めて，次のように言っている。

　「20世紀数学の極めて人目をひく様相の一つは，公理的に研究を進める方法の演ずる役割が著しく増大したことである。公理的方法は以前には，我々が建設する理論の基礎を明らかにする目的のためにのみ用いられたのに反して，今や具体的な数学研究のための一つの道具となった。それが最大の成功を記録したのは恐らく代数学である。

　例えば実数の体系をとろう。それは Janus の頭のように二つの方向を向いた顔を持っている：一面においては加法と乗法という代数的演算の体である。他の一方でそれは，各部分が密接に結びついているために，互いに分離しようとしても到底できない連続多様体である。前者は代数的な一面であり，後者は位相的な一面である。現代的な公理主義は（現代の政治とは反対に）本来純真なので，平和と戦争とのこうした曖昧な混淆を好まない。それ故両方の面を互いに判然と区別したのである。

　複雑な数学上の一事態を理解するためには，とりあげた問題の種々な側面を自然な方法で分離し，いくつかの概念とそれらの概念を用いて明確に表現されるいくつかの事実を，比較的狭い範囲の，容易に見通しの利くグループにまとめ，このグループによってそれらの側面のおのおのに到達できるようにし，最後の部分的な諸結果を本来の特殊な形にして結合することにより全体に立ち戻るということがしばしば便利である。最後の綜合的操作は純粋に機械的であ

---

[1]　Claude Hugo Hermann Weyl　1885〜1955

る。技巧は第一の段階，すなわち，適当な分離と一般化という分析的操作のうちにある」[1]

　要するに，ワイルは，公理的方法は複雑な側面を適切に分離し，いくつかの概念とそれらの概念を用いて明確に表現されるいくつかの事実を比較的狭い範囲の容易に見通しの利くグループにまとめ，このグループによってそれらの側面のおのおのに到達できるようにし，最後の部分的な諸結果を本来の特殊な形に結合して，全体に立ち戻ることにより，問題の解決，事象の解明に役立たせる方法であるという。

　ヒルベルトは，完全な公理系を作ることを目ざしながら，個々の公理群に着目して，その及ぶ範囲と限界を明らかにする努力をした。その目ざしていることは違っているが，その結果を見ると，ワイルの言うように，全体を適切に分離し，総合することにより，問題場面を把握し，解明することにもなっている。

　この手続きは，複雑な問題を解明するときに使うことができる一つの有効な方法である。ある複雑な問題場面に直面したとき，まずその場面についての観察をする。実験や解決のための試行をする。その間に，いくつかの事実を見つけたり，法則を帰納したりすることができる。

　いくつかの事実が見つかり，それを支配している法則が予想されたりすると，今度はそのいずれかに着目し，法則を仮定して，それから導かれる可能性をすべて探ってみる。分けられるものは分けて考察する。解の可能性はその中に存在するかもしれない。次に，また別の法則や条件について，その可能性を探る。解決はそれらの組み合わせ，あるいは，次々と条件を加えていくことによって得られるであろう。分けたものを統合することによって全体を把握することも可能である。

　条件を仮に定めて，それから演繹的に可能性を探る手続きは，公理を置いて，それから演繹的に事実を導き出すこと（一方が大局的であるのに対し，他方が局所的，あるいは，限られた場面において行われているという点は違っているが）とよく似ている。公理的方法は，問題解決の一つの有効な方法とも共通な考え方をもっている。

---

(1) Weyl, Hermann: A Half-century of Mathematics (Amer. Math. Monthly vol. LVIII no. 8 Oct. 1951) pp. 523～524

2.3　構造への着目

2.3.1　原始要素の無定義

　　　　ヒルベルトに見られる公理的方法のもう一つの特徴は，原始要素が無定義であることと公理の役割に対する考え方にある。

　　　　ユークリッドは『原論』において，まず，点，直線などについて一連の定義を述べることから始めている。ヒルベルトも，同じように，点，直線の定義を述べることから始めている。しかし，ユークリッドが，「点とは部分をもたないものである」「線とは幅のない長さである」というように，点，直線の性質を述べているのに対し，ヒルベルトは次のように述べているだけである。

　　　　「〔定義〕われわれは3種の異なるものの集系を考える。第1の集系に属するものを点といい，A，B，C，…で表わす。第2の集系に属するものを直線といい，a，b，c，…で表わす。第3の集系に属するものを平面といい，α，β，γ，…で表わす。また点を直線幾何学の要素ともいい，点と直線を平面幾何学の要素といい，点と直線と平面を空間幾何学の要素，または空間の要素という」[1]

　　　　ヒルベルトは「定義」といいながら，点とは何か，直線とは何かを述べていない。点，直線，平面というものがある。それらをそれぞれ直線幾何学，平面幾何学，空間幾何学の要素であるといっているにすぎない。普通に考えられている定義の意味から言えば，これでは定義にはなっていない。

　　　　完全な論証の方法を論ずる中で，パスカル（1657）は原始術語が無定義であることの必要性を説いている。しかし，それは，すべてを定義することはできず，したがって，定義されない第一の言葉がなければならないと考えてのことである。

　　　　パスカルは，「最も卓越した論証を形成すべきこの真の方法は，それに到達することが可能であるとしたら，……一つは，あらかじめその意味を明確に説明しなかった用語は一つも用いない……」[2]，つまり，すべてのものを定義する必要

---

(1)　ヒルベルト，寺阪英孝，大西正男訳：幾何学の基礎（共立出版　1970）p. 5
(2)　パスカル，前田陽一，由木康訳：幾何学的精神について（1966）p. 499

があるが,「最初の用語を定義しようとすると,それを説明するのに用いる,それに先行する用語を予想させるであろう……」から不可能であること,したがって,「すべての人に理解されている明白なことを定義せず,その他の一切を定義」[1]することこそが肝腎だとしている。

たとえば,(当時の)「幾何学は,空間,時間,運動,数,同等というようなことがらのいずれをも,また多く存在する同様なものも,定義しない」が,その理由は,「それらの用語は,言語のわかる人々に,それらが意味していることがらをきわめて自然に示すので,それらを解明しようとすれば,教示するよりもむしろ曖昧にすることになるから」[2],つまり,その意味が自明であるが故に定義しないとしている。

パスカルによれば,幾何学等で定義しない概念についての知識は,「自然自身が無言のうちにその知識を与えたのであって,それは,人為がわれわれの説明によって得させるものよりも明瞭だからである」[3]ということになる。これがすなわち,古典的な公理的方法における定義および無定義術語に対する考え方である。

要するに,パスカルは,すべての用語を定義するわけにはいかないし,また,ことばで定義するとかえって曖昧になるものがあり,定義しなくても共通に理解できるものは無定義のままにしておいた方がよいと言うのである。

しかし,ヒルベルトが点,直線,平面を無定義にしているのは,そのような消極的な意味ではない。ヒルベルトは,続いて次のように言う。

「われわれは点,直線,平面をある相互関係において考え,これらの関係を"の上にある","間","合同","平行","連続"などのことばで表わす。これらの関係の正確な,数学的に完全な記述は,《幾何学の公理》によって行なわれる」[4]

これは,無定義な対象に対して,それらの相互関係を規定する条件を公理の形で述べることにより,陰伏的に数学的対象を定義しようとするものである。しかし,この相互関係を示す用語もまた無定義なのである。

ヒルベルトがこのようにしていることが,ただ陰伏的な定義にすぎず,もし,いわゆる点,直線だけしかイメージされないものとしたら,ユークリッドのしていることやパスカルの主張していることとそれほど大きな相違はない。しかし,

---

(1) パスカル,前田陽一,由木康訳:幾何学的精神について (1966) p. 501
(2) 上掲書 pp. 501〜502
(3) 上掲書 pp. 502〜503
(4) ヒルベルト,寺阪秀孝,大西正男訳:幾何学の基礎 (1970) p. 5

2節　ヒルベルトの『幾何学の基礎』と現代的な公理的方法

　ヒルベルトが，点，直線，平面といった原始要素を定義しなかったのは，定義しなくてもそれがわかるというだけの意味ではない。そこに述べられている公理を満足する限りにおいて何でもよいという考えがそこにある。もちろん，これらをユークリッドの意味での点，直線，平面と考えてもよいが，それに限る必要はない。このヒルベルトの考えを，ワイルダー（R. L. Wilder）は，現代的な公理的方法の特徴として，「原始要素」が variable である[1]という表現で言い表している。この原始要素の無定義性こそ，現代的な公理的方法の一つのメルクマールとして挙げられることである。

　先に，公理的方法の一つの側面——適切な分離と一般化——を指摘したワイル（H. Weyl）は，さらに続いて次のように述べている。

　「我々が語った基礎的な概念と事実とは，無定義の用語とそれを含む公理とに変えられる。これらの仮設的な公理から演繹される叙述の具体的内容を今や我々は自由に用いてよい。すなわち，概念と公理とを抽象してきたもとの実例に対して適用するばかりでなく，公理を変じて真の叙述とするように基礎用語を解釈できさえすれば，どんな場合に用いてもよい。極めてかけ離れた材料についても，このようないくつかの解釈が生ずることはよく起こることである」[2]

　ワイルダーは，これを「労力の節約面」と言い，公理的方法の長所として次のようにいう。

　「…自分の好きなように自由に解釈してよく，その解釈の結果できたモデルについては，これまで公理系で証明されていた定理は，ひとりでに真なる命題となる。すなわち，ここでいう「節約」とは，（外見上無関係に見える）多種多様な研究分野の命題を一度に証明できてしまうところにある」[3]

　このことをヒルベルトは，1891年ハルレで催された自然科学者大会でヴィナー（H. Wiener）の行った講演[4]に影響されて考えたのであろうと言われている。この講演の趣旨は，「幾何学」とは独立に，しかもそれと平行に，一つの「抽象的な理論」を作ることができるということである。このことを吉田洋一は次のように説明している。

（1）　Wilder, R. L.: The Role of Axiomatic Method (1967)　p. 116
（2）　Weyl, H.: A Half-century of Mathematics (1951)　p. 524
（3）　Wilder, R. L.: Introduction to the Foundations of Mathematics (John Wiley & Sons Inc. 1952) p. 39
（4）　講演題目：Grundlagen und Aufbau der Geometrie

「まず，平面上の"点"と"直線"とを"与えられた対象"とし，二点を結んでただ一本の直線がひけることと二つの直線の交わりの点がただ一つ決まること——平行線はないものとする——とを許された操作と定めておく．

平面上に成り立つ定理の中に，これらの"許された操作"と"与えられた対象"のみしか用いず，しかもその結論が，"これこれの点が一直線上にある"とか"これこれの直線は一点において交わる"とかいうふうな形になっているものが数多く見出だされる．それらは，一般に"交点定理"の名の下に総称されているところのものにほかならない．

ところで，ヴィナーの所論によれば，これらすべての交点定理は，次の二つの特別な交点定理（筆者注，「パスカルの定理」と「デザルグの定理」）を"真なるものと仮定"するだけで必然的に証明されてしまう，というのである：……この際，他になんらかの公理や公準を用いることは許さないのであって，ただ対象とそれに対する"操作"とを約束し，それらに関して上の二つの交点定理のみを仮定すれば，それだけで他のあらゆる交点定理が証明できるというわけである．…

ヴィナーの論法をよく見れば，次のようなことがわかってくる．すなわち，今ここに"点"というものが何であるか"直線"というものが何であるか，さらにまた"点を結ぶ"ということや，"直線の交わりを求める"などということがいかなることを意味するか，いっさいわかっていないとする．しかし，それにもかかわらず，ここに，かりに"点"および"直線"と呼ばれるものがあって，二つの"点"を決めると（"それらを通る"という形容辞の附される）一つの"直線"を定めるある規則があり，また，二つの"直線"を決めると（"その交点"と呼ばれる）一つの"点"を定めるなんらかの仕方があって，さらに，それらの"もの"と"規則"とが，現在の意味に解釈された"パスカルの定理"と"デザルグの定理"とを満たすようなものであったと仮定してみる．しからば，このとき，ヴィナーの証明をそのままにたどることによって，やはり同じ意味に解釈されたすべての"交点定理"が真であることを認め得るであろう．

すなわち"点"というものが，われわれの直観する"位置あって部分のないもの"ではなく，"直線"というものが"幅がなくどこまでもまっすぐなもの"でなくとも，ともかくも上のような"操作"を許し，しかも二つの命題を満たすようなものであるならば，その操作の意味における交点定理がすべて成り立つはずなのである．

ヒルベルトは，この点をきわめて重視した．"点"や"直線"がいかなるものであるか，ということはたいした問題ではないのであるまいか．ただ，それ

らに関し"結べる"とか，"交わりがある"とかいうある操作が考えられるとき，その操作に関して"これこれのことを仮定すれば，これだけのことが出てくる"という命題の"形式的な依存関係"を追求するのが，とりもなおさず数学ではないか，というのである」[1]

ヒルベルトは，その帰途同行の数学者たちに「点，直線，それに平面というかわりに，いつでもテーブル，椅子それにビール・ジョッキというように言い換えることができなくてはならないのだね」と言ったと伝えられている[2]。

2.3.2 形式的・抽象的幾何学へ

ヒルベルトによって明らかに示された原始要素の無定義性，公理の仮設性は，現在の数学の基本的な態度となっており，『幾何学の基礎』は幾何学のみならず数学全体に大きな影響を及ぼした。しかし，この考えは，グラスマン（Grassmann, Hermann Gunther 1809～1877）の頃から存在しており，いろいろな人が，いろいろな分野で使うことによって長い年月がかかって受け入れられ，徐々に地についたものとなったようである。

ワイルダーは，「非ユークリッド幾何学の発明は，幾何学を空間あるいは外延についての限定された科学とみなす観点から離れて，形式的な幾何学を受け入れるようになった19世紀の急速な発展の一部にすぎなかった」[3]と前置きして次のように述べている。

「1844年に発行され，観念の変化があったこの時代の道標となったグラスマンの『広延論』には，次のように書かれている。

"私の『広延論』は，空間についての学問に抽象的な基礎付けを与えるものである。すなわち，すべての空間的な直観から離れて，純粋に数学的な学問であり，それを空間に応用することによって，空間の科学が生みだされるというようなものである。この空間の科学は自然に与えられているもの（すなわち，空間）を指向しているのであるから，数学の分科ではなく，むしろ数学を自然に対して使ってできたものなのである"。……

グラスマンによって述べられている考えは，現在考えられているものと本質的に同じである。すなわち，「幾何学」と呼ばれている数学的体系は，必ずし

---

(1) 吉田洋一，赤摂也：数学序説（培風館　1954）pp. 131～133
(2) リード，弥永健一訳：ヒルベルト（1972）p. 108
(3) Wilder, R. L.: Introduction to the Foundations of Mathematics (1952) p. 6

第1章　公理的方法の歴史的考察

も実際の空間を記述したものである必要はない。勿論，その理論の起源とそれが展開されている形式とを区別しなければならないことはいうまでもない。算術と同様幾何学も"実際的"なものごとにその起源があるが，ある種の幾何学が物理的な空間を説明しているのだと主張することは，物理学的な主張であって，数学的な陳述ではない」[1]

　直観的な空間における点，直線，空間について完全な公理系を述べ，その論理的な完全さを求めようと努力していたパッシュ（M. Pasch）は，1882年に『新幾何学講義』を発行した。そこにおける彼の努力は，「定理を導くのに必要なことは何でも公理の中になければならない」[2]と述べられていることからうかがうことができる。その中で彼は，「幾何学が，本当に演繹的なものであるならば，推論の過程は，幾何学的な用語の意味とも，図形とも，独立なものでなければならない」[3]と言っている。ここには，原始要素を無定義と考える考え方が見られるが，それは論理的な完全性を求めてのことであった。

　このように，ヒルベルトの仕事の基礎となる考え方は，すでにグラスマンやパッシュの仕事の中に認められる。ファンデァヴェルデンは，古典的な公理的方法と現代的な公理的方法の分水嶺はパッシュとヒルベルトの間にあるといっている[4]が，パッシュにその源を認めてよいとも思われる。

　論理的な完全性を求め，これを記号化によって果たそうと考えて，幾何学を論じた人にペアノ（Peano）[5]がいる。ペアノの考えは，ブールの記号論理学に通ずるものがある。

　ブール（Boole）[6]は，1847年の記号代数に関する自分の著書『論理学の数学的解析（Mathematical Analysis of Logic）』の中で，「その分析過程の妥当性は，そこに使われている記号の解釈に依存しているのではなく，記号同士を結びつける法則にのみ依存している。いかなる解釈体系であっても，それが，仮定されている関係の正しさをそこなわないかぎり，等しく容認される」というように，公理系の原始要素に，今日我々が与えているような無定義な性格を与え始め，現在の公理的方法の考えを示しているという[7]。

　ペアノは，原始要素，及び，公理に対する現代的な態度をはっきり示している。「記号1は点と読まれる」としたあとの注釈で，「こうして，点と呼ばれる実

---

(1) Wilder, R. L.: Introduction to the Foundations of Mathematics (1952) p. 6
(2) Pasch, Moritz: Vorlesungen über neuer Geometrie (1882) p. 5
(3) ibid., p. 98
(4) Van der Waerden, B. L.: Klassische und moderne Axiomatik (Elemente der Mathematik Band XXII Heft 1 1967 Jan.) p. 3
(5) Peano, Giuseppe　1858～1932
(6) Boole, George　1815～1864
(7) Wilder, R. L.: The Role of the Axiomatic Method (1967)　p. 116

体の類（a category of entity）がある。これらの実体は定義されていない。また，3点が与えられたとき，それらの間の関係を考える。これをcεabと示そう。この関係もまた定義されてはいない。読者は記号1を，どんなカテゴリーの実体と考えてもよいし，cεabも，そのカテゴリーの3つのentitiyのどんな関係と考えてもよい」と言っている。このペアノの考えには，現代的な公理的方法の考えがみられると，ケネディ（H.C. Kennedy）は指摘している[1]。考えようによっては，ヒルベルトの仕事は，ペアノの記号による仕事を数学用語に置き換えただけではないかとさえ言えそうである。

ケネディは，公理の満たすべき条件，無矛盾性，独立性，範疇性を提唱したのもペアノであり，ヒルベルトはそれを一般に広めたにすぎないと述べ，その他にもペアノの業績を高く評価している[2]。

しかし，『ヒルベルト』の著者C.リード（Reid, Constance）は，パッシュやペアノの仕事を高く評価しながらも，なお，ヒルベルトの業績を認め，「彼は現代的視点を，パッシュやペアノによってなされたものよりもさらに明確に，描きだそうと試みたのである」[3]と述べている。

ペアノとヒルベルトのどちらにそのオリジナリティを認めるかは，興味ある数学史上の問題であるかもしれないが，ここではこれ以上深入りしないことにする。

ただ，これらのことから言えることは，この考え方がヒルベルト個人に由来するものでなく，歴史的な背景をもっているということである。ワイルダーも指摘するように，すでにグラスマンにその考えが見られる。彼は幾何学を空間的な直観から離れた数学と考えた。パッシュは，幾何学を空間についての学問と考えながらも，論理的であろうとするなら，直観的イメージとは独立でなければならないとした。一方は，経験的な空間的認識を超越した数学を考え，もう一方は，論理的に厳密であろうとして，我々の空間的認識から独立した数学を考えようとした。態度に違いはあるが，していることは同じであろう。

直観的イメージから独立に推論を進めることができるために，記号化を考えた人が，ブールであり，ペアノであった。対象を記号化すると，それらを結びつける規則，操作や手続きの規則を明言しなければならず，その規則のみに頼ることにより厳密さが得られる。しかし，記号化しなくても，グラスマンやパッシュが着目したのも論理関係であり，これを支えている規則（公理）であった。この規則（公理）のみに着目することにより，厳密で，かつ，抽象的な数学が得られて

---

(1) Kennedy, H. C.: The Origins of Modern Axiomatics: Pasch to Peano (American Mathematical Monthly 1972 Feb.) p. 134
(2) ibid., p. 134
(3) リード，弥永健一訳：ヒルベルト (1972) p. 114

いる。対象（要素）の性質に依存しないで推論を進めることができるための規則を形式化したために，原始要素は無定義でよいものとなり，さらに発展して変数性をもつものとなった。そうして，いろいろな対象を包括できる数学が作られたと考えられる。言い換えれば，原始要素の無定義性は，操作規則を形式化することにより副産物としてもたらされたものといえる。

2.3.3　代数学の進歩に見る「構造の考え」

　　原始術語を変数とみる考えは，もう一つ代数学の進歩からもたらされた。それは，ただ単に，代数で用いられる文字記号が変数であるということにあるだけではない。もっと本質的なことがかかわっている。

　19世紀は数学の基礎の吟味が行われた時代であるが，基礎の吟味は，数学の基礎の吟味だけではなかった。これまで，吟味されなかった概念や考え方も吟味考察の対象となり，また，それによって，数学が発展するもとにもなった。このようなことが代数で行われることによって，群などの新しい概念が生まれてきたのである。

　歴史を見ると，代数学の問題の一つに，高次方程式の解を代数的に求めることがある。そして，3次方程式は1541年にタルタリア（Tartaglia, Nicolo 1506～1557）によって一般解の公式が得られ，4次方程式は，1545年にフェラリ（Ferrari, Ludovico 1522～1565）によって一般解の公式が得られた[1]。代数学界の関心は，5次以上の高次方程式の代数的解法を求めることにあてられ，それへ向けての努力がなされた。

　けれども，結局，これは否定的な結論を得て終わる。しかし，そのときの考え方に着目すべきことがある。

　5次方程式が代数的には解けないことを証明したのはアーベル（Abel, Niels Henrik 1802～1829）とガロア（Galois, Evariste 1811～1832）である[2]。彼等は，人々が5次方程式の解の公式を求めて努力しているときに，「解ける」とはどういうことなのか，つまり，方程式とその解法の一般的な性質を見つけることに努力した。そして，「解ける」ということが，許されている演算をもとにして作られる一連の体の中に，求める解を含む体があるということをもとに，体の性質を調べている。このことを見極め，5次方程式の解を含む体がその中にないということを証明することによって，代数的解法が不可能であることを示した。

　これは，抽象的な数学の基本的な考え方であり，現代的に言えば，ある集合が

（1）　カジョリ，小倉金之助補訳：初等数学史（共立全書　共立出版　1970）pp. 317～320
（2）　上掲書　pp. 321～322

ある演算について閉じているかどうかを問題にしているものである。その性質の分析のために，群や体などの代数的構造の概念が使われている。これと同じような考えにより，ギリシャ時代から三大難問と言われてきた立方体倍積問題や円積問題，角の3等分問題の解法不可能性が証明され，その解決がもたらされたのである。

ここでもまた，手続きや操作の規則をより一般化する考えが見られる。この場合には，対象とする要素を無定義にするだけでなく，対象を操作する手続き，たすとか，かけるとか，あるいは，円を描くなどの手続きを包括する概念も無定義とし，それらを用いて，その規則が形式的に述べられ，「解く」ことの意味が明らかにされている。かくして，方程式の解の存在だけでなく，作図の可能性の問題をも論ずることができる，より抽象的な数学が得られたのである。ここで形式的に述べられた規則が，その数学の公理である。

このように見てくると，数学は，無定義な要素（対象）について，それらの結合，操作を示す無定義な概念の規則が与えられることによって得られるものとなる。ラッセル（B. Russell）が，数学とは，われわれが何について語りつつあるのかを決して知ることなく，また，われわれの語るところが果たして真なりや否やを知らぬ科学であるという意味のことを言っているのはその意味である。しかし，そのような抽象的な数学の基礎にも，なんらかの意味で具体があることを忘れてはなるまい。

2.3.4　数学的構造の役割

無定義術語を variable なものと見る考え方が，現代的な公理的方法，つまり，現代数学の特徴であるが，原始術語が公理を満たす限りにおいて何でもよいという考えは，突然生まれてきたわけではない。既に述べてきたように，原始要素を無定義と見る考えは，対象としている要素の性質に依存しない論理関係を追求するという立場と，代数において，方程式を解くことの意味を明らかにする立場の両方から出ているものと考えた。そして，基本的には，原始要素に対する操作規則や結合規則が明らかに述べられることによって，それらが可能になることを見てきた。これによって数学は，より抽象的になり，より一般的なものとなったのである。

しかし，ただ抽象的，一般的になったというだけでは，言い足りないところがある。さきほど，代数学で方程式の解についての考えを見てきたが，そこで考えられた操作（演算）の規則は，数についての方程式の解の可能性の問題だけでなく，図形の作図可能性の問題の解決にも役立った。これは，別々な概念を対象に

し，別々な用語を用いていても，実は，同じことをしていることを意味している。このことに人々が気づいたことによって，群論などが考えられたのであろう。この時代について，ワイルダーは次のようにいう。

「数学は，一見無関係のように見える諸分科の中に現われていた群とか抽象空間とかいった概念を，無定義術語や基本的命題からなる一つの枠組の中にとり入れることを可能にする方法の開発を強くうながす方向へ発展しつつあった」[1]

このことに現代的な公理的方法が応えていることを，ブルバキは次のように言っている。

「皮相な観察者が外見上ひじょうに異なった2つあるいは2つ以上の理論しか見ることのできないところに，天才的数学者の力によって，＜思いがけない助け＞がもたらされることも多い。このようなときに，公理主義的方法は，その発見の深い理由を探し，それら個々の理論に特有なデテール（詳細）が持つ外面的飾りの下にかくされた，共通のイデー（考え方）を見つけ出し，それをとり出して，はっきりさせる仕方を教えてくれるのである」[2]

この陳述は，公理的方法の一つの役割をはっきり示している。つまり，同じものと思われる二つ以上の理論に共通する性質を吟味し，これにより同じと見られるものの共通な概念，共通な法則を明らかにすること，それが公理的方法の一つの役割であるということである。そのようにして得られたものは，二つ以上の理論に共通する骨組みのようなものである。これを，一般に，構造と言っている。すると，公理的方法は，構造を取り出す方法であり，したがって，公理系は構造を示していることになる。

二つの似たような体系は，一つの公理系にまとめあげられる。無定義術語をvariableと見ることによって，このことが可能になり，統合がもたらされる。同じ抽象概念が数学のさまざまな部門でいろいろな装いのもとに働いていることが発見され，新しい公理系が作られると，それは多くのものを統合したものとなる。当然，それは抽象度のより高いものとなろう。

このようなことがもたらされるのを形の上だけに認めるべきではない。ワイルは次のように言う。

---

(1) Wilder, R. L.: Introduction to the Foundations of Mathematics (1952) p. 9
(2) ブルバキ，銀林浩訳：数学の建築術（『現代数学とブルバキ』付録 東京図書 1967) p. 149

2節　ヒルベルトの『幾何学の基礎』と現代的な公理的方法

「公理的研究は，しばしば見かけ上遠く離れた領域間の内的関係を明らかにし，また，そのような領域の中で用いられる方法の単一化に役立った。数学のいくつかの分野を統一しようというこの傾向は，我々の科学の最近の発展におけるもう一つの顕著な特徴であり，公理化という明らかにこれに対立する傾向と相携えて進むものである」[1]

この内的関係を明らかにすることは，個々の内容の特殊性を捨てて構造に着目することによってなされる。構造を抽象することによって，その内的関係が明らかになってくる。原始概念の無定義術語化は，特殊性を捨てて構造に着目するステップの一つである。

似たような二つの体系が別々に研究されている場合でなくても，研究対象としていることについて基本的な性質を明らかにし，これを整理してみると，その論理関係がすでによく研究されたある数学の理論と共通していることに気づくことがある。すると，ワイルダーがいうように，これをその理論に読みこむことにより，その数学を使うことができる。

「ある題材を研究するとき，その題材が，既に開発ずみの既知の公理系のモデルを含んでいることを証明して，その公理系の定理を利用できるようにするのは，数学ではよく行われることである」[2]

この場合，その公理系の無定義術語を読みかえることが必要であるが，それができると，その公理系内で含意されている定理が適用できることになる。つまり，公理が同じであれば結論は同じであり，解釈された内容についても成り立つということである。これによって思考の経済がもたらされる。

ブルバキは，構造の考えの効用を次のようにいう。

「この方法（筆者注：公理主義的方法）のもっともいちじるしい特徴は，……，かなりの思考の経済を実現できるということである。＜構造＞というのは，数学者にとっては，いわば装備のようなものである。すなわち，研究しつつある要素の間に，既知のタイプの構造の公理をみたす諸関係が認められさえすれば，ただちに，このタイプの構造に関する一般的定理の全装備を自由に使用することができるわけである」[3]

---

(1) Weyl, H.: A Half-Century of Mathematics (1951)　p. 524
(2) Wilder, R. L.: Introduction to the Foundations of Mathematics (1952) p. 39
(3) ブルバキ，銀林浩訳：数学の建築術 (1967)　p. 156

第1章　公理的方法の歴史的考察

　　このようなことは，ヒルベルトがユークリッド幾何学の公理化をしたときのように完全（範疇的）な公理系を作ろうとするときにも起こるが，完全（範疇的）なものでないときの方がよく見られる。たとえば，群などはそのよい例である。これは完全（範疇的）でないが故にそれだけ様々な分野に認められるものとなる。ワイルダーも，「非常に多種多様な解釈ができるような概念，あるいは，数学や物理学のさまざまな分野で広範囲な応用ができるような概念を定義するときには，公理系を完全に仕立てあげることはあまり行われないし，また，望ましくもない」[1]と述べている。完全なものにしないおかげで，広い範囲のものを対象とすることができ，多くのものが統合的に扱え，応用が広くなる。

2.4　数学教育に対する示唆

　　以上，ヒルベルトの「幾何学の基礎」を中心に現代的な公理的方法のもつ考えを見てきたが，そこから次のような示唆を得ることができる。

2.4.1　分析の方法としての仮説―演繹法

　　ヒルベルトは，『幾何学の基礎』で，全体を覆うという公理の在り方に満足せず，もっと分析的に，個々の公理の果たす役割，限界を吟味しようとしていた。ある公理を置いたときに覆うことができるものと，その限界を明らかにしようとしていた。ヒルベルトは，「原理を探る」という考えをより一層明確に用い，分析的に考えている。つまり，単に根拠や原理を求めて終わるのでなく，その根拠や原理の及ぶ範囲にあるものを分析的に明らかにしようとする態度が見られる。
　　そうすることによって，これまで気づかれなかった事実が見つかることもある。諸事実の間に新しい関連が見つかることもあろう。このようにして見つけられた諸事実は，同じ原理に支配されているものと見ることができるので，結果として統合がもたらされることにもなる。
　　ヒルベルトが公理の意義と限界とを示しているこの方法は，公理の独立性を吟味する方法になっているのであるが，これはものごとを考える方法としても示唆に富む。公理の限界を追求するという考えは，言い換えれば，あることを一度根拠にしたら，可能な限りそれですませていこうとする考えでもある。それは，根拠として覚えるべきことをできるだけ少なくしたいという経済性の原則にもつな

（1）Wilder, R. L.: Introduction to the Foundations of Mathematics (1952) p. 39

がることである。

　公理の意義と限界を探るという考えは，分析の方法と考えられるが，ワイルは，公理的方法を分析の方法として数学の研究法としてこれを位置づけていた[1]。ワイルは，複雑な側面を適切に分離し，いくつかの概念とそれらの概念を用いて明確に表現されるいくつかの事実を比較的狭い範囲の，容易に見通しの利くグループにまとめ，このグループによってそれらの側面のおのおのに到達できるようにし，最後の部分的な諸結果を本来の特殊な形に結合して，全体に立ち戻ることにより，問題の解決，事象の解明に役立たせる方法であるという。

　ヒルベルトは，完全な公理系を作ることを目指しながら，個々の公理群に着目して，その及ぶ範囲と限界を明らかにする努力をした。その目指していることは違っているが，その結果を見ると，ワイルの言うように，全体を適切に分離し，後で総合することにより問題場面を把握し，解明することにもなっている。

　この手続きは，複雑な問題を解明するときに使うことができる一つの有効な方法である。ある複雑な問題場面に直面したとき，まずその場面についての観察をする。実験や解決のための試行をする。その間に，いくつかの事実を見つけたり法則を帰納したりすることができる。

　いくつかの事実が見つかり，それを支配している法則が予想されたりすると，今度はそのいずれかに着目し，法則を仮定して，それから導かれる可能性をすべて探ってみる。分けられるものは分けて考察する。解の可能性はその中に存在するかもしれない。次に，また別の法則や条件について，その可能性を探る。解決はそれらの組み合わせ，あるいは，次々と条件を加えていくことによって得られるであろう。分けたものを統合することによって全体を把握することも可能である。これは，問題解決のための一つの有効な方法でもある。

　算数・数学の学習は，日常の事象から数学的概念を抽象し，日常見られる問題を数学的に解決することを通して行われることが多い。その過程においては，科学的な考え方も用いられる。問題解決の能力も要求される。上に述べた公理的方法の考えは，そのための有効な考え方を示していると考える。

2.4.2　構造への着目

　公理的方法は，同じものと思われる二つ以上の理論に共通する性質を吟味し，これにより同じと見られるものの共通な概念，共通な法則を明らかにすることを一つの役割としていることを見てきた。そのようにして得られたものは，二つ以上の理論に共通する骨組みのようなものであり，これを一般に「構造」と言って

（1）　Weyl, H.: A Half-century of Mathematics (1951) pp. 523〜524

いる．公理的方法は構造を取り出す方法であり，公理系はその構造を示していることになる．このようにして，いくつかの似たような体系は，一つの公理系にまとめあげられる．

　似たような二つの体系が別々に研究されている場合でなくても，研究対象としていることについて基本的な性質を明らかにし，これを整理してみると，すでによく研究されたある数学の理論とその論理関係が共通していることに気づくことがある．すると，これをその理論に読みこむことにより，その数学を使うことができる．

　この場合，その公理系の無定義術語を読みかえることが必要であるが，それができると，その公理系内で含意されている定理が適用できることになる．つまり，公理が同じであれば結論は同じであり，解釈された内容についても成り立つということである．これによって思考の経済がもたらされる．このことは，無定義術語を variable と見ることによって可能になると考えられることを見てきた．

　原始要素の無定義性は，数学的に価値あるものであるが，算数・数学の指導において，無定義な要素を対象にした数学を教えるわけにはいかない．しかし，既に見てきたように，原始要素を無定義にしなくても，要素を操作する手続き，要素を結合する規則を形式化することによって，同じような力がもたらされるので，必ずしも要素の無定義にこだわらなくてもよいと考えられる．

　われわれは，具体的な日常事象を記述するために，あるいは，日常生活に生ずる問題を解決するために，適切な概念を作り，数学的な対象として，これを数学的に処理している．それらの概念や処理は，具体的な意味をもっているが，その操作する手続きを形式化し，抽象化することにより，具体を離れ，より一般性をもった手続きが得られる．

　そのためには，まず，自分達が行っている手続き，行動を言葉で表現することを大切にしたい．言葉で表現するとは，諸概念の間の関係を述べることであり，処理の手続きを述べることになるからである．

　次に，その言葉をできるだけ一般性をもった言葉にするようにしたい．行動をより一般的な言葉で表現することを心がけることによって，一般化がなされ，より包括的な手続きが得られるものと考える．

　学校教育では，無定義な要素に対する無定義な操作規則を与える数学を教えるわけにはいかない．しかし，既に述べたように，その規則を述べ，ことばを徐々に一般化していく努力をすることによって，それに向かって進めることができるにちがいない．学校教育は，無定義な要素に対する無定義な操作規則を与えているような数学に向かうことに目的があるわけではないが，そのプロセスにおいて，それぞれの段階で一般性を得，したがって，統合を得るという価値がもたら

される。そこで行われていることは，レベルは違っているが，公理的方法の考えに含まれているものである。

　少し無定義術語にこだわりすぎたきらいがあるが，構造に着目するとは，初めにも述べたように，二つ以上の理論に共通する性質や法則を見出すことにある。それらは，多くの場合，現象の本質的な原理であることが多い。言い換えれば，ことがらの本質的な原理を認め，その原理を他のことがらの中に認めることにより構造が把握される。このとき，具体のもつ特殊性にとらわれない見方が大切になる。無定義術語について述べたことは，そのことをさしている。

　このことは，レベルは異なるが，卑近な次の例の中にも見ることができる。

　今，2点を通る直線がただ一つ決まるということをもとに，一般の位置にあるn個の点を通る直線の最大個数を求めたとする。点，直線の具体的なイメージにこだわると，それだけのものであるが，その具体的なイメージを離れると，そこで考えた結果は他に用いることができる。

　このとき，いわゆる点，直線のイメージから離れるために，一般的なことばで「二つのものによって，あるものが一つだけきまる」と表現してみると，「2直線で交点が一つきまる」ことも，また，「2チームで一つの試合ができる」ことにも，それがあてはまることがわかる。そうすることによって，一般の位置にあるn本の直線の交点の数も，nチームの総当たりの試合数も，初めに考えたn個の点を通る直線の数と同じ数であることがわかってくる。このように，より一般的なことばを使い，適切な解釈をすることにより，思考の経済がはかられ，統合がもたらされる。これが，数学の姿である。

　この経済性，統一性が現代数学，構造の考えの特徴である。現代化運動は，この価値を教育の中に取り入れることを一つのねらいとしていた。代数的構造をなす概念を取り入れたのもその一つの例である。ブルーナーの構造の強調もこれに刺激されたものであった。しかし，実際にはこの経済性・統合性が有効に活かされなかったきらいがある。その失敗の原因と，あるべき姿については第4章で考察することにする。

第2章
公理的方法の考えとその教育的価値

　本論文は，公理的方法の考え方，精神，あるいは，公理的な体系を作っていく過程に見られるいろいろな考え方を活かすことにより，数学の学習指導の効果をあげ，数学教育に期待されている諸々の教育的価値の実現をはかることができ，ひいては，公理的方法の理解の素地を作ることができるのではないかという考えを基礎においている。このことについては，序章においても簡単にふれておいたが，本章では，これまで見てきたいくつかの考えをまとめ，それらの考えが数学教育に如何なる役割を果たしていくことができると考えられるか，公理的方法に期待する役割について考察していくことにする。

　公理的方法には，いくつかの側面が見られた。細かく見れば，まだいくつかのことを取り出すことができるかもしれないが，それらの側面はいくつかの考えに集約して考えることができるように思う。簡単に考えても，たとえば，公理的方法の考えの中には，「知識の真（偽）を確かめ，これを主張する」「知識を整理体系化する」「疑問に答える」というようなねらいがあるが，それらにしても，「疑問に答える」ために「知識の真なることを確かめ」なければならず，これを能率的にするために，また，これを主張するために「知識の整理体系化」が有効になると考えられる。

　また，公理的方法は，数学化の方法でもあることを見てきたが，論理的考察の対象とするために数学化の必要があり，体系化のためには，公理からの演繹的推論が必要である。選んだ公理が公理として適切かどうかを調べるとき，あるいは，未知なるものへ対処するときには，仮の公理からの論理的帰結を求めることも必要である。それにより，予測することも可能となる。そして，これらの方法は，数学だけでなく，科学的な研究をするときにも見られることである。

　本来互いに関連するものがいろいろに見られたのは，公理的方法のいろいろな側面を明らかにしようとして視点をいろいろに変えたことによる。上に挙げたものを見ても，公理的方法を用いる動機やねらいに着目しているものもあれば，手

第2章　公理的方法の考えとその教育的価値

続きに着目しているものもある。公理的方法はそれらが統合されたものである。

集約するに当たり，いろいろな観点のうちどのような観点から見るかが問題になるが，ここでは，公理の設定の仕方に着目することにする。学習の場を想定してみると，問題場面に直面したときに，どのような考えでその場面に対応することができるか，考える根拠とするものをどこに求めるかが重要になるからである。

公理を設定する仕方から考えると，大まかに，既知の知識の中に公理を求めていくことと，公理を決めて新しい理論を作っていくこと（仮設的方法）が考えられる。この二つは古典的な公理的方法と現代的な公理的方法にほぼ対比できる。

そこで，まず本章では，これまで考察してきた細かい点が，この二つの考えに集約できるということについて述べ，次に，公理的方法およびその考えにどのような価値があるかについて考察する。

1節　公理的方法の考え

1.1　根拠（公理，原理）を探る

1.1.1　説得と体系化の方法の基礎

　　　　　　　　公理的方法は，ふつう，体系化の方法と言われている。
　　　　その動機は，一つには，ある学問分野について，数多くの知識が得られたものを整理する必要があったからだと考えられている。人類は，自分達の獲得した知識・技能を次の世代に伝えることによって進歩してきたが，これを能率的に行うためには，整理しておくことが効果的である。そのとき，知識が論理的な系列になっていれば，その伝達は容易であるにちがいない。論理的な体系のためには，その論理的根拠を求め続けなければならず，それが得られれば，その根拠に基づいて公理的な体系を作ることができる。これにより伝達は効率的になる。この立場からは，公理的方法は，知識を整理し，伝達し易くするための体系化の方法であると見ることができる。単純に考えれば，これだけでも「根拠を探る」という考えが公理的方法の考えであると言ってもよいように思われる。しかし，公理的方法が考え出された古代ギリシャを考えてみると，その動機は，それだけではないことが明らかになってくる。

　　　　下村寅太郎は，公理的方法の生まれる素地は，その政治体制，つまり，ポリスの政体にあると指摘していた[1]。ポリスの政体は，弁論が支配する社会であった。弁論によって大衆を導くことができる者が権力を握ることができた。そのために弁論術が発達し，その基礎となる論理学が発達したと見られている。

　　　　そういう社会的背景の中に公理的方法が生まれたとすると，公理的方法は，パスカルが指摘するように，基本的には説得の方法であるということができる。説

（1）　下村寅太郎：科学史の哲学（弘文堂　1941）pp. 126〜130

得のためには，何人も疑い得ない真理から，これを演繹して見せることが効果的である。パスカルは説得のためには，万人が等しく真と認める公理，万人が等しく認める無定義な概念，それに，確かな推論が必要だと説いている[1]。そのためには，主張しようとしている立言の根拠を探り続けていく必要がある。その根拠をもとに，演繹的に結論を導いて見せることによって正しさを主張できる。複雑になれば，それに基づいて体系を作っておけば，それに頼ることができるので，説得も伝達も能率的に行える。この方法を幾何学的な内容に適用したものが，ユークリッドの『原論』である。

1.1.2 矛盾の告発に対して

しかし，さらに歴史をさかのぼっていくと，単に他を説得するためというよりも，もっと切実な問題を解決するためであったことがわかる。つまり，そこには彼等の世界観にかかわる問題があり，それに答えなければならない切実な状況がある。

その一つはゼノンの逆理に見られる矛盾の告発，つまり，感覚的には存在するはずのものが，論理的には存在し得ないという問題に答えなければならないというさしせまった問題があったことである。ワイルダーは，公理的方法には，矛盾の告発に応えるという役割があるという[2]。筆者は，そこに，「存在の確認」の必要に迫られ，それを示す方法として公理的方法が機能していることを見た。つまり，感覚的な存在が論理的にも存在させ得ることを確認するため，何を仮定すればその対象が論理的に存在させ得るかを考え，ある仮定を要請し，その仮定に基づいて論理的に導くことによって，その存在の証明をしているのである。その仮定が公理である。こうすることにより，感覚的な対象を論理的な対象とすることができる。したがって，論理的考察の対象とさせ得るためには，その対象の論理的基礎となるものを求めていかなければならず，そこに何を仮定しておいたらよいのかという根拠への追究が見られる。

筆者は，これに数学化の考え，数学化の方法と同じ方法を見た。数学的存在とし，数学的存在の対象とするためには，その対象の中に潜んでいる法則や性質を認め，適切な仮定をおき，数学的な概念で表現することが必要であり，それができて初めて，数学的対象とすることができる。

古代ギリシャを見たとき，その根本に，「原理から論理的に理解したい」という基本的な願い，あるいは，「原理から論理的に理解できるはずだ」という信

---

(1) パスカル，前田陽一，由木康訳：幾何学的精神について（世界の名著24　中央公論社　1966）pp. 519〜520
(2) Wilder, R. L.: The role of Axiomatic Method（The Amer. Math. Monthly vol. 7 no. 2 1967 Feb.）p. 115

念がそこに認められた。上に述べてきたすべてのことも，この基本的な願い，信念に根ざしている。言い換えれば，「原理から論理的に理解しよう」という考えが基礎になって存在の論理的確認ができ，説得も，また，知識の体系化も可能となると考えられる。

1.1.3 確かな知識を求める

　一般に，知識は事物・事象の観察に基づく帰納によって，あるいは，既知の知識からの演繹や類推によって派生的に得られることが多い。これらの知識の基礎を探り，公理を求めることが公理的方法の最初のステップである。これは，その根拠を確かめ，事実の確かさを確かめたいという強い欲求に支えられている。また，できるだけ数少ない命題から，できるだけ多くのことを論理的に説明したいという願いに基づいている。これにより，探り得たものを基礎に演繹的な説明をし，知識の真なることを確かめ，論理的な体系を作り，真なることを主張することができる。公理を求めることは，その根拠を明らかにし，そのことをもとに数学的な理論を作る出発点を求めていることと同じである。

　この公理的方法の考えは，我々が無意識に仮定しているもの，あるいは，あまり意識せずに行動していることの根拠を明らかにしていくことも含んでいる。我々は無意識に何かを仮定してものごとを主張したり，行動したりしている。ときには，感覚的に真であると思っていることもある。それらの根拠を追求することが公理的方法の考えである。その追求をもとに公理を設定し，我々の知識や判断が論理的に説明できるかどうかを確かめていく。うまく説明できれば，それはその公理との関係において真なるものと認められるのである。これにより，疑問に答えることができる。

　このように，確かな知識を得，確かな仕事をするために，その根拠を探る必要が生じ，あるいは，原理から理解するために，その原理を明らかにすることが要求される。その根拠や原理に基づいてものごとを理解し，その根拠に基づき確かな知識を得ていく。これを公理的方法の考えの一つとする。

第2章　公理的方法の考えとその教育的価値

1.2　仮設（公理）をおいて考える

1.2.1　公理を仮設と見る考え

　　　　　上に述べたことの基本の考えは，世界の論理的把握をはかり，論理的な体系を得ることを目ざすという考えである。これは，科学的方法にも通ずるものである。ヒルベルトも，公理的方法と科学的方法に共通な性格を認めていた[1]。
　しかし，公理的方法は，科学的方法よりも一層公理と演繹論理に依存している。科学においても，法則を仮定し，それから論理的な帰結を求める。しかし，科学はあくまでも具体的に存在する現象世界の記述と，その理論に基づく予測とが目的である。しかし，数学の場合は，一歩進めて，論理的世界を作ることそのものを目ざしている。
　たとえば，現象世界の記述のためならば，ユークリッド幾何学か非ユークリッド幾何学のいずれかしか認めることはできないのであるが，数学が論理的に無矛盾な理論を求めているために，両立し得ない二つの理論であっても共に存立を認められる。論理的に無矛盾な理論を公理を設定して作るということは，新しい世界の理論を作っていることであるとも言える。こうありたいという世界の原理を決めて，その世界を存在させていると見ることができる。これが，ここで考える公理的方法の考えの基礎にある立場である。
　前項では，われわれが知っていることの根拠を求めたり，無意識にしていることの仮定を明らかにすることにより公理を求めた。ここでは，かくあれかしという立場で公理が設定される。あるいは，かくあれば如何なることが導かれるだろうかという知的探究心に基づいて公理が設定され，それから演繹的に導かれるものを吟味していく。
　あることを仮定すれば如何なることが導かれるだろうかという考えは，現象世界の論理を作る場合にも見られることであり，現代だけでなく，ギリシャ時代にも見られたことである。エレア学派の人々が論理的な存在を確認する場合でも，これを認めてくれさえすればという気持があった。現代と根本的に違うのは，そうは言いながらも，求めている対象は固定されており，他を認めるとどうなるかという考えはなかったことである。しかし，数学の場合は，その仮定からの帰結を徹底して追求する。

（1）　Hilbert, D.: Natürerkennen und Logik (Gesammelte Abhandlungen Bd. 1935, rep. 1965) p. 378

前項の場合は，経験的な知識の考察から公理を得ている。それに対比していえば，この場合は，先験的に公理を設定していくといってもよい（もっとも，純粋に先験的に公理を設定するというわけにはいくまいが）。仮設として公理を設定し，その仮設としての公理系からどのような結論が帰結するかを調べてみようと考える。単純にいえば，未知なる結論を求めて探究が行われることになる。

この考えは，非ユークリッド幾何学が認められたことによるところが大きい。公理の一部を変えた公理系を基礎にユークリッド幾何学とは異なる幾何学が導かれ，これが数学の理論として世に認められることにより，公理は仮設と考えられるようになった。その後，数学は仮設的な公理系の論理的帰結を求める学問と考えられている。公理系を仮設と考えるが故に，公理の無矛盾性が問題になってくる。

公理を仮説と見，公理の一部を修正したり加除したりした公理系から，どのようなことが帰結するかを調べるという考えは，ヒルベルトの『幾何学の基礎』に見られる。ヒルベルトがまず行ったことは，ユークリッド幾何学の完全な公理系を求めることであったが，これは，「根拠を求める」という考えを徹底したものである。

1.2.2 分析の方法との関係

ヒルベルトの考えた大切なことは，公理の意義とその限界を探るということであった。これが現代的な公理的方法を特徴づけるもとになっている。

ヒルベルトはその序で，「公理群の意義と各個の公理から導かれる結論の限界とを明確にしようとする」[1]と言っている。そして，公理を五つの公理群に分け，公理群Ⅰから何が帰結し，公理群Ⅱを加えるとどんな定理が導かれるかということを示している。そして，一部の公理群の組み合わせでは何が証明できないかを明らかにして，新しい公理を加えている。また，公理群の組み合わせを変えた公理系を吟味したり，アルキメデスの公理をはずした非アルキメデス幾何学を作って見せたりしている。後者はアルキメデスの公理の独立性を調べるための手続きなのであるが，見方を変えれば，新しい幾何学を作る試みとも見ることができる。

現実の世界とは関係なく，仮設をおいて何が演繹されるかを明らかにしていくことが数学だと考えられるようになると，ある公理がなければどんなことがいえるのか，あるいは，この公理を変えればどんなことが変わるのか，あるいは，何がいえなくなるかということに対する関心も起こる。この考えが公理的方法を分

---

(1) ヒルベルト，寺阪英孝，大西正男訳：幾何学の基礎（共立出版 1970) p.4

第2章　公理的方法の考えとその教育的価値

析の方法たらしめた基礎にあると考えられる。

同じような考えは，ワイルが『半世紀の数学』の中で，複雑な対象を適切に分離して公理系を作り，後に総合して全体を把握するという考えを示していることの中にも認められる[1]。つまり，分析的方法は，仮設としての無矛盾な公理系に認められる諸事実を演繹的に導き出していくという数学観の中に入っている。

1.2.3　構造の考えとの関係

公理系が仮設であるとすると，いろいろな公理系を設定することが可能になる。公理系の一部を変えたらどうなるか（非ユークリッド幾何学がその一例），公理をゆるめるとどうなるか，公理を強めるとどうなるかなどが数学的興味の対象となり，種々の数学が得られてきた。

このように公理を設定していく場合，公理を述べることは，その新しい世界の理論の基本原理（法則）を述べていることになる。したがって，公理的方法は数学的世界を創造するという性格をもつ。このとき，公理は，新しい数学的世界の理論の骨組みを示しているものと考えられる。これにより公理は構造を決定するものといわれる。

前に，構造は，いくつかの事象に共通している性質を抽象することによって明らかにされると述べた。いくつかの事象に共通しているものが直観的に認められると，それらに共通な性質を探り，これを明らかにしていくことにより構造を見出すことができる。その基本的な性質を公理として述べることが構造を決定することになる。したがって，公理系は構造を示しており，具体的な世界を写す理論的なモデルと考えられる。

似ていることを見抜くのは直観である。直観したものの根拠を探り，明確に述べることにより，構造を決定する公理が得られる。ブルバキも，「公理主義的方法は，その発見の深い理由を探し，それら個々の理論に特有なデテール（詳細）が持つ外面的飾りの下にかくされた，共通のイデー（考え方）を見つけだし，それをとり出して，はっきりさせる仕方を教えてくれる」[2]と述べている。

こうしてみると，構造の把握は，「原理を探る」考えのほうに帰着できることがわかる。構造という概念は新しい概念であるが，いくつかの体系に似ている法則や性質を認め，その共通な原理を明らかにしていくという点で，「原理を探り，これを明らかにする」という考えが支配していることが認められる。もちろん，その前提には似ているということの認識が先行するのであるが，原理からの把握

---

(1)　Weyl, H.: A Half-century of Mathematics (Amer. Math. Monthly vol. LVIII no. 8 Oct. 1951) pp. 523
(2)　ブルバキ，銀林浩訳：数学の建築術（『現代数学とブルバキ』附録　東京図書　1967) p. 149

により，共通な原理を認めることも容易に行われるにちがいない。既に見たように，そこには，現代的な意味での原始要素の無定義の考えや，形式化，抽象化も支配しているという意味で，現代的な概念なのである。

逆に，基本性質に着目することにより，構造が同じであることを認識することができることもある。構造が同じであることがわかれば，類比的に一方の議論を他方へ移すことができる。このとき，どの程度類推を用いてよいかの限界を知っておくことが必要であるが，根拠となる基本性質や原理を明らかにしておくことがそれに役立つ。

根拠にしている基本性質や原理が同じであれば，適切に解釈することによって同じ結果が得られるという考えによって，思考の経済がはかられる。この意味で，公理系が数学の世界の構造を述べるものであると見ることは重要である。この中には，「仮設を認めて考えを進める」という考えが含まれている。

この数学の状況を，バック（R. C. Buck）は，「数学はモデルの宝庫である」[1]と表現している。また，現代数学の応用範囲が拡がったのは，いろいろなモデルについての研究がなされているため，実際の現象にあてはまるモデルが見つかると，その諸結果を利用できることにある。モデルにあてはまるかどうかは，現象の基本性質を探り，これを抽象化することによってなされる。これも公理的方法の役割である。

先に，現代的な公理的方法の特徴として，「仮設としての公理に基づく演繹」「構造の把握とその形式化」「分析の方法」とを挙げた。これまでの考察で，分析の方法は，仮設としての公理に基づく演繹の中に含まれること，また，構造の把握は，原理を探る考えと仮設をおいて考えることの両方にかかわりがあることを明らかにし得たと思う。

また，先の項での考察では，原理を探るという考えの中に，体系化の方法も説得の方法も，存在の確認や矛盾への対応も含まれていることを明らかにした。もちろん，これらの中にも仮設をおいて考えるという考えがそれなりに含まれていることはいうまでもない。

したがって，初めに述べておいたように，公理的方法に含まれるいろいろな考えを含んでいるということを前提としたうえで，根拠（原理）を探ることと，仮設をおいて考えるということを，公理的方法の考えとしておくことにする。

---

[1] Buck, R. C.: Goals for Mathematics Instruction (Amer. Math. Monthly vol. 72 no. 9 1965. Nov.) pp. 949～950

2節　公理的方法の考えに期待する役割

　筆者が公理的方法を考えるときの基本的な立場は，単に論証ができればよいとか，ある種の数学的構造が理解されればよいとかということにあるわけではない。根拠を求め，基づいている原理・法則を明らかにし，確かな知識を得ることを目ざすとともに，それらをもとに発展的，創造的に学習を進めたいと考えている。これは，筆者が数学教育に対してもっている基本的な立場に基づくものであり，その立場から算数・数学の学習指導において公理的方法にその役割を期待している。

　この筆者の基本的な立場は，なぜ数学を教えるのかということに対する考えから出ているものである。なぜ数学を教えるかということについての基本的な考えは，すでに序章である程度は述べておいた。繰り返すことになるかもしれないが，筆者の求めている学習指導，つまり，公理的方法に基づく数学の学習指導に期待していることの概略と，その立場に立って学習を進めるときの基本的態度を述べ，次章以後の具体的な例の考察の基礎とする。

2.1　数学の学習指導に対する基本的な考え

　数学教育は，当然のことながら，数学的な知識・技能を子どもに習得させるというねらいをもっている。これは，数学的な知識技能が日常生活や社会生活を送るために必要であり，また，他の領域の知識を学ぶためにも，数学の学習を続けていくためにも必要であることを認めることから出ている。したがって，学習指導の方法は，それが有効に行われる方法が選ばれなければならないということが帰結する。

　そのための学習指導の方法として，いろいろなことが考えられる。

　最も単純で易しい方法は，たとえば，講義による知識の伝達と繰り返しの練習（ドリル）に頼る方法である。わかりやすい解説を心がければ，よく理解されるであろうし，何度も練習すれば，それだけよく習熟し定着することが考えられ

る。しかし，ともすると，単調なドリルの繰り返しに陥りがちであるので，単調さを避けるために，練習のさせ方に変化をもたせたり，ゲームを取り入れたりするなどの工夫がなされている。

　技能の習熟は，数学の学習にとって必須の条件なので，そのための配慮を怠ってならないことはいうまでもないが，それだけでは十分ではない。また，わかり易い解説を心がけることはよいことであるが，それが受け身の学習，知識の詰め込みの手段になってはいけないと思う。

　学校教育における数学の指導は，教師主体の教科書解説による知識伝達，機械的なドリルによる技能習熟という古い指導から，数学的な考え方や関心・態度を育てることもそのねらいに加え，子どもの学ぶ意欲や子どもの発見・創造を大切にする学習指導へと変わってきている。

　それは，ただ単に児童中心主義の教育観によるだけではない。その背景には，数学教育の目的が，数学を通しての人間形成に資することにあるということが自覚されてきたこと，また，現代においては，知識や技能を網羅的に伝達することは不可能であり，したがって，子ども自らが学び続けることができる力を身につけることを期待せざるを得なくなっているという状況がある。そのため，数学的事実を伝え，技能を身につけさせることを意図すると同時に，数学を通して，ものの見方，考え方を養うこと，考える力を伸ばすこと，創造的な力を伸ばすこと，また，数学の固有の性格，文明の発達に数学の果たしてきた役割等を理解させることなどが配慮されている。これらの考えを背景に，学校では発見的，創造的な数学の学習指導が行われているものと考える。

　今世紀初頭の数学教育改良運動の旗手であったペリー（J. Perry）やムーア（E. H. Moore）は，数学の学習を通して，人間の尊厳を自覚させることなどもあげていた[1]。戦後出されたわが国の学習指導要領[2]でも，正義を愛する気持ちを育てることなどが数学教育の目的としてあげられていた。数学の学習の過程において，数学を作りあげてきた人々の努力と知恵を味わい，人類に対し感謝の念をもち，人類・社会に貢献しようという気持ちが育ってくれれば，教育一般の目的にも合致しよう。数学をそれほど使わない普通の人々には，数学の学習を通して，そういう考えや態度が育ってほしいものである。そこに普通教育における数学教育の果たす役割があると考える。

　それらの気持ちを育てることは，ただ知識・技能として数学を知らせることによってなされるわけではなく，数学の創造・発展の過程に身をおかせることが欠

---

(1)　Perry, J.: The Teaching of Mathematics (Educational Review vol. XXIII, Feb. 1902) pp. 161～162
　　Moore, E. H.: On the Foundation of Mathematics (Readings in the History of Mathematics Education NCTM, 1970) pp. 250～251
(2)　文部省：中学校高等学校学習指導要領数学科編（試案）(1951) pp. 1～8

かせないと考える。その過程においては，願いや迷い，不手際や知恵，誤りやそれを正すための努力が現われるが，その中に教育的に価値あるものが認められるからである。

筆者は，児童・生徒が能動的に数学の学習をしてほしい，創造的に数学を学んでほしいと考える。なぜなら，数学は，そのようにして学習できる可能性をもつものであり，また，創造的・発展的な学習を通して，数学的な考え方や態度を養う機会を与え得ると考えるからである。

本論文は，学習指導に公理的方法の考えを取り入れることを考えているものである。数学の学習指導に公理的方法を取り入れるというと，一般には，公理的な体系が想像され，その体系に基づいて数学の知識を伝えるという教え方が考えられるようである。そのような教え方も，あるレベルでは効率的な数学の伝達の方法である。しかし，筆者は，小・中学校の数学の指導を想定しており，そのレベルでは公理的体系に基づく数学の解説が有効だとは考えられない。また，たとえそれが数学の伝達に効率的であるとしても，事柄の単なる解説，練習の繰り返しのみに頼るような指導を主張しようとしているわけではない。

筆者が，公理的方法に期待しているのは，一つは，数学的な知識・技能以上のものを数学の学習がもたらしてくれると考えるからであり，もう一つは，発展的，創造的に数学を学習させるときに有効な基本的な考え方を示してくれると考えるからである。

2.2 数学教育に対する批判と筆者の考え

教育学の立場から考えても当を得ていると思われるこの数学の指導のあり方に対して批判がないわけではない。その批判は，一つには，数学的考え方，態度・関心に対して向けられており，もう一つは，その考え方を育てる方法も含めて，発見的な学習指導に対して向けられている。実際，その批判が的を射ていると言わざるを得ない現実の状況も見られる。本論文は，そのような状況と批判とを認識することに端を発している。

数学的考え方に対する批判は，「数学的考え」あるいは，「数学的な考え方」と言われているものが明確な形，具体的な形で一般に共通な理解が得られていないこと，したがって，指導の方法も評価の方法も不明であるということにある。また，考え方というものが，知識として伝えられるものではなく，能力として身につけられるものでなければならないとしたら，その能力の転移がどの程度保証さ

れるものかも問題となる。批判をする人達は，そのような曖昧なものを学校教育で取り上げるべきでなく，数学的知識の伝達，技能の習熟にこそ力を集中すべきだと主張する。

　筆者は，ものを見る見方・考え方は，人間にとって，数学的知識・技能と同様に，あるいは，それ以上に重要なものであると考えるので，曖昧であるから捨てるというのではなく，これを明らかにすることこそ大切であると考えている。また，曖昧なものを明らかにしていくことこそ，学問を志すものの果たすべきことであると考える。

　しかし，本論文では，数学的考え方だけを全般的に深く考察したり，その指導の方法や評価の方法についての具体的な提案を試みているわけではない。体系的に論じるには，まだ，研究も実践も乏しいように思う。ここでは，数学的考え方を，数学を創造，発展させていくときに見られる考え方であると考え，その一つとして，数学を特徴づけている方法としての公理的方法に着目した。第1章の考察は，数学的考え方の研究の一端を担うものとして，公理的方法について歴史的な考察を行ったものである。

　このとき，単に公理的方法の歴史を事実として追うのではなく，教育的な立場に立ち，教育的な示唆を求めるという立場からこれを考察した。数学教育において数学史が価値あるものとされているが，それは，教材としてだけでなく，指導の立場，指導の示唆を得るものとしても価値をもつと考える。

2.3 公理的方法の教育的価値

　数学の学習指導に対する筆者の基本的な考え方を述べ，公理的方法が数学的な考え方についての問題の一端を解決できるものをもっていることを見てきたが，本論文で取り上げる公理的方法およびその考えが，そのほかにどのような教育的価値を有するものかを見ておく。

2.3.1 思考力の育成

　公理的方法は，演繹的な体系を作る方法であり，演繹的に数学的事実を示す方法でもある。そこで，それによって演繹的に推論する力が養われるものと期待されている。論理的な思考，批判的な思考を育てることも期待されている。それだけでなく，公理的方法は，数学化し，数学を作り上げていく考え方，構造に着目

して考える考え方,問題解決を助ける考え方でもあるので,統合的・発展的に考える力を養うことなども期待される。

けれども,期待できるということは,数学を教えていさえすれば直ちに実現されることを意味するわけではない。その実現には,指導のあり方が大きな関わりをもっている。上に述べたことは,可能性をもつということであり,適切な指導が行われなければならない。

論理的に考える力,批判的に考える力を伸ばそうとすれば,その力が伸びるような指導がなされなければならない。演繹的な体系の典型と言われたユークリッドの『原論』をそのまま端から順に学習させたり,公理的に体系化された数学を見せたりしても,あるいは,ただ数学を学習させ,証明が書けるようにさせても,演繹的な推論をする力が伸びることは必ずしも期待できない。このことは数学教育の歴史の示すところである。公理的体系に沿った数学の解説をしない理由はここにある。第3章で示す証明についての考えとその指導は,論証指導の導入の一つのあり方を示しただけでなく,論理的,批判的に考える力を伸ばすための指導のあり方をも意図している。

公理的方法に含まれるいくつかの考えや精神をあげ,それをもって,考える力や態度を養うことに対する期待を述べてきたが,先にあげた公理的方法の考えそのものは,もっと具体的に考える力を伸ばすことができる可能性をもっていることを主張できる。

正しく考える力を育てることを考察しているものの一つに,デューイ(J. Dewey)の"How we think"がある。デューイはその中で望ましい思考の方法として反省的思考をあげ,次のように述べている。

> 「ある信念,あるいは,想定される知識を,それらを支えている根拠と同時に,それが向かっている結論に照らして積極的に,忍耐強く,注意深く考察すること」[1]

これは,ある知識や主張の確かなことは,根拠に基づいて確かなものかどうかを調べると同時に,その知識や主張を仮定したとき,そこから導かれる結論が妥当なものであるかどうかという観点からも確かめるべきだといっているものである。言い換えれば,その根拠を探ると同時に,その知識を仮定したとき演繹されるものも調べて不都合がないかを確かめよということである。これは,すなわち,根拠を求めることと仮設をおいて考えるという公理的方法の考えに通ずるものである。このことからも,公理的方法の考えが,考える力を伸ばすうえで有効

---

(1) Dewey, J.: How We Think (D. C. Heath and Co. 1933) p. 9

な考え方を示しているといえよう。この考えを使うことによって，デューイのいう反省的思考に貢献するものと期待できる。

　推論する力や数学的考え方を育てることについては，その指導のあり方だけでなく，評価も問題になる。このことについては，本論文では議論しないが，次のことを前提にしておきたい。

　すなわち，数学的な考え方は，教師がその考え方を授業の展開の中で示すことによって，あるいは，子どもの学習活動の中に無意識に見られるものを見つけ，これを子どもに意識させ，励ますことによって行えると考える。発見的，創造的な学習指導をするのは，その場に数学的な考え方が豊富に見られると考えられるからである。

　また，その評価は，授業中に子どもの学習活動を観察することによってなすべきだと考える。これができるためには，前もって，個々の場で具体的に数学的な考え方を明確にしておく必要があり，その準備を前提に教師が子どもの活動を見，そこに数学的な考え方の芽を認めることが大切である。ここに述べたことは，実証を伴うものではないが，本論文ではこれを一つの前提として論を進めていくことにする。

2.3.2　日本人に欠けている思想を補う

　公理的方法の考え方がもたらし得る価値として，公理的方法が，我々日本人のものの考え方の根本にもかかわる大切なものをもっているということがあげられる。

　務台理作は，『場所の論理学』の中で，東洋思想には，論理としては極めて特色のある深さと鋭さをもつものがあるにも拘わらず，ついに一つの学としての論理学を建設するに到らなかったと述べている[1]。

　西洋では，古代ギリシャ時代，すでに体系的な論理学が組織されていた[2]。しかし，東洋においては，具体的なものの中から原理的な体系を取り出し，これを体系化し抽象化する精神，一つの体系と他の体系との間にある厳密な対応関係を明らかにすることの出来るような抽象的精神（務台理作はこれを具体化的抽象の精神という）を欠いていたので，学としての論理学は生まれなかったと務台理作はいう[3]。そして，「我々東洋人が学としての論理学を建設しようというためには，西洋論理学の成立の理由とその伝統の上に立つより他に路がない」のではないか，「何よりも西洋の論理学について如何にしてそれが発生したのか，如何な

---

(1) 務台理作：場所の論理学（弘文堂　1944）p. 12
(2) 上掲書　p. 12
(3) 上掲書　pp. 13〜14

る伝統を形成したか，如何なる改革を受けて今日に到ったかを，他の諸科学の歴史とともに，更には哲学体系成立の歴史とともに，充分知る必要がある」[1]と述べている。

　務台理作は，東洋にも特色ある思想があり，すぐれて論理的ではあるが，「論理学」とはなり得ず，それは，学というよりは論術であったという[2]。わが国の数学も，「学」とはなり得なかった。それは，務台理作のいう抽象化する精神構造が欠けていたからであろう。勝手な臆測を許してもらえば，もし，わが国の数学がさらに進歩していたとしても，それは「学」とはならず，剣術や柔術，お茶などがそれぞれ剣道，柔道，茶道となったように，「道」への方向——すなわち，分析的，論理的，体系的に把握するのではなく，修行により全体的，直観的に本質を洞察することを求め，そこに宇宙の存在を認め，その本質を自らのうちに体得し，自らの人格の完成につなげていくことを目ざす方向——に進んだのではないかと思う。しかし，実際にはそこまではいかず，術の域にとどまったが，この術としての考え方の影響は，西洋の数学を受け入れた今もなお，数学観，数学教育観の中に根強く残っているように思われる。

　ことがらを解説し，これを多く覚えさせることを目的とするかのような指導，計算の仕方，処理の仕方を覚えさせて，練習により習熟させることにのみ努力する指導，脈絡に乏しい問題でも答えが出せさえすればそれでよしとし，難しい問題を解くことができるようになることをもって数学学習の目的とする考え，難問を解くことに力を入れ，問題を解く修行の中で，以心伝心，その本質を摑むことを期待している教師の態度，それらは，単に入学試験制度がもたらしているだけではなさそうである。だからこそ，新しい数学を取り入れて改革しようとした数学教育現代化運動においても，事柄の解説に陥り，過密なカリキュラムを生んで失敗したのではないだろうか。

　したがって，数学教育の改革をもたらそうとするならば，新しい数学を取り入れるだけでなく，数学に対する考え方，さらには，根本的な精神を変えなくてはならないと考える。そのためには，公理的方法の考え，それを生み出した西洋の学問の精神を明らかにし，その立場から数学教育を構想してみることが必要であると考える。

　もちろん，東洋の精神の中には西洋にないよいものもある。しかし，我々の精神構造の中に欠けているものを補うことも大切であると考える。フィールズ賞を授賞した数学者広中平祐は，仮説を立てて演繹する考え方が，日本人は弱いようだと言っている[3]。公理的方法の考えを育てることは，これを補うのではないだ

---

(1) 務台理作：場所の論理学 (1944) pp. 16〜17
(2) 上掲書　p. 12
(3) 広中平祐：学問の発見（佼成出版社　1982) pp. 118〜119

ろうか。務台理作の指摘もそのことを含んでいるように思われる。

　公理的方法は，民主的な社会の生んだ方法であり，したがって，その方法は民主的な社会を構成する人間にとって大切な考え方・精神に通ずるものをもっているにちがいない。したがって，公理的方法の立場に立つことは，数学の理解のために役立つだけでなく，我々日本人に欠けている力を補い，民主的な社会を支える人間を育てるために役立つものと考える。

2.3.3　創造的・発展的な学習指導

　公理的方法の考えに基づいて学習指導を進めることには，上に述べてきたような考え方，態度，習慣を育てる役割をもつものとしての期待があるが，それだけでなく，数学の学習を効率的に行うためにも，有効な示唆を与えてくれる。公理的方法の考えは，そのための役割も担っている。本論文の主たる主張はここにある。

　学習指導の立場から考えて最も効率的な状態は，教えなくても，子どもが自分で知識を習得し，学習を進めることができる状態である。教えなくても学ぶことができるようになっていれば，教師の労力は零となる。しかし，だからといって，教えないでほっておくだけでは，その目的が達せられるはずはない。それなりの手当をしておかなければならない。教えなくても学べるような力をつけておかなければならない。

　そのために，学び方を教えようという提案がある。学び方を教えるという学習目標を立てて，その実践もなされている。しかし，多くの場合，学び方というものが，教科書を読んでわからないところには線を引き，計算練習はかくかくのようにする………というような，いわゆる，勉強の仕方，予習，復習の仕方，自学自習の仕方であり，これを教えることが考えられているようである。

　それはそれで一つの学び方へのアプローチではあるが，数学を教えるという立場からいえば，もっと数学に即して，数学を発展させる考え，数学を作りだしていく考えなどに基づいたものにしたい。その方が，自ら数学を学ぶ力をつけることにもなるし，数学を発展的なものと考え，問題を解決する力を養い，創造的に学習させる基礎を与えてくれると思われるからである。

　実際には，小・中学校で，全く独力で子どもたちに数学を学ばせることは期待できない。しかし，どこに問題を見つけ，どのようにして問題に当たったらよいか，解決のためには何を考えなければならず，解決できた後どのように考え，どのように発展させることができるものかを知らせ，これを体験させるようにしたい。そのような態度でものごとに対処させていくことができれば，数学を意味あ

数学を創造的・発展的に学習させることを考えるためには，数学がどこから生まれ，どのように発展していくものかを知ることが参考になる。高木貞治は，数学の進む道は帰納的であり，特殊から一般へをモットーに，「帰納の一途に精進すべきではあるまいか」[1]と述べている。創造的に数学の学習を進めようとするならば，その方針に従うのが一つの道である。

小・中学校の数学の指導は，特殊から一般へ，帰納的に数学的知識を得ていくように行われていることが多いように思われる。その意味では，高木貞治が言っていることに従っているように思われる。けれども，数学的知識は，日常の経験的な事象から帰納されるだけでなされるわけではないと考える。もし，帰納的に数学的知識を得るだけに終わるとするならば，そこに得られるものは単なる数学的知識の集まりにすぎない。下村寅太郎は，これを「技術知」といい，ギリシャの数学と区別した[2]。大切なのは，帰納的に得られる数学的知識に対して，我々がどう臨むかということである。筆者は，その態度・考え方を公理的方法から学び，これを数学の指導に活かすことを考えている。

普通，数学は，具体的な問題場面を解決する過程の中にその発生のきっかけをもつ。しかし，単にその問題の解が得られたというだけでは数学は生まれないし，発展もない。既知の数学との調和，形式的統一を求めて初めて数学が生まれ，発展していく。

小・中学校での数学は，具体的な世界の問題と結びついた形で数学が抽象され，発展させられることが多い。しかし，その問題に対する解が得られただけでは数学としての発展はない。

このことは，実際の例を示せば明らかになると思う。

たとえば，「1メートル240円のリボン $\frac{2}{3}$ メートルの代金」を求める問題場面を考えてみる。この問題に対する解は，1メートル240円の $\frac{1}{3}$ メートルの代金は $(240\div 3)$ 円，$\frac{2}{3}$ メートル分はその2倍だから $240\div 3\times 2$ と考えて，180円を得ることができる。

これだけで終わるなら，数学としての発展はない。しかし，同じような問題場面「1メートル240円のリボン2メートルの代金」を求めるとき，240×2 とすることと形式的に統一しようとすると，$240\times \frac{2}{3}$ と表現したい欲求が生ずる。しかし，この欲求に安易に応ずるわけにはいかない。応じてよいかどうかが問題である。そして，この欲求に応じてよいことが保障されたとき，乗法を分数の範囲にまで拡げて考えることが可能になる。つまり，数学としての発展がもたらされ

（1） 高木貞治：近世数学史談（河出書房 1942）p. 62
（2） 下村寅太郎：科学史の哲学（1941）p. 109

る。

　この形式的統一を求めることが数学のもつ一つの課題であるが，この欲求に応じてよいことの保障を求めるところに公理的方法の役割がある。

　本章では，公理的方法のいろいろな考えを公理の設定に着目して，二つの考えに集約し，本論文での公理的方法の考えとした。いま述べた分数の乗法は，その一つの例となる。

　数学の問題は，具体的な事象から抽象されて生まれることが多いが，それだけでなく，数学そのもののもつ発展の必然性や要求から生まれることも多い。具体から離れて，数学独自の課題として問題を見つけ，新しい世界を切り拓いていく。そこに数学の自律性がある。このときにも，公理的方法の考えが生きてくる。

　公理的方法は，そのような考えでものごとや数学に対する対し方を示してくれるものであり，したがって，教師がその立場で学習指導を進めることが，数学の学習を子どもにとっても意義あるものとし，効率的なものにしてくれると考える。

　ところで，子どもの発見，創造を促す指導に対する批判は，その非能率に向けられている。これは，数学的な考え方を育てる学習指導の方法も含めて，創造的，発見的な学習が，ともすると，なんでもかんでも子どもに発見させようとしたり，考えさせる時間を長く取り過ぎたり，思いつきのやりとりに終始して，肝腎なことが出ぬまま時間を浪費するという非能率な面が見られることに基づく批判である。

　思いつきを口に出しているだけでは，考える力も身につかない。批判は，その点も指摘しているのかもしれない。ただ考えさせればよいのでなく，どのように考えさせるかが大切である。しかし，教師の方もどのように考えるのがよいかをはっきり自覚していない。無意識なものとしては認められるのであるが，それはすべて教師が自ら培ってきた数学的能力，態度として自然に現われるものとなっている。教師が数学の力をもち，数学的な能力，態度を十分身につけているべきであることはいうまでもないが，教師としては，それを自覚していてほしいものである。自覚していて初めて，数学的考え方の指導も評価も有効にできると考えられるからである。

　そのためには，よく言われるように，いわゆる「数学する」ことの中身を分析し，それを具体化できるように教材を提示し，子どもに経験させることが大切だと考える。それもできないままに，技能の習熟のための時間が確保されなければ，計算力が低下するだけでなく，発見・創造も形だけのものとなり，数学の力もつけ得ないことになる。

　もっと根本的には，再発見であれ，子どもに数学を発見・創造できる能力があ

るのか,子どもの発見・創造を保証するものは何か,発見・創造が確かな学習を保証するというのは,どのような論拠から言えるのかという疑問も出される。

このことについては,ヤング(J. W. A. Young)の考えに同意したい。ヤングは,「数学は,早くから発見できる教科である」[1]と主張しているが,筆者も,数学の性格から考えて,子どもは数学を発見・創造することができると考える。子どもは,子どもなりに帰納する能力をもち,演繹する力ももっており,その力によって数学を創造的,発見的に学べると考える。ただ,どんな指導をしておいてもそれが可能というわけではなく,それ以前にどのような指導が行われているか,何を教え,どのような考え方が育っているかに依存する。本論文では,第5章でそのことについて考察する。

筆者は,数学の発見・創造は,単に思いつきにのみあるわけではなく,その思いつきを暖め,数学に高めていくことにあると考える。原理・原則に基づいて,発展的に創り出されていくことも多い。創造的・発展的な学習をさせるとしても,なんとなく考えさせるだけでなく,数学らしい問いを問い,数学らしく考えられることが肝腎である。公理的方法はその指導を考えるときの根拠を与えてくれるのではないか。つまり,公理的方法の立場から数学教育を考えることが,「数学する」立場で数学教育ができることに通ずるのではないかと考えた。それが公理的方法の考えで数学の指導を進める理由である。

上述の批判や疑問に対するある程度の解答を試みたものの一つとして,ブルーナーの「構造」の主張がある。ブルーナーは,構造を強調することにより,知識伝達主義や暗記主義の克服,部分的ではあるが転移の可能性の予見,発見学習への期待の保証を試みていると筆者は評価する。

しかし,現実には,このブルーナーの主張に基づいた実践は,一般には成果を上げ得なかった。それは,「構造」とは何かに対する考えが抽象的なままであり,ときには,実践者の「構造」に対する考えが違っており,そのため,具体化されてみると必ずしもブルーナーの主張したことの実現に貢献しなかったことによる。本論文は,その問題に対する具体的な解答を試みることをも一つのねらいとした。

この問題に答えようとすれば,「構造」とは何かを問うことから始めなければならない。ブルーナーが「構造」の考えを得たのは,『教育の過程』の序にも書かれているように,現代化を指向した数学の教科書や自然科学の教科書が基本原理を中心に書かれていたことによる。とすれば,「構造」の概念は数学に端を発しているものであることがわかる。したがって,「構造」を考えようとすれば,数学における「構造」の概念にもどって考えることが妥当であると考える。それ

---

(1) Young, J. W. A : The Teaching of Mathematics in the Elementary and the Secondary School p. 42

を求めていく先に，公理的方法がある。

　公理的方法とは，一般には，公理にもとづいて演繹的な体系を作る方法であると考えられている。しかし，それは公理的な体系を描写しているのであって，公理的方法をすべて述べているわけではない。

　一口に公理的方法というが，大まかに考えても古典的な公理的方法と現代的な公理的方法には違いがある。周知のごとく，公理的方法は，古代ギリシャに生まれたものであるが，その当時は，真なることを確かめ，主張し，体系化する方法であった。しかし，現在では，分析の方法であり，構造に着目し，これをとり出して見せる方法でもあると認められている。

　「構造」は，数学では公理系によって示される。構造は，具体的な事象の中に潜む基本的な法則，原理を抽象化することによって認められるものである。したがって，卑近なことばで言えば，「構造」に着目するとは，ことがらの基本原理への着目といえばよいであろう。

　ところが，「構造」ということばは，ともすると，系統図，組織図のようなものを想像させる。そのために，教育において「構造」に着目したという具体例が，単なる教材の配列，系統に関わるのみで，ブルーナーの期待したものの実現に役立たなくなっていったと考えられる。「構造」を基本原理と考えてみると，ブルーナーが感じとったものを，ブルーナーが期待したことを実現できるように具体化することもできそうである。このことについては，第4章で検討し，具体的な形でこれを示していきたい。

3節　公理的方法の考えに基づく学習指導のための配慮

　既に述べたように，本論文では公理的方法を直接教えることを目ざすのではなく，公理的方法に見られる考えを学習指導に活かすことにねらいがある。以下の章では，具体例をいくつか取り上げるが，その考察をする前に，まず，それができるような教師の態度，教室の環境を作っておくことが必要であると考える。というのは，手続きとして，あるいは，考え方として方法を抽象したとしても，これを活かす環境ができていなければ，その手続きは形だけの魂のないものになると考えられるからである。教師がもつべき基本的な態度を，公理的方法を生んだ歴史をもう一度ふり返りながら，明らかにしておきたい。

3.1　論理的な説明への努力

　文明のあるところ必ず，数，量，形についての知識が見られるが，今我々が共有している論証的な数学は，古代ギリシャに端を発している。公理的方法の基本的な考えの出所を求めていくと，ユークリッドの生きた時代を溯って，エレア学派の人々の生きた時代にいきつく。さらに溯れば，タレスの時代，ポリスの政体を作った時代に溯ることができる。ヴェルナンは，ミュケナイの線文字の発見から，ポリス政体への空白の中に，ギリシャ文明の起源を求めている[1]。ミュケナイの王政からポリスの政体へどのような過程を経て至ったかは，今後の歴史研究にまつしかない。公理的方法を生む土壌は，ポリス社会にも見られると考えるので，そこから基本的な考えを汲みとりたい。

　ポリス社会は，政治も宗教も公開されていたとヴェルナンは言う[2]。それは，市民（奴隷を除く）に平等な権利が認められていたこと，および，生まれ（出身）や財産によって権力が左右されていなかったことを意味している。既に見てきたように，ポリスの政治は弁論の力に委ねられていた。弁論術にすぐれた者が地位と

（1）ヴェルナン，吉田敦彦訳：ギリシャ思想の起源（みすず書房　1970）pp. 3〜34
（2）上掲書　pp. 46〜68

3節 公理的方法の考えに基づく学習指導のための配慮

権力とを得, 人々を導くことができた。そこで, 弁論を教える教師集団ソフィストが生まれた。弁論術が力をもつということは, 互いの納得を得ることを大切にしたということであろう。政治は互いの納得の上に成立していたことになる。しかし, 血筋や財産よりも弁論が力をもったのは, ただ単に人々が平等であったというだけでは説明できない。富も人々を支配する力をもっており, 法のもとで平等であっても, 富の偏在は生じ得, やがて, 富が人々を支配することが起こり得るからである。世界の歴史は, その例をいくつも示している。

古代ギリシャ人に富をも越えた力を認めさせたものは論理であった。論理の導くところに人々は従った。論理的であること, それがギリシャ人にとって最高の徳であった。ギリシャの人々は, 世界を合理的なものと見, 論理をもって世界を把握しようとした。いや, 世界は論理的なものであるはずだという信念をもっていた。

論理をもって世界を把握できると考えた人々は, すべてを論理の支配におこうとした。そこに哲学が生まれる。しかし, 論理的考察や論理的吟味がますます深められていくと, やがて, 論理の間の矛盾や, 論理と現実の不一致に気がつき, 悩まされるようになった。

エレア学派の人々は, 論理をもって世界を把握しようとし, 世界は論理的であるべきだと徹底して考えた人々の集まりであるが, 彼等は論理をもって世界を把握しようとして出てくる矛盾に苦しんだ。現象として飛んで見える矢も, 論理をもってすれば止まっていなければならず, 亀を追い越せるはずのアキレスも, 論理的には追い越せないように思われる。論理を優先させた人々にとって, この世は虚の世界とさえ見えてくる。この矛盾は解決しないではすまされない問題であった。

同じようなことは, エレア学派だけではなく, すべてが自然数の比として把握できるはずだと考えていた人々にももたらされた。自然数の比では表されない無理数の発見である。論理的にも無理数が存在しなければならないことの発見は, 世界観をもくつがえすものであったであろう。一方では矛盾を生むものとして無限を避ける考えを生んだが, 他方では, 論理の吟味を一層強め, 知識の根拠をより一層確かなところへ求める状況を作ることになった。これが, 公理的方法を生んだ背後にある状況である。このことについては, 第1章で見てきた。

公理的方法の考えを活かし, 地についたものとするには, 上に述べてきたことを根本において学習指導を行うことが必要であると考える。

すなわち, まず, ものごとを論理的に把握しようという気持ちを育てることが欠かせない。論理的に把握するとは, 最終的には公理に基づく演繹的な体系を求めることにつながるが, その端緒は, なぜを問い, 説明を求め, 説明しようとす

る気持ちの中に認められる。なぜを問うのは，根拠を求めることであり，説明するとは，演繹的な推論により，事柄を演繹的な秩序の中に置くことだからである。

説明するとは，以心伝心でわかればいいというのではない。禅では，ことばで説明してわかった気にさせることを嫌うという。それは，ことばで説明することによって，ことばで説明できない部分が抜け，本当のことがわかっていないのにわかった気になることがあるからである。ことばの上の説明でわかった気になるのではなく，考え抜き，じっくり見つめ，ことがらの本質を見抜き，心の底からわかることを求める。悟りとは，そういうものであろう。

この考えは，多かれ少なかれ，我々日本人の心の中に潜んでいる。筆者も，この考えに共感するところがあり，そのよさを認める。しかし，公理的方法の精神は，そのようなわかり方を否定する。可能な限り説明し尽くそうと努力する。説明しにくい場合には，適切な概念を作り定義をしていく。その結論や主張の妥当なことを論理的に説明しようとする。公理的方法は，その精神に支えられて生まれたといえる。

教育の場にあっても，したがって，説明を求めることは欠かせない。しかも，この説明の努力を求めるのは教師だけではない。子どももその精神をもち，説明への努力をすることが求められる。教師の助けを借りながらでも，そのための努力をすることが期待される。

3.2 平等の精神

なぜを問い，説明しようとする態度を作るには，それができる環境が作られていなければならない。なぜなら，なぜを問うことが拒否され，嘲笑され，無視される場では，なぜを問うことができないからである。なぜを問うことが励まされ，歓迎され，認められる場が用意されていなければならない。如何に幼稚な問いであっても，嘲笑されることなく，暖かく迎え入れられる場でなければならない。

そのことは，しかし，形の上だけであってはならない。その根底に，学ぶ者としての個人が尊ばれていなければならない。ポリス社会がそうであったように，学ぶ人として平等で，等しくわかる権利，納得する権利を有するという平等意識が根底になければならないであろう。

ポリス社会成立の前提は，成員が平等な権利をもつということである。弁論が

力をもつということは，成員のお互いが納得できなければ実行できないという状況があるということである。成員の方にも，納得を求めないではすまされない態度がある。

これを教室について考えるなら，子どもそれぞれが平等な立場にあるという認識を互いにもつことが欠かせないということになる。わかる者だけがわかればよいのでなく，わからない者にもなんとかわかって欲しいという気持ちが必要であろう。一方，わからない者も，わからなくてもいいという投げやりな気持ちでなく，わかろうと努力する意志が求められる。

それぞれの個人は，その権利を放棄すべきではないし，また，放棄させるべきではない。「自分にはわからないけどいいのだろう」ということを許さない厳しさも要求される。納得できないことには説明を求め，わかる者は，納得できるように説明する努力をすることが望まれる。

教室の中にその雰囲気を育てることは，実は，ともどもに学んでいくということを大切にするときにはいつも必要なことである。わからないけど，聞くと人に笑われるから聞かないという雰囲気では，納得したい気持ちは押さえられる。あの子は力がないからわからなくてもしようがないという気持ちでは，わからない者は聞く気にもなれないであろう。わからない者を切り捨てることは，説明する努力をしなくてすむことをも意味する。

公理的方法は，成員が平等な権利を有する民主的な政体の中から生まれた。その考えに立てば，結局，力のある者も，力乏しき者もともに成長していこうという精神を基本とせざるを得ない。その精神を大切にすることの中に公理的方法の基本があり，公理的方法を活かした学習を成立させる土壌があると考える。

3.3 教育における厳密さの問題

ユークリッド幾何学の完全な公理系を求めたヒルベルトまでの努力のあとから，厳密さに関して，数学の指導上注意しなければならない示唆を汲み取ることができる。

それは，数学において厳密さは欠くべからざるものであり，数学の指導においても，厳密さに留意すべきであるが，しかし，厳密さは数学的成熟をまって高められていくべきであるということである。ユークリッドの『原論』からヒルベルトの『幾何学の基礎』までの歴史は，人類も初めから今日得られているような完全な厳密さを得ていたわけではないことを物語っている。

第2章　公理的方法の考えとその教育的価値

　古代ギリシャにおいては，ユークリッドの『原論』が完全な厳密さをもっているものと考えられており，その後2000年もの長い間，その厳密さが尊ばれてきた。19世紀になって，数学の基礎の吟味が行われるようになって初めて，ユークリッドの『原論』の不完全さが明らかになり，いくつかの公理が指摘され，ヒルベルトの『幾何学の基礎』に集約されたのである。現在，これが完全なものと考えられているが，完全に厳密なものであるかどうかは本当にはわからない。
　すぐれた頭脳を抱えている人類においてさえ，厳密さへのアプローチが徐々に行われたことを考えると，子どもたちに過度の厳密さを求めないように気をつけなければならない。（数学の）成熟の程度によって，求められる厳密さの程度は変えられるべきである。だからといって，曖昧なままですましておいてよいというわけでもない。その成熟の程度に応じて可能な限り厳密であろうとすべきであり，成熟するにしたがって，厳密さの程度も高められていくべきである。いずれの年代にどの程度の厳密さを要求すべきかは簡単には決められないが，とかく子どもの立場から見て過度に厳密になりがちなので気をつけなければならない。
　ここで断っておかなければならないことは，ここでいう「厳密さ」は，用語の使い方，表現の仕方，ことばの言い回しの正確さを求めること，あるいは，場合分けを丁寧にすること等を言っているわけではないということである。論理的な厳密さ，つまり，立言の根拠としていることを可能なかぎりすべて明らかにし，これを意識して推論することを完全に行うことを意味している。その根拠とすること，仮定することがらをどこまで深く置くかによって，厳密さの程度が異なる。言い換えれば，何を公理として意識させるかが問題となる。
　たとえば，先に例として挙げたユークリッドの『原論』の第一命題に見られるように，線分ＡＢの両端Ａ，Ｂを中心に線分ＡＢを半径とする円を描けば，それらが二つの交点をもつことなどは，中学校では，これを公理として意識させないで認めさせておくであろう。何を暗黙の仮定にし，何を意識し，明記するかによって厳密さが異なる。教える側には，この吟味が欠かせない。シャンクス（M. E. Shanks）が，教科書を書くときには公理的方法を意識せよと言っている[1]のも，そういうことを含んでいよう。三角形の合同条件も，公理のようなものとして認めていくか，あるいは，他のことをもとにしてこの条件を証明することを求めるか，ということは，意識して決めておかなければならない。
　教育における厳密さについて留意しておかなければならないと考えるもう一つのことは，厳密さは，新しい知識を得るときに求められるものではなく，知識が得られた後で，あるいは，もう少し正確にいえば，新しい知識の概略が得られた

---

(1) Merrill E. Shanks.: The Axiomatic Method and School Mathematics ("The Role of Axiomatics and Problem Solving in Mathematics" Ginn and Co. 1966) pp. 67〜68

後で求められるものであるということである。このことは，数学史をひもとけば随所に見られる。たとえば，ユークリッドの『原論』の内容の多くは，すでに古代バビロニア，エジプト時代に知られていたものであり，ギリシャに伝えられてターレスにより論理的に扱われ，厳密な体系の中に位置づけられるようになったのである。

微積分も，まず，16，7世紀の頃から自然科学と結びついて生まれ，発展させられながら，徐々にその厳密な基礎の吟味が行われ，結局，完全な基礎づけがなされたのは19世紀になってからである。もし，初めから完全な厳密さを求めていたら，微積分学は作られなかったにちがいないという数学者もある[1]。連続函数は微分可能と直観的に考えられていたが，もし，連続であっても微分可能ではない函数があると知っていたら，理論を進め得なかったにちがいないからである。

実験や観察，試行など諸々の手段によって直観的に得られたことがらについて，その基礎を固めていくことが公理的方法の役割である。初めから公理があるのではなく，公理は後から見出だされ，より深いところに根が置かれる。

数学の学習が，新しい数学的な知識を獲得することだとすれば，上に述べたことは心しておいてよいことである。事実を見つけ，事実を知り，その後で基礎の吟味が行われる。数学的な能力が高まるにつれて，その基礎はより深いところに置くことができるようになる。

ところで，知識の概略が得られた後で基礎の吟味がなされ，厳密さが求められるというと，たとえば，小学校で数学的な知識の概略を獲得し，中学校で，いくつかの基本性質を公理のようなものと見なして証明をし，高校以上で公理的な体系について学ぶという現行のカリキュラムのようなことが想像されるかもしれない。

しかし，筆者が考えていることは，そういうカリキュラムの問題ではない。前節で述べたように，「原理から理解する」ことが公理的方法の基本的な態度であるから，知識を獲得した直後，あるいは，問題を解決した後で直ちに，「これは何を根拠にしているのか」「その根拠は確かか」「そのことはいつでも言えることか」などと反問させ，これに答えさせることによって，基礎の吟味を行うことを考えたい。解決した後でと言わず，並行して行うことも考えたい。あるいは，あざなえる縄のように，問題の解決，原理の追求，原理からの把握，基礎の吟味を行うことを考えたい。

公理的方法が学習の方法としての役割を果たすと考えられるのは，原理からの把握をそのようなものと考えているからである。常にその立場で学習指導を進めたいというのが本論文の主張でもある。

---

(1) Kline, M.: Logic versus Pedagogy (Amer. Math. Monthly vol. 77, 1970 March) pp. 269〜270

3.4 公理的方法の考えに基づく指導のあり方

　学校教育の場では，純粋に仮設的な公理系を設定し，そこから諸結果を導くというようにするわけにはいかない。しかし，既知の知識体系との整合性を保ちながら，新しい数学の世界を切り拓いていこうとするときには，既知の知識の原理・法則を仮定して，新しい数学の世界を作っていこうという考えで学習を進め得る。あるいは，一応の結論を得ていても，既知の知識との整合性を求めて，既知の知識の原理を仮定した理論を作ってみて，それともうまく整合するかどうかを確かめることもある。これは，ムーア（E. H. Moore）が実験室法を主張する中で，重要な結果は本質的に異なった二つの方法で導くべきであると言っている[1]研究上の考え方にも通ずるし，また，ヒルベルトが公理的な思考について述べている中で，その精神を述べて，「国と国との関係もうまくしようとする」[2] と言っていることにも通ずることである。これは，数学の学習だけでなく，研究上，あるいは，知識獲得の上でも大切なことである。

　公理を求め，公理を設定し，それを基礎に演繹的な推論をするプロセスにおいて，公理的方法の考えを活かすことにより，いくつかの教育的な価値を達成できる可能性があることを見てきた。公理的方法の考えを，公理を設定するときの態度にしたがって，大まかではあるが，公理を求めることと，仮設的な公理を決めて演繹することを公理的方法の考えとすれば，公理的方法のいろいろな考えはこれらの中に含まれるということを見てきた。以下の章は，その立場で具体的な学習指導についての考察を進めるものである。

　小学校・中学校の数学教育を考えるので，公理を求めると言っても，数学でいう公理そのものに行きつくわけではなく，演繹推論も完全なものでないことはいうまでもない。しかし，子どものレベルでの演繹推論でも，原理をもとに演繹して新しい事実を見つけたり，諸事実の真なることを示すことはできると考える。その力を期待して，数学教育をよりよいものにしたい。

　公理的方法の考えを二つに分けて考えたが，実際の学習指導の場では，これら二つの考えを単独で使わなければならないというものではない。たとえば，第3章では，公理（根拠）を求めて説明体系を作るという考えが典型的に見られる論証指導を取り上げるが，原理（本質）が明らかになった段階では，その原理（本

---

(1) Moore, E. H.: On the Foundation of Mathematics ("A General Survey of Progress in the Last Twenty-Five Years" NCTM 1st Yearbook) p. 50
(2) Hilbert, D.: Axiomatisches Denken ("Gesammelte Abhandlungen Band 3" Chelsea Publishing Co. 1965) p. 146

質）をもとに導かれるものを探るという学習活動により，発展的・探究的に学習をさせることも考える。これは仮設をおいて考える考えに通ずる。

　また，第4章では，構造に着目して，これを活かす学習指導のあり方を考えるが，この場合は，仮設をおいて考えていくことが主となる。しかし，構造に着目するためには，その原理を探ることが必要になる。

　第5章でも，一応，公理的方法の考えにそって二つの場合に分けて学習指導の場を取り上げるが，どちらか一方の考えだけで律せられる必要はない。学習は知識の獲得のプロセスであり，しかも，知識は帰納的にも演繹的にも得られ，自己増殖的な働きをもっているということを考えれば，どちらか一方だけで終始する必要はない。公理的方法の二つの考え——「根拠を探る」，「仮設をおいて考える」——を，前者が，確かな知識を求めることにあり，後者が発展的・探究的な考察といった性格を持つと見るとすれば，知識の獲得においてこの二つの考えが混在することの方が自然でもある。

第3章
公理的方法の考えに基づく論証指導

　これまでの二つの章では，古典的な公理的方法と現代的な公理的方法の代表的な二つの書物——ユークリッドの『原論』とヒルベルトの『幾何学の基礎』——を中心に公理的方法を支配している考えを明らかにする努力をしてきた。いろいろな視点から見ることによって教育的な示唆をいくつか得て来たが，最終的には，公理の設定の仕方に着目して，「根拠（公理）を探る」ことと「仮設（公理）をおいて考える」ことの二つに集約して考えることにした。これらは，おおよそ，古典的な公理的方法と現代的な公理的方法とに対応している。

　本章以降では，それらを具体的な内容に即して考察することにより，公理的方法，および，公理的方法を支える考えを活かした算数・数学の指導の可能性とその価値を明らかにすることにする。

　まず本章では，「根拠（公理）を探る」という立場を活かす学習指導の場として，論証指導について考察する。論証は公理的方法の基礎となるものであり，最も公理的方法に関わりが深く，したがって，公理的方法の考えが最も顕著に見られ，その考えを活かした指導が行われなければならないはずのものである。

　しかし，実際の指導を見るに，証明についての解説をし，証明問題を与えて証明をさせてはいても，公理的方法を支えている考えについての配慮は十分でないように思われる。そのために，証明の指導についてよく指摘される問題が生じているとも考えられる。その解決のための試みや提案がいくつかだされているが，本章では，前章で明らかにしてきた考えを活かした論証指導をすることにより，それらの問題のいくつかの解決に役立つことを示すことにする。

　そのとき基本にする考えは，簡単に言えば，ある命題（事実）の根拠を探ること，および，求めた根拠をもとに発展的に考察することの二つの考えである。これは，先に述べた公理的方法の考えと同じものである。これらをいくつかの具体例について考察するが，そのような考えに基づいた論証指導が，現在の論証指導におけるいくつかの問題点を解決し，それとともに教育的な価値をもたらし得る

ことを示したい。

　そのため，まず，1節では，論証指導の問題点と，その解決への試みのいくつかを見ていくことにする。2節では，証明が，根拠（公理）を求め，要素を分析するという役割をもつことに視点を置き，それに基づいた考え方のよさを具体的に考察する。その中では，さらに進んで，求めた根拠をもとに発展的に考察する学習指導にも言及するが，これは，「仮設（公理）をおいて考える」という公理的方法の考えに通ずるものを含むものである。

1節　論証指導の問題点とその指導

1.1　中学校における論証指導の問題点

　　　　　中学校で論証の指導をする目的は，大まかにいって二つある。第1は，証明の意味を知らせ，証明が出来るようにすること，そして，公理的方法についての基礎的なことを理解させることである。第2は，それを通して，論理的に考える力，批判的に考える力を伸ばすことである。

　　　　形式的な証明の仕方が教えられるのは中学校が初めてであるため，その指導にはいくつかの問題がある。たとえば，証明の仕方を教え，証明をさせていれば，論理的に考える力，批判的に考える力を伸ばせると安易に考えてよいかという大きな問題もある。その他にもいろいろな問題がある。どのような問題があり，その問題を解決するためにどのような試みがなされているかをまず見ておくことにする。

1.1.1　証明の必要を感じない

　　　　　証明の指導に関して問題とされることは，「証明がわからない」「証明ができない」「証明を誤る」生徒がかなりいて，その指導が難しいということに関係しているものが多い。

　　　　証明がわからない原因としては，まず，「証明の必要を感じていない」「証明の必要性がわかっていない」ということがあげられる。それは，証明の指導の初期に取り上げられている命題の内容が，直観的にわかりやすく，「正しいとわかりきっていることをなぜ証明する必要があるのか」「わかりきったことについて，あと何をいう必要があるのか」と感じられるからである。

　　　　また，証明問題が，「……を証明せよ」というように，結論を明示していることも，証明の必要を感じさせなくしている原因となる。結論がすでにわかってい

るなら，それでよいではないかと生徒は考えるからである。それは，それまでに課せられていた算数・数学の課題の多くが求答問題（結果を求める問題）であったためでもあるが，それ以上に，他の教科の知識の多くは，その結果を知ることで目的が達せられるからである。理科でも実験はするが，多くの知識は人々によって確かめられた結果として与えられている。知識を自ら獲得したり，その知識の真なることを確かめることは少ない。

「証明がわからない」理由が，なぜ（自分が）証明しなければならないのかがわからないことにあるとすると，証明をする必要を感じさせるにはどうしたらよいかということが第一の問題となる。その解決のためには，証明にしろ，公理的方法にしろ，その必要があって考え出されたものであることに思い至れば示唆が得られるはずであるが，生徒がその必要を感じていないとすれば，これまでそのことに対する配慮が欠けていたことになろう。

「証明がわからない」理由の中には，証明が何をしているのか，目的だけでなく，方法がわからないということがある。そのため，証明の仮定に結論が入り込み，循環論法に陥るという誤りを生んでいる。たとえば，二等辺三角形の底角が等しいことを証明するとき，二つの三角形の合同を示すが，その際に，底角の等しいことを合同条件の中に含めてしまうといった類のことである。これは，図形の性質を熟知していたり，図から直観的に分かってしまう場合によく生ずることであるが，証明の意味がよくわかっていない場合にも生ずる。

仮定と結論の混同は古くから見られたことで，この区別を明確にするためには，仮定と結論を明記すべきだという考えが広まり，現在は，教科書などにもそれが明記されるようになっている。しかし，それでもまだ十分に解決されず，今でもその混同が問題にされている。

1.1.2 証明の難しさ

「証明ができない」原因，つまり，証明問題の難しさは，筋道を立てて正しく推論することができない，論証の糸口が発見できない，補助線が見つけられない，どう考えていってよいかわからないといったところにある。生徒の中には，時に，教科書に示されている証明の通りに考えを進められるものだと思いこんでいる者がいる。書かれている証明の通りに考えを進めることなど，大人でも容易なことではない。

生徒がそのように思い込むようになってしまうのは，論証の指導において，教師が正しい証明をして見せることをもって，その指導をしたと考えているところに原因がある。そこには，ユークリッドの『原論』を見せて公理的方法を理解さ

せようとすることと，基本的には同じ考えがある。できあがった結果を見せるだけで，その結果が得られるまでの思考過程が示されていない。そのようにしているだけでは，公理的方法を支えている考えなどには考え及ぶまい。

　証明問題の難しさとして，証明の記述ができないということもある。論証が子どもに嫌われるのは，その思考過程が難しいからではなく，証明の記述の形式にこだわりすぎるところにあると指摘する人もいる[1]。生徒ができあがった証明の記述しか見せられず，あたかもそこに書かれているように順序よく証明が書けるものだと思い込んでいるとしたら，証明は書けるものではない。先の証明問題が解けない生徒と同様，その子はできあがったものしか知らず，それを作りあげる考え方，考える過程を知らされていないからである。

　論証で，言語表現に関して不十分な点が見られることが多いということは認められるが，その記述が正確にできることと，論証自身をよく理解していることとは別のことだとも考えられる。言語表現にだけ問題があると考えられる場合には，初めは形式的な証明の記述にこだわらないで証明の指導をする。初めのうちだけでなく，完全な記述形式で証明を書くことを求めるのは，高い能力をもった生徒に対してのみでよいと考える人もある[2]。それは少し極端としても，その位の心づもりで始めるのがよいかもしれない。形式的な記述の仕方を学ばせることは，もちろん大切なことであるが，これを頭から強制すると，記憶にのみ頼る子を作りかねない。段階を踏んで徐々に高めていく配慮をすべきだということは，第2章で厳密性について述べたことと同じである。

　証明の記述についてのこのような問題に対して，多くの人が提唱していることは，口頭での証明を活用するということである[3]。この時も，やはり完全なものを要求して，気持ちを萎縮させないようにする配慮が必要であろう。不十分なところがあったら，口頭で補わせればよい。単に口頭で言わせるだけでは忘れられるから，まず思いつきを書き留めさせ，それから口頭で発表させ，それを修正しながら黒板やOHPに取り上げていくという方法を提唱している人もいる[4]。これには，書くことの抵抗を一時補ってやることにより，生徒は自分の思考だけを追うことができるというメリットがある。

　第1章で見てきたように，論証はもともと対話的な雰囲気をもった社会，弁論

---

(1)　工藤康博：星形5角形の角の和を求める指導（「教育科学 数学教育」誌　明治図書　No. 221　1978.7）pp. 69～75
(2)　鍵山勝登：OHPを活用した中点連結定理の導入（「教育科学 数学教育」誌　明治図書　No. 221　1978.7）pp. 76～86
(3)　中野金吾：中学における論証指導の実践（「教育科学 数学教育」誌　明治図書　No. 13　1961.10）pp. 36～41
　　小林正守：図形の論証にみる落ちこぼれの対策（「教育科学 数学教育」誌　明治図書　No. 197　1976.9）pp. 34～40
　　谷川藤平：数学的な推論の方法（「教育科学 数学教育」誌　明治図書　No. 214　1977.12）pp. 85～91　など
(4)　鍵山勝登，上掲書　pp. 76～86

を重んじた社会から生まれてきた。このことをもとに，問答によって相手を説得させることを提案する人がいる[1]。これは公理的方法を支えている考えを活かそうとしているものである。討議形式によって証明を発見させるように仕向け，そのようにして作られた生徒の論証の良い点を取り，悪い点を捨て，その体裁を整えてきちんとした証明を作ることを提案する人もいる[2]。あるいは，口頭での証明をそのまま文章表現させ，それを修正しながら形式的な記述に高めていくという提案もある[3]。これらは要するに，初歩的な段階から洗練された形式を求めず，証明を考える過程を示すことを大切にしているものである。

　論証指導の初期の段階では，形式的な記述を求めないとは言っても，いつまでも非形式的な記述のレベルに止めておくわけにはいかない。上に見てきたように，口頭での論証をもとにして形式的な記述へ高めるなど，徐々に形式の整った記述ができるように指導することを心がけねばならない。この時大切なことは，月並みではあるが，下手でもよいからまず証明を書かせ，そして，できるだけ丁寧に目を通してやることであるといわれている。証明の方法や書き方のまずいところを少し丁寧に見たところ，成績が向上したという報告もある[4]。「学問に王道はない」というのは，生徒に対してばかりでなく，教師の指導にも言えることのようである。

1.2　証明の必要とその意味を認識させる指導

　今見てきたように，証明の指導についてのいろいろな問題のうち，証明の記述については，丁寧な指導の積み重ねによってある程度解決できそうである。また，証明とは何か，どうすることなのかがわかっていれば，証明を考える過程，たとえば，仮定から何が言えるか，結論を導くためには何が言えなければならないか，というような解析的な考え方などを教えておくとよいと言われる。それがうまくできるためには，結論と基本性質の結びつきを整理しておくことが欠かせない。そこで，「定理図表」や「ライブラリーカード」[5]「定義カード」[6]「ハンドブック」[7]を作って整理させることが提案されている。そのような工夫によって

---

(1) 岸本善秀：円周角の定理へのアプローチ（「教育科学 数学教育」誌　明治図書　No.221　1978.7）pp.53～60
(2) 鍵山勝登：OHPを活用した中点連結定理の導入（1978）pp.76～86
(3) 谷川藤平：数学的な推論の方法（1977）pp.85～91
(4) 仲田紀夫：中学2年「図形の証明」の指導——目のうろこがとれる過程（日本数学教育学会誌 Vol.58　1976.9）pp.9～15
(5) 矢口俊昭：創造性の育成をめざす論証指導（「教育科学 数学教育」誌　明治図書　No.232　1979.5）pp.66～73
(6) 小関熙純ほか：図形における論証指導について（その2）（日本数学教育学会誌　Vol.60　1978.3）pp.9～18
(7) 小林正守：図形の論証にみる落ちこぼれの対策（1976）pp.34～40

も，証明のできない子をかなり救うことができるにちがいない。それらを踏まえた上で，一つ一つ問題にあたり，証明を実際にしていくことが，結局は，証明をする力をつける道である。

　すると，証明の指導における最も基本的な問題として，証明とは何か，その必要性，価値，その意味を理解させることが残る。そこで，最初にあげた問題，「証明の必要を感じていない」こと，「証明が何をしようとしているのか」「何をすればよいのかわからない」ということに対する指導の問題について考えていくことにする。

　生徒が証明の必要を感じない理由は，先にも述べたように，証明の指導の初期に取り上げられている命題（内容）が，既に知られていることであったり，直観的にすぐその正しさがわかってしまうものであったりすることにある。そのために，「すぐわかることを何故証明する必要があるのか」「知っていることなのに，何をする必要があるのか」と思われてしまう。また，証明問題が，求答問題とちがって，結論を明示していることも，証明の必要を感じさせなくしている原因となっている。

　証明の必要が感じられないと，証明をしたいという気持ちを起こさせないだけでなく，何をすればよいかもわからなくさせるという問題を生むもととなる。したがって，証明を理解させるために，まず，証明の必要，証明が目ざしていることを理解させることが欠かせない。

　証明の必要を感じさせることについては，次のようなことが提案されている。

　一つは，証明すべき内容に疑問を抱かせるという方法である。これはブリトゥロも紹介している方法で，たとえば，「三角形の内角の和は，本当に2直角なんだろうか」という問いを投げかけるというものである。大きな三角形と小さな三角形を並べたり，正三角形のような三角形と偏平な三角形を並べたりすることによって，ひょっとすると内角の和はいつも同じだとは言えないのではないだろうか，という気持ちを抱かせようとするのである。

　けれどもブリトゥロは，これだけでは証明の必要を感じさせることは無理だろうという[1]。なぜなら，このような問いを出すと，生徒はまず実測してみようとするにちがいないからである。実際，ある調査によれば，三角形の内角の和が2直角であることを確かめるのに，実測だけでよいと思っているものが，中学生の中に4分の1程いるということである[2]。そのように考えると，「8×8の正方形を5×13の長方形に変形する方法」[3]とか，「どんな三角形も二等辺三角形である」といった一見もっともらしい推論をする題材を与えて，正しい推論の必要性

---

(1)　ブリトゥロ，松田信之訳：幾何の論証とその指導（東京図書　1962）
(2)　小関熙純ほか：図形における論証指導について（その1）（日本数学教育学会誌　Vol. 60　1978.1）pp. 12〜19
(3)　三宅堅：自ら学ぶ態度を育てる論証の指導（「教育科学 数学教育」誌　明治図書　No. 232　1979.5）pp. 29〜36

第3章　公理的方法の考えに基づく論証指導

を説くということなどは，証明の必要性を感じさせるのには有効でないことがわかる。それらは正しい推論が必要であることを感じさせるというよりも，実証の必要を感じさせ，証明の必要を感じさせることにはつながらないからである。したがって，疑問を持たせるだけでは不十分で，実証の段階を経たあと，実証では不十分であることに気づかせることが必要となる。そこで，実験・実測には誤差が伴なうこと，そして，一般性にも欠けるというように，実証の限界を示して，論証と対比させるとよいという考えも出てくる[1]。

しかしながら，実験・実測を入れる場合，正確な数値が出てこなかったり，満足のいく結果が出てこなくても，あまりそれを否定するような扱い方をしないように気をつけなければなるまい。というのは，実験・実測も，操作や作業による方法も，知識を得る一つの方法だからである。実験・実測は当てにならないのではなく，帰納的に発見する方法として有効な方法であるということを忘れたくない。

証明の必要を感じないのは，結論が分かっているためだという理由から，論証に先立って，予想・発見をさせようという提案がある[2]。たとえば，結論を伏せておいて，仮定をもとにどんなことが言えるかを調べさせるというように，問題をオープンな形にしたり[3]，結論を予測させ，予測を実測によって検証させた後，その証明をさせるという過程をとらせている[4]。また，証明すべき事柄を生徒に発見させてから，証明に進ませようという人もある[5]。発見をさせようという裏には，自ら発見した事実が偶然ではないことを自らへと同様他へも示したいという欲求が生じるにちがいないという考えがあるからであろう。その際，発見の手順が証明の方向と一致しているとよいという[6]が，実際には，難しい場合が多いだろう。発見したことを証明するに先立って，命題の形で述べさせよということは大切な注意である[7]。

一般に，これらの方法に問題点があるとすれば，この方法は，証明指導の初期の段階でなく，図形等の指導がかなり進んだ段階でなければ用いられないのではないかと思われるところにある。また，具体的な図形を与えて性質を発見せよといった場合，いろいろなものが出てきて収拾がつかなくなるのではないかという恐れもある。

性質を発見させて，それを証明するという方法に「発見的論証指導法」という

---

(1) 国宗進：証明の指導に関して思うこと（「教育科学 数学教育」誌　明治図書　No. 221　1978.7) pp. 29〜36
(2) 谷川藤平：数学的な推論の方法（1977）　pp. 85〜91
(3) 柿木衛護：中点連結定理とその発展（「教育科学 数学教育」誌　明治図書　No. 221　1978.7) pp. 87〜94
(4) 戸板宜一：発想を生かす指導（「教育科学 数学教育」誌　明治図書　No. 232　1979.5) pp. 51〜57
(5) 渋谷淳：法則発見の延長上で証明を（「教育科学 数学教育」誌　明治図書　No. 221　1978.7) pp. 37〜44
(6) 上掲書　pp. 37〜44
(7) 荒井学：証明の構想を重視した指導（「教育科学 数学教育」誌　明治図書　No. 221　1978.7) pp. 21〜28

名をつけている人がいる[1]。この指導法には,「論証したいという意欲を高める」「論証を必要とする適切な場（問題）ができる」「帰納する能力をいっそう伸ばす」といった価値が認められるという[2]。これは，前述の発見を先行させるものにも認められることである。

　この提案が他の提案と違っているのは，発見を導く方法として，角の2等分線などを作図する操作を基本操作とし，この基本操作を意図的に用いて図形の性質の発見を導こうとするところにある。この基本操作の指導は，三角形の合同条件と二等辺三角形の間におくと言っているので，論証指導の初期を頭においているようである。現在（1985）これらの作図は，1年生で教えられているので，これを積極的に用いて図形の性質を発見させてみるというのもおもしろいかもしれない。この基本操作（作図）は補助線を見つける助けともなるという[3]。

　発見を導くためには数値・数量を取り入れることも考えられる[4]。計測結果を表にして発見を促すことは，課題に取り組み易くし，課題意識を高めるだけでなく，帰納的推論を用いさせることにもなる。数量化を心がけると，証明した定理を用いて解決しなければならないような求答問題も作られる。それは定理を理解させるための適当な練習問題ともなる。従来，このような問題が案外少なかったようである。

　さらに，作図，数値化以外に紙を切ったり折ったりする作業をさせることも考えられる。「二等辺三角形の頂角の二等分線は底辺を二等分する」「等脚台形の対角線は等しい」ことなどを調べる場合，紙に図を描き，切って確かめさせ，それを論証につなげるという方法[5]，「重心」の問題を押しピンつき重りとまち針，台紙を用い，実験しながら発見していくという方法なども提案されている[6]。この場合，ただ作業させるだけでなく，「なぜか」「どうしてか」と問わせるようにしたり，教師がその問いを出したりすることが必要である。「なぜか」「どうしてか」と言う問いがでるということは，不思議だ，知りたいという子どもの気持ちを刺激することになる。

　この線にそった具体例として興味あるものに，折り紙を使う提案がある[7]。これは教材としてのおもしろさもあるが，自分を納得させ，人を納得させるのに証明が有効にきくので，疑問を抱かせて証明の必要性を感じさせる以上のことが期

---

(1) 鳥取八起：図形の発見的論証指導について（日本数学教育会誌　Vol.42　1960.7) pp.2～5
(2) 上掲書　pp.2～5
(3) 上掲書　pp.2～5
(4) 松丸光男：数量化された図形の論証指導（「教育科学 数学教育」誌　明治図書　No.220　1978.6) pp.5～11
(5) 大場滋：論証の指導をどうするか（「教育科学 数学教育」誌　明治図書　No.232　1979.5) pp.21～28
(6) 嶋津貴敬：子どもに学ぶ論証指導——操作をとり入れた「重心の定理」の指導（「教育科学 数学教育」誌　明治図書 No.232　1979.5) pp.58～65
(7) 堀井洋子：数学への招待——正6角形と正4角錐（「教育科学 数学教育」誌　明治図書　No.221　1978.7) pp.45～52

待できる。一般に，題材そのものが未知のものを多く含む時には証明の意義・価値を感じとらせ易いが，その場合は逆に証明が難しいことが多い。その点，折り紙は身近かであり，証明もさほど難しくないといったよさがある。このように，証明は「人を納得させる方法」であるという立場から，興味深い指導が進められている。

証明の必要を感じさせるには，今も少しふれたように，証明が有効であると思われる題材を取り上げるのも一つの方法である。そこで，導入期にかなり難しい問題を出して，これを解明するために新しい定理を作っていくという方法も考えられている[1]。しかし，論証指導の初期に，このような題材として適切なものに何があるかが問題である。

少し変わったアプローチとして，論証の初期の考え方と，それまでの数学での考え方との違いに目をつけさせるものもある[2]。論証以前は，過去の知識を総動員して問題を解決してきたが，論証の初期の段階では，知っていても使ってはいけないことが出てくる。この混乱を逆手にとって，証明とは何か，なぜ証明が必要なのかを指導したらよいと言うのである。おもしろい着想ではあるが，本当に有効かどうかは疑問である。

この考えが出てくる背景には，生徒が証明をする際に，まだ証明されていないものを使う傾向があるという問題，生徒が正しいと知っていることが数多くあり，それを用いて説明すれば，真なることを示せたと感じられても，循環論法になってまずい場合があるということに気づいていないという問題などがある。知っているだけでは使ってはいけないものとは，証明の学習を始めてから改めて証明していないもののことである。

しかし，真なることを示すのに，真だと信じていることをなぜ使ってはいけないのだろうか。証明していないことは使ってはいけないというだけなら，何のために証明するのだろうか。それが分からなければ，証明は数学の議論を進める時の儀式のようなものと考えられてしまう。

このように，証明の必要性を感じさせるには，「疑問をもたせる」「一見もっともらしい誤った命題を与えて，正しい推論の必要性を説く」「実験実測には誤差が伴ない，一般性にも欠けることを示す」「論証に先立って予想・発見させる。その為に，問題をオープンな形で出したり，数量化したり，操作を取り入れたりする」「かなり難しい問題を出して証明の有効性を示す」「ただ知っているというだけでは用いてはならないものがあることに目を向けさせて証明の意味を考えさせる」といったいろいろな方法が提案されている。

---

(1) 岸本善秀：円周角の定理へのアプローチ (1978) pp.53～60
(2) 榎戸章仁：初期の論証指導について思うこと（「教育科学 数学教育」誌 明治図書 No.232 1979.5) pp.95～101

以上見てきた提案の背後にある証明についての考えは,「証明とは命題の真(偽)なることを示す」という考えである。また，ここで考えられていることの多くが，そのきっかけについて考えているにすぎない。そこには，公理を求めて公理的な体系に整理をするという考えは見られない。つまり，演繹的な体系を作っていくという証明の求めているもう一つの役割は見られない。根拠を求めていくという考えに言及しているものもない。証明の持っている役割に直接結びつく考え方に基づいて，論証の必要を感じさせ，その意味を理解させる指導を考えたい。

　その試みの一つの例として，フォセット (Harold P. Fawcett) の "The Nature of Proof"[1] がある。まず，それを取り上げ，その後，証明の指導について筆者が考えていることを述べることにする。

1.3 "The Nature of Proof" に見る論証指導

　ここで取り上げる "The Nature of Proof" は，フォセットの学位論文で，アメリカの数学教師協議会[2]の年報として発行されたものである。

1.3.1 当時の論証指導の問題点と実践研究

　フォセットはその序論で，当時の論証指導の問題点を，概略次のように指摘している。

　批判的，反省的に考える力を伸ばすことが，中等教育でますます重要視され，どの教科の先生方も学習指導の改善に努力しているが，数学の先生方は，自分達の教科では既に論証幾何を教えているから，演繹的な考え方の本質を知らせ，証明するということが実際には何を意味するのかということを子どもに理解させており，したがって，これまでと同様の指導でよいと考えている。しかし，実際の授業では，定理の中身の方に重点があり，定理を立証する方法の方にはあまり重きが置かれていない。だから，生徒は定理それ自身が重要であると思い，それらを覚えることに熱心になっていて，論理的批判的に考えることが，論証幾何を学ばなかった生徒よりもすぐれているようになっているとは思えない[3]。

　フォセットが指摘している状況は，現在でも変わっていないように思われる。与えられた問題の証明はしていても，本当に証明がわかっている生徒，公理的方

---

(1) Fawcett, H. P. : The Nature of Proof (NCTM 13th yearbook 1938)
(2) National Council of Teachers of Mathematics　略称　NCTM
(3) Fawcett, H. P. : The Nature of Proof (1938) p. 1

法を理解している生徒はどのくらいいるであろうか。大学生について筆者が調べた調査からは，あまり多くを期待することはできないように思われる。

そこでフォセットは，彼の論文で，幾何学における証明が，批判的反省的な考え方を養う方法として使えるような学習指導について述べ，その経験が生徒達の考え方に及ぼす効果を評価することをめざしている。

フォセットは，まず，中等学校の一般教育における論証幾何に求められている独自の価値は何かについて，いろいろな意見を引用して考察する。たとえば，「中等教育における数学の再編成に関する委員会」[1]は，論証幾何の目的を「空間観念を育て，基本的な図形の性質に精通させること，演繹的な証明の意味を理解させ，証明することができるようにすること，さらに，この推論の方法が適用できるような場では，この推論の仕方を使えるようにすること，正確で簡潔に述べる習慣を養うこと，考えを論理的に組み立てる習慣を養うこと，論理的にものを覚える習慣を養うことにある」[2]としている。

しかし，中には，論証幾何は中等学校の一般教育にはほとんど貢献しないという人もいる。幾何学的な事実についての知識の習得だけならば，観察や作図，図形の操作や作業によって，帰納的に習得することもできるからである。このことはアメリカの『幾何学についての委員会の第3報告書 (Third Report of the Committee on Geometry 1935)』にも見られるという[3]。

これらの意見を広く検討した後で，フォセットは，論証幾何の価値については，次のような点は一致していると思われるとまとめている。

「論証幾何の学習から得られる最も重要な価値は，「証明の本質」についてよく知ること，及び，考える方法としての「公理的な考え方」に慣れることである。それは数学の分野だけでなく，思考を用いるあらゆる分野，すなわち，自然科学においても，あるいは，倫理学や社会科学においても，あるいはまた，日々の生活の行動の中で人々を導き，まごまごしないですむために論理的に組織された考え方の体系を持つことが重要な場合や場面においても役に立つと考えられるからである」[4]

これらの価値は，デューイ(Dewey, J)のいう反省的思考(reflective thinking)にも通じるものである。

論証幾何を教える価値を，このようなことに認めることについては問題はない

---

(1) National Committee on Mathematical Requirements: The Reorganization of Mathematics in Secondary Education (Part I) 1923
(2) Fawcett, H. P.: The Nature of Proof (1938) p. 3
(3) ibid., p. 6
(4) ibid., p. 6

が，それが達成されているかどうかということになると大いに問題があるとフォセットは指摘する。その証拠として，『平面幾何のテスト（Every Pupil Plane Geometry Test）』の分析結果の報告（1930）の中で，クリストファーソン（H. C. Christofferson）が「自分の思考過程を書くのでなく，単に，答えを書く習慣に従っているにすぎないと思われることも多い。生徒は，いろいろな定理を理由として使えば，それで満足しているようなことも多く見受けられる。定理を意味なく使っているのを見ると，定理は覚えなければならない意味のない音節だと考えているのではないかと思われる。また，試みられている推論形式よりも，当て推量の方が正しいと思われていることもあるようだ」[1]と述べていることを取り上げている。そして，フォセットはいう。

「このことは，論証幾何の学習が，幾何という狭い範囲に限定したとしても，正しく推論する力をあまり伸ばしてはいないことを示していよう。このことから考えたとき，その学習の結果が，幾何以外の場面で助けになっていることを期待できるものだろうか」[2]

この論文が書かれたのは今から40年程前であるが，今でも同じような状況がある。そういう意味では，この論文に述べられていることは，現在にも通ずるところがある。

さらに，この論文が価値あると思われるのは，論証幾何で学習した力が他に転移することを期待していることである。一般に，「論証幾何が，他の教科よりも，論理的に推論する力を伸ばすように教えることが容易であること」[3]は認められていても，それが幾何以外に転移するように教えられているかどうかは疑わしい。

数学の教師は，論証幾何が批判的な考えを伸ばす可能性をもっており，批判的な考え方は論証幾何を学習することによって必然的に得られるはずだという仮定を無意識のうちにもっているようであるが，その仮定はいまだかつて妥当であると認められたことはないし，過去の経験の結果から見ても，大いに疑問視されてよいとフォセットはいう[4]。これらの望ましい結果が，実際に実現するように教育計画を立てたり，実践したりすることは難しい。

ところで，証明の本質を理解したとは，どのようなことが理解されたことをいうのか，また，それによって，行動，および，態度にどのような特徴が認められ

---

(1) Fawcett, H. P.: The Nature of Proof (1938) pp. 7〜8
(2) ibid., p. 8
(3) ibid., p. 8
(4) ibid., p. 10

るようになるかが問題になるが，フォセットは，次のようなことを理解したとき，演繹的証明の本質を理解したものと考えたいとしている[1]。
1. 結論を証明するとき，無定義な概念の占める位置とその意義
2. 明確に定義された用語の必要性と，それが結論に及ぼす影響
3. 仮定，つまり，証明しない命題の必要性
4. 仮定に内包されていないことを証明する証明はないこと

　これらのことを理解している生徒なら，導かれた結論は，その結論を出した定義や仮定が普遍妥当性をもっているときのみ，普遍妥当なものであることも理解していると考えられる。結論は，それを導き出す基礎になる根拠が真である程度に応じて真であるにすぎない。真理は相対的なものであって，絶対的なものではない。

　そして，上に述べた諸側面をはっきり理解すれば，生徒の行動には，次のような特徴が現われるものと仮定している[2]。
1. 生徒は，自分にとって重要なことを述べる時に，意味の明確な言葉や語句を選ぶし，注意深く定義されているかどうかを尋ねるようになる。
2. 押しつけられるいかなる結論についても，それを支持する根拠を求める。
3. その根拠を分析し，事実と仮定とを区別する。
4. 述べられているものでも，述べられていないものでも，結論に欠かせない仮定を見つける。
5. これらの仮定を評価して，仮定として受け入れるものと受け入れないものをはっきりさせる。
6. 議論を評価して，結論を受け入れるか，受け入れないかを決める。
7. 自分の信じていることの背後にある仮定や，行動を導いている仮定をいつも再検討する。

　これらの特徴を生徒がもっていることをどのようにして認めるのかということを別にすれば，ここに挙げられていることは，いずれも妥当なものと認められる。このような理解，および，行動特徴を，証明を指導するときの目標，評価の観点とするのもよいであろう。

　先ほども述べたように，フォセットは，論証幾何が上に挙げたような態度を育てるとしても，そこでの考え方が，数学的でない場面でも使われるようになるかどうかを問題にする。当時既に，安易に転移が起こると考えてはならないということが定説になっていたようである。

───────────

(1) Fawcett, H. P.: The Nature of Proof (1938) p. 10
(2) ibid., pp. 11～12

これまでの議論，および，ベッツ（William Betz）の研究[1]の結論も引きながら，フォセットは，考究されなければならない問題を次の三つにまとめている[2]。

1. 幾何学的な問題場面を学習させることによって，演繹的な証明の本質を生徒に理解させる問題
2. この経験を一般化して，効果的な転移が生まれるようにする問題
3. 生徒の行動に生じる変化を評価する問題

ここで，証明の本質を理解することから生じてくる種類の思考が，数学的でない場面でも使われるようになってほしいと考える時には，どんなことに留意しなければならないかが問題となる。

フォセットは，フィーラー（Wheeler）が「転移してほしいと考えられる分野と結びつけて，その教材が学習されなければ，いかなる転移も起こり得ないであろう」[3]と言っている言葉を引用し，「転移は転移するように訓練されることによってのみ得られるのであるから，数学の先生は，90題あるいはそれ以上の幾何の定理を注意深く学習させさえすれば，生徒が健全な議論と無意味なものの集まりとの区別をつけることができるようになるなどと期待してはならない」と主張し，「それが日常生活一般にも転移してほしいと考えるなら，日常生活の問題場面においてもそのような思考をさせなければならない」[4]と結論している。これは，転移を考える際留意しておいてよい指摘である。

1.3.2 実践の概略

以上述べてきたことを前提にして，フォセットは，生徒を実験群，統制群に分けて実践を試みている。

まず，定義の必要性を認識させるために，次のようなことを考えている。

「「証明の本質」を生徒に理解させる指導の第1段階として，正確な思考が欠かせないような場合にはいつでも，定義が明瞭であることの必要を認識させることが重要であると思われる。日常使われている用語の曖昧さが，いかに重要な誤りに導くかを反省的な思考で理解させれば，どんな術語にも明確な定義が重要であることを正しく認識してくれるであろう。そこで，生徒の興味を引

---

(1) Betz, William: The Transfer of Training with Particular Reference to Geometry (NCTM 5-th year book 1930) pp. 149〜198
(2) Fawcett, H. P.: The Nature of Proof (1938) pp. 13〜14
(3) ibid., p. 13
(4) ibid., p. 13

くような問題場面で，定義の重要性を考える学習を始めるとよいのではないかと考えた」[1]

　フォセットは，生徒の興味をひくような場面として，「顕著な成績に対して賞を与えるべきかどうか」という前学年で活発な議論を生んだ未解決の問題を取り上げている。「これは，生徒にとって本当に意味のある，かなり議論された問題であり，それを吟味熟考すれば，恐らく，定義が重要な問題となる」と考え，「その議論の中で，定義が明確であることの必要性が認識されることを予期して，この問題を討議する機会を生徒に与えることに決めた」[2]のである。これは，単に生徒が興味を持つことだけを期待したわけではなく，日常的な場面に転移を望んでのことである。
　その概略は次のようである。

　「討議が始められてまもなく，教師の俸給は一種の賞と言えるかどうかという疑問が出された。ある生徒は，誰でもある種の賞のために働いているのだと主張した。また，生徒の中には，フットボールの試合に出ることが，一つの「顕著な成績」となるかどうかを質問する生徒もいるし，また，学校の勉強についての成績評価も賞であると考えている生徒もいた。
　賞が与えられるべきであるという一般的な提案を支持している生徒の間でさえ，大きな意見の相違があった。無駄な討議であると思われるようなことにも，かなりの時間が費されたが，教師がこの討議を要約し，出された相違点を指摘し，提起された真の論点を明確にしたとき，一人の生徒が「この混乱の大半は，我々が賞，あるいは，顕著な業績と言っている時，それが何を意味しているか知らないでいるためにひき起こされている」と言い出した。他の生徒達が，この提案に対して示した明白な同意は，定義という言葉こそ使われなかったけれども，多くの生徒達が，この場でこの二つの概念を明白に規定する必要を認めていることを示していた。
　学校は，その後ある条件の下で賞を与えることを決めた。そして，その条件の一つは，賞を受ける生徒は「善良な市民でなければならない」ということであった。これを討議している間に，生徒の一人が，この賞の制度が効果的に行われるためには，その前に，「善良な市民とは，どんな意味なのかを説明しなければならない」ということを直ちに指摘した」[3]

---

(1) Fawcett, H. P.: The Nature of Proof (1938) p. 30
(2) ibid., p. 30
(3) ibid., p. 31

ここには，日常的な場面での議論によって，定義の必要性に生徒達が気づき，それが一つの態度となりつつあることが認められる。フォセットは，続けて次のようにいう。

「しかしながら，一般的に言って，定義の必要性をはっきりと認めるというところまでは，生徒の考えは至っていないようであった。生徒達は，明確に定義する必要のある鍵となる言葉を正確に選んで，その言葉の使われている命題の真の意味を明らかにするということはできなかった。「アブラハム・リンカーンは，学校生活をほとんど送らなかった」という命題が真であることはみんなが認めているのに，この命題が真であるかどうかは，「学校」という言葉がどのように定義されるかに依存しているという点まで指摘した者はいなかったのである。けれども，「学校」の定義を書けといわれて，一人一人が書いた定義は次のようなものであった。

12名の生徒は，「学校」をある目的のために作られた建物と考えていた。10名の生徒は，ものごとを学ぶための場所と考えていた。3名の生徒だけが，学ぶ経験をするところを，なんでも「学校」であると考えていた。

これらの定義の意味することについて討議をするに先だって，生徒達に次のような短い課題を与えてみた。

「人が学ぶ経験は何でも学校である」という定義を受け入れたとき，「アブラハム・リンカーンは，学校生活をほとんど送らなかった」という命題に対する**あなたの賛否を問う**。

この問題については，欠席していた1名を除いて，出席していた24名全員がこの命題に不賛成であった。同じ生徒達が前に出していた結果と対比させることによって，定義の重要性を強調することができた。これは，定義を変えると，その結論にどんな影響が出るかについての例になっている。先生は，その機会を捕らえて，二人の生徒が「学校」について議論している時に，一方は「学校」を建物と定義し，他方は人が学ぶ経験と定義しているとすれば，「学校」の概念そのものが，それぞれに同じものを意味していないので，まず，同意が得られることはあり得ないことを指摘した。」[1]

この後も，いくつかの実例があげられるのだが，省略して，そのまとめを見る。

「このような導入をするについては，生徒に考えさせる題材が，彼等にとって興味があり，また，よく知っている場面に関係あるものであるかどうかを確

---

(1) Fawcett, H. P.: The Nature of Proof (1938) pp. 31〜32

認しておくことが大切である。用いられた多くの実例は，生徒から出されたものであり，彼等の興味を反映しているものであった。

　生徒の注意が，実例そのものではなく，すべての実例に共通している大切な原理に向けられるように議論を導いていくことは，教師の責任である。教師が，これらの原理を明確にするよう示唆したところ，かなりの議論の後で，次のように要約された。

1. 定義は，いかなる場合でも正確な思考をする助けとなる。
2. 結論は仮定に依存しているように思われるが，しかし，しばしば，その仮定が認められていないことがある。
3. 人を興奮させるような場面では，仮定や結論について同意を見ることはなかなか容易なことではない。

　この要約が，教師だけの仕事ではなかったことは注目に値する。これは，生徒と教師の共同思考の結果なのである。初めに作られた文章は，このような形をしてはいなかった。初めのものは表現がぎごちなく，その考えも明快さに欠けていた。何人かの生徒が，この初めの文章に不満を持ち，改良を申し出た。教師は，グループの他の生徒達と同じような方法で，これに寄与すればよいと考えた。そして，このような議論と共同思考によって，初めの文章が洗練されてゆき，上に述べたような形で，すべての生徒に最終的に受け入れられたのである。」[1]

　こうした後で，空間についての考察をするように生徒の思考を導き，我々が住んでいる空間についての理論を作ろうということに意見が一致したという。

　それまでの経験から，生徒達はある定義についてこれに同意することから始めるべきであると信じていたが，何を定義すべきかということについては，同じ意見が出なかった。ある子どもは空間の定義を，ある子どもは，空間が大きな距離をもっているのだから距離の定義を，ある子どもは，室内の空間は数多くの平面を積み上げることによって満たすことが出来るから，面の定義から始めようと提案する。三角形や正方形を定義しようという子どももいた。

　結局，三角形の定義が試みられ，それが受け入れられていくのであるが，そこに使われている言葉，——図形，線，辺，角，点，長さなどが何を意味しているかが問題になり，原始術語の概念，及び，その必要性に行きついている[2]。

　原始概念に到達したのは，子どもが「直線がどんなものであるのかはだれでも知っているのだから，たいしたことではない」と言ったことに端を発している。

---

(1) Fawcett, H. P.: The Nature of Proof (1938) p. 34
(2) ibid., pp. 34〜36

教師はこれを非常に重要な発言であると考え，この概念がすべての人々に同じものと考えられているかどうかを確認させた。生徒はみな，直線はすべての人達に同じものを意味しているのだから，それを定義しようとすることには，なんら有益な目的はないという同意に達している[1]。これはパスカルのいう意味での無定義術語である。

そして，三角形，正方形等の定義に用いられている言葉を討論吟味した後，生徒達は，ある幾つかの概念を定義することによって，空間の研究を始めるよりも，その意味に関して意見の相違がなく，しかもそれに関しての定義を必要としない幾つかの概念を選ぶことから始める方がずっとよく，また，事実，必要なことであることを直ちに認めている。原始術語の本当の意味は，その時にはまだすべての生徒に認められているわけではなかったが，これらの原始概念の必要性と重要性は，学習が進むにつれて次第に明らかになっている。

このようにして幾何の学習が進められているが，教科書に沿って話を進めるのではなく，生徒と話し合いながら自分達の幾何学を作らせている。それぞれがノートを作り，それに「空間論」という題をつけ，自分達で明らかにしたことを，そのノートに書き入れていく。それを見たいときには，いつでも参照してよいことになっている。

詳細は省略するが，このように定義を作ることから始められ，次に，その定義から導かれるものが検討される。しかし，このまま幾何の内容だけが展開されるわけではない。数学的でない場面が，その学習の間にはさまれる。たとえば，新聞で問題にされたレストランの問題を取り上げ，まずレストランとは何かを定義することから始め，その定義に従った時に，ある行動が適切かどうかを検討するといったようなことが行なわれる[2]。

これらの扱いは，先にも述べたように，数学での学習が非数学的な場面に転移してほしいと考え，そのために日常的な場面の問題を取り上げ，同じような考え方でそれを扱っている。

ここには明確な定義を求めること，定義に基づいて演繹的な判断をすることなど，公理的方法の考え方，公理的方法の精神，公理的方法の求めているものが見られる。

ここでの議論を通して，その手続きが次のようにまとめられている[3]。

1. 無定義術語に関連して
   a．無定義のままに残されるべき語が選びだされ，それは明白な，そして，曖昧さのないものとして認められた。

---

(1) Fawcett, H. P.: The Nature of Proof (1938) p. 46
(2) ibid., p. 37
(3) ibid., p. 42

　　　　　b．無定義術語の数を最小にしようとする試みはなされなかった。
　　2．定義に関して
　　　　　a．各々の定義の必要性が，議論を通して認識された。定義は，学習の基盤というよりは，むしろ，その副産物であった。
　　　　　b．定義は生徒によって作られた。ずさんで曖昧な述べ方は，批判や示唆によって，すべての生徒達に認められるまで推敲され，改善された。
　　3．仮定に関して
　　　　　a．生徒に自明と思われる命題は，必要に応じて仮定として認められた。
　　　　　b．これらの仮定は，生徒によって明らかなものとされ，彼等自身の思考の産物と考えられた。
　　　　　c．仮定の数を最小にしようとする試みは，何もなされなかった。
　　　　　d．暗黙の仮定を見つけ出すように励まされ，それは重要なことと考えられた。
　　　　　e．生徒は，仮定についての形式的なリストは，いくらよく見ても不完全であることを認めた。

　このフォセットの実践的研究は，単に幾何学的な内容を伝えることだけでなく，論理的な考え方，批判的に考える態度を育てることにねらいをおいたものである。時間がかなりかかっているようなので，そのままわが国で実践できるかどうかの問題は残る。しかし，その基本的な態度には学ぶべきところが多い。

2節　公理的方法の考えに基づく論証の意味とその指導

　フォセットの実践研究は優れたものであるが，時間がかかりすぎること，また，教師に対する期待が大きいこと，転移させるために日常的な場面を取り上げるのもよいが，学習がともすると分散してしまう危険性があることなどの点で，わが国の実情には少し合わないように思われる。決して悪いわけではなく，できれば実践されることを期待したいが，あまり受け入れられる土壌はないようである。というのは，わが国の場合，数学の授業では，いわゆる数学的な内容しか取りあげない傾向があるからである。

　かと言って，現在のわが国の指導では，証明の意味するところ，あるいは，公理的方法についての理解は少し弱いように思われる。日常的な場面にもどらずとも，フォセットの考えているようなことが，現在のわが国の数学指導の中で行えないものであろうか。

　本節では，そのことが，証明の意味を見直すことによってもたらされる可能性があることについて考察する。そのため，まず，証明の意味をどのように考えるかについての筆者の考えを述べておく。

2.1　証明の意味

　一般に，証明とは，ある判断の真なることを，既に正しいと認められた判断から論理的に導き出すことによって示すことであると言われ，また，そのように教えられている。証明されるべき判断を可証命題，その理由として選ばれる判断を論拠と言うことにすれば，論証とは，論拠を前提とし，可証命題を結論とする推論により，可証命題の真なることを示すことであると言える[1]。

　この時に論拠となるものは，既に正しいと認められた判断（定理），あるいは，一般に正しいと認められ，ことさら論証を要しない判断（公理）などである。も

---

(1)　哲学辞典（平凡社　1954）p. 1288

っとも公理は，古くは自明の真理と考えられていたが，現代の数学では仮定的な**もの——仮設と考えられている。**このことについては既に述べた。そして，その拠って立つ基盤としての公理を明示し，それを基礎として演繹的な体系を作っていく方法が公理的方法と考えられている。

さて，証明の役割，あるいは，目的は，初めに述べたように，ある判断が真であることを示すことにあると普通考えられている。これには，すでに真であると認められているところ，あるいは，共通理解に至ったところから論理的に推論を進めていくことが効果的であり，確かな方法でもあるという考えがある。

パスカル（1657）が「幾何学的精神について」[1]と題する小論文で述べていることもそのようなことであったし，ライプニッツが政治に用いた方法もそうであった[2]。そういう意味では，公理的方法は，パスカルの言うように，説得のための一つの有効な手段であると考えてよい。万人が認めざるを得ないところに論拠をおき，あるいは，これを仮定することを求め，これから結論を導き出すという方法は説得力がある。

さて，一般に証明は上に述べたような意味を持つものと考えられているが，ここではもう一つ別の見方を考えてみる。そのような見方は，証明の意味の理解を深めてくれるものである。その意味を考えるために，もう一度歴史を振り返ってみる。

証明の方法としての公理的方法が，古代ギリシャに生まれたことなどについては第1章で見てきた。説得の方法がポリスで生まれたのは，ポリスでは，他を説得できる雄弁力をもつことが，政治において成功をおさめるための一つの条件であったことなどによる。ハンガリーの数学史家サボー（Arpad Szabo）は公理的方法の発生を「対話」におく[3]と同時に，もっと歴史をさかのぼり，エレア学派にその源を見ている。

しかし，そのようなことだけでは，ギリシャにのみ公理的方法が芽生えた理由とするには不十分である。というのは，東の中国にも，自由な論争の行われた春秋時代があったし，「墨子」と言うような論理学を論じた本も見られるからである。その中では，「三表」，「名（概念）」，「弁（思惟作用）」，「故（根拠）」，「弁の七法」など，論証法の分類法についての考察も行われている。また，中国にも，ギリシャのソフィストと同じような「名家」と言われる人々も現われている。そして，ゼノンの運動否定論によく似た「鏃矢之疾，而不行不止之時」とか，「飛鳥之景未嘗動也」と言う議論，また，「一尺之捶，日取其半，万世不竭」という無

---

(1) パスカル，前田陽一，由木康訳：幾何学的精神について（世界の名著 24　中央公論社　1966) p.498
(2) Wilder, R. L.: The Role of the Axiomatic Method (The American Mathemtical Monthly Vol. 74 No. 2 1967 Fed.) p. 123
(3) Szabo, Arpad: Anfange der griechischen Mathematik (Akademiai Kiado, Budapest 1969)
　　サボー，中村幸四郎，中村清，村田全訳：ギリシャ数学の始源（玉川大学出版部　1978) pp. 270〜311

限論も見られる[1]。

　このように中国にも，ある判断の真なる事を論理的に示そうとする方法についての研究が存在したとすれば，古代ギリシャと同じく公理的方法が生まれていてよいように思われる。ところが，中国には，公理的方法はついに現われなかった。公理的方法がギリシャにのみ現われて，中国には生まれなかった理由はどこにあるのだろうか。公理的方法を生み出してきた考え方を一層明確にするために，公理的方法がギリシャに現われて，中国には生まれなかった理由を，第1章でもかなり調べてきたが，ここでも，筆者の一つの考え方を出してみたい。

　中国に公理的方法が現われなかった理由を明らかにしようとする時，一方に欠けているものを見出そうとすることも一つの考え方である。その立場に立って，ギリシャと中国を比べてみる。

　ギリシャに見られて中国にはあまり見られなかった考え方と言ってもいろいろあるが，その中で，証明の意味を示唆するものとして，中国科学史研究家藪内清が，中国には「原子論的なものの見方がなかった」[2]と言っている点をあげたい。

　この言には異論があるかもしれない。なぜなら，原子論に似たものとして，中国には「陰陽説」や「五行説」があったからである。ギリシャで考えられた元素論の一つと同じように，中国でも木火土金水の五つの要素によって，自然現象の状態や性質を象徴させようとしていた。しかし，藪内清によれば，これは自然の枠内で自然を解釈するというよりは，それをもって人事現象の説明に役立てる面の方が強かったということである[3]。

　五行説には，相生説と相勝説とがあるという。

　相生説とは，簡単に言えば，木は火を生じ，火は土を生ずるというように，木火土金水の順序をもって世の中のものが生成変化すると考える考え方である。相勝説は，水は火に勝ち，火は金に勝つというように土木金火水の順序で物事が交替すると考えるものの見方である。

　それらによって中国の帝王たちは自分の徳を特徴づけ，自らを前王朝から区別し，新王朝の成立とその正統性を明確にしようとしたといわれる。そこには，自然の中に普遍的な真理を認め，それを人間の生き方，社会変化の説明に生かそうとしている東洋人的な考え方がうかがわれる。

　これはギリシャ人の元素論とは違ったものである。藪内清は，中国には宇宙の根元物質という思想はきわめて稀薄であり，五行説もギリシャの四元素説とは本質的に異なっていると言っている。中国で考えられた根元物質といえば，それは「気」という言葉で表現されているもので，この「気」以外の根元物質を考え得

---

(1)　末木剛博：論理学の歴史（岩波講座　哲学 X 論理　岩波書店　1968）pp. 1〜8
(2)　藪内清：中国の科学文明（岩波新書　1970）pp. 27〜29
(3)　上掲書（1970）p. 28

なかった中国では，ついに原子説は生まれなかったという[1]。

　筆者は，原子論的なものの見方が中国に薄く，ギリシャ人が原子論的なものの見方に秀でていたということをもって，公理的方法が古代ギリシャにでき，中国にはできなかった理由とすることができると考える。

　周知のように，ユークリッドの「原論」のギリシャ語名は $\Sigma\tau o\iota\chi\epsilon\iota\alpha$ である。英語では Elements と訳されているが，これは「原論」という言葉よりずっと $\Sigma\tau o\iota\chi\epsilon\iota\alpha$ に近い。というのは，この言葉が，ヒース (T. L. Heath)[2]，あるいは，中村幸四郎の解説にあるように，「文字」という言葉と同義だからである。中村幸四郎はその訳書『ユークリッド原論』の解説の中で，文字の意が転義して，幾何学の諸命題が，この $\Sigma\tau o\iota\chi\epsilon\iota\alpha$ に基づいてすべて証明され，組織立てられるという意味になったと述べている[3]。

　この $\Sigma\tau o\iota\chi\epsilon\iota\alpha$ を「文字」あるいは，英語の意味する「要素」と解するならば，この本は，幾何学の諸事実を作り上げて見せるという原子論的な考え方に基づいて書かれていると見ることもできるであろう。つまり，諸命題を構成する元素を提出し，それによって各命題がどう構成されているかを示すことがユークリッドの仕事であったと見るのである。

　このような原子論的な物の見方は，数の領域においても見ることができる。たとえば，「素数」は，単に約数を持たないものという考えから生まれたものというよりは，乗法によってすべての自然数を作り上げるときの要素（$\Sigma\tau o\iota\chi\epsilon\iota\alpha$）と見る方が当を得ている。素数が，自然数を乗法で作る時の $\Sigma\tau o\iota\chi\epsilon\iota\alpha$ であるとすると，そのような $\Sigma\tau o\iota\chi\epsilon\iota\alpha$ がいくつぐらいあるものかということが問題になる。ユークリッドは，『原論』の中でその問いに答えている。

　素数を上に述べたように考えれば，なぜ1が素数の仲間に入れられないかも明らかになる。1は，自然数を乗法で作るときの要素にはなり得ないものだからである。

　このようなことを取り上げているのは，証明が真なることを示すことにのみ，その目的があるわけではないということを言いたいためである。このことをもっと浮き彫りにするために極言するならば，「証明のねらいは，真なることを主張するためにだけあるのではない」と言ってもよい。

　このようにいうと，証明は，真なることを主張するためだけでなく，命題の真なることを確かめるためにするものだと言われるかもしれない。しかし，ここで言いたいことは，原子論的なものの見方をふまえて，真なることを確かめたその上で，その命題の基づいている要素を分析しようとすることも，証明のねらいに

---

(1) 藪内清：中国の科学文明 (1970) p. 29
(2) Heath, T. L.: The Thirteen books of Euclid's Elements (Dover Publications, Inc 1965) p. 114
(3) 中村幸四郎：『原論』の解説（「ユークリッド原論」 1971) p. 489

あるということである。証明は，ある判断の真なることを示すためにするのではあるが，今述べた立場で考えていけば，自ずから真なることを示すことにもなっているはずである。

英語には，証明，あるいは，論証を意味する言葉として，proof と demonstration がある。いろいろな論文の中で，これらが必ずしも厳密に区別されて使われているわけではないが，この二つの言葉は，証明に二つの意味があることを示している。一方の demonstration は，「表示する」という意味に根ざしており，真なることを「外へ向けて示す」ことを意味している。それに対して proof は，「調べる」という意味から出ている。proof と語原を同じくする言葉として probe という言葉があるが，これは「探り針で探る」という意味を持っている。demonstration が「外へ」示すことを意味するなら，proof は，「内へ」探りを入れていくという意味にとることができる。

先程述べた説得のために有効な方法としての公理的方法は，demonstration の意味に基づいている。真なることを外へ主張するための公理的方法では演繹論理が重視されるが，それは論理で説得していくためのものである。公理的方法の発生の事情を考えると，確かに公理的方法にはそのような側面がある。

さらに，証明にも，公理的方法にも，内へ探りを入れていくという考え方があり得ることを大切にしたい。この立場に立ったときの証明が proof と考えられる。つまり，ある判断があるとき，その真なることを確かめるだけに止どまらず，その真なることを保証する要素を分析して示すことにも，証明の役割があると考えるのである。ある領域についてのあらゆる判断を分析し続けていこうとすれば，そこには体系を作る必要も生まれてくるはずである。このようにして得られた体系内での証明は，真なることを外へ主張するときにも大きな力を持っている。

内へ探りを入れて構成要素を分析しようという考え方に立つと，証明の途中を省略したり，推論を瞬昧にすることは考えられないはずである。あるいは，普通には何を取りたてて言挙げするのかと思われている公理，たとえば，「2点によってただ1本の直線が決まる」ということも，その意義が認められてくる。これが，証明を「要素を分析する」という目的を持つものと考えることの教育的な意義の一つである。

証明を上に述べたように見るときには，公理的方法も，生徒が知らない新しい事実を説明し，納得させるためのものとしてではなく，生徒が経験的に見つけた事実や予想される判断の真なることを確かめ，その要素を分析し，その分析された要素に基づいて諸命題を構成しつつ体系を作り上げていく方法と見るべきであろう。数学教育において公理的方法を考えるときには，これら両方の考え方を頭において考えていきたい。

では，証明が「要素を分析する」ことにねらいがあるという見方をすることにはどんなよさが認められるであろうか。

既に述べてきたことであるが，まず，証明の述べ方が丁寧になり，論理が厳密になってくる。なぜなら，他人がどう考えるかに無関係に，要素を残らず見落さないように拾いあげることが大切なことなので，読む人に補って読んでもらおうという甘えが許されなくなるからである。

第二に，その分析の結果得られた要素の間の関係を調べることによって，体系を作ることの動機，あるいは，体系のよさに対する理解が与えられる。なぜなら，それらを適切に配列することによって，いちいち公理にもどらなくてもすむようになり，思考の経済がはかれるからである。化学にたとえるなら，公理を原子，定理を分子と考えてもよい。定理を用いるということは，原子までの分析をいちいちしなくても，分子と分子の結合を考えればすむことと同じである。このように考えることによって，公理，定義，定理の意義がよく理解されると考える。

2.2　論証指導の導入

中学校で証明の意味やその仕方を初めて教えるとき，例えば，二等辺三角形の底角が等しいことの証明等やさしい例が用いられることが多い。その場合，子どもは既にそのことをよく知っており，証明を示されてもそれによって何も新しいことは出てこないので，実際に何をしているのかわからないでいることが多いといわれる。このことについては，1節でも見てきた。知っていたことを証明してくれても，やはり知っていたことしか出てこなかったというのでは，何をしたのかよくわからないというのも，もっともなことである。面倒な議論をしたら，これまで知らなかったことがわかったというならまだよいが，これまで知っていたことしか出てこないというのでは，何をしたのかわからない。論証を学習する迄の学習では，考えることによってなにか新しいこと（計算の仕方，問題の答え，図形の性質など）を知ることができた。その違いだけでも，生徒がとまどうのは無理もない。

それは，前にも述べたように，事柄の真なることを示すことに証明の役割があると考えさせていることによって，そして，証明についての解説をするなら易しい方がよいだろうと考えていることによって生ずるものと考える。易しいことについては，真なることを知っているため上のような問題が生じてくる。

2節 公理的方法の考えに基づく論証の意味とその指導

そこで,証明のねらいを前項で述べたように「要素を分析する」,あるいは,「説明の体系を求める」ことにあるとすると,その指導がどのようなものになるかを考えてみる。

子どもは既に図形について多くのことを知っている。その知っていることを,改めて証明して確かめることを求めないで,それらのことを互いに説明することが出来ないかと考えさせてみる。

その時の材料は,当然,小学校で学習した内容となる。小学校では,いろいろな学習活動や作業を通して知識を得てきた。その知識をもう一度互いに説明し,整理することを課題とするのである。

昭和53年発表の学習指導要領のもとでは,小学校で次のようなことを学習してきている。

2年　直　角……三角定規のかどは直角である
　　　　　　　　　紙を四つに折ると直角ができる
　　　長方形……四つのかどがどれも直角になっている四角形
　　　　　　　　　向かい合っている辺の長さは同じ
　　　正方形……四つのかどがどれも直角で,四つの辺の長さがみな
　　　　　　　　　同じ四角形
　　　直角三角形……一つのかどが直角になっている三角形
　　　　　　　　　長方形や正方形を対角線で切ると,直角三角形ができる

3年　円…………中心から等距離にある点の集合
　　　直　径……中心を通る直線
　　　　　　　　　周上の2点を結ぶ最も長い直線
　　　半　径……中心から周までの長さ
　　　　　　　　　直径の半分
　　　二等辺三角形……二つの辺の長さが等しい三角形
　　　　　　　　　同じ大きさの角が二つある
　　　正三角形……三つの辺の長さが等しい三角形
　　　　　　　　　三つの角の大きさがみな等しい

4年　垂　直……二つの直線が直角に交わる
　　　平　行……一つの直線に垂直な二つの直線
　　　　　　　　　平行な直線の幅はどこでも同じ
　　　　　　　　　平行な直線はどこまで伸ばしても交わらない
　　　　　　　　　平行な直線は,他の直線と同じ角度で交わる
　　　　　　　　　（平行線の同位角は等しい）
　　　台　形……向かい合った1組の辺が平行な四角形

平行四辺形……向かい合った2組の辺が平行な四角形
　　　　　　　向かい合った辺の長さは等しい
　　　　　　　向かい合った角の大きさは等しい
　　　　　　　対角線はそれぞれの中点で交わる
菱　　形……四つの辺の長さがみな同じ四角形
　　　　　　　向かい合った辺は平行
　　　　　　　向かい合った角の大きさは等しい
　　　　　　　対角線は直交する
対角線……向かい合った頂点を結んだ直線
　　　　　　　四角形には対角線が2本ある
　　　　　　　長方形の対角線の長さは等しい
　　　　　　　正方形の対角線の長さは等しく，直交する
面　　積……長方形の面積＝たて×よこ＝よこ×たて
　　　　　　　正方形の面積＝1辺×1辺

5年　合　　同……きちんと重ね合わすことのできる図形
　　　　　　　合同な図形は，形も大きさも同じ
　　　　　　　合同な図形では，対応する辺の長さも，対応する角の大きさも同じ
　　　　　　　一つの辺と二つの角，二つの辺とそれをはさむ角，三つの辺を決めれば合同な三角形を書くことができる
　　　三角形の三つの角の大きさの和は180度である
　　　平行四辺形の面積＝底辺×高さ
　　　三角形の面積＝底辺×高さ÷2
　　　台形の面積＝（上底＋下底）×高さ÷2
　　　正多角形……辺の長さがみな同じで，角の大きさもみな同じ多角形
　　　円　　周……円のまわり
　　　円周率……円周の長さと直径の比
　　　　　　　円周率＝円周÷直径＝3.14
　　　　　　　円周＝直径×円周率
　　　円の面積＝半径×半径×円周率
　　　おうぎ形……円を二つの半径で切り取った形
　　　中心角……二つの半径の間の角

6年　線対称……一つの直線を折り目にして二つ折りにしたとき，両側の部分がすっかり重なる
　　　　　　　二等辺三角形は線対称

正三角形は線対称

正多角形は線対称

線対称な形では，対応する点をつなぐ直線は対称の軸と垂直に交わる。また，この交わる点から対応する点までの距離は同じである

線対称な形は対称の軸で切ると，合同な二つの図形に分かれる

点対称……一つの点の回りに180度回転したとき，もとの形にすっかり重なる

平行四辺形は点対称

正方形，長方形，菱形は点対称

点対称な形では，対応する点は対称の中心から見て互いに反対の向きにあって，対称の中心から対応する点までの距離は同じ

点対称な形は，対称の中心を通る直線で切ると，合同な二つの図形に分かれる

点対称な図形では，対応する辺の長さや，対応する角の大きさは同じである

縮図・拡大図……もとの図のどの部分の長さも一定の割合で大きくしたり，小さくしたりした図

拡大図や縮図をもとの形と比べると，対応する辺の長さの比はみな同じ。また，対応する角の大きさはそれぞれ同じ

　これらが小学校で学習している図形についての内容である。これらの中には現在中学校で証明の対象となっているものもある。例えば，二等辺三角形の底角が等しいことや，平行四辺形についての諸性質などは証明の題材となっているものである。

　これらについて証明の体系を作るといっても，一様には決まらない。最初に何を取り上げるとよいかも問題である。その研究は今後の課題として残しておくとして，ここでは一つの可能な体系化を考えてみる。

　最も簡単に説明できると思われるものの一つとして，面積の求積公式がある。小学校で学習してきているので，それを思い出させるようにしてその説明をさせてみる。小学校では，紙を切ったり，図を描いて示したりして，長方形の面積の公式をもとに，平行四辺形，三角形，台形の面積の公式を導いてきた。

　その説明は，すでに学習ずみなのでそれほど難しくないはずである。生徒に説

明させたあと，その説明を生徒と共に丁寧に反省し，その根拠を確かめようとしてみる。そこから証明の題材になるいろいろなことを取り出すことができる。

例えば，平行四辺形の面積の公式の求め方は次のように説明される。

平行四辺形をＡＢＣＤとする。頂点Ａから底辺ＢＣに垂線をひき，その足をＨとする。△ＡＢＨを切り離して，辺ＡＢが辺ＤＣに重なるように移動すると長方形ＡＨＨ′Ｄができる。

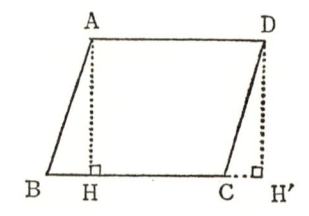

長方形の面積は(縦)×(横)で求められるから，平行四辺形の面積は，(底辺)×(高さ)で求められる。

小学校での説明は，およそこのようになされるので，生徒も同じように説明するであろう。

このままでは小学校と変わりはない。中学校で，論証の導入にしようとするならば，ここで仮定していること，根拠にしていることに目を向けさせる。これが公理的方法の基本的な態度であり，批判的思考，論理的思考，反省的思考につながる基本的な態度である。

仮定していること，根拠にしていることを求めてみると，たとえば，次のようなことが出てくる。

まず，「面積は図形を切り離しても変わらない」ことが前提になっていることがわかる。その前提をもとに，既習の長方形に変形し，長方形の面積の公式を用いている。したがって，「長方形の面積が(縦)×(横)で求められる」ことも前提となっている。生徒から出てくることは，そのくらいかもしれない。

しかし，もっとよく考えてみると，上のような切り方をして並び変えると，なぜ長方形ができるのかを確かめなければならない。長方形であることを言うためには，四つの角が直角であることを言わなければならない。つまり，「長方形の定義」が必要である。

そこで，四つの角が直角であることを説明してみる。

まず，頂点Ａから垂線を下ろしたのであるから，角Ｈは直角であることはすぐ分かる。次に，角ＤＡＨがなぜ直角と言えるのかを説明しようとすると，たとえば，「平行線の定義」にもどって，「平行線は一つの直線に垂直な二つの直線で，いま，ＡＨとＨＣが垂直なのだから，ＡＨとＡＤも垂直でなければならない」とか，あるいは，平行線の性質から考えて，「平行線の同位角は等しいから………」というように説明することになる。

つぎに，角ＡＤＨ′が直角であることの説明が取りあげられるが，その前に，点Ｃにおいて直線ができるということが問題になる。すると「平角は180度である」

こと，「平行線の同位角は等しい」こと，「同側内角の和は180度である」ことなどの性質が用いられたり，導かれたりする。また，辺ＡＢとＤＣが重なることの理由を聞けば，「平行四辺形の対辺は等しい」ということが用いられていることも分かる。そうした上で，角ＡＤＨ′の大きさが問題となる。これを説明しようとすると，「三角形の内角の和は180度である」こと，「平行四辺形の対角は等しい」ことが用いられていることが分かる。こうして，角ＡＤＨ′が直角であることが言え，やっと四角形ＡＨＨ′Ｄが長方形であると言える。

ここで用いられた事柄をまとめてみると次のようになる。
- 面積の保存性
- 平行線の定義——一つの直線に垂直な二つの直線
- 平行線の性質——同位角は等しい。（これは既知）
  　　　　　　　　錯角は等しい。（これは，未習。したがって，説明されなければならない。）
  　　　　　　　　同側内角の和は180度（これは未習。同上）
- 長方形の定義——四つの角がどれも直角になっている四角形
- 平角は180度
- 平行四辺形の性質——向かい合った辺の長さは等しい。
  　　　　　　　　　　向かい合った角の大きさは等しい。
- 三角形の性質——三角形の内角の和は180度である。

厳密に言えば，これらのうちいくつかは証明されなければならないものである。しかし，証明の導入段階で，初めから厳密な論理を要求する必要はない。今求めていることは，無意識にしていたことも説明の対象になるということ，そして，説明というものが，定義や既習の知識に基づいてなされることなどがわかればよい。先に述べた証明の意味から言えば，これらがこの場の要素である。

もちろん，定義という言葉はまだ知らない（ここで教えてもよい）。長方形であることの証明をすべて書くと長くなりすぎるから，たとえば，錯角が等しいことの部分だけでもきちんと書いて，証明の意味を説明してもよいだろう。

このように，ある事柄が説明できることが示されると，さらに他のことも説明してみようということになる。もちろん，すべてが説明可能というわけではないが，それでも，何から何が説明されていくかを整理していくことによって体系が出来上がっていくところに関心を向けていくことはできるであろう。

証明の可能性について言えば，まだこの段階では「三角形の合同条件」は未習で使えないから，たとえば，「平行四辺形の対辺の長さが等しい」ことの証明は面倒になる。（面積の公式を求めたときの図をもとにすれば，説明できないわけではない）しかし，平行線の性質をもとにして，「三角形の内角の和が２直角で

ある」ことや「平行四辺形の対角が等しい」ことなどは説明できる。何から何が説明出来たのかを整理していくと，体系に近いものを作ることができる。こうしているうちに，証明の意味もわかってこよう。それがわかるようになれば，この作業は止めてもよい。その体系を完成することがここでの目的ではないからである。

2.3　証明を見返す価値

　本論文においての証明のねらいは，ある命題の真なることを示すことの他に，要素を分析することにもあるとしている。それは言い換えれば，根拠を求めるということでもある。そのことを強調するとすれば，普通にある命題の真なることを示す証明をした後で，もう一度証明を振り返って，真なることを保証する要素と命題との関係を調べてみるべきである。そうすることによって，その証明は厳密になり，命題をより一般的にしたり，新しい問題を発見したりして，発展的に学習を進めることができるからである。このようなことを端的に示す例をいくつか上げてみる。

　いま，正方形 ABCD と，正方形 APQR が，点Aを共有しているとする。このときＢＰ＝ＲＤであるが，これを証明するときには次のようにする。

（証明）　△APB と △ARD において，
　　　　AP＝AR
　　　　AB＝AD
　　　　∠PAB＝∠RAD
　∴　△APB≡△ARD
したがって，BP＝RD　（Q. E. D.）

　証明が真なることを示すためだけのものなら，証明ができれば終わりである。しかし，証明を「要素を分析するためのもの」と考えるとすれば，この結論の真なることを保証する要素を求めて，もう一度，この問題と証明を振り返って見る。そのような目で見てみると，証明の中で使われている図形の構成要素は，AP, AR, AB, AD, ∠PAB, ∠RADで，そのほかの構成要素は使われていないことがわかる。

ところで，証明の中に使われていない構成要素があるということは，それらのものを変えても，結論には変わりがないということを意味している。いま，点C，Qは，この証明では関係のない構成要素である。辺BCや，CD，あるいは，PQ，QRも関係がない。これはどう変えても，証明にはなんの影響もないはずである。もちろん，結論にも影響はない。とすると，問題に述べられている図形は，正方形である必要はなく，正五角形でも，正六角形でもよいことがわかる。あるいは，直角二等辺三角形でも扇形でもよい。角も直角である必要はない。要するに，合同な二等辺三角形を含む図形ならなんでもよい。

このように，その命題を成り立たせている要素に着目して考察すると，この命題に関連していくつかの命題を作ることができ，より一般的な定理にこれらを位置づけることができる。このように考えることができるのは，とりもなおさず，結論を保証している要素を分析し，その要素を変えずに残しておきさえすれば，残りは変えてもよいと考えたことによっている。真なることを示しさえすればそれでよいという立場なら，上に述べたような考えは生まれてこない。

この例では，証明を成り立たせる要素として図形の構成要素を取り上げた。しかし，要素としては，図形の構成要素ではなく，たとえば，三角形の合同条件なども要素として挙げられる。この場合は，特殊な図形についての命題なのでそうなったが，一般的な命題であれば，公理や定義などがその要素としてあがってくるであろう。このように，証明を構成する要素としては，2種類の要素——この例で言えば，証明に必要な図形の要素（条件）と，公理，定義，定理のようなもの——が考えられるが，いずれにしろこれらの要素に着目して証明を見直すことが価値を生む。

証明を「要素を分析するためのもの」と考えるときのよさは，現代的な意味での公理的方法のよさを理解するときにも生きてくる。現代的な公理的方法は構造に着目することにあるが，これは，同じ構造を持っているものについては，解釈によって同じような結論が得られることに一つの価値が認められる。このことについては，具体例をヒルベルトの『幾何学の基礎（Grundlagen der Geometrie）』に見られる結合の公理，および，その定理にとってみる。

ヒルベルトは，周知のように，5群の公理——結合の公理，順序の公理，合同の公理，平行線の公理，連続の公理——を述べ，結合の公理に依存する定理，順序の公理を加えることによって覆うことのできる定理というようにして『幾何学の基礎』を書いている。これは分析の考えによっていると見ることができる。

最初に挙げられている結合の公理は，次の八つの公理である。

I_1. 2点A，Bに対し，A，Bのおのおのと結合する一つの直線aが必ずあ

る。

I_2. 2点A，Bに対し，A，Bのおのおのと結合する直線は一つより多くはない。

I_3. 一つの直線上には常に少なくとも2点がある。一つの直線上にないような少なくとも3点がある。

I_4. 同じ直線上にないどの3点A，B，Cに対しても，3点A，B，Cのおのおのと結合する一つの平面αが必ずある。どの平面にもそれと結合する1点が必ずある。

I_5. 同じ直線上にないどの3点A，B，Cに対しても，3点A，B，Cのおのおのと結合する平面は一つより多くはない。

I_6. もし直線aの上の2点A，Bが平面α内にあるならば，aのどの点も平面α内にある。

I_7. もし2平面α，βが1点Aを共有するならば，少なくともさらに一つの点Bを共有する。

I_8. 少なくとも四つの，1平面上にない点がある。

この後，次の二つの定理が述べられる。

〔定理1〕平面上の2直線は1点を共有するか，共有点がないかである；2平面は共有点がないか，または一つの直線を共有してそのほかの点を共有しないかである。一つの平面とそのなかにない直線は共有点がないか1点を共有する。

〔定理2〕一つの直線とそのなかにない1点を通って，あるいはまた1点を共有する相異なる2直線を通って，常にただ一つの平面が存在する[1]。

これら二つの定理は，結合の公理を要素としていることを示しているものと見ることができる。

もっとも，要素を分析するという立場を徹底するならば，証明を略すべきではない。というのは，たとえば，定理1の初めの命題を証明するのに，結合の公理八つがすべて必要なわけではないからである。証明してみれば分かるように「2直線は1点を共有するか，共有点がないかである」ということを示すためなら，公理 I_1，I_2，I_3 があればすむ。

あるいはまた，この命題の記述には，「平面上の……」とあるが，公理 I_1，I_2，I_3 は，平面には関係のない公理である。するとこの定理は，別に「平面上の」と

---

(1) ヒルベルト，寺阪英孝，大西正男訳：幾何学の基礎（現代数学の系譜7　共立出版　1970) pp.6〜7

いう限定がなくても成り立つことが分かる。このように，要素を分析するという立場で証明を見，命題を振り返って見ると，命題を一般的なものにすることもできる。

さて今，定理1，2の各命題が真なるものとして証明され，それぞれ，どの公理に基づいているのかが明らかになっているとしよう。そこで，点，直線，平面が無定義術語であることに目をつけて，その具体的な解釈を，いわゆる点，直線，平面以外のところに求めてみる。たとえば，次のようなものが考えられる。

まず，一つ一つの素数を「点」と考えることにする。2種類の素因数を持った合成数は「直線」とする。たとえば，2×3，2×5 などを「直線」と考えるのである。（このとき，指数だけが異なるものは，同じ直線と考えることにする。たとえば，$2^2\times 3^2$，$2^3\times 3^4$ などは同じ直線と考える）そして，3種類の素因数を持った合成数を「平面」と考えることにする。たとえば，$2\times 3\times 5$ は平面と考える。（この時も，指数のみが異なるものは，同じ平面と考えることにする）

さて，このように解釈した「点」，「直線」，「平面」はヒルベルトのあげている結合の公理のうち，I_7 を除いたすべてを満足している。すると，もし，要素を分析するという考えで各定理が証明できていれば，どの定理がこの具体的な解釈について成り立つかがわかってしまう。ヒルベルトがあげている二つの定理のうち，結合の公理 I_7 に関係のあるものは，定理1の2番目のものだけである。従って，これ以外の定理は，この解釈についても成り立つことが，証明を改めてしなくても分かってしまう。このような経験をさせることによって，無定義術語の現代的な意味が理解されるにちがいない。

この素数の例は，他の教材との関連は少なく，これだけのものであるが，抽象的，公理的な数学が多くの分野に活かされる姿の一面を例示している。また，数学が応用できる理由をも示している。この経験と理解を通すことによって，いろいろな現象についても公理を求め，構造をとらえる考え方が大切なことも理解されると思う。

2.4 証明に基づく発展的な学習指導

証明の指導については，解決されなければならない多くの問題があり，数多くの研究が発表されている。その問題の一つとして，証明のよさ，証明の価値を理解させることがある。普通，このことについては「確かな知識を得ることができる」，「一般性が得られる」という価値があげられているが，それ以上の価値につ

第3章　公理的方法の考えに基づく論証指導

いて言及している研究は少ない。

　ここでは前節に続いて，証明が発展的な学習を進めるときのきっかけとしての役割を果たすこと，それによる発展的な考察によって意味のある知識が得られたり，見通しがよくなったり，統合されたりするなど，創造的な活動の基礎となるという証明のよさに気づかせることをねらいとした学習指導を，事例を中心に考察する。

　この時，本章「2.1　証明の意味」で述べたように，証明を，根拠や条件を求めるものという立場で考えることにする。これにより本質が明らかになり，それをもとに新しい知識，新しい問題が見出されたり，統合の視点が得られるという創造的な面が出てくるからである。実際に数学の研究に携わっている人達は，証明に創造的な面の価値を認め，活かしているはずである。その考えを中学生や高校生にも経験させれば，生徒は証明の新しい価値を知り，数学を発展的に考察するおもしろさを味わえ，主体的に学習を進めることもでき，数学に対する興味も増すのではないかと考える。

2.4.1　証明に基づいた新しい知識の発見

　7の倍数の判定法として次のような方法がある[1]。例を6825にとって説明する。

　まず，この数字の並びを，一の位の数と十の位以上の数とに2分する。そして，一の位の数5を2倍して，十の位以上の数682から引く。結果は672となる。

　同じ手続きを672についても用い，これを右のように繰り返していくと，最後には1桁の数になるが，その数が0，あるいは，±7であると，もとの数は7の倍数である。

```
  6825
-  10 ↙×2
  672
-   4 ↙×2
   63
-   6 ↙×2
    0
```

　これは，次のように証明される。

　与えられた整数を10A＋Bとする。ただし，A，Bは整数でA≧0, 9≧B≧0である。

　まず，10A＋Bが7の倍数であるとすると，

$$10A + B = 7m \quad (\text{mは整数})$$

とおける。これより　$B = 7m - 10A$

（1）Smith, F.: Divisibility rules for the first fifteen primes (Arithmetic Teacher Vol. 18 No. 2 Feb. 1971) pp. 85〜87

これを A－2B に代入して

$$A-2B = A-2(7m-10A)$$
$$= A-14m+20A$$
$$= 21A-14m = 7(3A-2m)$$

これで，与えられた数が7の倍数であれば，上の手続きを施したのちの数も7の倍数であることがいえた。したがって，この手続きを続ければ，最後には，0，±7になる。

逆に，A－2Bが7の倍数とすると

$$A-2B = 7n \quad （nは整数）$$

とおける。

A＝7n＋2Bを，10A＋Bに代入すると

$$10A+B = 10(7n+2B)+B$$
$$= 70n+21B = 7(10n+3B) \quad （Q.E.D.）$$

証明をdemonstration，あるいは「防御する」意味のproofと考えるなら，これで終わる。「内に探りを入れる」意味でproofを考えるなら，こうして7の倍数が判定できることの本質，ポイントがどこにあるかを求めることになる。そういう目で証明を見直すと，一の位を2倍して十の位以上の数から引くという操作が，実は，10の2倍と1とで，7の倍数である21を作っていることが読み取れる。つまり，2倍しているのは，7の倍数21を作るための手続きなのである。

そのことが分かると，同じような方法で7以外の数の倍数の判定法も考えられないかと発展させることができる。上の証明で見て分かるように，一と何十を加えた何十一が，その数の倍数になればよいわけである。つまりその数の倍数で，一の位が1になる数を考えれば，それに合わせて何倍して引くかを決めればよい。

たとえば，11の場合であれば，一の位が1の11の倍数はそれ自身だから，したがって，右のように，一の位の数をそのまま（1倍して）十の位以上の数から引く手続きを繰り返すことによって判定することができる。証明も，上の証明がほとんどそのまま使える。

```
  9625
-    5
_____
   957
-    7
_____
    88
-   8
_____
     0
```

同じように考えれば，13の倍数で一の位が1になるものは91だから，13の倍数の判定には，一の位の数を9倍して十の位以上の数から引けばよい。一の位が1になる17の倍数は51だから，一の位の数を5倍して十の位以上の数から引くことによって，17の倍数かどうかが判定できる。同様にすれば，5の倍数以外の奇数

第3章　公理的方法の考えに基づく論証指導

はすべて同じような方法で判定できることが分かる[1][2]。

ここでの証明の役割は，上に示した7の倍数の判定法が正当なものであることを確証することにあると同時に，「2倍することがどんな意味をもつか」という疑問にも答えてくれることにある。数学を少し勉強した人なら「この問題の本質は何か」と考えるものであるが，証明はこの問いに対する答えを出してくれる。そういう目で証明を見ることを生徒にも教えたいと思う。

2.4.2 証明に基づいて問題を見つめる

上にあげた例は，本質を探るという立場で証明を見，その本質を知り，それをもとに発展的に考察を進めて，新しい知識を得ることができる例であるが，教科書に見られる普通の証明問題でも，そういう目で見れば，多かれ少なかれ同じような扱いができるものである。たとえば，次のような問題で考えてみる。

「平行四辺形ABCDの辺AB，BC，CD，DAの上に，それぞれ点E，F，G，Hをとり，
$$AE=BF=CG=DH$$
となるようにする。このとき，四角形 EFGH は平行四辺形であることを証明せよ」

（証明）　△EBF と △GDH において
　　　EB＝AB－AE
　　　　＝CD－CG
　　　　＝GD
　　　BF＝DH
　　　∠EBF＝∠GDH
　∴　△EBF≡△GDH
　∴　EF＝GH　　……①
同様にして
　　　△FCG≡△HAE
　∴　FG＝HE　　……②

①，②より，四角形 EFGH は2組の対辺が等しいので平行四辺形である。

---
(1) ちなみに，先の7の倍数の判定法は，3の倍数の判定法にもなっている。
(2) 整除問題については，次にまとめて考察されている。
　柴田敏男：整除問題について（日本数学教育学会誌　数学教育学論究　1979　Vol. 34・35) pp. 21～29

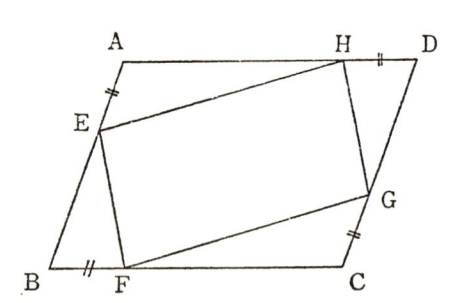

(Q. E. D.)

　この証明で使われているのは，平行四辺形の性質，「等しいものから等しいものを引けば残りも等しい」こと，三角形の合同条件，および，平行四辺形であるための条件の四つである。これらをもとに発展的に考えてみる。
　まず，平行四辺形という条件に目をつけてみる。
　平行四辺形であればよいのだから，当然，長方形，ひし形，正方形についてもこのことが成り立つ。このとき，これらは特殊化された図形なので，結果についても特殊化の影響が及ぶのではないかと予想される。
　ところが，実際に調べてみると，四角形 ABCD が正方形のときは，四角形 EFGH は正方形になるが，もとの四角形 ABCD が長方形，ひし形のときには，四角形 EFGH は平行四辺形となり，もとの図形の特殊化が必ずしも結論に影響を及ぼしていないことがわかる。
　次に，「等しいものから等しいものを引けば残りは等しい」ということに目をつけるみる。これと同じこととして，「等しいものに等しいものを加えた和は等しい」があるが，この問題をその考えで変えれば，次のような問題ができる。

問題ア　「平行四辺形 ABCD の辺 AB，BC，CD，DA の延長上にそれぞれ E，F，G，H をとり
　　　AE＝BF＝CG＝DH
　　となるようにする。このとき，四角形 EFGH は平行四辺形である」

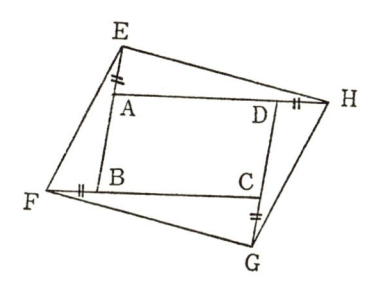

　「等しいもの」についていえば，それを何倍かしたもの，あるいは，何等分かしたものも等しい。特に2等分の場合を考えると，つぎの問題になる。

問題イ　「平行四辺形の各辺の中点を順に結んでできる四辺形は平行四辺形である」

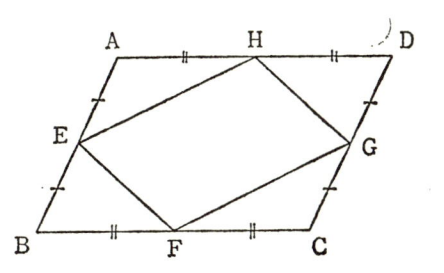

　三角形の合同条件についていえば，初めの問題では「2辺夾角」の合同条件で

第3章 公理的方法の考えに基づく論証指導

あったが，これを「2角夾辺」の合同条件を適用する問題に変えることもできる。

辺について考えたと同じようなことを考えれば，次のような問題ができる。

問題ウ 「平行四辺形 ABCD の頂点A，B，C，Dにおいて，
∠DAE＝∠ABF
　　　＝∠BCG
　　　＝∠CDH
となるように角をとり，交点をE，F，G，Hとすれば，四角形 EFGH は平行四辺形である」

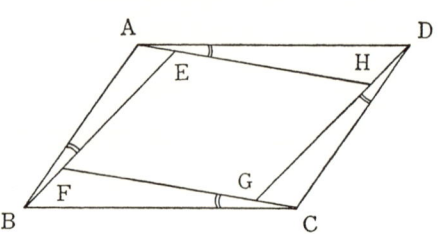

問題エ 「平行四辺形の頂角の二等分線の交点を順に結んでできる四角形は平行四辺形である」（実は，この場合は長方形になる。）

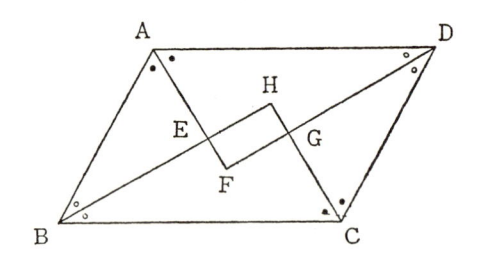

最後に，平行四辺形であるための条件についても考えてみる。上の場合は，平行四辺形の条件のうち「2組の対辺が等しい」「2組の対角が等しい」を用いた。その他に「2組の対辺が平行」「1組の対辺が平行で等しい」があるが，これらの条件は，上の場合の別証明で用いられるので，新しいことは出てこない。もう一つ「対角線が互いに他を二等分する」という条件を使うことを考えると，次の問題ができる。

問題オ「平行四辺形 ABCD の対角線 AC，BD 上に，点E，F，G，Hを
　AE＝BF＝CG＝DH
となるようにとると，四角形 EFGH は平行四辺形である」

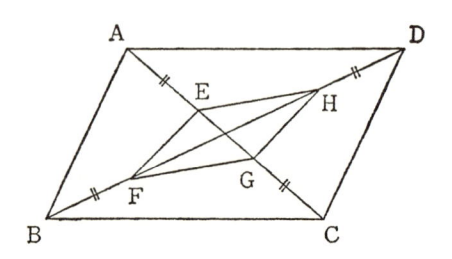

ところで，問題イを見ると，初めの条件 AE＝BF＝CG＝DH にあてはまっていないことに気づく。すると，初めの問題では，少し条件をゆるめてAE＝CG，

BF＝DH でありさえすればよいのではないかと予想される。証明を見直すと，証明の前半と後半とでは，その条件が無関係に使われているので，それでもよいことがわかる。このことは証明をもっと丁寧に見れば気がつくことでもあった。

同様に，問題エから考えても，問題ウの条件は四つの角がすべて等しい必要はなく，∠DAE＝∠BCG，∠ABF＝∠CDH であればよい。また，問題オでも，条件は AE＝CG，BF＝DH でよいことがわかる。

このようなことに気づくと，もっと本質的なことが見えてくる。つまり，それらの条件は平行四辺形が点対称な図形であることに依存しているということである。点対称な図形について，点対称の位置で，点対称の操作をしているのであるから，処理後の図形も点対称であり，それが四角形を作っていれば，それは点対称な四角形，つまり，平行四辺形ができるのである。

これがわかると，さらにもっといろいろな変化が考えられる。頂点を任意の方向に平行移動させてもよい。回転させてもよい。ともかく点対称になるように操作していさえすれば，平行四辺形ができるわけである。たとえば，頂点を対角線の延長上に移すことを考えてもよい。各辺の上に，それぞれの辺を1辺とする正三角形を描き，それらの頂点を結ぶことも考えられる。

2.4.3 統合的に見る観点・本質を知る

上のように，証明の根拠としていることを明らかにし，それに着目することにより問題を作ることができるが[1]，そうすることは，ただ問題ができるに止まらず，その問題の本質を見極める意味を持つ。本質がわかると，さらに，発展的・創造的に数学の学習（研究）が進められる。しかし，時には観点の変更が求められることもある。その例を角の二等分線の作図等について示す。

現在，角の二等分線等の作図の仕方は，中学1年で取り上げられ，その形式的な証明は2年で行われることになっている。以下に述べることは証明の段階で考えるものとする。

角の二等分線の作図は，普通，次のように行われる。

① ∠AOB の頂点 O を中心として任意の半径の円をかき，

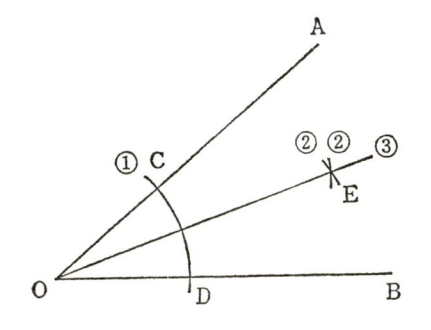

---

(1) 主体的な学習を進めるために，証明問題の種類を作らせる指導については，次の論文にも見られる。
吉越重雄：論証指導における一つの試み（日本数学教育会誌 Vol.50 No.1 1968.1) pp.2〜6

第3章 公理的方法の考えに基づく論証指導

角の2辺OA，OBとの交点をC，Dとする。
② C，Dを中心として，等しい半径の円をかき，その交点を図のようにEとする。
③ 半直線OEをかく。

この証明は次のようになされる。

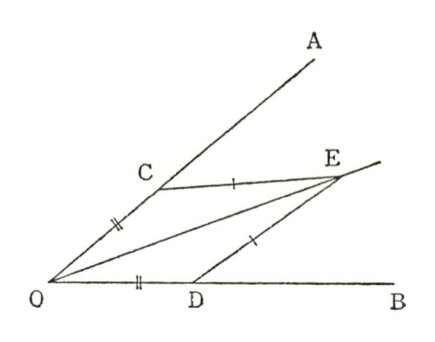

（証明）　△COE と △DOE において

　　CO＝DO
　　CE＝DE
　　OE は共通
∴ △COE≡△DOE
したがって，∠COE＝∠DOE　　　　　　　　　（Q. E. D.）

　この証明から読み取れることは，「二つの合同な三角形を，3辺がそれぞれ等しくなるように作る」ことによって，角の二等分線を作図しているということである。そこで，「二つの合同な三角形を作る」ことが，この作図の原理であるとみると，合同条件を「3辺相等」とせず，「2辺夾角」としてもよいのではないかと思いつく。そうすれば新しい作図法も出てくるはずである。上の図でいえば，∠COE と ∠DOE は求める対象としての角なので，∠OCE と ∠ODE を等しく作図すればよい。もちろん，OC＝OD，CE＝DE となるようにすることはいうまでもない。

　そこで，次の新しい作図法が考えられる。

(作図法A) 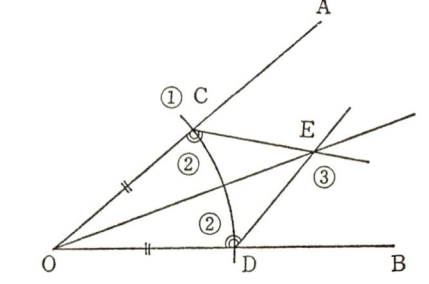
① ∠AOB の頂点 O を中心として，任意の半径の円をかき，角の2辺 OA，OB との交点をC，Dとする。
② C，D において，
　　∠OCE＝∠ODE
となるように，∠AOB の内側に角をとる。（ただし，このときの角の大きさは，∠AOB の補角より小さくする。）
　そして，③として，CE＝DE となるように点 E をとらなければならないのだ

2節 公理的方法の考えに基づく論証の意味とその指導

が，実際に作図してみると，そうする前にCEとDEとは交わってしまう。したがって，CE＝DEととることはできないし，その交点をEとしても，CE＝DEとなっていることの保証もない。当然のことながら，これを証明しようとして，△COEと△DOEの合同を「2辺夾角」の条件を用いて示そうとしても，そうすることはできない。では，この作図の仕方は間違っているのだろうか。

∠OCEが鈍角という特殊な事情によるのかもしれない。しかし，∠OCEを鋭角にして作図をしてみても，特別な場合，つまり，∠OCEの1辺が点Dを通る場合を除いては，正しい作図ができるようである。問題は，確かに正しい作図ができているはずなのに，三角形の合同条件が適用できないところにある。demonstrationの意味でも，防御の意味でも，この作図法は弱い立場にある。

この時考えることといえば，別な観点から証明にアプローチするか，あるいは証明をあきらめて，この作図が正しくないことを示す反例を求めることであろう。先に，∠OCEが鈍角でなく，鋭角であったらどうだろうと考えたのは，後者の考えに沿ったものである。さらに，対応する2辺と1角が等しくても，それが夾角でないと合同な三角形ができない場合を想定してもよいであろう。しかし，それを考えてもやはり作図は正しくできる。

反例を求める努力をしても，やはりこれは正しい作図法にちがいないと確信できると，改めてこれを証明したい，証明できるはずだという気になる。初めに考えていた見方を変えると，これは次のように証明することができる。

(作図法Aの証明)

C，Dを結ぶ，△OCDは，
二等辺三角形なので，
  ∠OCD＝∠ODC
  ∠ECD＝∠OCE－OCD
       ＝∠ODE－∠ODC
       ＝∠EDC
△ECDは二等辺三角形なので，
EC＝ED
  ∴ △OCE≡△ODE
したがって， ∠COE＝∠DOE   (Q. E. D.)

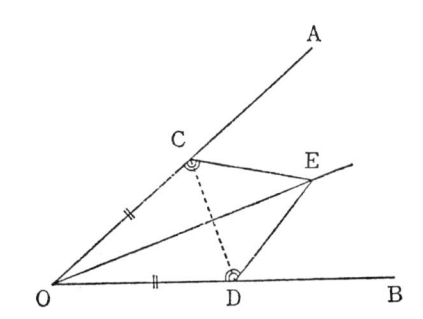

これで，この作図法が正しいことが立証できたわけであるが，この証明は作図法を思いついた時の考えとは，かなりかけ離れている。作図法に基づいたすっきりした説明をしたいものである。

そこで，再び作図に用いている条件を押さえながら，何をもとに何を作図しているのか，言い換えるなら，この作図の条件を拾い出し，その根拠となる要素を探ってみる。

まず，∠AOB が与えられている。次に，2辺 OC，OD が等しくなるように決めた。そして，∠OCE と ∠ODE も等しくなるように決めた。結局，角を三つと辺を二つ決めて図ができている。これは，四角形の決定条件を用いて四角形——この場合は「たこ形」を作っていることになっている。

今考えた作図法Aが「たこ形」の作図に基づいており，たこ形の性質により，頂角が二等分されることが保証されていることが明らかになった。そこで，そういう目でもともとの作図法を見てみる。

明らかにこれは，「4辺と1角」という四角形の決定条件で「たこ形」を作っている。そして，証明していることは「たこ形の対角線の一つは頂角を二等分する」ことであると見ることができる。

このように見てくると，これらの二つの作図法は初めに考えていたように「合同な二つの三角形を作る」ことに本質があるのではなく，「たこ形」を作り，たこ形の性質の一つ「たこ形の対角線の一つは頂角を二等分する」ことを用いていると考えた方がすっきりする。その見方で，二つの作図法は証明されるし，また，まとめて見ることができる。

本質（原理）がわかると，さらに発展してみようとする気持ちが出てくる。たこ形の作図が，角の二等分線の作図法の原理だとすると，たこ形の別の作図法を考えたら，また新しい作図法が見出せるかもしれない。たとえば，たこ形の対角線の性質を用いることを考えると，次の作図法を思いつく。

（作図法Ｂ）
① ∠AOB の頂点 O を中心として任意の半径の円をかき，角の2辺 OA，OB との交点を C，Dとする。
② C，Dを結ぶ。
③ 頂点Oから，線分 CD に垂線 OE を引く。

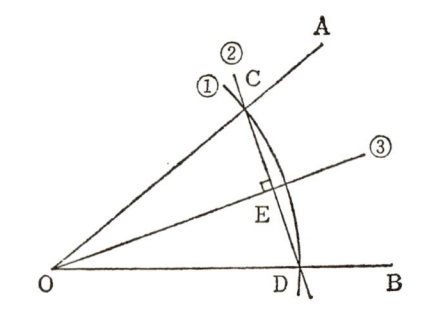

この場合は，たこ形の性質の一つ「たこ形では，対角線の一方が他方を垂直に二等分している」ことを使おうとしているが，この場合，CDに垂線を引くことになっており，したがって，垂線を引くだけで垂直二等分線が引ける。その前提

2節　公理的方法の考えに基づく論証の意味とその指導

には，「二等辺三角形では，頂点から底辺へ下ろした垂線は，底辺を二等分する」ということがあることは言うまでもない。

逆に，「二等辺三角形では，頂点から底辺へ引いた中線は底辺に垂直である」ということを使えば，また次の作図法も考えられる。

（作図法Ｃ）
　①，②は，作図法Ｂと同じ。
　③　頂点Ｏと，ＣＤの中点Ｅとを結ぶ。

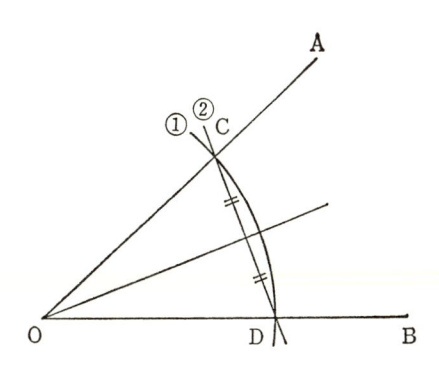

この作図法は，子どもに角の二等分線の作図法を考えさせると，子どもが考え出してくるものである。さらに，子どもが思いつく作図法として次のような例もあるが[1]，これらは（作図法Ａ）の特殊な場合として位置づけることができる。

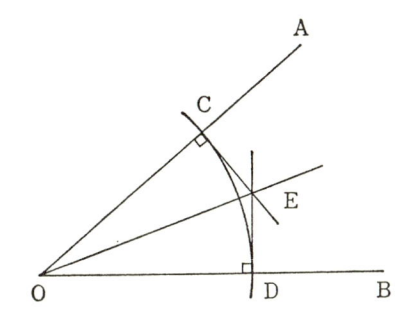

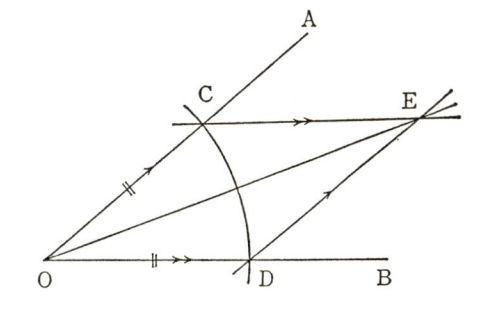

さて，作図法ＢとＣとでは，垂線の引き方や線分の中点の求め方は，既に分かっているものとして話を進めてきた（つまり，作図の指導の順序は無視している）。しかし，ここで作図法Ｂの線分ＣＤに垂線を引く方法を考えてみる。これは，直線外の１点からこの直線を引く方法を考えればよい。この方法は，教科書では次のようになっている。

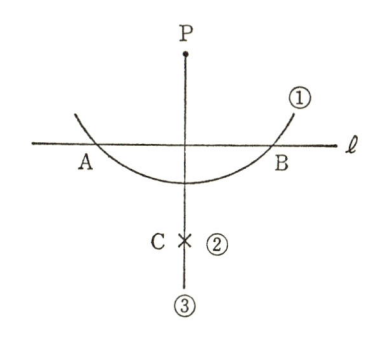

　①　点Ｐを中心として適当な半径の円をかき，ℓとの交点をＡ，Ｂとする。
　②　Ａ，Ｂを中心として，等しい

（１）　杉山吉茂：数学科教師をめざす人のために（一ツ橋書店　1978）p.91

半径の円をかき，その交点の一つをCとする。

③　直線 PC を引く。

この作図を作図法Bに適用する時には，すでに①の作図が終わっているものと考えてよい。次に，②，③の作図をすればよいわけであるが，その作図は，結局，角の二等分線を作ったときの操作とまったく同じであることがわかる。したがって，実は作図法Bは新しい作図法というわけではない。しかし，このことから，垂線の作図法も「たこ形を作る」ことが基礎になっていることがわかり，たこ形の性質「たこ形では対角線が互いに直交する」ことにより，垂線が保証されていると言える。

同様に，作図法Cでは，線分CDの中点を求める作図をしなければならないが，この場合も上と同じ手続きで求めることができ，したがって，線分の中点も「たこ形を作る」作図であり，たこ形の性質のうちの一つ「対角線の一方は他方を二等分する」によって中点が保証されていることが分かる。

また，これと似た方法で，線分の垂直二等分線が作図できるが，この場合は，たこ形の特殊な形である「ひし形」を作図していることになっている。

ついでに，直線 ℓ 外の1点を通って，ℓ に垂直な直線を引く，もう一つ別な方法も検討してみる。

①　ℓ 上に1点Aをとり，AP を半径として，円をかく。

②　ℓ 上に，この円外に1点Bをとり，BP を半径として円をかく。

③　円Aと円BとのP以外の交点を P′ とし，PP′ を結ぶ。

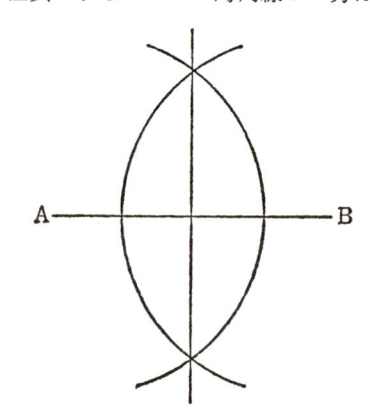

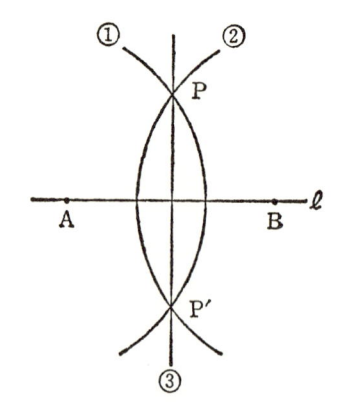

すぐわかるように，今度は，さきほどとは別の位置にたこ形を作ることになっている。たこ形ができる保証は，いずれの場合も「4辺と対角線」である。そして，たこ形ができれば，「たこ形では，2本の対角線は直交する」という性質に依存して垂線が保証される。

2節 公理的方法の考えに基づく論証の意味とその指導

こうして見てくると，中学1年で指導される基本作図は，「たこ形を作る」という考えですべてをまとめて見ることができる。このきっかけは，証明をふり返り，その主たる条件に着目し，変え得る条件を変えて見ることによって，別の作図法を見出だそうと考えたことにあった。この例の場合は，変えようとした条件が適切ではなかったが，それに基づく作図が正しいものであり，その作図の正しさの根拠を求めることによって，まとめて見る観点が得られた。そして，その観点からさらに新しい作図法と，より広い統合とが得られたわけである。

2.4.4 論拠の違いに基づく発展の違い

これまで，証明の論拠にしていることをもとに発展的に考えていくことについて考察してきたが，発展の根拠が論証の論拠にあるとすれば，証明の論拠に何を用いるか，言い換えれば，そのことがらの本質をどう見るかによって発展の方向が違ってくる。これを，次の問題を例に考えてみる。

「二等辺三角形 ABC の底辺 BC に点Pをとり，この点から等辺 AB, AC に下ろした垂線の足をそれぞれ H, Kとすると，PH+PKは一定である。」

これは，たとえば，次のように証明できる。

〔証明〕 △ABC を，BC を軸に対称移動したとき，点Hに対応する点をH′とすれば，
△BPH′ と △CPK において，
∠PBH′=∠B=∠C,
∠H′=∠R=∠K
なので
∠BPH′=∠CPK
したがって，H′K は直線となる。
すると，線分 H′K は平行線

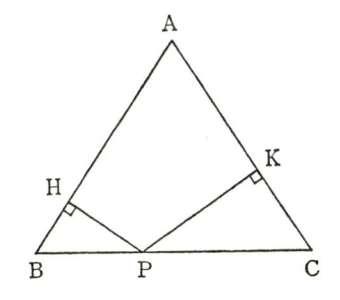

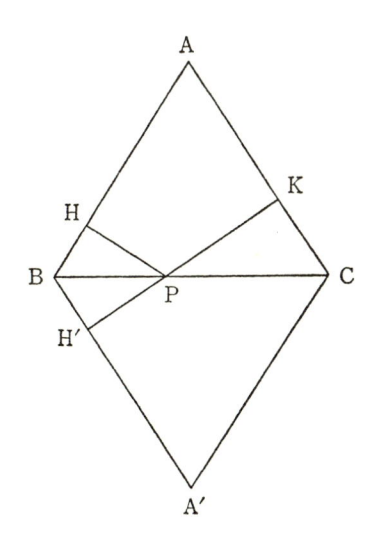

149

A′B∥AC の幅になっているので，点 P がどこにあっても，H′K の長さ，

即ち PH＋PK の長さは一定。　　　　　　　　　　　　　（Q. E. D.）

この証明は，二等辺三角形を底辺を軸に対称移動させれば菱形ができること（したがって，対辺が平行）と，平行線の幅が一定であることを論拠にしている。

この論拠をもとにその発展を考える。

まず，点Pを底辺BCの延長上にとることを考えると，差 PH〜PK が一定であることがわかる。

また，平行線の幅が一定であることに着目すれば，点Pから辺に垂線を下ろさなくても，点Pを通る直線の傾きを一定にしておけば，点Pをどこにとっても平行線で切りとられる長さは一定なので，和が一定になる。

これは，二等辺三角形についていえば，底辺上にとった点Pにおける反射角が等しければ，等辺 AB，AC（あるいは，その延長上）と交わった点をそれぞれD，Eとしたとき，PD＋PE が一定であるということである。

特に，その角の大きさが底角に等しいとき，つまり，等辺に平行な場合が美しい。これは，教科書では，別の問題として挙げられているが，同じ範疇に入るものである。この場合は対称に移動しなくても，易しく証明できる。

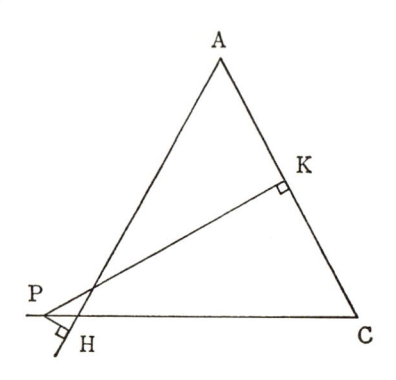

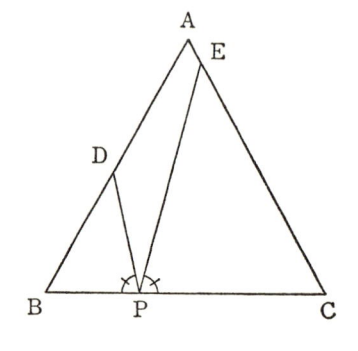

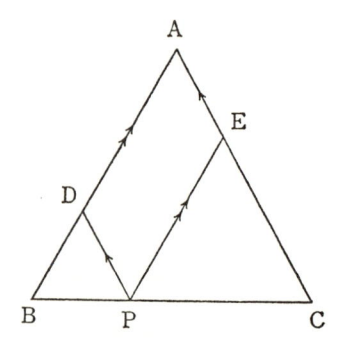

上の証明は，対称移動をすることにより，平行線ができることに着目して考えたが，ここでもう一度，初めの命題にもどって，観点を変えて証明を考えてみる。

〔証明〕 点Bから対辺ACに下した垂線の足をDとすると，△ABCの面積は$\frac{1}{2}\times AC\times BD$。

一方，△ABCの面積は，△ABPと△ACPの和として求めることができるから，

$$\frac{1}{2}\times AB\times PH+\frac{1}{2}\times AC\times PK$$
$$=\frac{1}{2}\times AC\times (PH+PK)$$

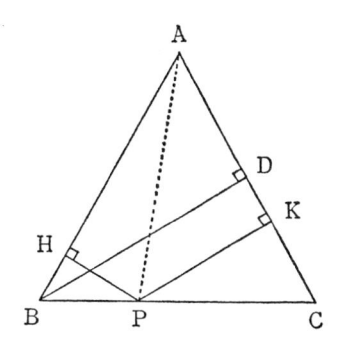

したがって，
$$\frac{1}{2}\times AC\times (PH+PK)=\frac{1}{2}\times AC\times BD$$
$$\therefore \quad PH+PK=BD\text{（一定）} \quad\quad\text{（Q.E.D.）}$$

このようにして証明できる理由は，いうまでもなく，求めようとする三角形の底辺の長さが等しいことによる。

すると，もう一つの辺が等しいとき，つまり，正三角形の場合を考えると，次のことがらが成り立つことがわかる。

「正三角形の内部の点Pから各辺に垂線を下ろしたとき，その垂線の長さの和は等しい」

図でいえば，垂線の足をそれぞれD，E，Fとすれば，PD+PE+PF が一定であるということである。このことは，底辺が等しいということによっているので，正三角形にかぎらず，正五角形，正六角形，……でも成り立つ。

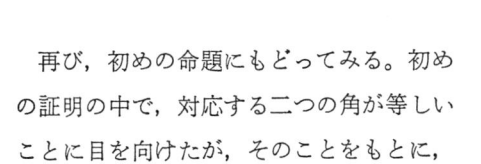

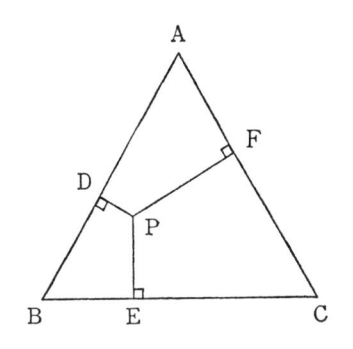

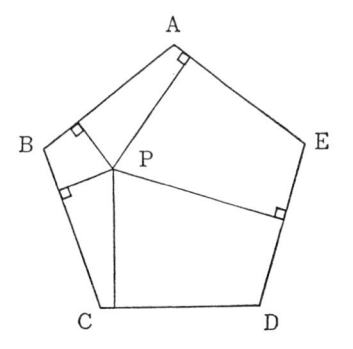

再び，初めの命題にもどってみる。初めの証明の中で，対応する二つの角が等しいことに目を向けたが，そのことをもとに，そこにできている二つの三角形△BPHと △CPKとが相似であることに着目すると，また，別の発展が可能である。

この二つの三角形が相似であることは，初めの証明から発展的に考察した場合，つまり，点Pから等辺に平行線を引いた場合も認められることである。等辺

に平行に引いた場合，もとの二等辺三角形とも相似であり，したがって，
$$PD+PE=kPB+kPC=k(PB+PC)=kBC=AB$$
ということがわかる。これは，比例の性質
$$f(x)+f(y)=f(x+y)$$
が，図形に現われているものである。

等辺に垂線を下ろした最初の命題の場合は，右図のように考えれば，△BPH，△CPK，△BCD が相似なので，同じように，
$$PH+PK=hBP+hCP$$
$$=h(BP+CP)=hBC=BD$$
が成り立つことがわかる。
相似形を作れば，いつでも
$$f(x)+f(y)=f(x+y)$$
が成り立つことがわかると，線分 BC 上に相似な図形を作ればよいと考えられる。
たとえば，半円を描くと
「線分 AB 上に点 P をとり，AP，BP を直径とした半円を描くと，弧 AP，BP の和は一定である」
ということが言える。
これと似たことは正方形を作っても，五角形を作っても成り立つことである。
生徒の中には，右図のような図を作った者がいるという。

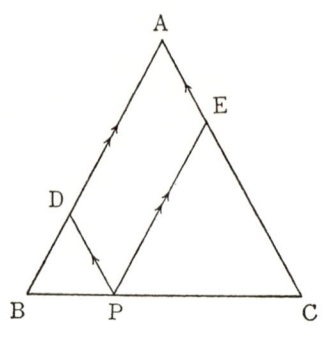

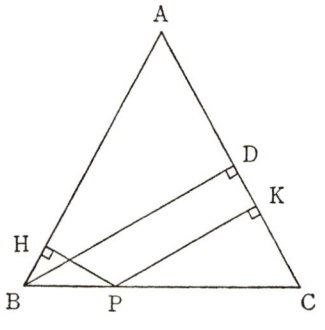

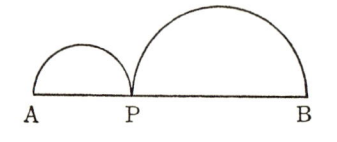

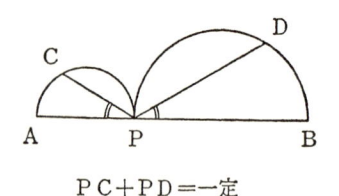

PC＋PD＝一定

証明の指導については，証明できるようにすることがまず問題であるが，証明がある程度できるようになった段階で，上のような扱いをすると，証明に対する認識も改まり，関心も増すと考えられる。特に，上位の生徒は，証明のもつ創造的な側面に興味を示すはずである。

とかく，証明の指導は，与えられた証明問題を解くだけという受け身の学習が多くなりがちであるが，証明に基づいて新しい知識を得たり，新しい問題を作ることができるようになれば，主体的な学習も期待できよう。証明したら終わりなのではなく，証明からまた新しい数学が始まるというような発展的な学習指導が

行えるわけであるが，それによって数学のおもしろさを感じる生徒も出てくるにちがいない。

　その基本は，根拠を明らかにし，本質を明らかにしようとすること，および，その本質的なことがらをもとに，可能な発展を求めることにある。教科書の中には，いろいろな証明問題が脈絡もなく含まれているが，上で考察してきたように考えていくと，それらの問題を子ども自身に気づかせることもできよう。それにより，与えられた問題に答えるという受け身の学習から，自ら問題を見つけ，それを解決していくという積極的な学習をさせることもできよう。

　同じようなことは，いわゆる，求答問題についても考えることができる。それにより，発展的な学習が可能になるはずである。

第4章
公理的方法と数学的構造
――学習指導における数学的構造の役割――

　第3章では，公理的方法の二つの考えのうち，「原理（根拠）を探る」という考えに視点をおいて，論証指導のあり方を考察した。「根拠を探る」とは，ただ単にその理由を求めるだけでなく，その事実を成り立たしめている要素を探り，これを明らかにすることも含んでいる。証明は，その二つの役割をもつ。

　第3章では，証明をそのようなものと見ることにより，論証指導の問題点のいくつかを解決すると同時に，分析して求めた要素をもとに発展的に考察すれば，新しい事実や新しい問題を見つけたり，統合する観点を求めたりすることができる例をいくつか考えた。これは，論証をもとに発展的な研究ができるという論証の価値の一つを示すものである。この考えは，公理的方法のもう一つの考えである「仮設（公理）をおいて考える」考えに通ずる。

　このように，公理的方法の二つの考えは，それぞれが独立なものとしてでなく，ともに用いられることにより学習の効果を上げ，価値の実現を一層高めることに役立てられることが多い。前章では，「根拠を探る」という考えの方に重点をおいた具体例を考えた。

　本章では，二つの公理的方法の考えのうち，「仮設（公理）をおいて考える」考えに重点をおき，数学的構造の考えに着目した学習指導について考察する。

　簡単に言えば，「構造」とは，いくつかのことがらの中に共通に見られる基本的な法則の集まりを言い，構造を活かすとは，構造に着目し，同じ構造をもつと思われる新しい事態に，その構造内で成り立つことがら，性質を解釈して適用することを意味する。法則およびそれから導かれる結論を適用してよいかどうかは，同じ構造をもつかどうかを確かめてからでなければならないが，ここでは，共通な基本法則が成り立つと予想されるものに対して，これを仮定して適用することを考える。具体例としては，代数的構造に着目した数の学習指導の場を取り上げることにする。基本的な考えは，新しい事態に対していくつかの法則が成り立つものと仮定し，その仮定した法則内の結論を適用することにより新しい数に

第4章　公理的方法と数学的構造

ついての計算などを考えていくことである。

　構造に着目する考えは，教育において構造を強調したブルーナー（J.S.Bruner）の考えに通ずる。ブルーナーは，構造を公理系とは言っていないが，基本法則のことを構造としている。それは数学でいう公理に当たるものと考えられる。ただし，ブルーナーはそれらを公理として，公理から演繹するという考えではなく，諸現象・諸事実をその基本法則に結びつけて理解することを強調する。それにより，ことがらの理解が容易になり，新しいことがらの理解を助けるなどの価値を生むと主張している。

　教育における構造の主張は，数学教育の現代化運動に理論的根拠を与える役割を果たしたと言われる。しかし，実際には，その価値が十分に吟味されぬまま，数学的構造そのものの指導が安易に認められ，かつ，実行されてしまった。他方，数学教育以外では，構造とは何かが具体的に明らかにされぬまま議論がなされたり，具体化が試みられていたように思われる。そのため，教育における構造の議論は，必ずしも，実り多いものではなかった。ここでは，そのことについても考察していきたい。

　本章では，数学教育において構造の考えに期待されるものを明らかにし，その具体的な例について考察するが，このとき，前に述べた「根拠を探る」という考えも見られる。構造を認めるには，いくつかの事例に共通な性質があることを見抜き，なにゆえに共通と認め得るのか，その根拠を探り，これを明確に述べる必要があるからである。構造への着目ができるためには，かなりの抽象能力が要求されるが，それがどの程度可能なものかについての調査にもふれることにする。

1節　現代化運動における構造の強調

1.1　数学的構造とその価値

　第1章では，現代数学の特徴に，構造への着目があることを見てきた。構造は，同じと思われる二つ以上の理論に共通する性質を吟味し，同じと見られるものの共通な概念や共通な法則を明らかにすることによって得られる。この共通な概念，共通の法則により構造を明らかにすることが現代的な公理的方法の一つの役割であり，現代的な公理的方法は，対象としている要素の内容を捨象することによって，つまり，原始要素を無定義とし，これをvariableなものと見，要素間の関係にのみ着目して，これを規定する公理を設けることによって構造を示している。

　構造に着目すると，研究しつつある要素の間に，既知のタイプの構造を規定する公理を満たす諸関係が認められることがあり，それが確認されると，ただちに，このタイプの構造に関する一般的定理すべてを自由に使用することができる。公理が同じであれば結論は同じなので，解釈された内容についても成り立つからである。新しい題材を研究するときにも，その題材がすでに開発ずみの既知の公理系のモデルを含んでいることを証明することができ，その公理系の定理を利用することができる。これにより思考の経済を図ることができる。これが数学における構造の価値である。

　また，ここに得られた数学は，いくつかの体系に共通するものを抽象して得られたものであるから，構造への着目は統合の役割をも果たす。

　数学的構造の概念，特に，代数的な構造の概念は，数学に力強い武器を与えてくれることになった。たとえば，群は，数学を研究する武器として大きな役割を果たし，基本的な特質を吟味するのに役立っている。クライン（Felix Kline 1849～1925）は，エルランゲン・プログラム[1]において，それまで得られていた

（1）　Kline, Felix: Erlanger Programm 1872

幾何学を群の概念によって整理し，新しい立場から幾何学を考える道具として役立てている。群は，そのほか数学のいろいろな分野で力を発揮してきた。

この経済性，統一性が構造の考えの特徴である。この価値を教育の中に生かそうとすることが現代化運動の一つのねらいであった。

数学的構造が強調されていたことは，現代化の考えを具体的に実験教科書を作るなどして現代化を推し進め，世界の数学教育に大きな影響を与えた SMSG[1] などの教科書にも見られる。その他いくつかの研究グループが試みていたことも，ほぼ同じ方向にあった。また，1961 年に NCTM[2] が出したパンフレット "Revolution in School Mathematics" の中に，新しいプログラムの類似点が下のようにまとめられているが，その統一テーマ，あるいは，アイディアとしても，構造がその第1にあげられている。

「構造，演算およびそれらの逆，測定，グラフ表示（図表示）の使用，数系，数の性質，実数系の展開，統計的推論・確率，集合（用語および初歩的理論），論理的演繹，妥当な一般化」

しかし，現代化運動において，上に述べてきたような構造への着目のメリットが，どの程度実現されたかは疑問である。たとえば，群は，演算の性質に着目し，論理的にその性質を解明し，統合的に処理することができる学問として学ばせる価値のあるもの，あるいは，現代的な数学を学び，研究するためには欠かすことのできないものとして認められ，その指導も試みられたが，現代化運動が失敗したとさえ言われるように，その指導によってどれほどの効果が実際にもたらされたかは疑わしい。

1.2 群の指導の試み

現代化運動では，数学的構造の考えを生かすというよりは，数学的構造そのものを教えようという傾向が多く見られた。数学的構造を例示するものとして，群を学校数学の中に取り入れようとする試みなどはその一つである。外国では，教科書にも取り入れられて正式に指導されている例もある。わが国でも，高等学校でいくつか試みられ，研究会等で発表されてきた。

わが国の場合，たとえば，岩瀬盛良は，中学校で群の考え方の基礎を習ってい

---

[1] School Mathematics Study Group
[2] The National Council of Teachers of Mathematics

るものとし，それをさらに伸ばすことを考えて，演算（＋）のもとで整数，実数が群をなすこと，0を除く実数が演算（×）に関して群をなすこと，加法に関して2×2行列，平面上の点（x，y）を水平・鉛直に動かす移動の合成，ベクトルの加法，正三角形，正方形の回転の合成置換，あみだくじの合成などの具体例について，群の指導を試みている[1]。

また，小森一弘は，数ⅡBで群を教えてみた経験から具体例の必要性を感じ，三つの文字の置換の集合，正三角形を回転する操作の集合，正則な1次変換全体の集合，スイッチをひねる操作の集合，逆数を作る操作の集合，4で割った余りの集合 $E=\{0,1,2,3\}$ の中の2数x，yの和（E，＋），$F=\{1, i, -1, -i\}$ についての乗法（×）などを例として，群の指導を試みている[2]。

このように，高校では，いくつかの例を通して群を学習させることにより，群の統合的な性格を理解させることもできる。しかし，先にも見てきたように，群の価値は，それを知ることだけにあるのではなく，他の数学，科学の研究に生かされてこそ価値を有するものであるから，それを知るだけでよいのかという疑問が残る。学校教育においては，学習したことが，それから先の学習に役立ち得るものであるべきだと考える。

高校だけでなく，小学校レベルから群の指導を配慮しようという提案もある。たとえば，1966年，イギリスのクワドリング（D. A. Quadling）は国際数学者会議へ提出する提案をまとめているが，そこでは，群を取り上げる理由が，次のように述べられている[3]。

「（ⅰ）　群の構造を示している単純な体系がいろいろあり，その多くは視覚に訴えるものである。

（ⅱ）　抽象的な理論の諸結果が，これを例示する諸例の一つを研究することによって帰納的に示唆されることが多い。

（ⅲ）　その演繹推論が単純でエレガントである。また，純粋に抽象的な展開に困難を感じる生徒は，群の構造をもった特殊な例を参考にしながら論を進めることができる。

（ⅳ）　非常に少ない公理から価値ある定理が作られ，興味ある結果が導かれる」

クワドリングの場合，公理的方法の過程が4段階に分けて考えられている。第

---

[1] 岩瀬盛良：群の考え方を伸ばす指導の実例について（日本数学教育学会誌　特集号　1973）p. 303
[2] 小森一弘：群の指導について（日本数学教育学会誌　特集号　1976）p. 364
[3] Quadling, D. A. and others: The Use of the Axiomatic Method in Secondary Teaching (The Mathematical Gazette Vol. L no. 373 Oct. 1966) pp. 259〜275

1の経験的な段階は，具体的な事例についていろいろな性質を調べたり，その構造を調べたりして経験を積む段階で，小学校から中学校中学年まで行われる。その段階では，置換ゲーム，幾何図形の対称移動，有限数の算術，有限群の表作り，あるいは，ベクトルの加法，正の有理数の乗法，円の対称移動などの無限群についての経験をさせる。そして，この非形式的な学習から，徐々に第2の解析的な段階へ進められる。この段階は，意識的にそれらの属性を調べる段階で，それにより，次のようなことがらが導かれる。

「〔1〕 「元」の集合が存在し，2つの元を結合して，別の元を作りだす演算が存在すること。
〔2〕 恒等元が存在すること。
〔3〕 与えられた元 p，q に対して，$p*x=q$，$y*p=q$ となるような元 x，y が唯一つ存在すること。
〔4〕 逆元が存在すること。
〔5〕 演算について閉じていること。
〔6〕 結合法則が成り立つことなど」[1]

これらの中には重複しているものもあるが，それらを整理して群の公理系が得られる。これが第3の公理的な段階で，前の段階で調べた属性をまとめ，共通なものをとらえて公理を設定する段階である。その段階へ移行する時期は，いろいろな経験をしているうちに同型の概念がでてきたときがよいとされている。

最後に演繹的な段階，つまり，設定した公理からいろいろな定理，事実を演繹的に導き出す段階がくる。そこでは，たとえば，方程式を解くことや，有限群についてラグランジュの定理などを扱うとしている。なお，公理的方法の教育が，できるだけ効果的なものとなるようにするためには，すべての公理を満足しているわけではないが，よく似ている体系，たとえば，乗法のもとでの正の整数などに目を向けさせるとよいだろうとも言っている[2]。しかし，ここでも，群を教えること，群の理解をさせることに中心があり，その学習を生かすという考えはあまり見られない。

公理的な方法を使う例として，クワドリングはブール代数もあげ[3]，これを取り上げる理由を，「同じ公理が，集合の演算，命題論理，回線理論などに使うことができ，それらの題材がすべて13歳から15歳の子どもにも理解できるといった

---

(1) Quadling, D. A. and others: The Use of the Axiomatic Method in Secondary Teaching (1966) pp. 263～264
(2) ibid., p. 266
(3) ibid., pp. 266～269

点から考えても，公理的な扱いをするのに適している」と言っている。不利な点といえば，公理の数が比較的多いことであるが，もう少し学年が進めば，ブール代数で，公理の独立性や無矛盾性も厳密に証明できると言っている[1]。ここには，公理的方法の理解のためという目的だけが強調されて，これを生かすという考えは見られない。

わが国では，小学校から群を教えるということは，表立って強調されはしなかった。しかし，数学教育の現代化運動を反映したと言われる昭和43（1968）年発表の小学校の学習指導要領では，代数的構造へ着目する立場で，小学校の低学年から計算法則に着目させたり，計算の可能性に着目させたりしていた。また，それに関連して小学校でも負の数にふれてもよいことになっていた。

中学校では，単位元，逆元などの概念も導入され，代数的構造の理解をはかる題材として，剰余系や集合 $\{a+b\sqrt{2}：a，bは有理数\}$ などを取り上げてもよいとされていた。しかし，それらは，本来の目的を達するようには扱われなかった。

アメリカでも，公理的方法の役割をよく理解していない人々によって誇張されすぎ，極端へと運ばれていくことがあり[2]，必ずしもうまくはいかなかったと言われる。ときには，演繹論理のみが強調されるということも生じた。これには，それなりの理由もある。しかし，公理に基づく演繹的証明に重きを置くあまり，たとえば，

$$(x+y)+(z+w)=(x+w)+(y+z)$$

を証明するのに，うんざりするほど長い一連の定理が与えられ，それによって学ぶことはほんの少ししかないという状態が出てきたとすれば，批判の出るのも当然であろう。

わが国でも，代数的構造の価値がよく理解されていないために，代数的構造の扱いが妥当でなかったという点では同じである。たとえば，単位元や逆元がどのようなものであるかということを，ただ解説するといった指導が見られた。単位元とは何か，逆元とは何かが知識としてわかればよいという考え方である。これを生かして使うのでなければ，それはただ余分な暗記の対象にしかならず，無意味である。減法や除法を見直したり，数の拡張を考えたりすることなどに生かすという本来のねらいはどこかへいってしまっている。

剰余系も，代数的構造についての学習をするためでなく，群や体の一つの事例としての扱いであったり，あるいは，計算問題の対象として，たとえば，5を法

---

[1] Quadling, D. A. and others: The Use of the Axiomatic Method in Secondary Teaching (The Mathematical Gazette vol. L no. 373 Oct. 1966) p. 266
[2] Buck, R. Creighton: The Role of a Naive Axiomatics ("The Role of Axiomatics and Problem Solving in Mathematics" Ginn and Co. 1966) pp. 22〜23

とする剰余系で 3＋4＝2，3×4＝2 などの計算問題が課せられたりした。これに如何なる意味があるだろうか。それよりは，剰余系について，零因子などに目を向けさせれば，

$$ab = 0 \quad \rightleftarrows \quad a = 0 \quad \text{または} \quad b = 0$$

をわざわざ公理のように明言しなければならないことの意味が一層わかるようになるはずである。

あるいは，$\{a+b\sqrt{2}\}$ の集合についても，ただ $(2+3\sqrt{2})+(3+4\sqrt{2})$ などの計算をして計算法則が成り立つことを調べる材料になってしまった。しかし，すでに $3\sqrt{2}+2\sqrt{3}-5\sqrt{2}-3\sqrt{3}$ などの計算ができるのに，これを取り上げることにどんな価値が感じられるであろうか。$\{a+b\sqrt{2}\}$ の集合について学習する価値が他に見出せないので，分母の有理化を学習するための題材と見られたりもした。集合 $\{a+b\sqrt{2}\}$ の扱いについては，後で取り上げて論ずるが，扱い方によっては，数を拡張する姿を示す題材としても，また，実数の濃度を考える一つの過程としても意味がある扱いができるものである。しかし，実際には，そのような考えでは扱われなかったようである。

上記のような失敗の原因は，いずれも，伝統的な代数に対する考え方，すなわち，計算手続きの集まりとしての見方から抜け出せないことにあると思われる。一方では，伝統的な代数の指導を改めようと言いながら，実際には，古い考えから脱却できないでいる。脱却したかと思えば，極端に数学的な演繹的な論理が強調される。こうなるのは，単に代数に対する認識の不十分さだけでなく，それぞれの教材のもつ教育的価値に対する吟味が不十分であるからだと言わざるを得ない。それと同時に，また，わが国の数学教育界には，数学的内容を解説してわからせる（覚えさせる）傾向の強いことがうかがわれる。

勿論，すべてが同じような扱いであったというわけではない。たとえば，小学校においては，剰余類に関連したものとして「余りに着目して分類すること」が扱われている。見方によっては，これは中学校での剰余系の学習のための準備とも，あるいは，抽象的な代数の学習のための準備とも考えられる。そういう面もあるが，しかし，小学校の場合は，それが具体的な問題を解決するために役立てられている点が評価できる。だから，将来，たとえ剰余系の指導が行われないとしても，それなりにその学習の場で意味を持っているので無駄ではない。単に数学のためでなく，学習している時点において価値あるものとして扱われている点を評価したい。

剰余系の学習をするのもいい。単位元，逆元とは何かを知るのもいい。しかし，それを学習することに価値を認め，それが実現されるように，また，それを学んでいるときに，その価値がわかるように扱いたい。学んだことにいろいろな

意味で価値が認められるようでありたい。できれば，学習したことが，他の数学を学習するときに役立ち，既習の題材を見る目を開くものでありたい。それができていれば，代数における演繹論理の強調にも，代数的構造の指導についても，批判は起きなかったはずである。

　ところが，多くの場合，教師も子どももともに，「教科書にあるから」「いずれ役に立つにちがいない」「教えて（学んで）おかなければ，将来困ることが起きるのではないか」とだけ考え，教えたり，学んだりしているところに誤りがある。今の学習にどんな意味があるのか，その価値がわかるような教育をしたいものである。

第4章 公理的方法と数学的構造

2節　教育における構造理論

　　　　数学教育における構造の強調は，当初考えられていたほど成果をあげ得なかった。それは，その教育的価値が十分吟味されないまま取り入れられたことによって生じただけでなく，その教育的価値を反映した具体的な実践の試行が十分なかったことにもよると考える。アメリカの場合，数学の立場でその価値が称揚され，数学者の手で教科書が書かれたが，教育的に効果を上げ得る部分は少なかった。

　　　　しかし，その基本的な考えは，数学および自然科学の教科書作成の思想として，教育学者達に大きな影響を与え，教育理論としての構造論を生んだ。特に，ブルーナー（J. S. Bruner）が，彼の著書『教育の過程（The Process of Education）』において示した「構造の強調」の主張は，現代化運動を支える教育理論として指導的な役割を果たした。その主張には，傾聴に値するものがあり，共感を覚える。しかし，実際には，この構造主義の教育論が有効に具体化されることは少なかった。

　　　　本節では，教科の構造を強調する主張を再度確認するとともに，その具体化の失敗の背景を明らかにする。それによって，本来の構造の強調のあり方も明らかにしたい。

2.1　ブルーナーの『教育の過程』に見る教科の構造の強調

2.1.1　その背景

　　　　教育界に「構造」という言葉がもちこまれたのは，ブルーナー（J. S. Bruner）の『教育の過程』[1]によってであることは周知のことである。この書物は，同書の序文にもあるように，ウッズホール会議[2]の議長をしたブルーナーが，その会

---

(1) The Process of Education 1960
(2) Woods Hole Conference 1959 Sept.

議の中で行われた議論などをもとにまとめたものである。この会議は，アメリカの初等，中等学校における自然科学教育を改善する討議をするために，全米科学アカデミー[1]によって召集されたものであった。

会議は1959年9月に開かれている。この時期は，いわゆる「スプートニクショック」により，アメリカが科学技術教育改革のために国を挙げて努力し始めている時期であった。全米科学財団[2]その他による財政的援助が行われただけでなく，指導的な物理学者，化学者，生物学者，数学者がこの教育の改革に参加をしている。そのような状況の中から物理ではPSSC[3]，生物ではBSSC[4]などの研究グループによる教科書が，数学ではSMSG[5]，UICSM[6]のグループによる実験教科書が出版されつつあった。

ブルーナーらは，「このような仕事がおもにめざしているのは，教材（subject matter）を効果的に提示すること，いいかえれば，教材の範囲（coverage）だけでなく，その構造に適切な注意をはらうということ」[7]と見，「物理や数学の教育課程を編成している科学者たちは，それぞれの教科の構造を教えるという問題に大いに気を使ってきたが，これを強調したために，早く成功した」[8]ことを認めている。

単に認めているだけでなく，強い刺激を感じていたことは，ブルーナーが「この仕事への取組みにみられる大胆さと想像力の豊かさと，それが初期に達成しためざましい成功が，学習の性格とか知識の伝達の研究に従事している心理学者達を刺戟した」[9]と書いていることからもうかがわれる。この刺激はこの会議によってもたらされたというよりも，この会議そのものが，このような関心に対する反応であったことが，この書物から読みとれる。そして，物理学者，生物学者，数学者，歴史学者，教育学者，心理学者が集まって検討したことの一つが「数学であれ，歴史であれ，その教科の構造を強調すること——つまり，できるだけ迅速に，ある一つの学問の持っている基本的観念についての感覚を生徒に与えようというしかたで，それを強調すること——にはどんな意味があるのか」[10]ということであった。

---

(1) National Academy of Science
(2) National Science Foundation （略称 NSF）
(3) Physical Science Study Committee
(4) Biological Science Study Curriculum
(5) School Mathematics Study Group
(6) University of Illinois Committee on School Mathematics
(7) Bruner, J.S.: The Process of Education (Harvard Univ. Press 1960) p. 2
　　ブルーナー，鈴木祥蔵，佐藤三郎訳：教育の過程（岩波書店　1963）p. 2
(8) ibid., p. 8　上掲書　p. 10
(9) ibid., p. 2　上掲書　pp. 2〜3
(10) ibid., p. 3　上掲書　p. 3

この構造の考えは，教育学者の中からではなく，それぞれの学問の分野で優れた業績をあげた学者が，教育課程の作成に参加したことによってもたらされたものであることは，ほぼ間違いない。それらの人々の参加のおかげで，最近の科学における進歩と学問の内容を反映した教育課程が作られることになった。したがって，ここで「教科の構造」と言っているのは，それぞれの学問における構造，すなわち，その学問において中心的な役割を果たす基本的な原理・法則といったものであると考えられる。

2.1.2 ブルーナーがあげている教科の構造の例

教育界で「構造」ということばが使われていても，そこに必ずしも一致した見解がなかったところに問題がある。ブルーナーも，それほど明確にこれを説明しているわけではない。

ブルーナーは，教科の構造を説明するにあたって，三つの例をあげている。一つは，生物学からの「走性(tropism)」で，尺取り虫が上に登らなければならない時は，15度の傾きをもって上に登ることを好むこと，イナゴが群飛する時には，その群飛の密度が気温によって決定されること，各種の昆虫は，それぞれが好きな濃度の酸素圏の中でのみ行動する傾向があるから住み分けが生じ，異種交配が防がれ，各々の種の独立性を維持していることなどが，その走性という概念によって理解できる[1]と説明されている。

第2の例は，数学の方程式で，そこには交換，結合，分配の3法則が支配しており，これら三つの原理によって具体化されている観念を把握するならば，解かなければならない新しい方程式は，既知のテーマの変形にすぎないことがわかるとしている[2]。

第3の例は自国語の場合である。これは自覚されることは少ないが，子どもが一つの文章の微妙な構造を把握してしまうと，既に学習したもとの文章と内容が異なっていても，それと同じモデルを基礎にしている他の文章を，極めて速やかに学習することをあげている[3]。

さらにいくつかの例が他にも見られる。社会科については「国家は生きるために貿易をしなければならない」という基本観念を持てば，アメリカ植民地の三角貿易などいくつかの例が理解し易くなること[4]，小説の「白鯨」を理解するには

---

(1) Bruner, J.S.: The Process of Education (1960) pp. 6〜7
    ブルーナー，鈴木祥蔵，佐藤三郎訳: 教育の過程 (1963) pp. 7〜9
(2) ibid., pp. 7〜8　上掲書　p. 9
(3) ibid., p. 8　上掲書　p. 10
(4) ibid., p. 24　上掲書　p. 29

「悪のテーマとこの「人殺し鯨」を追跡しているひとびとの状態を追求しているものであること」を基本にすると理解し易いこと，さらに小説で取り扱われている人間の諸状態の数は，比較的限られていることを理解するように指導されれば，文学をさらによく理解できるとしている[1]。

また，都市成立の必要条件に関するさまざまな可能な理論，水運の理論，鉱物資源論等を具体例に結びつけて導きだすことによって，種々の問題が発見的に解決されること[2]，また，歴史的な事実を「人間として誰しもが感ぜざるを得ない」という意味で理解することができれば，理解し易くなること，潮の干満について，慣性の観念を引力の作用の観念と結びつけて理解させる例などが見られる[3]。

2.1.3 ブルーナーの考えている構造

これらの例から，ブルーナーは「教科の構造」という言葉によって，その教科の基礎にある基本的な原理を指していることがうかがわれる。このことは構造の重要性を説いている章の中で，構造を示す言葉として，次のような言葉を使っていることからも保証される。

原理（principle）
一般的観念（general ideas）
基礎的・一般的観念（basic and general ideaas）
一般的本質（general nature）
基本的諸観念（fundamental ideas）
基本的，基礎的（fundamental or basic）
根底にある原理（underlying principles）
基本的性質（fundamentals）
一般的原理（general principles）
基本的知識（fundamental knowledge）
基礎的観念（basic ideas）
一般的観念（general ideas）
基本的性格（fundamental character）
一般的，基本的原理（general or fundamental principles）

---

(1) Bruner, J.S.: The Process of Education (1960) p. 24
　　ブルーナー，鈴木祥蔵，佐藤三郎訳：教育の過程 (1963) p. 30
(2) ibid., pp. 21～22　上掲書　p. 27
(3) ibid., pp. 22～23　上掲書　pp. 28～29

> 基本的な原理や概念（fundamental principles and ideas）
> 応用力があり，また強力である概念（pervading and powerful ideas）
> 構造を作り上げている根底にある原理（underlying principles that give structure to that subject）
> 包括的な原理（broad principles）

また，ブルーナーが強調しようとしていることの中には，それぞれの学問内の諸事実の基礎にある原理だけではなく，そこに見られる態度も含められているようである。ブルーナーは次のように言う。

> 「ある分野で基本的諸観念を習得するということは，ただ一般的原理を把握するというだけではなく，学習と研究のための態度，推量と予測を育ててゆく態度，自分自身で問題を解決する可能性にむかう態度などを発達させることと関係があるということである。ちょうど物理学者が，自然のもっている窮極の秩序と，その秩序は発見できるものであるという確信とに関して一定の態度をもっていると同じように，物理を勉強している若い生徒が，学習することがらを，自分が思考するときに役立つものにし，意味あるものにするような方法で組織しようとするならば，物理学者のもっている態度をいくらかでも自分のものにする必要がある。そのような態度を教育するためには，単に基本的観念を提示する以上の何かが必要である」[1]

この考えの基礎には，「知的活動は，知識の最前線であろうと，第三学年の教室であろうと，どこにおいても同じものである」[2] という考えがある。「物理を学習している男の生徒はいわば物理学者なのであって，その生徒にとっては，物理学者がするように物理を学習することのほうが，ほかのなにかをするよりも容易なのである」[3]。ところが「知的探究自体を中心にしているのではなくて，むしろ知的探究の分野における結論についてなされる教室での話し合いや，その結論の書いてある教科書」について学習しているので，「高等学校の物理は全く物理学らしくなっていることが多く，……学校の数学は，数学の中心となるもの，すなわち，整序の観念との接触を失ってしまう……」[4] という。

知的活動は，知識の最前線であろうと，学習の場であろうと同じである，いや，あるべきだという考えがブルーナーの教育理論の根本にある。その立場から

---

(1)　Bruner, J.S.: The Process of Education (1960) p. 20
　　　　ブルーナー，鈴木祥蔵，佐藤三郎訳：教育の過程 (1963) p. 25
(2)　ibid., p. 14　上掲書　p. 18
(3)　ibid., p. 14　上掲書　p. 18
(4)　ibid., p. 14　上掲書　p. 18

の教科の構造,基本的な原理や概念の強調であり,それらを有機体として活きて働かせるための態度の強調だと思われる。

これに似た考えとして,個体発生は種族発生を繰り返すという生物学の法則になぞらえて,学習の順序も歴史的発生の順に行なうのがよいという教育理論がある。ブルーナーの言っていることは,これに似ているようであるが,同じではない。少なくとも教師は,学問の進歩による成果としての基本的な原理をもっている。教師は,何が基礎的・基本的なものであり,諸事実がどのように関わっているかということを知っている。歴史に見られるような混沌の長い状態を作るわけでも,無益な試行錯誤を数多く繰り返すわけでもない。

教科の基本的な原理を強調すると言っても,それは,それをもとにして知識を伝達することをめざしているわけではない。態度への配慮があり,研究者と学習者との知的活動の同一性の主張がある。ブルーナーが同書で発見や直観を主張するのも,このことを物語っている。

ブルーナーは,「教科の構造(structure of subject)」という言葉を使っているが,これを一つの教科にだけ限定せず,もっと広く考えることもできるとしている。『教育の過程』の中では「一般理科(general science)」にふれているが,それは,いくつかの科学に共通する考え方や原理を学習させようとしているものである。同書には次のような議論がある。

「科学のほとんどすべての部門において,しばしば繰り返し現われてくるいくつかの観念がある。もし,ある一つの教科において,それらの観念を上手に,また,一般的に学習するならば,それを学習したことによって,科学のほかの部門の教科においてそれらの観念を異なった形で再び学習することが非常に容易になるはずである。これらの基礎的観念を,いわば「分離させ」,科学の特定な分野から解き放して,もっとそれ自体としてはっきり教えられないものかという疑問を,これまでにいろいろな教師や科学者が提出している。そのような基礎的観念の典型を例示するのは容易である。例を示すと,類別とその使用法,測定の単位とその展開の仕方,科学における情報の間接性と観念を操作的に定義する必要などである。……これらそれに似た諸観念を,初学年で効果的に,また,いろいろ具体的な例を示して子供に提示して,それらの諸観念がのちにいろいろな特殊な学問において特殊な現われかたをすることを理解するためのよりよい基礎を子供に与えることはできないだろうか」[1]

---

(1) Bruner, J.S.: The Process of Education (1960) pp. 26〜27
　　ブルーナー,鈴木祥蔵,佐藤三郎訳:教育の過程(1963) pp. 33〜34(訳が違っていると思われるので訂正した)

第4章　公理的方法と数学的構造

ここには，要するに，一つの学問でなくいくつかの学問に共通する原理への志向がある。言い換えれば，学問を作り上げている人間の動機，願い，一般的な考え方への志向が感じられる。ただ，具体的にどうするかについての確たる解答は出されていない。

2.1.4　構造の強調についての四つの主張

ブルーナーは，教科の構造を強調することについて，四つのことを主張している。

その第1の主張は，「……fundamentals makes a subject more comprehensible.（基本的なものは，教科を理解しやすいものとする）」[1]ということである。その例として，先にあげた「貿易」の考え方，「白鯨」のテーマ，および，小説の理解があげられている。このことを主張する以前にも，都市成立の理論，水運の理論などを導きだし，それによって地理的な学習が容易になるだけでなく，それによって発見がなされるという例をあげている。

第2の主張は，「What learning general or fundamental principles does is to ensure that memory loss will not mean total loss, that what remains will permit us to reconstruct the details when needed.（一般的または基本的原理を学習すれば，それは，記憶の喪失が全体の喪失にならないで，残っている記憶が，必要なときに，細かい部分を再構成できるように保証することになる）」[2]ということである。つまり，「A good theory is the vehicle not only for understanding a phenomenon now but also for remembering it tomorrow.（よい理論は，いま現象を理解するためだけではなく，それを後日思いおこすための媒介物となる）」[3]という。

そのことは，「人間の記憶力に関する1世紀にわたる徹底的な研究でわかったもっとも基礎的なこと」として，「……unless detail is placed into a structured pattern, it is rapidly forgotten.（細かい部分は構造化された全体のパターンのなかに位置づけられるのでなければ，急速に忘れ去られる）」「Detailed material is conserved in memory by the use of simplified ways of representing it.（細かい材料は，それを再現する単純化された方法を使用することによって記憶のなかに保持される）」。この単純化された再現作用は，「再生的」（regenerative）な性格をもつものとして，ブルーナーは心理学を援用して，これを保証している[4]。

---

(1) Bruner, J.S.: The Process of Education (1960) p. 23
　　ブルーナー，鈴木祥蔵，佐藤三郎訳：教育の過程 (1963) p. 29, p. 31
(2) ibid., p. 25
(3) ibid., p. 25　上掲書 p. 31
(4) ibid., p. 24　上掲書 p. 30

第3の主張は,「……an understanding of fundamental principles and ideas, …, appears to be the main road to adequate "transfer of training". (基本的な原理や観念の理解は,いわば適切な「訓練の転移」に通じる大道であるように思われる)」[1]ということである。それは「あるものが,より一般的な事例の特殊な例であると理解するということは——より基本的な原理または構造の理解ということは,このことを意味しているのであるが——ただ特殊なものだけでなく,その後に出合うかもしれない,それに似たほかのものをも理解させてくれるモデルを学習したことになる」[2]からだと言う。

ブルーナーは,この「転移」をかなり重視している。このことは,学習の目的を「その第一の目的は,学習によって得られる楽しさのうえに,なおそれが将来われわれにとって役立つということ」におき,「学習は,ただわれわれをどこかにつれてゆくだけではなくて,将来われわれを,より容易に遠いところへ行かせてくれるものでなければならない」[3]と考えていることからうかがわれる。

その道として,「訓練の特殊的転移(specific transfer of training)」と「非特殊的転移(nonspecific transfer)」[4]とがあげられている。前者は,主として,ある技能に限定されるが,それは「習慣の拡張または連合」と呼ばれるものである。後者は,「もっと正確にいえば,原理や態度の転移とよばれるものを通ることで……その一般的観念は,その後にでてくる問題を,最初に習得した観念の特殊な事例として認識するための基礎として使用できるもの」である。「この型の転移が教育の過程で中核となっている——つまり,基礎的・一般的観念によって知識を不断にひろげ,深めるということである」[5]とする。言い換えれば,「構造の教授と学習が転移という古典的問題の中心」[6]ということになる。つまり,「ある観念を新しい事態に適用できるかどうかを認識し,そのことによって自分の学習の範囲をひろげることができるようになるには,いま学ぼうとしている現象の一般的本質をはっきりと把握しなければならない……。学習した観念が基本的,または基礎的であればあるほど,新しい問題に対する適用性の範囲がひろくなってゆくであろうことはほぼ確実」[7]ということである。

第4の主張は,「…by constantly reexamining material taught in elementary and secondary schools for its fundamental character, one is able to narrow the gap between "advanced" knowledge and "elementary" know-

---

(1) Bruner, J.S.: The Process of Education (1960) p. 25
　　 ブルーナー,鈴木祥蔵,佐藤三郎訳:教育の過程 (1963) p. 31
(2) ibid., p. 25　上掲書　pp. 31〜32
(3) ibid., p. 17　上掲書　p. 21
(4) ibid., p. 17　上掲書　p. 21
(5) ibid., p. 17　上掲書　pp. 21〜22
(6) ibid., p. 12　上掲書　p. 15
(7) ibid., p. 18　上掲書　p. 22

ledge.（初等，中等学校で教えられる教材を，その基本的性格の点から不断に吟味するならば，「進んだ」知識と「初歩の」知識の間のギャップをせばめることができる）」[1]ということである。それは，「小学校から高等学校をへて大学へと進む過程で困難がみられるのは，部分的には，まえに学習した教材がその学問分野の発展にあまりにおくれているために，時代おくれになっているか，子どもたちを惑わせるものになっているからである」[2]。それを補うには，第一線の学者によって示された教材の構造を中心に学習を進めることによってなされると言うのである。

ブルーナーは，最後に，以上述べてきたことの要点をまとめるにあたって，これを裏から，つまり，構造に配慮しないで教えたらどうなるかということを考えて，次のように述べている。

「特殊な題目や技能を，ある知識の領域のより包括的な基本構造のなかでそれらが占める文脈上の位置を明らかにしないで教えるのは，つぎにのべる若干の深い意味において不経済なことである。第一に，そのように教えれば，生徒がいままでに学習したものから，のちに学習するものへ通じる一般化をすることが非常に困難になるのである。第二に，一般的原理を把握できなかった学習は，知的興奮という報いを得ることはほとんどないのである。教科に興味をもたせる最善の方法は，その教科を知るだけの価値のあるものにすることであり，そのことは，得られた知識を，いま学習した事態を越えたさらに先の思考においても使えるようにすることを意味している。第三に，知識を獲得しても，それを相互に結合するだけの十分な構造をもたなければ，その知識は忘れられがちなのである。関連のない一組の事実は，記憶のなかであわれにも短命に終る。事実を，それが意味づけられている原理や観念と結びつけて組織することは，人間のもっている記憶が失われてゆく急速な速度をゆるめるただ一つの方法として知られている」[3]。

要するに，「特殊な題目や技能を，ある知識の領域のより包括的な基本構造の中でそれらが占める文脈上の位置を明らかにして教えれば」，「後に学習するものへ一般化することができ」，「知的興奮という報いを得」，「忘れにくくなる」ということである。

---

(1) Bruner, J.S.: The Process of Education (1960) p. 26
 ブルーナー，鈴木祥蔵，佐藤三郎訳：教育の過程 (1963) p. 32
(2) ibid., p. 26　上掲書　pp. 32〜33
(3) ibid., pp. 31〜32　上掲書　pp. 39〜40

2.2 「構造」の解釈の多様性とその問題点

このブルーナーによって主張された教育における構造の強調は，その後多様に解釈され，また，多様な意味で「構造」ということばが使われてきた。芳賀純は，次のように言っている。

「教育の実践的研究で用いられている構造という用語は，その中に教師と児童生徒，教材というような要素を含めこんだ現象全体をさして構造という時もあれば，単に教材内容のみをとりあげて，その内容要素全体に位置づけて（可能な限りまで），構造ということもある。また，特定の教材の特定の部分をとりあげ，たとえば，「文や文章の構造」ということもある[1]。

この多様性は，構造という言葉が出てきた背景の違い，構造という言葉の一般的な意味の影響もあると思われる。同じ言葉を使う以上，共通なものがあろうが，この「構造」という用語の多様性，および，構造の強調に期待されていることを実現できないようなものまでをも構造と考えたところで，議論の混乱と構造論が破綻をきたす原因があると考える。ブルーナー自身は，「構造」を基本的な原理，法則と考えていると思われる。筆者も，構造を公理系の意味に近く，言い換えれば，いくつかの場面に共通に見られる原理・法則と考える。なぜそう考えることが教育にふさわしいかを明らかにしなければならないが，ここでは逆に，他の「構造」の解釈が適切でないことを指摘することを通して，これを明らかにすることにする。

2.2.1 「構造図」「系統図」的解釈

まず，今引用した芳賀純の説明の中の「教師，児童生徒，教材というような要素全体を含めこんだ現象全体」をさして構造というような使い方を考えてみる。この例として，芳賀純は，ゲルハルトの人間と環境との構造図をあげている[2]。この構造的な図式をもって構造と考える考え方が構造についての一つの考え方である。教材内容についても，芳賀純は，メレディスの炭酸ガス同化の構造を生物化学的水準で示した構造化された知識をその一例としてあげている[3]が，これ

---

[1] 芳賀純：現代における教授と学習の理論（佐藤三郎編　ブルーナー他著「教授革命」明治図書新書 1969）p. 40
[2] 上掲書　pp. 40〜41
[3] 上掲書　pp. 41〜42

第4章　公理的方法と数学的構造

も，現象の間の関係を図的に表現したものである。

「構造」という言葉は，日常語としては，ものの「組み立て」を意味し，さらに，「諸要素の相互依存ないし対立矛盾の関係の総称」[1]を意味しているから，この図式として表わされていることがらの間の関係を構造ということも当然考えられる。

山口康助は社会科の構造化を考え，指導目標，内容，方法の統一的・主体的な把握を「構造化」と呼び，これを具体的に表現したものを「構造図」としている[2]。これもこの範疇に入るものである。

教育における構造の解釈は，この範疇に入るものが多いようである。

ブルーナーの理論を研究し紹介している人に広岡亮蔵がいる。広岡は，「教材構造入門」から始まる一連の著書の中で教材の構造を一般論だけでなく，具体例を例示しながら論じている。

広岡亮蔵は，構造化を教材の精選の立場から論ずる。その根拠として，多量の枝葉の知識や技術を教えることは，

(1) 文化の複雑化と多様化にともない，知識量が激増しつつあり，この大量の知識の枝葉に追随することはもはや不可能，

(2) それら枝葉の知識は急速な新旧交替の流転にさらされており，転移力の乏しい枝葉の知識をギッシリ習得しても大した意味をもたない，

ことをあげ，これまでの知識の網羅主義をやめて，知識を精選し，「できるだけ少なく教えて，できるだけ多く役立たせる」[3]方向へ進むべきだと説く。

その知識の精選は量的削減では不十分で，質的な角度から本質的な知識，技術，心情を選びだすことが肝腎だとする。広岡は「教育内容の現代科学化」を一応この線においているが，すべての教科を包んで考えるときには，現代科学化の言葉と思想では狭きに失するとし，本質的な知識，技術，心情を考えるべきであると言っている。その枝葉を取り去った根幹をなしている基本骨格，これが「教材構造」だという。

この「教材構造」は，広くは分野＝教科の巨視的場面でも成り立つし，狭くは小単元＝単元の微視的場面でも成り立つが，願わくば，巨視と微視の両場面にわたって教材の構造化を達成したいと考えられている。しかし，一挙になしとげるのは至難だから，分野の構造化から小単元の構造化へと下降するか，あるいは，小単元の構造化から分野の構造化へと上昇するかの二つの道を考え，前者を学問的発想の構造化，後者を現場的発想の構造化と名づけている[4]。

---

(1) 広辞苑（第2版）（岩波書店　1976）p. 747
(2) 山口康助：社会科指導内容の構造化（新光閣　1963）
(3) 広岡亮蔵：教材構造入門（明治図書新書　1967）p. 36
(4) 上掲書　p. 38

2節　教育における構造理論

　一般論を述べているこれまでの部分については,「現場的発想の 構造化」 という用語が適切かどうか疑問に思えるくらいで, あまり議論の 余地はない。 しかし, この一般論が具体化されたものには問題を感ずる。
　広岡は, 単元教材を構造化することに熟達しようと思えば, 次の三つの水準を上昇するのがやり易いという。（以下の説明文は, 筆者の要約）

（1)段　教材を熟読し, 重要箇所に傍線を引き, 浮き立たせ, ここに力こぶをいれて指導する——ただし, これは量的で未熟
（2)段　教材のなかに含まれている重要事項をみつけだし, 自分のことばで書き表わす。これで教材のもつ主要な幹があらわになり基本要素がとりだされたことになる。
　　　　　　　　——教材構造化の一応の水準
（3)段　教材がもつ全体のイメージをはっきり煮つめ, 教材の根っこを洗いだす。つまり教材の中心観念をはっきりさせる。そして中心観念と基本要素とからなる教材構造をとりだす。
　　　　　　　　——教材構造化のととのった水準[1]

　そうして, 教材構造を表わす簡単な形式の一つとして, 教材がもつ中心観念と基本要素を書き連ねることをあげている。その例として次のものが示されている。

「五年社会科　小単元「わが国の工業地域」の教材構造
　中心観念　加工貿易にもとづく臨海工業地域
　基本要素　ⅰ. 良港をのどもととする四大工業地域
　　　　　　ⅱ. 渡り廊下としての新興の海浜工業地域
　　　　　　ⅲ. 内陸に伸びゆく精密（軽)工業地域」[2]

　社会科についてあまり深くは知らない筆者が, このことについて論じるのは適当でないかもしれないが, ブルーナーが貿易の例や立地条件について述べていたこととは, 異質なものが感じられる。
　ブルーナーは貿易を考えるのに,「国家は生きるために貿易をしなければならない」[3]ということを基本観念としている。また, 地理の学習においては, 都市

---

(1)　広岡亮蔵：教材構造入門 (1967) pp. 38～39
(2)　上掲書 p. 39
(3)　Bruner, J. S.: The Process of Education (1960) p. 23
　　　ブルーナー, 鈴木祥蔵, 佐藤三郎訳：教育の過程 (1963) p. 29

第4章　公理的方法と数学的構造

成立の必要条件に関するさまざまの可能な理論を考えている[1]。広岡の場合も，それぞれに理論化をし，そこに原理を導き出すのかもしれないが，ここに示されている構造化の手続きやその例からは，それをうかがうことはできない。少なくともここには原理のようなものは認められない。

あるいは，算数科の内容の「四角形と三角形」の単元の中の「四角形の辺と角」を例に，上に述べた3段階のプロセスを現場的発想の構造化として示しているところを見てみる。

まず，3，4回読み直して重要語句に傍線を引く第1段階の作業では，「辺の長さ」「みな等しい」「一つおきに等しい」「角の大きさ」……などに傍線が引かれる。これは低い段階の構造化であるが，内容の立体化に役立つと言う。

第2段階は，記述の底にある重要事項を見つけ出す，つまり基本要素を見つけ出すのである。それによって，

　i．四つの四角形（正方形，長方形，ひし形，平行四辺形）のうちでは，平行四辺形がいちばん基礎である。

　ii．この基礎形に，等角（直角）か等辺かの一つの条件が加われば，長方形か，または，ひし形ができてくる。

　iii．さらに，等角と等辺の二つの条件が同時に加われば正方形ができてくるという基本要素がでてくる。

第3の高い段階の構造化では「きまりが加わって，整った形になっていく四角形のなかま」という中心観念が得られる[2]と言う。

すぐわかるように，これは四角形の相互関係を示しているものである。それぞれの図形が無関係に認識されているよりも，このように関連づけられている方がよいことは言うまでもない。これは，関連づけられているという意味での構造で，先に示した構造図的な把握と同じである。これでもって広岡亮蔵が言うような精選がなされるかどうかは疑問である。この単元では，この事実（知識）を教えることにねらいがあるのであって，カリキュラム編成上の問題ではないからである。

さらに，広岡亮蔵はこの後で，「題材から単元へ」と教材構造の上昇を示そうとし，上に述べた例を含む単元構成を，

　i「四角形の辺と角」
　ii「平行四辺形と台形の面積」　　単元「四角形と三角形」
　iii「三角形の面積」

としている[3]。そして，その中心観念を求めて，図形の主なものは三角形と四角

（1）　Bruner, J. S.: The Process of Education (1960) pp. 21～22
　　　ブルーナー，鈴木祥蔵，佐藤三郎訳：教育の過程 (1963) p. 27
（2）　広岡亮蔵：教材構造入門 (1967) pp. 78～80
（3）　上掲書　pp. 89～90

形で，平面と立体の諸図形を構成する主要図形は三角形と四角形らしいこと，三角形と四角形とは合成と分解による相互転換が成り立ち，定量的には2倍と2分の1の関係だということから，中心観念を「四角形と三角形とは相互転換ができ，四角形は三角形の2倍の面積をもつ」[1]としている。

どうしてこれらが中心観念と言えるかはわからない。というのは，それをもってしても，この先いろいろなことを学習する助けにはならないからである。たとえば，これは，ⅱ「平行四辺形と台形の面積」には何の役にも立たない。それよりも，「既習の知識に帰着する工夫をする」といった考え方を示すほうがはるかに一般的である。あるいは，図形の相互関係をベースに求積公式を整理する方がどれだけよいであろうか。

このように数学的に首をかしげたくなるような記述を見ると，時々，教師教育に対して提言される「基礎科学の研究をより深く」という主張もむべなるかなと思えてくる。教育学の一般論のみでは，教科の教育を律しきれないところがある。このことは止むを得ないことであり，そこに教科教育学の存在が主張できる。

現場からの発想による構造化の上昇は，さらに「単元から学年内教材へ」「学年内教材から全学年の図形分野へ」と上昇するという。5年生の学年内教材の構造化では，「四角形と三角形」「対称な図形」「正多角形と円」という三つの単元について，「三角形は諸図形の基本図形である。三角形を対称に配置することによって，規則的な多角形ができてくる」[2]が中心観念とされる。全学年の図形分野については，「諸図形を構成する基本要素は三角形である。三角形の集合の相違によって，さまざまな図形ができてくる」[3]が中心観念とされている。三角形の合同条件を駆使して証明を行なう中学校以上の幾何教育においてならいざ知らず，小学校の低学年から「三角形を基本要素とする」と考えていくことができるであろうか。

このように広岡亮蔵が対象にしているものは内容そのもの，個々の事実についての系統表であることが分かる。広岡は，「学問的発想の構造化」を加え，心理系統と論理的組み合わせの系統を内に組み込んだ繰り返しの系統，この二つの結合された系統を教育系統と呼ぶことにしている[4]が，しかし，そうして出来上がった系統は，次のように事実の羅列となる。

「低学年……図形の全体についての直観的操作

---

(1) 広岡亮蔵：教材構造入門 (1967) p.90
(2) 上掲書 pp. 89〜91
(3) 上掲書 p. 93
(4) 上掲書 p. 98

　　　　　ⅰ〔ましかく——長しかく——さんかく——まる〕の弁別
　　　　　ⅱ〔はこ——さいころ〕の弁別
　　　中学年……図形の辺，角，広さについての具体的思考
　　　　　ⅰ〔長方形——正方形〕の辺，角，広さ
　　　　　ⅱ〔平行四辺形→ひし形——台形→三角形〕の辺と角
　　　　　ⅲ〔円〕の性質
　　　　　ⅳ〔直方体——立方体〕の辺と角
　　　高学年……図形の性質，計量の定式的理解
　　　　　ⅰ〔長方形——正方形〕の計量
　　　　　　　　　　　　　　　　（以下略）」[1]

　広岡のいう構造化とは，このように諸概念の平面的な系統図を作ることを頭に描いているものである。そう考えると，氏が示す，題材構造→…→全教科構造，全教科構造→…→題材構造という図式も納得できる。特に全教科構造などは，図式を想像しているものであろう。実際，広岡が，「全教科構造についていえば，全教科間の関係は，抽象理念としてはある程度の構造関係が想見されるが，現状としてはなお諸教科の並列状態を脱していない」[2]と述べているところから見ても，全教科構造は教科間の関係を示すものと考えられていることがわかる。

　教科構造ということについても，同じようなことがうかがわれる。たとえば，「諸分野を関係づけて，一体的な教科構造を打ちだそうとすれば，教科によっては，従来の分野の分けかたについて改変する必要が生じることもあろう」[3]という記述から見ても，教科の構造が分野間の関係，分野内にある諸概念の関係をさしていることがうかがえる。したがって，教科構造にしろ，教材構造にしろ，「教育内容の系列づけ」が問題になる。

　これに似た考えをブルーナーに求めるとすれば，ブルーナーがあげている「一般理科」[4]の構想がこれにあたるかもしれない。しかし，先にも引用したように，この一般理科についてブルーナーは，分科の関係とか諸事実間の関係といったものではなく，形を変えていろいろなところが出てくる基本的な観念のことを言っている。これは，数学における同型の概念とまったく同じではないが，かなり似ているものである。そのような基本的観念をもとにどのようにカリキュラムを作っていくかが，ブルーナーの問題とするところである。この考えを「一般理科」についてだけでなく，他の科学や文学についても考えているようであるが，

---

(1)　広岡亮蔵：教材構造入門 (1967) p. 99
(2)　上掲書　p. 130
(3)　上掲書　p. 130
(4)　Bruner, J.S.: The Process of Education (1960) p. 27
　　　ブルーナー，鈴木祥蔵，佐藤三郎訳：教育の過程 (1963) p. 34

ブルーナーは，これを「一般的態度または処理方法」と言っている[(1)]。ブルーナーの構造の考えは，このような基本的な観念，態度を含んでいるのである。

井上弘は「教材の構造化」で，この広岡の考えに従って，微視的な教材構造化論，巨視的な教材構造化論を展開している。そして，車輪状カリキュラムなど学校教育のカリキュラム全体を論じている[(2)]。これも，教材内容の系統，関連を論じたものと見ることができる。

この教材内容の構造図的図式の系統は，ブルーナーのいう構造の意味とは違うはずである。ブルーナーは，確かに，「構造を学習するとは，どのようにものごとが関連しているかを学習することである」と述べている。また，「教材の範囲だけでなく，その構造に適切な注意を払うということである」とも述べている。上に見てきた諸概念の関連図，系統図のようなものと解釈しても，それはそれなりに解釈がつく。また，ブルーナーが言っている構造を強調することについての四つの主張のいくつかも満たしているように思われる。たとえば，「教科を理解しやすくなる」ということも言えるであろう。さらに，「忘れにくくする」ということもいえるかもしれない。しかし，ブルーナーは「基本的なものを理解するならば」という条件をつけていることを見逃してはなるまい。

あるいは，ブルーナーの主張する「適切な「訓練の転移」に通じる大道ではないか」という点についてはどうであろうか。広岡は，これについては，次のようにいう。

「教材構造は転移する。
　たとえば，諸四角形間の包摂関係についての教材構造，
　　「台形⊃平行四辺形⊃長方形・菱形⊃正方形」
を学習すれば，これが転移して諸三角形間の包含関係が理解できる。さらには，諸六面体間の包含関係をも理解することができる」[(3)]

広岡は，転移と生成とを類語としながら，それを区別しようとする。AからA′へと転移する場合にはAとA′は同型で，同型を踏まえつつも新たなもの，つまり，AからBに変換することを生成とする[(4)]。

たとえば，〔平行四辺形⊃長方形⊃正方形〕の教材構造を学習した後に，「二等辺三角形，不等辺三角形，正三角形の包含関係を表わしなさい」との問いにぶつかって，「不等辺三角形⊃二等辺三角形⊃正三角形」の答えを出した時は，前者

---

(1) Bruner, J.S.: The Process of Education (1960) p. 27
　　ブルーナー，鈴木祥蔵，佐藤三郎訳：教育の過程 (1963) p. 34
(2) 井上弘：教材の構造化（明治図書　1979）pp. 151〜187
(3) 広岡亮蔵：学習論――認知の形成（明治図書　1973）p. 76
(4) 上掲書　p. 77

第4章　公理的方法と数学的構造

から転移があったとする[1]。

しかし，諸四辺形間の教材構造を学習した後に，濃い淡いを異にする3種の四角形がある。長方形は正方形よりも色が淡い。平行四辺形は長方形よりも淡い。そうすると，「どの四角形の色が一番淡いか」との問題に接したとき，「平行四辺形＞長方形＞正方形。ゆえに平行四辺形は一番色が淡い」との解答を出した時には，これは単なる包含関係だけでなく，新たに推移律を問題にしているから生成を示しているという[2]。

広岡は，「ブルーナー自身はともあれ，彼からのヒントによって，教材構造は，たんに転移力をもつだけではなく，隣接する新たな諸命題を生成する力を帯びていることを，私達は理解することができる」[3]と述べている。しかし，上にあげたような例は，転移とか生成というよりは，類比とでもいうものでないだろうか。「教材構造」を概念相互の関係と考えるとすれば，広岡のいうようになるかもしれない。

しかし，構造は，もとにする原理であり，法則と考えるべきである。そのことについては，ブルーナーも教授理論を考えるにあたって，"Toward a Theory of Instruction"で次のように述べている。

「教授の理論は，一群の知識が，学習者によって最も容易に把握できるように構造化する方法を明記すべきである。「最適の構造」（optimal structure）は，より大きな知識の集合が，一般化され得るところの一連の命題に関連するものである。そしてかかる構造の定式化は，特殊な知識の分野の開発の状態に依存するという特色をもつのである。……構造の値打ちは，情報を単純化し，新しい命題を生み出し，更にまた知識の集合を操作する能力を増進させる力に依存しているわけであるから，構造は常に学習者のおかれた状態や才能に関係づけられねばならないのである。かかる観点からすれば，知識の最適の構造とは絶対的なものでなく，あくまでも相対的なものである。」[4]

広岡と最も違うところは，広岡が概念などの系列を構造と言っていると思われるのに対して，ブルーナーは命題を言っているところである。すなわち，一般的な原理，法則の集まりをもって構造と言っていることである。その原理，法則をもって特殊な諸知識を関連づけ，新しい知識領域を拡大する。言い換えるなら，人は，既有の知識を関連づけ，組織する基本原理を帰納し，知識の枠組を作り，

---

[1]　広岡亮蔵：学習論——認知の形成（1973）p. 77
[2]　上掲書　pp. 77〜78
[3]　上掲書　p. 78
[4]　Bruner, J.S.: Toward a Theory of Instruction (1966) p. 41
　　ブルーナー，田浦武雄，水越敏行共訳：教授理論の建設（黎明書房　1966）pp. 63〜64

その枠組に基づいて新しい知識領域を切り開いて行くものと考える。自分自身の既有の知識から得られる基本原理であるが故に，相対的であり，新しい事実を知ることにより，それを取り入れる枠組，基本原理も変えられていく。それによってまた，次の新しいことがらも見出され，新命題が生成されていく。

2.2.2　「学問の構造＝教科の構造」という解釈

　　構造について，諸概念の関連，つまり，構造図的な関係を構造と考えるのを一つの考えとすると，もう一つは，教科の背景となる学問の構造そのものを教科の構造とする考えがある。中でも，学問の構造が最も明らかな数学については，そう解釈されることが多い。また，自然科学なども同じような傾向があったように思われる。ブルーナーもどちらかといえば，そういう考えに立っているように思われる。これは，教科の構造を強調することは「ある一つの学問のもっている基本的観念についての感覚を生徒に与えようというしかたで，それを強調すること」[1]と述べているところからも，また，それぞれの分野の専門家がカリキュラムや教科書の作成にかかわることを歓迎していることからもうかがわれる。

　　同じような考え方は，教科教育の専門家達が，自分の教科の基礎としている学問を吟味しているところにも見られる。たとえば，広岡の提案に対して，輿水実は，「国語科で構造化を取り上げるとすれば，その基礎となる科学はなにか」と述べ，国語教育の構造化を考えようとしている[2]し，数学教育の立場から黒田孝郎は，「教科の依拠する学問の構造を先行させることが大切だ」[3]とする。

　　特に，数学教育の場合には，数学的構造という概念が明確に規定されているために，数学的構造＝教科の構造という図式が多く見られた。現代化運動で，代数的構造が強調され，また，位相構造，順序構造にも着目させようとしたのはその考えであろう。しかし，数学における構造をそのまま教科における構造とするのは必ずしも適切ではないと考える。

　　たとえば，代数的構造についてそれを規定する公理系の一部をなす公理としての計算法則が小学校から取り上げられていることを考えてみる。これは，数の範囲が拡張したときにも常に成り立っている法則として，数を統合的にとらえる観点である。ブルーナーも広岡亮蔵もこれを例としてあげている。

　　広岡は「ひとつの教材についての本質＝基本骨格＝根幹，つまり構造を把握するならば，この把握は転移力を発揮して，類似するような複雑な教材を理解する

---

(1) Bruner, J.S.: The Process of Education (1960) p. 3
　　ブルーナー，鈴木祥蔵，佐藤三郎訳：教育の過程 (1963) p. 3
(2) 広岡亮蔵：教材構造入門 (1967) pp. 107〜108
(3) 上掲書　p. 115

ことを容易にしてくれる」[1] ということの例として計算法則をあげている。計算法則については，ブルーナーも構造の説明のために方程式を例にあげていた。

しかし，これには首肯し難い面がある。広岡亮蔵は次のように述べている。

「たとえば整数計算の構造（「巧みな計算」という根から生えた「交換する，配分する，結合する」の三本の幹からなる仕組み）がよく理解できたとしよう。そうすると小数や分数の計算，さらには無理数計算は，整数計算の構造の応用として容易に理解することができる。整数計算，小分数計算，無理数計算の三つは，外見的には別個の三教材に見えるかもしれない。しかし，構造という本質的な観点からすれば，整数計算→小分数計算→無理数計算は，数計算の構造の一連の発展としてとらえることができる。こうなると，整数計算という小教材が構造をもつだけでなく，数計算全体という大教材が，従来のバラバラの部分の集積状態を脱して，有機的な構造性をもつようになってくる」[2]

交換，結合，分配の三つの法則は，数および文字計算を支配する基本的な法則である。それはまた，群，環，体などの代数的構造を決める公理系の一部をなすものである。それらは，構造と呼ぶにふさわしい数学的法則である。そういう意味では，構造を論じるにあたって，これらの計算法則を取り上げるのは当を得ているように思われる。

しかし，数学における構造の価値から考えても，また，ブルーナーが教育における構造の強調について主張していることから考えても，この三つの法則について述べられていることが，適切な例を示していることになっているとは思えない。

たとえば，数計算における三つの法則の役割を考えてみる。

言うまでもなく，計算法則は数計算を行なう際に必ず用いられている法則である。それは，整数についてであろうと，小数，分数についてであろうと，実数，複素数についてであろうと変わりはない。そうした意味では，広岡亮蔵が『教材構造入門』で言っている[3]ことは正しい。しかし，計算法則を意識することの主たる役割は，そこにおける計算手続きの妥当性を保証することにある。一般には無意識に行なわれている手続きについて，「その計算手続きを用いてよい」ことを，それらは示しているのであって，なぜその計算手続きを用いてよいかを示してくれているわけではない。

（1） 広岡亮蔵：教材構造入門（1967）p. 51
（2） 上掲書 p. 51
（3） 上掲書 p. 51

計算法則は，数の範囲が拡張されても，加法，乗法，それぞれについていつでも成り立つ。そういう意味では，一つの統合的な観点である。数学的構造の立場から言うならば，それらの数系は，それぞれの構造をもつ具体例として見られるものである。しかし，それは，数についての計算手続きそのものを示唆してくれわけではない。

　このことは，極端な例を考えてみれば明らかである。たとえば，整数の加法，乗法について，この三つの計算法則が成り立つことが分かっているとする。そしてその後，数の範囲が分数に拡張されたとき，たとえば，$\frac{1}{2}+\frac{2}{3}$ などの異分母分数の加法の計算手続きについて，この三つの計算法則から何か示唆が得られるであろうか。また $\frac{2}{3}\times\frac{4}{5}$ などの分数の乗法についての計算手続きが示唆されるであろうか。

　あるいは，ブルーナーは，「一般的または基本的原理を学習すれば，それは，記憶の喪失が全体の喪失にならないで，残っている記憶が，必要なときに，細かい部分を再構成できるように保証することになる」[1]と主張しているが，この三つの計算法則を覚えていれば，分数の加法の計算方法や，乗法の計算方法が思い出せるだろうか。

　あるいはまた，ブルーナーは「基本的なものを理解するならば教科を理解しやすくなる」[2]という。異分母分数の加法をするときには，まず，通分するが，なぜ通分するのかが，この三つの法則から説明がつくのであろうか。通分した後，分子の和を作り，分母はそのままにしておくのであるが，それが三つの法則から説明つくだろうか。もちろん，そのような手続きについては，結合法則も交換法則も成り立つ。しかし，分子の和を作るだけでなく，分母の和も作ることにしても，交換，結合の法則は成り立つ。本当に理解できているときには，なぜそのようにしていけないのかがわからなければならないが，そのことについても，この三つの法則はほとんど役に立たない。

　同じことは，ブルーナーが例としてあげている方程式についても言える。確かに，方程式を解く時には，この三つの法則が使われている。しかし，この三つの法則をただなんとなく使っているだけでは，いつまでたっても解が得られないこともある。解を得るには，おのずからそこに目的がなければならない。そして，そのときには，等式の性質の方がもっと重要である。

　以上の数学の例に対する批判を要約すれば，結局，ブルーナーが構造の強調について主張している四つのことのうち，「理解しやすくなる」ことについても，「忘れにくくなる」ことについても，「転移を約束する」ことについても，この

---

(1) Bruner, J.S.: The Process of Education (1960) p. 25
　　ブルーナー，鈴木祥蔵，佐藤三郎訳：教育の過程 (1963) p. 31
(2) ibid., p. 23　上掲書　p. 29

計算法則は満足な役割が果たせず，ただ第4の主張，すなわち，「進んだ知識と初歩の知識の間のギャップをせばめることができる」ということについてだけ役立つといえる。

実は，数学教育の現代化の失敗の原因は，このあたりにある。現代的な数学を研究する数学者が，数学教育のカリキュラムの作成に参加し，現代数学の基本的な概念や原理を取り入れることによって，学校数学を見通しのよいものにしようとした。そして，そのおかげで，進んだ知識と初歩の知識との間のギャップは縮まったかもしれない。

しかし，その見通しは，数学の内容をよく知っている者から見ての見通しであって，初めて学ぶ者にとっての見通しではない。計算法則は，数学を知っている者から見れば，それらは数系すべてに成り立つ法則として，統合的に見る観点である。しかし，数の計算を初めて習う子どもにとって，その形式的な理解はほとんど役立たない。計算の理解や習熟にもたいした変化は起こさせないであろう。現代化された教科書の中には，数の範囲が拡げられるたびに，それらの法則が成り立つことをふり返らせているものがあった。同じ法則が成り立つことはわかるが，それがどんな意味をもっているかを生徒が理解していたかどうかは疑わしい。時には，計算法則を意識的に使うことによって計算が楽になることもある。しかし，それ以上の価値は子どもにはわかるまい。

計算法則が現代化運動において強調されたことについては，他にも理由があった。それは，代数にも演繹的な性格を取り入れようということである。代数の学習指導は長い間，計算手続きの集まりを覚え，その適用を習熟させることに重点がおかれていた。幾何では演繹的な証明に重きがおかれているのに対し，代数はあまりに技術的であり，同じ数学の範疇に入っているものでありながらその違いは大きい。幾何の内容に帰納的，発見的方法をより多く取り入れると同時に，代数の内容により演繹的な性格を持たせ，学校数学における代数と幾何の性格を同じようなものにしたいという考えから，計算法則に着目させ，理論的に吟味をさせようとしていたものと思われる。

計算法則をこのような考えで意識させることも，教育的に価値のないことではない。自分の行為を反省し，確認しながらことを進めていくなどの望ましい性向を養うという面もある。しかし，論理的な確かめをすることに価値を感じるには，それなりの成熟が必要である。小学校の低・中学年において，計算法則を確認しても，それほどよいことをしたとは感じられないであろう。加法や乗法で交換法則が成り立つといっても，それだけのことではないだろうか。数学的に意味のあることが，そのまま教育的にも意味のあるものになるとは必ずしもいえない。

同じようなことは，「逆元」や「単位元」の指導においても見られた。それが学

習指導にどう活かされていくのかが明らかにされず，教育的にどんな価値があるのかも確かめられずに，ただそれの解説に終始しているということが見られた。

ここで，教育的に価値があるとは，どんなことを意味するのかが問題となる。何を知っても，それはそれなりに価値があるからである。しかし，だからと言って，何もかも同じように時間と労力をかけて教えなければならないというわけではない。そこには自ずから軽重がある。

教育的な価値の基準にはいろいろなものがある。真，善，美，あるいはこれに，聖，健，利などを加えて考える人もある。それらのうちのいずれを達成すべきかということは問題ではない。すべてが求められるべきものである。問題は，その価値の種類を問うことにあるのではなく，その価値追究に対する生産性にある。それを学習したことによって，価値実現のためにどれだけ貢献し得るかということが問題である。ブルーナーの四つの主張も，それを求めているものと考えることができる。

実際，ブルーナーは『教育の過程』の中で，「どのような学習行為にしろ，その第一の目的は，学習によって得られる楽しさのうえに，なおそれが，将来われわれにとって役立つということである。学習は，ただわれわれをどこかにつれてゆくだけではなくて，将来われわれを，より容易に遠いところへ行かせてくれるものでなければならない」[1]と述べている。そこで「転移力」が問題になる。そして，ブルーナーは，「原理の転移」にその力を期待している。

筆者が，ここで問題にしていることの一つも，その生産性にある。計算法則を学習したら，それがどのように使われて，知識の獲得，あるいは，問題の解決に力を有するのか。「単位元」「逆元」を知ったら，それが新しい知識，技能の獲得や問題解決にどれだけ役立ち得るのか。それを問題にしたいのである。

ブルーナーは，転移を論じているところで，「その一般的観念は，その後にでてくる問題を，最初に習得した観念の特殊な事例として認識するための基礎として使用できるものなのである」[2]と述べているが，たとえば，計算法則のように，新しい数系についてもそれが認められるというだけでなく，それが新しい知識を獲得するための力，忘れにくくする力，忘れた時に想起させる力になってほしいと思う。もしその力を持っているならば，そのような力を発揮するように教えられ，活かされるようであってほしい。後に述べるが，筆者が中島健三氏に協力して「代数的構造の考え」[3]を学習指導に取り入れることを研究したその基本に

――――――――――――
(1) Bruner, J.S.: The Process of Education (1960) p. 17
　　ブルーナー，鈴木祥蔵，佐藤三郎訳：教育の過程 (1963) p. 21
(2) ibid., p. 17　上掲書　p. 22
(3) 中島健三，杉山吉茂：代数的構造の考えの指導とその活用についての実験研究――群を例として――（日本数学教育学会誌論究　vol. 25・26　1974）

は，上に述べた考え方がある。

　計算法則について，上でかなり否定的な見解を述べたが，上に述べた基本的な考え方に基づいた指導のあり方の考察は後の節で述べることにする。

3節　構造の強調に対する筆者の考え

3.1　構造とは

　　前節では構造の強調に対する期待を述べたが，さらにこのことについての基本的な考えを述べる。これを考えるにあたり，再び，数学における公理的方法，構造の考えに立ちもどってみる。

　　先にも述べたように構造は，対象となる要素，および，基本的概念に対する公理系によって定められる。その価値は，見かけ上離れているように見える個々のことがらに共通な原理の存在を確認することにより，既に考察ずみの諸結果をその個々のことがらにあてはめて考えることによって，思考の節約をはかることができることにある。

　　広岡，あるいは，井上は，精選という立場から，雑多な諸知識を思いきって整理し，捨て去ることを意図している[1]が，構造を強調することはそういうものをただ単に捨てるのでなく，それらをも何かの共通な原理の中に位置づけ，関係づけていこうとするものであると考える。軽重をつけての取捨選択による単なる精選ではなく，共通原理のもとにそれを統合的に扱うことを考えたい。構造化という言葉を使うとすれば，その共通する基本的な原理のもとにどのように統合されていくかを考えることをそう名づけるべきであろう。そのとき教科の基礎となる学問の構造が参考となる。

　　しかし，教科の基礎となる学問の構造がそのまま教科の構造として妥当するものとはならない。というのは，いわゆる学問としての科学の構造は，いろいろな方法で知識を得たのち，吟味に吟味を重ねて認められたものである。極端に言えば，結果を整理したあとに得られたものである。学習は，知識を獲得していく過程である。知ったものを整理する仕事ではなく，新しい知識を獲得していかなければならない。そこに役立つものでなければならない。

---

(1)　井上弘：教材の構造化（1976）p. 91

このとき，諸知識をもっているものの立場から，何を強調しておくことが大切かを指摘することはできる。そういう意味で，科学の構造，科学における基本的な概念は参考になる。しかし，教育を考える場合は，その科学の構造は，知識を獲得しつつある者にとって意味のあるものであり，有効に働くものでなければならない。代数的構造の公理系の一部となる計算法則が，ともするとうとんじられるのは，それが必ずしも，個々の計算の学習に役に立てられておらず，ただ，その法則の存在の指摘にとどまってしまうところにある。

そうすることも，知識の間に共通な原理が存在することに着目させるという意味で価値のあることかもしれないが，学習中の者にそれが分かるかどうかが問題である。

筆者は，構造，つまり，共通する基本的な原理への着目によって，知識の獲得を有効なものにしたいと考えている。このとき知識の獲得に関係して，次の二つのことを前提としたい。

一つは，知識の獲得は，その知識が他から与えられるにしろ，自ら発見的に獲得するにしろ，単なる機械的な丸暗記ではなく，既にもっている知識と関連づけ，調整されなければならないということである。最もよい場合は，基本的な原理のもとに統合的に理解されることになる。しかし，そのときの基本的な原理は，学問としての科学から与えられるものではなく，子どもが既にもっている知識の中から出てくるものである。もちろん，科学の中の基本的な概念が子どものものになっていれば，それによって，諸知識が関連づけられていくであろう。ブルーナーもそのことを考えており，あの有名な仮説「どの教科でも，知的性格をそのままにたもって，発達のどの段階のどの子どもにも効果的に教えることができる」[1]という仮説を大切にしようとしたのであろう。このとき，肝腎なことは，それが子どものものになっていること，つまり，子どもがある程度容易に使えるものになっていることである。

知識の獲得についてもう一つの前提は，知識の獲得は他から与えられるだけでなく，あとでとりあげるように，子ども自ら情報の乗り越えによって行い得るということである。ある基本的な原理，法則をもとに，子どもは自ら知識を獲得することができるということである。数学における発見学習は，そのことを前提にしてなされ得ると考え，それがまた，創造的な態度を促すものと考える。

---

(1) Bruner, J.S.: The Process of Education (1960) p. 33
　　　ブルーナー，鈴木祥蔵，佐藤三郎訳：教育の過程 (1963) p. 42

3.2 与えられた情報の乗り越え

この可能性を支える理論を，ブルーナーの "Going Beyond the Information Given（与えられる情報の乗り越え）"[1]の中に見る。

ブルーナーは，その中で，情報の乗り越えを問題にし，情報の乗り越えに四つの場合があると言っている。

一つは，「範疇による乗り越え」[2]である。それは感覚によって得られたデータを乗り越えて，感知された対象を，ある範疇に入るものと認めることによるものである。ある範疇に含まれているものの諸属性を明らかにすることを学び，その明らかにされた属性を用いて，新しく出くわしたものがその範疇の例であるか否かを推測する。それがそうであると認められると，その範疇の中にあるものが持っている他の属性も持っているだろうと推測される。たとえば，沖の方に煙をもった1点が見えると，それを船と同定し，船についてのいろいろなことが推測されるというようなものである。

情報の乗り越えの第2は，情報に冗長なものがあり，それを学習していることにより，その文脈において最も意味のある，確率の高いものを認識する（推測する）ということである[3]。シ□リガ□（P□YC□OLOGY）という資料から我々は心理学（PSYCHOLOGY）という言葉を頭に思い浮かべる。また，当然，それに付随しているものも予測する。

情報の乗り越えの第3は，一定の形式的基礎によって乗り越えるものである[4]。たとえば，A＞B，B＞Cが与えられたら，A＞Cを予測し，2，4，8，□，32が与えられたら，16が□に入ると予測するといった類いのことである。その際学習するものは，「幾つもの異なる情報を組織するために当てはめられうる，あるいは使用されうる一定の形式的構造図式 formal schemata」であるという。これをブルーナーは coding と名づける[5]。coding は「符号化」と訳されるかもしれないが，code の意味を「符号」とはとらず，「法典，規約」ととり，「規約化」としたい。

情報の乗り越えの第4は，理論によるものである。「有効な理論――有効な，

---

(1) Bruner, J.S.: Going Beyond the Information Given ("Studies in the Psychology of Knowing" W.W. Norton & Co. Inc. 1973)
　　ブルーナー，平光昭久訳：認識の心理学――与えられる情報をのりこえる（中）（明治図書　1978）
(2) ibid., p. 219　上掲書　p. 144
(3) ibid., p. 219　上掲書　p. 145
(4) ibid., p. 219　上掲書　p. 146
(5) ibid., p. 219　上掲書　p. 147

形式論理的あるいは確率論的なコーディング体系——であるならば，それは，過去をふりかえる方向と未来を予見する方向の双方に向かって，現在のデータをのりこえてすすむことをわれわれに可能にさせるはずである」[1]とブルーナーはいう。理論は，既知の資料・情報に整序性を与えるだけでなく，未知の情報を予見させるところに価値がある。科学が科学たるゆえんは，この予測の力にある。

ブルーナーはこのように，情報の乗り越えについて四つの場合をあげているが，最初の場合を除いて，その乗り越えは coding 体系によって行われる。この coding 体系——特に，形式的，あるいは，理論的な coding 体系をなしているもの，それがブルーナーの言う構造に当たると考えられる。そう考えて初めて，ブルーナーが構造の強調について主張している四つのことが確かなものとして意味を持ってくる。

ブルーナーは，構造を強調する際，まず第一に，「基本的なものを理解するならば，教科を理解しやすくなる」と言った。「理解する」「分かる」ということを「既有の知識体系に位置づけること」とするならば，これを既有の coding 体系に位置づけると解釈すれば，「理解し易くなる」ということの意味づけをすることができる。

この場合，「基本的なものを……」と言っているのは，この coding 体系を，子どもそれぞれが勝手に構成しているものでなく，基本的なものを教師側から，なんらかの形で与え，それをもとに子どもが coding 体系を構成しているものと考えなければなるまい。ブルーナーがあげている「国家は生きるために貿易をしなければならない」は，一つの code である。これをもってすれば，貿易についての諸事象が理解し易くなるというわけである。もちろん，これのみで貿易の話がすべてわかるというわけではないことはいうまでもない。

coding 体系について，ここで補っておかなければならないことがある。それは coding 体系が，いつもプラスの面を持っているわけではないということである。誤った coding からは，誤った情報の乗り越えがなされる。ブルーナーが「coding 体系は，人に情報をのりこえてすすませるのに有効であることも無効であることもある」[2]と言っているのは，このことを指している。だからこそ，coding 体系の構成を助ける諸条件が問題にされるのである。したがって，学習指導はマイナスの効果を生む coding 体系が構成されるのを防ぎ，よき coding 体系が構成されることを助けることに留意しなければならない。

第3の主張は，それが訓練の転移に通ずるということである。これは，情報の乗り越えについて次のような考えが基礎になっている。

---

(1) Bruner, J.S: Going Beyond the Information Given (1973) p. 220
　　　ブルーナー，平光昭久訳：認識の心理学（中）(1973) p. 148
(2) ibid., p. 220　上掲書 p. 149

3節　構造の強調に対する筆者の考え

　「人が与えられる情報をのりこえてすすむばあい，その人は一つのより一そう一般的なコーディング体系の中へ，いま与えられたものを位置づけることをよくしうるお蔭で，そうしたのりこえをおこなうのであること，そして，（経験を通してすでに）学習されている一組の偶然的結合の諸確率を基礎としてであれ，あるいは，ことがら（内容）を関係づけるひと組の学習された諸原理を基礎としてであれ，新たに追加して必要になる情報を，この一般的なコーディング体系から読みとることが欠くべからざる必要事である，という考えである。訓練の転移と呼ばれてきたことがらの大部分は，先に学習されたコーディング体系を，初めて出会った新しいでき事に適用する問題にほかならないと考えることができるなら実り多い主題である。特に正の転移は，ある適当なコーディング体系が全く新しい一系列のでき事に適用されるような場合であり，負の転移は，新しい諸事象への，コーディング体系の適用を誤ったか，それとも，適用されうるようなコーディング体系が不在であるかのいずれかの場合である――ということになる。以上のことから推せば，ある生活体が学習したものがなにであるかを体系的に理解する（＝一般的コーディング体系の観点から理解する）ことは，学習を研究するさいの最重要事である，ということになるはずである。これが，学習における認識の問題である」[1]

　ブルーナーにおいては，転移は新しい事態への coding 体系の適用と考えられているが，それは単なる適用以上のものと言ってよい。学習と言われるものの中には，機械的な暗記のように，coding をほとんど伴なわないものもあるが，coding が行なわれたとしても，その coding の適用範囲，言い換えれば，転移力が大きいものと小さいものがある。大きい場合は，それは創造といってもよい形になって現われる。

　このことは，ブルーナーが創造性の問題として coding 体系を取り上げ，「高度の一般性と広範な適切性とを具えたコーディング体系を構成すること」[2] と，「すでに獲得されているコーディング体系を適切にうまく活用しうるためのレディネスを発達させる問題」[3] として述べているところからも明らかである。coding 体系による情報の乗り越え――それは，大きくは創造となるのだが――それが転移の問題に答えている。

　構造の主張の第4は，「進んだ」知識と「初歩の」知識の間のギャップをせばめることができるということである。

---

(1) Bruner, J. S.: Going Beyond the Information Given (1973) p. 224
　　ブルーナー，平光昭久訳：認識の心理学（中）(1978) p. 152
(2) ibid., p. 225　上掲書　p. 153
(3) ibid., p. 225　上掲書　p. 154

第4章　公理的方法と数学的構造

それをもたらす道は二つある。

一つは，進んだ知識のもつ構造＝coding 体系の芽生えを早くから学習者に認め，それを育てていく，あるいは，それを学習者の認識の仕方に合わせた形に翻案して学習させるという方法である。ブルーナーが「どの教科でも，知的性格をそのままにたもって，発達のどの段階のどの子どもにも効果的に教えることができる」[1]と言ったあの有名な仮説は，この考え方に立っている。

このことは，ブルーナーが「螺旋形教育過程」を主張している次のような考え方の中にも見られる。

「すべての科学と数学の中核をなす基礎的観念や，人生や文学を形成する基礎的テーマは，強力であるが，同時に単純なものであるということである。これらの基礎的諸観念をわがものにし，それを効果的に使用するためには，次第により複雑な形でこれらの諸観念を使えるように学習することによって，これらの諸観念の理解をたえず深めることが必要である。年少の子どもが，これらの基礎的な諸観念を自分のものにすることができないのは，方程式といったような形式化された用語で示されるか，または念を入れて言語化された概念で与えられているときだけであり，子どもが基礎的諸観念をはじめに直観的に理解せず，自分でこれらを試す機会をもたないならそうならざるを得ないのである。自然科学，数学，社会科学，文学を早い学年で教育するには，細心の知的真面目さをもち，しかも観念の直観的把握とそれの使用に重点をおいて，計画されなければならない。教育課程が展開されるにつれて，これらの基礎的諸観念がくりかえし出てきて，結局は生徒が，それらに伴っている完全に形式的な用具としての機能を把握してしまうまで，これらの諸観念を積み上げていく必要がある」[2]

教育の現代化運動は，学問の進歩を教育に反映させようという運動であったが，ブルーナーの構造についてのこの考えによって，科学の構造を早くから教育の中に取り入れようという考えが広まったと言われる。ブルーナーは，認識の仕方として，行動的（enactive），図的（iconic），記号的（symbolic）という三つの段階があるとし，科学の基本構造を，この三つの認識の仕方に翻案して子どもに示すことを考えている。

進んだ知識と初歩の知識のギャップを狭めるもう一つの方法は，科学の構造を念頭に置きながら，それぞれの段階において適切な coding 体系を想定しつつ，

---

(1)　Bruner, J.S.: The Process of Education (1960) p. 33
　　　ブルーナー，鈴木祥蔵，佐藤三郎訳：教育の過程 (1963) p. 42
(2)　ibid., pp. 12～13　上掲書　p. 16

その再編成の連続を科学の構造に近づけて行くという方法である。言い換えれば，構造が変性していくと考える考え方である。

構造に近づけるについては，この二つの道が考えられるが，それは構造をどのようなものと考えるかに依存するだけでなく，学問の対象・性格にも依存している。ピアジェ（J. Piaget）は『構造主義』[1]で，このことを問題にしている。つまり，一方では，たとえば，レビストロース（Cl. Levi-Strauss）に見られるような文化人類学における固定的・静態的な構造もあれば，ピアジェの心理学やチョムスキー（N. Chomsky）の言語学のように，構成的な構造が考えられている場合もある。ピアジェは，この書物の中で，いろいろの領域における構造を吟味し，構成主義の立場から批判・検討を試みている。構造を考えるとき，この二つの立場があり得るが，教育の場においては，どちらの立場に立つとよいであろうか。

この問題は，二者択一的な問いではないと思われる。ブルーナーは，どちらかと言えば第一の方法，つまり，科学の構造の認識の様式の違いを認め，その認識の仕方に応じながら，科学の構造への接近をはかろうとしていた。これに加えて，筆者は，第二の方法，構造そのものが変化，成長しつつ科学の構造へ近づくという構成主義的な考え方に立ちたい。もう少しつけ加えるならば，科学の構造を想定しながらも，それぞれの段階における子どものcoding体系を尊重し，それが成長していくという考え方に立って指導を考えたい。

その理由は次のとおりである。

一つは，coding体系が作られるのは既習の知識および，今得られつつある知識によって作られるということによるものである。学校教育の場合，それは，教師に助けられ，導かれて作られていくものではあるが，作られるものは，その段階において最も強く結びつくもの，子どものもっているそれまでの経験を最も都合よく整序するものによって作られると考えられる。

たとえば，自然数について学習している時点での数は，順序を表現するものとしての役割も持っている。数も量も，数える操作によって把握される。しかし，分数，小数へ進むと，それは測るという操作（数えることが基本ではあるが）に置き換えられる。やがて，それは割合の見方を生む。言い換えれば，経験の制約により作られるcoding体系はおのずから制約を受け，したがって，経験の拡大とともに新しい経験をも包みこむ新しいcoding体系が作られなければならなくなるのである。

もう一つは，数学の場合，その構造を翻案して，なんらかの認識の様式にしたがって理解させることはできても，それが，その段階の学習指導にも意味があ

---

[1] ピアジェ，滝沢武久，佐々木明共訳：構造主義（白水社　クセジュ文庫　初1970　1980）

り，ある程度の効果をもたらすものでなければ価値がないという基本的な考えに基づいている。

たとえば，先にも指摘したが，代数的構造を規定する公理である交換，結合，分配の法則を理解させることはできても，その価値をわからせ，あるいは，それをもとに新しい経験を切り開いていくために役立てていないという現実がある。あるいは，数学の構造として順序構造や位相構造があり，その見方を小中学校で取り入れようとした試みも見られた[1]が，うまくはいかなかった。それらは，いずれも，ものを見る一つの新しい観点ではあっても，それによって，本来の目的をそれほど達成することができなかったことによるであろう。

形成過程を重視する構成主義に立つ心理学者にピアジェがいる。彼は，構造は予定調和的に存在するものではなく，構成されるものであると考え，その構成過程を発達心理学的研究から立証している。学習が，単に知識量の増大のみでなく，その枠組の改組を伴なっているものと考えるならば，構造に対するピアジェの考えは教育の立場からも当を得ているといえる。

その枠組を作っていく過程を考えるのに，数学の歴史を参考にすることが一般に考えられている。数学の歴史を見ると，それぞれの時代に，それぞれの枠組があった。数学を学習することが，子どもの頭の中に一つの数学的世界を作り上げていくことであると考えるならば，歴史的な発展も一つの目安となろう。

もう一方，学問としての数学の構成の仕方を参考にすることが考えられる。新しい数学の立場から見て，より明確に，より統合的に，より整合的に構成することができるものならば，そうしてもよいと考えられる。現代化運動で新しい概念や考え方が取り入れられたのは，そういう考えに基づいたものであろう。それを否定するわけではないが，それらは，子どもの頭の中の数学的な概念の枠組の構成に有効なものであるならばという条件の下でなければならない。有効であるならば，早く取り入れることも大切なことである。しかし，再度繰り返すことになるが，あくまでもその時の学習に有効である限りにおいてである。

ここに述べる考えは，広岡の言う「学問的発想の構造化」と「現場的な発想の構造化」，および氏が主張する「現場的な発想の構造化」への接近と認められるかもしれない。しかし，広岡の言う「現場的な発想の構造化」は，その教材構造の構造化に見る限り，ピアジェのいう「原子論的連合の図式」[2]にあると言わざるを得ない。と言うのは，広岡の構造化の手続きを見てわかるように，対象にしているものは，当面している題材における主要概念が問題とされるのであり，それ以前にどんな概念や考え方，法則を知っており，それをもって新しいものを

---

(1) 住谷寛治：構造的な見方・考え方の指導 ── 特に順序構造について ──（日本数学教育学会誌 vol. 55 1973.7) pp. 2〜12
(2) ピアジェ，滝沢武久，佐々木明共訳：構造主義 (1970) p. 18

3節 構造の強調に対する筆者の考え

見，その中に組み入れるという考えが見られないからである。

　ピアジェは，構造の全体性を考える場合，認識論的態度として，構造的法則を持った全体性の承認か，それとも要素から出発する原子論的構成かといった二者択一にとることは誤りで，第3の立場として，「最初から関係的態度を取り入れる立場」「合成の仕方ないし過程」を考慮する「操作的構造主義」があり得ることを主張している[1]。大まかにいえば，前者はプラトンのイデアの考えや文化人類学における構造主義の考えであり，後者は，経験主義の立場である。広岡のそれは，経験主義の範囲にいて，その重要事項を強調したにすぎないと言うことはできる。その重要事項の中に貫く基本性質を見出だして整理していったものが教科の構造であると考える。したがって，広岡が活きた構造とはいっても，それが共通なものが認められるということであって，創造的な力，あるいは，転移して力を発揮するものとはなっていない。

　それに対し，ブルーナーの coding 体系は，新しい事態に対処する時活きて働く力となるものを想定している。新しい力となると同時に，限界がある場合には再 coding により新しい coding 体系が作られていく。この考えは，ピアジェの操作的構造主義の立場を反映しているものと言ってよい。

　本論文では，「仮設(公理)をおいて考える」という考えを公理的方法の一つの考えとしているが，これは，上に述べてきた立場を基礎にしている。

　次の節では，その立場に立って試みた学習指導について，第5章では，その考えを含めた算数・数学の学習指導を考察する。それが十分達成されれば，理解のメカニズムに適合し，記憶と保持の原理にも合い，しかも創造的に学習を進めることができると期待できる。いや，この言い方を逆にして，経験に基づく基本原理，法則＝code をもとに創造的発見的に学習を進めることができるが故に，理解が容易になり，忘れにくいものとなるといった方がよいかもしれない。そして，数学の構造を知っている教師に適切に導かれることによって，新しい数学への接近も容易になると考える。

---

[1]　ピアジェ，滝沢武久，佐々木明共訳：構造主義 (1970) pp. 17～18

第4章 公理的方法と数学的構造

4節　数の指導における代数的構造の役割とその指導の試み

　前節で論じたように，教科(教材)の構造は，それを知識として知ることに価値があるわけではなく，その教科の学習を容易にし，学習したことを忘れにくいものとし，さらには，その教科の発展していく先にある学問への接近を容易にするものであるという立場を取ることにする。この立場は，いわゆる数学的構造を取り上げるときにも言えることであり，ただ構造についての解説をして，これを知らせるだけでなく，算数・数学の学習指導にこれを活かさなければ価値がないと考える。

　本節では，代数的構造の理解に基づいた数の指導について考察していくことにする。まず，最初に代数的構造に着目することによる数の指導が現在の数の指導の問題をどのように解決してくれると期待できるかを吟味し，次に，その代数的構造の理解が可能かどうかの実験・調査研究の結果について述べる。

4.1　代数的構造の考えの指導

4.1.1　代数的構造に着目させる理由

　既に見てきたように，数学教育の現代化運動においては，数学的構造，特に，代数的構造の強調に重きが置かれた。それは，伝統的に代数の指導が計算についての諸規則の学習とその適用，技能の習熟を目的として行われ，幾何の指導が演繹推論に重きが置かれていたのと対比すると，その扱いの違いが大きかったことへの反省に基づいていた。もう一方，ブルーナーによる構造の強調がその動きを助けていた。しかし，実際には，具体的に行われたことは，必ずしも喜んで受け入れられたとは言えなかった。

　その原因は，構造の考えを活かすというよりは，演繹的な推論を強調するために，計算を支配している法則に目を向け，それに基づいて計算の過程を振り返ら

4節 数の指導における代数的構造の役割とその指導の試み

せ，その証明をさせたりしてはいても，その価値，必要性が理解されていなかったということがあげられる。計算法則について学習をし，それを用いて演繹的な推論をすることが求められても，子どもは既に数の計算についての学習を終えており，自由に計算ができるようになっているので，その価値はわかるまい。たとえば，交換法則は子ども達が無意識のうちに当然のこととしてこれまで使ってきたものであり，法則としてわざわざ示されるまでもないものである。もっと問題なのは，演繹的な証明をして何か新しいことがわかったかというと，証明しない前となんら変わりはないということである。面倒な仕事をしても，結局今まで通りでよいということになったとしたら，一体，その面倒な推論，手続きは何のためだったのだろうか，と考えられたとしても不思議ではない。

代数的構造が証明の学習の題材として，あるいは，公理的方法の学習の題材として提唱された場合も同じである。代数的構造は，前提とする公理が少ないために，公理に基づいて演繹すること，証明とはどんなことなのかを示すには適しているかもしれないが，内容的に価値のある目新しいものが少ないところに問題がある。

代数的構造を教えるもう一つの理由としては，これが非範疇的な構造の一つの例であるということがある。しかも，群は現代数学の中でも広く応用され，力をもった一つの分科である。ところが，その指導が群論のための指導になり，そこで得た知識が他の学習の助けにならないきらいがあった。

ヤング（Gail S. Young）も言うように，群を指導する時間を確保するために，他の内容で指導できなくなるものが出てくると，それらの間の軽重が問われなければならなくなる。たとえば，中学，高校にあっては，数そのものの理解の方がより重要であり，その指導をやめてまで群を指導する必要があるかどうかが問題となる。実際，G. S. ヤングは，高校では実数の理解の方が価値があると主張している[1]。ましてや，小・中学校における算数・数学の指導においておやである。

ここには，教材選択のための一つの根拠が見られる。それは，指導内容の間に重要さの程度において差があり，その重要さの程度，緊急の度合が低い場合には指導されなくてもよいということである。群論は，確かに，現代数学において重要な位置を占めているし，応用範囲も広い。しかし，そのことだけでこれを小・中学校の教育の場に持ち込んでよいほど緊急な内容ではない。とするならば，ブルーナーがいうように，他の内容の学習のための助けにもなるかというところに選択の基準がおかれなければならない。でなければ，他のもっと重要な教育的価

---

(1) Young, G.S.: The Role of Postulate in School Mathematics ("The Role of Axiomatics and Problem Solving in Mathematics" Ginn and Co. 1966) pp. 87〜88

値を実現することが期待されるかどうかを吟味しなければならない。群などは，教育において構造が強調されたとき主張されたように，教科の内容を理解し，習得するのに有効であるように取り入れられるべきである。しかし，実際には必ずしもそれが実現しなかったところに問題があった。

では，代数的構造は，どのようにすれば数の学習の助けになるだろうか。筆者が中島健三と協同して行った次の研究[1]は，代数的構造の一つである群の概念が数の計算の学習の助けになるということを前提にして行ったものである。

4.1.2 群の考えとその活用

群の概念がどのように助けになるのかを示す前に，まず，群とは何かを説明しておく。

代数的構造の一つである群とは，次の公理を満たすものである。

空でない集合 G に属する任意の2元 a, b に対して演算 a∗b が定義されていて，その演算が次の公理(i)〜(iii)を満足するとき，この (G, ∗) を群という。

公理(i) G の任意の元 a, b, c に対して，

結合法則 (a∗b)∗c ＝ a∗(b∗c)

が成り立つ

公理(ii) G の中の任意の元 a に対して，a∗e ＝ e∗a ＝ a を満たす元 e が，G の中にただ一つ存在する（単位元の存在）

公理(iii) G の元 a に対して，a∗x ＝ x∗a ＝ e となる元 x が G の中にただ一つ存在する（逆元の存在）

群の例としては，たとえば，加法に関して整数の集合 Z，乗法に関して有理数の集合 R などがあげられる。したがって，これらの学習に先立って群の概念が理解されていれば，それをもとに分数の計算，正負の数の計算について考える際に役立て得ると考える。

そこで，小・中学生を対象に，上に述べたことがらの理解をはかり，これを数の計算の学習に活かすことを考えた。

そのとき特に，単位元と逆元の理解に注目した。というのは，それらの理解が十分にできれば，難しいと言われている分数の除法の指導や正負の数の計算の指導が能率的に行えると考えたからである。また，方程式の指導も容易になるにち

---

[1] 中島健三，杉山吉茂：代数的構造の考えの指導とその活用についての実験研究（日本数学教育学会誌論究 vol. 25・26 1974）

がいない。

しかしながら，上に述べたような表現では，子どもには当然理解できない。そこで，子どもにも理解できるように表現を工夫してみた。この時参考にしたことは，ブルーナーが，その認識の仕方として，行動的(enactive)，図的(iconic)，記号的(symbolic)の三つがあると指摘していたことである。勿論，言葉づかいもわかりやすいように工夫した。たとえば，逆元という用語は用いたが，その意味は「働きを消して，もとにもどす働きをもつもの」とした。

このことと等式の性質がよく理解されていれば，たとえば，分数の除法の計算の仕方は次のように考えることができる。

まず，除法は乗法の逆を考えることによって求めることができることは知っている。たとえば，$\frac{4}{5} \div \frac{2}{3}$ の答えは，$X \times \frac{2}{3} = \frac{4}{5}$ のXにあてはまる数を求めればよい。この式のXにあてはまる数が $\frac{4}{5} \div \frac{2}{3}$ である。

一方，このXを求めるには，$\times \frac{2}{3}$ の働きを消すものを操作すればよいと考えられる。その働きをするものが，$\frac{2}{3}$ の逆数 $\frac{3}{2}$ である。

そこで，両辺にその操作をすると，
$$X \times \frac{2}{3} \times \frac{3}{2} = \frac{4}{5} \times \frac{3}{2}$$
となる。このことから，
$$X = \frac{4}{5} \times \frac{3}{2}$$
となる。求めようとしているXは同じものなので，
$$\frac{4}{5} \div \frac{2}{3} = \frac{4}{5} \times \frac{3}{2}$$
であることがわかる。

正負の数についても同じように考えることができる。

加法に関して，たとえば，(-2) の逆元が $(+2)$ であることが理解されたものとする。すると，$(+3)-(-2)$ は，$X+(-2)=(+3)$ のXにあてはまる数と考えられるので，この式について，(-2) の働きを消すもの（逆元）を操作させて，
$$X+(-2)+(+2)=(+3)+(+2)$$
として，$X=(+3)+(+2)$ を得る。したがって，
$$(+3)-(-2)=(+3)+(+2)$$
である。

正負の数の除法は，除法 $a \div b$ の定義が，先に分数の除法で示したように $b \times x = a$ のxを求めることであるからこれを一般化して，負の数について逆数を考えればすむ。

このような考えを用いることができるためには，幾つかの前提がある。

まず，除法や減法が，それぞれ乗法や加法の逆の計算であることがよく理解されていなければならない。そのことは既に指導されているはずのことがらであるが，上に述べたような指導をしようとすれば，十分な指導が必要である。

次に，等式の性質についての理解が十分でなければならない。これは，現在，中学校1年で教えられているが，昭和43年の学習指導要領のもとでは，加法に関してだけであるが，小学校4年で教えられていた。方程式を解く時のように形式的な処理につなげるのでなければ，小学生にも理解できない内容ではない。したがって，単位元や逆元の理解ができ，使えるものとすることができるならば，積極的に等式の性質についての指導を考え，所期の目的を達することが考えられる。

したがって，単位元の理解と逆元の理解が可能かどうかということが問題として残る。この研究が目ざしたことの一つは，その理解の可能性があるかどうかを調べることにある。

4.1.3 分数の除法などの指導の問題点と群の考え

ところで，分数の除法や正負の数の加減について，なぜ上に述べたような指導を考えなければならないのかという疑問が投げかけられるかもしれない。その疑問に答えるために，現在行われている分数の除法の指導の問題点を指摘しておく。

現在，分数の除法の指導は，たとえば，次のような具体的，日常的な場面を提示している。

「明さんはお父さんとへいにペンキをぬっています。
(1) 明さんは$\frac{3}{4}$m²ぬるのに4分かかりました。1分間には何m²ぬれるでしょうか。
(2) お父さんは$\frac{3}{4}$m²ぬるのに$\frac{4}{5}$分かかりました。1分間には何m²ぬれるでしょうか。」

ここで (1)の方から，$\frac{3}{4} \div 4 = \frac{3}{16}$ という式を導き

（ぬった面積）÷（かかった時間）＝（1分間にぬれる面積）

という公式を作り，それに基づいて，

「かかった時間が$\frac{4}{5}$分のように分数で表されていても，1分間にぬれる面積を求めるには，次のようにわり算の式をたてます。

(2) ……　$\dfrac{3}{4} \div \dfrac{4}{5}$」

　これで立式はできるのだが，問題はその計算の仕方を考える時にある。図での説明は，教師によって説明されればわかるが，子どもが自分で考え出すのは難しい。それでは，忘れた時に思い出すことはできない。除法の計算の仕方も導き出せるような具体例を作ることは容易ではない。

　計算は一つの技能である。回数を繰り返すことによって覚え，練習によって習熟する。とは言え，意味もわからずにその手続きを覚え，練習して身につければよいというものでもない。現在の指導でも決してそのようなことを期待してはいないはずである。意味も理解してほしいからこそ，教科書でも，具体的な場面を提示して帰納させているのであろう。さらにできることなら，その手続きを子ども自身が見つけてほしい，考え出してほしい。忘れたときにも，自ら考え出せるようであってほしいと考える。

　教科書は，ある程度その期待に応えようとしている。分数の除法でいえば，たとえば，

「$\dfrac{4}{5}$分間にぬった面積は$\dfrac{3}{4}$m^{2}で，$\dfrac{1}{5}$分間にぬれる面積はその四分の一です。

$\dfrac{1}{5}$分間にぬれる面積を5倍すれば，1分間にぬれる面積となります。

　　* $\dfrac{3}{4} \div 4$の計算をして，$\dfrac{1}{5}$分間にぬれる面積を求めましょう。
　　* 1分間にぬれる面積をもとめましょう。
$$\{\dfrac{3}{4} \div 4\} \times 5 = \{\dfrac{3}{4 \times 4}\} \times 5 = \dfrac{3 \times 5}{4 \times 4} = \dfrac{15}{16}$$」

と考えさせて，結局，除数の逆数をかければよいことを帰納させている。

　これで，一応，そうすればよいことがわかる。途中での考え方をもとに結果を整理し，形式化すればそうなる。しかし，それは結果を整理してのことであって，もし忘れたとき，あるいは，その意味を説明しようとする時には，同じような具体的場面を思い出し，あるいは，作らなければならない。それは子どもには難しいことである。（大学生でも，そのような具体例はなかなか考え出せない。）

　それでは，その指導はわかったような気にさせているだけであって，本当のことはわからせていないことになる。初めは，教科書のように説明するのもよい。しかし，そのあとでも，逆元の考えを用いて，その意味を理解させておくことが必要であると考える。次に思い出す時には，この逆元による説明を思い出せばよいからである。

　数学教育の現代化を反映したといわれている昭和43年の学習指導要領では，中

第4章 公理的方法と数学的構造

学校にこの「逆元」が指導すべき用語として入っていた。しかし，多くの場合，その意味が説明されるだけで，積極的にそれを活用して既習のことを見直したり，新しい知識を獲得したりするために使われることは少なかった。また，すでに分数の計算や正負の数の学習も終わっているので，それを活用する場もなかった。代数的構造を考える際の一つの概念ではあるが，その価値は吟味されていない。したがって，「逆元」のための逆元の指導になってしまったきらいがある。新しい概念を入れるなら，それを十分活かせるように考えるべきである。それらの概念が早く導入できるものならば，早く導入して，それらを活かしていきたい。このような考えに基づいて，次のような実験的な調査を行った。

4.2 代数的構造の考えの指導の試み

4.2.1 調査のねらい

中島と筆者は，上に述べた考えに基づき，さらに，子どもの認識の仕方の違いを調べることをもねらって，次のような三つのねらいを立てた。

「Ⅰ 群のような抽象的な代数的構造の考えを，こどもが，どの程度に理解するか。学年の発達段階からみた特徴や困難点の所在などを調べること。
　Ⅱ 群の考えを形成させるにあたって，具体的な事例から出発して帰納的に構成していく方法と，記号を初めから用いて，論理的に構成していく方法とでは，学習成果の上でどんなちがいがみられるかを調べること。
　Ⅲ 群のような一般的包括的なアイディアの習得が，分数，正負の数についての計算，一次方程式などの学習の際に，有効に働くことが期待できるかどうかを調べること」[1]

群のような抽象的な概念の学習の可能性を保証するものとして，ブルーナー（J.S. Bruner, 1960）が述べた有名な仮説「どの教科でも，知的性格をそのままにたもって，発達のどの段階のどの子どもにも効果的に教えることができる」[2]

---

(1) 中島健三，杉山吉茂：代数的構造の考えの指導とその活用についての実験研究（日本数学教育学会誌論究 1974）p. 1
(2) Bruner, J.S.: The Process of Education (1960) p. 33
　　ブルーナー，鈴木祥蔵，佐藤三郎訳：教育の過程 (1963) p. 42

4節　数の指導における代数的構造の役割とその指導の試み

がある。ブルーナーがその仮説を述べた背景には，インヘルダー（Inhelder, Barbel）が，ウッヅ・ホール会議（Woods Hole Conference 1959）のために準備した次のような覚書がある。

　「これらの学問分野の基礎的概念は，それらの概念が数学的表現をとらないで，子どもが自分自身であつかえる材料を通じて勉強されるという条件があれば，七歳から十歳までの子どもも完全に理解できるものである」[1]

　ブルーナー（J. S. Bruner）は，どんな概念についても，行動的（enactive），図的（iconic），記号的（symbolic）の三つの表象の様式があり得，子どもの知的発達を見ると，その発達の段階において特徴的なものがあり，それに合わせるように翻案することが必要となることを指摘している[2]。

　そこで，小学校段階の子どもに対しては，行動的（enactive），あるいは，図的（iconic）な表象を中心にするのがよいと考えられるので，具体的な事象とこれについての操作を重視し，できるだけ子どもが主体的発見的に群の考えを育成できるような指導を一つ考えた。

　一方，群の概念は抽象的な代数的操作を対象とするものなので，上のような立場で，群という考え方を子どもに意識づけようとすることの方がかえって困難で，指導時間が多く必要になるばかりでなく，その本質的な面に関しての抽象化が十分に行われないのではないかという心配もある。そこで，記号的（symbolic）な表象の段階に速やかに進む方法として，数の性質と対比させながら，かなり論理的説明的に群の考えを形成していくやり方をもう一つ考えた。群の概念のような場合には，この方法がかなり能率のよい面を持つのではないかということが推察される。ねらいのⅡは，この両者を対比させてみることによって，群のような高次の抽象概念についての指導の方法に関する問題点を明らかにしようとしているものである。

　ねらいのⅢは，既に述べたように，本研究に直接関係あるものである。

　「数学教育の現代化において，抽象度の高い代数的構造などの基本的な考えを重視するということは，単に，そのことがら自体が重要だということだけでなく，これによって，学校教育の段階で取扱う数学的な諸内容の精選，ないしは，学習の能率化をはかることが期待できるという考えが，背景にあるはずで

---

(1) Bruner, J. S: The Process of Education (1960) p. 43
　　ブルーナー，鈴木祥蔵，佐藤三郎訳：教育の過程 (1963) p. 55
(2) Bruner. J. S.: Toward a Theory of Instruction (Harvard Univ. Press 1966) pp. 39〜72
　　ブルーナー，田浦武雄，水越敏行共訳：教授理論の建設（黎明書房　1966）pp. 61〜107

ある。群の概念の指導にあたっても，当然，このような立場からのメリットを考えてみることが必要であろう。

　さて，これを考える際の学習理論的な根拠の一つとして，いわば，一般的抽象的なアイディアを形成しておくことが，個々の特殊的な内容の学習を有効にするという着想をあげることができる。学習指導の基本を，この立場においている心理学者としては，たとえば，D. P. Ausubel があげられる。彼は，Advanced Organizer として，一つの学習内容に先立って，その学習内容よりは一段高い抽象性，一般性，包括性をもったアイディアを含んだ教材を説明的に提示し，そこで学習する内容に関連する本質的なことがらを，自己の認識構造の中から抽出したり，学習した内容を認識構造の中に適切に位置づけたりする機能をもたせることを強調している。

　また，Z. P. Dienes は，抽象的な数学の諸概念を，教具や遊びの活用によって，早期にこどもに形成させる多数の研究をしているが，その一つの結果として，特殊的な事項よりは，一般的な事項の習得の方が，容易で，能率のよい場合があることを主張している。この考えも，上記のことに関連づけて考えてみることができるであろう。

　さらに，ソ連における「小学校の代数的演算の学習の可能性」についての研究も，一般的な概念の習得を先行させようという立場に基づいたもので，われわれの研究の直接のきっかけの一つとなっている。

　とにかく，内容の精選，指導の能率化ということは，教育課程の当面する重要な問題でもある。そこで，群のような考えを一般的なアイディアとしてとりあげ，なんらかの方法でそれを育成することが可能であるならば，上に述べた立場から，それに関連する内容の指導を効果的にするかぎとすることができるのではないかと考え，これを調べてみようとしたことが，研究のねらいIIIに含まれている主要な意図である」[1]

4.2.2　指導の概略

　このような立場から群の考えを形成するにあたり，その指導の題材として4元群をとりあげた。その中には，次のような代数的見方・考え方が含まれている。

「①　二つの要素（具体的な事象に関することがら，または，記号など）の結合が，一つの要素におきかえられることを「演算」とみなすことができること。
②　上の演算が，四つの要素のいずれについてもいえるかどうかということ

---

(1)　中島健三，杉山吉茂：代数的構造の考えの指導とその活用についての実験研究（日本数学教育学会誌論究 1974) pp. 2～3

4節　数の指導における代数的構造の役割とその指導の試み

に目をつけること。（上の演算の答えとなる要素が必ずあるか、新しい要素が必要とならないかなど。）

③　交換法則などの計算のきまりに目をつけること。（ただし、結合法則については、複雑になるのを避ける意味で、暗黙のうちに認めさせることにし、意図的にとりあげなかった。）

④　単位元というものを考えることの意味がわかり、いろいろな演算について、単位元を認めることができること。（ただし、この指導では、「単位元」という用語は使わなかった。）

⑤　逆元のはたらきがわかり、いろいろな演算について、逆元を認めることができること。

⑥　異ったことがらについての演算に関して、その構造のもつパターンの異同が認められること。

⑦　群の考えの理解を調べることに関連して、逆元の考えを方程式を解くことなどに用いることができること」[1]

これらが指導したい内容となる。
実際の指導に当たっては、次のような理由でプログラム学習方式を用いた。

①　群は新しい教材なので、教師の数学的教養や指導力などに大きく左右されることが考えられ、この教師の指導力による差を除きたいと考えたこと。
②　新しい内容であるだけに、かなりの時間を必要とし、各学校の指導計画に支障をきたすことになりかねないと考えられた。そこで、所要時間の短縮をはかり、能率的に指導するという立場から、プログラム方式が有利であろうと考えたこと。
③　群のような新しい内容については、適切な指導計画の開発とその検討を続けていかれることが望ましい。このために、計画性と記録性に富む方法が望ましいと考えたこと。

そして、二つの指導法の効果を見るために、二つのプログラムA、Bを作った。プログラムAは、ブルーナーのいう enactive な表象に頼るものであり、プログラムBは、symbolic な表象の段階にできるだけ速やかに進む方法として、初めから記号を活用して、かなり論理的説明的に群の考えを構成していくことを考えた内容である。この二つの指導を試みることにより、群の考えを形成させる

---

[1]　中島健三，杉山吉茂：代数的構造の考えの指導とその活用についての実験研究（日本数学教育学会誌論究　1974）p. 3

にあたって，具体的な事例から出発して帰納的に構成していく方法と，記号を初めから用いて，論理的に構成していく方法とでは，学習効果の上でどんな違いがみられるかが調べられると考えた。

プログラムAの概略

（1）（色を変える機械Aの説明）自動販売機にお金を入れてボタンを押すと切符が出たり，ジュースが出たりするが，これに似た機械を考える。入れるものは「赤い丸」「白い丸」「赤い三角」「白い三角」の4つとする。機械Aは，先にあげた4枚のカードのいずれかを入れると，色だけ変わったものがでてくる。つまり，機械Aは，赤を白に，白を赤に変える。

（2）（形を変える機械Bの説明）機械Bは，形だけ変える機械である。つまり，機械Bにカードを入れると，丸は三角に，三角は丸に変わる。

（3）（色と形を変える機械Cの説明）機械Cは，色と形の両方を変える機械である。

（4）2つの機械をつなぐことを考える。

（5）機械AとBをつなげると，機械Cと同じ働きになることの説明。

（6）これをA・B＝Cと表すことの説明と，A・C＝B，B・C＝Aなどの確かめ。

（7）A・A，B・Bの働きを調べること。

（8）「働き」のない場合についての考え方。

（9）「働き」のない機械を考えることの必要性の説明。
　　「A・Aや，B・Bには，答えがないとするよりは，A，B，C，などについての計算では，いつも答えがあるということにしたいですね」

（10）「働き」のない機械と同じようなものとして，加法の0，乗法の1があることに目を向けさせ，そのような機械Pを単位元と見て，
　　A・A＝Pと書くこと。

（11）計算表の作り方の説明。

（12）交換法則に着目して，表に記入すること。

（13）計算法則を九々の表とくらべることと幾つかの計算。

（14）（逆元の説明）A・A・B＝Bの計算では，A・A＝Pであることを使うと（A・A）・B＝P・B＝Bとできる。B・C・Cの計算でもB・(C・C)＝B・P＝Bと簡単にできる。
　　「このように，まず，Pになる組があったら，それをさきに見つけてやると，はやく計算できますね。……C・C＝Pという関係を使うということは，BにCというはたらきを加えて，B・Cとしたのに対して，さらに，Cというはた

らきを加えて，はじめに加えたCのはたらきを消してもとにもどしているとみられます。……

このようにもとにもどすはたらきをもったものを「逆元」といいます。ここでは，Cの逆元はもとのCと同じCです。」

(15) A・B・C・B・P＝Bは，幾つかの機械を組み合わせても1つの機械に取り替え得るということを意味していること。

(16) □・B＝Aにおける□の，表による求め方。

(17) Bの逆元を用いての，□・B＝Aの□の求め方の説明。

「□・BのBのはたらきを消してもとにもどすには，Bの逆元のBを加えてやればよいでしょう。B・B＝Pですから，□・B・Bが□だけと同じになることは，さきにやった計算ですぐわかりますね。

等号の左がわは，これでよいのですが，□・B＝Aという式が出発点ですから，左がわだけにBのはたらきを加えたのでは，等号の左と右とが同じはたらきといえなくなります。それで，左がわに加えたのと同じはたらきを，右がわにも加えてやらなければなりません。

$$\begin{array}{c}\square\cdot B=A\\ \Downarrow\\ \square\cdot B\cdot B=A\cdot B\end{array}$$

これから，□＝A・Bで，A・B＝Cですから，□＝Cとなります。」

(18) 上記の計算について，その性質のまとめ。
　① 閉じていること
　② 交換法則などが成り立つこと
　③ 単位元にあたるPの存在
　④ 逆元の存在

(19) 別の事例──「きっぷ」A・B・Cの説明
　右の図のように，あ，い，う，えの4つの駅が一つの円の上に並んでいて，電車が→の方向にだけ走る場合を考え，電車の「きっぷ」として，次のものを使用することにする。
　　Aのきっぷ　駅を1つだけ進むことができる。
　　Bのきっぷ　駅を2つだけ進むことができる。
　　Cのきっぷ　駅を3つだけ進むことができる。

(20) 「きっぷ」の場合におけるA・B＝Cの意味の説明。

(21) 「きっぷ」の場合における単位元Pを知ることと，計算表を作ること。

(22) 「きっぷ」の計算表を，(18)の観点と照合すること。

(23) 「きっぷ」の場合における

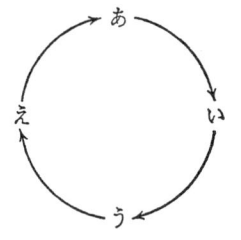

第4章　公理的方法と数学的構造

　　　　A・B・C＝□,　□・A＝C
などの計算。

プログラムBの概略

（1）　整数のかけ算九々の場合における答えの性質のふりかえり。(閉じているかどうか)

（2）　かけ算の計算をA・B＝Cの形に抽象すること。

　「……そこで，きょうは，1から9までの数だけで答えが出せるような計算がつくれないか，また，そのような計算には，どんな特徴があるか，ということについて調べることにします。

　手はじめに，まず，A，B，C，Dを4つの数と考えてみることにします。この計算を表すのに，たとえば，AにBをかけて答えがCになるということをA・B＝Cのようにかくことにしましょう。

　さて，この数についての計算は，どうきめたらよいでしょうか。……

　これをきめるために，次のように，A，B，C，Dのカードのはいった袋を用意しました。そして，これから，どんなカードが出るかで答えをきめることにしてみます。

　そこで，第1の袋から出るカードがかけられる数，第2の袋から出るカードがかける数を表すことにします。そして，第3の袋から何がでるかによって，その答えをきめることにしてみました。」

　第1の袋からAが，第2の袋からBが，第3の袋からCがでてきたので，これをA・B＝Cとかくことに決め，かつ，表に書き込むことを説明。

（3）　交換法則を用いて，計算表をうめること。

（4）　A・D＝Aから，Dの単位元と考えること。

（5）　まだ表のうまらない欄を，交換法則と閉包性を前提にしてうめること。

（6）　単位元Dを，特別な働きをもつものとして，Pとおきかえること。（以上で作られた計算表は，プログラムAの「きかい」の場合と同じになっている）

（7）　計算表と九々の表との比較，および，これを用いた計算。

（8）　プログラムAの(14)と同じ。

（9）　プログラムAの(15)と同じ。

（10）　プログラムAの(16)と同じ。

（11）　プログラムAの(17)と同じ。

（12）　プログラムAの(18)と同じ。

（13）　単位元Pと交換法則を用いて，別の計算表を作ること。

（14）　残りの計算をカードをひいてきめること。

(15) 交換法則と閉包性を前提にして，表を完成すること。（この場合の計算表は，プログラムAの「きっぷ」の場合と同じになっている）
(16) この計算表に関して，プログラムAの(18) ①〜④の性質をまとめること。
(17) 逆元を中心にして，二つの計算表をくらべること。
(18) プログラムAの(23)に同じ。

4.2.3 評価問題

プログラムA，プログラムBの学習の効果を調べるために，次のような観点で以下に示す評価問題を作成した。（評価問題は観点別に並べ変えて示す）

① 具体的な事象に関する操作などの組み合わせを，演算と見ることができるか。（このとき，状態と操作とを，明確に区分することも必要になる）

問題1 手を返す遊びで，右手だけを返すことをM，左手だけを返すことをH，両手を返すことをR，そのままにしておくことをSとして，その組み合わせを演算とみることについての問題。（これは，クラインの4元群で，プログラムA，Bで初めに与えたタイプと同じもの）

問題2 ボタンを押すと，電気の強さによって，針が時計のように回る機械で，①のボタンは目盛り1つ分，②のボタンは目盛り2つ分，③のボタンは目盛り3つ分，④のボタンは目盛り4つ分回る。ボタンを続けて押すことを演算と見ることについての問題。（これは，4を法とする剰余類について，演算として加法を考えた場合。プログラムA，Bでの後の例と同じタイプになる）

問題3

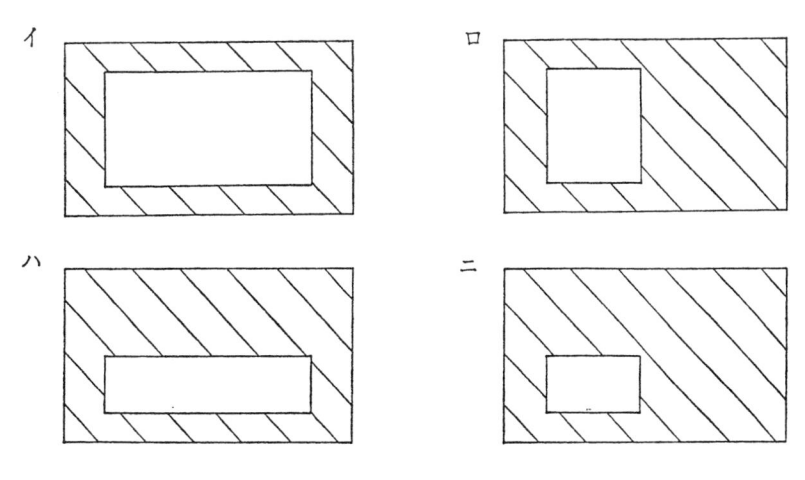

第4章 公理的方法と数学的構造

問題3 前の図のように窓のある紙イ，ロ，ハ，ニを重ねることを演算と見ることについての問題。（この例は，逆元がないものである）

問題4 旗を上げると場所を入れ代わるゲーム
赤い旗は上下（ア⟷エ，イ⟷ウ）の入れ代わり（これをA），青い旗は左右（ア⟷イ，ウ⟷エ）の入れ代わり（これをB），黄の旗は斜め（ア⟷ウ，イ⟷エ）の入れ代わり（これをC），白い旗はそのまま変わらない（これをD）として，その組み合わせを演算と見ることについての問題。（これは，問題1と同じパターンになる）

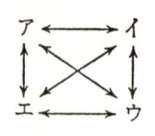

② 具体的なことがら，または，演算表について単位元を認めることができるか。

問題5 問1 これまでの問題1，2，3，4には，数のたし算のときの0や，かけ算のときの1のように，計算しても結果を変えないような要素（はたらきをしない要素）がありますか。あれば，その要素の記号を下の解答らんに入れなさい。ないときには，×を入れなさい。

  問題1の手のひらを返す号令では ☐
  問題2の針を動かす機械では ☐
  問題3の紙の重ね合わせでは ☐
  問題4の場所変わりのゲームでは ☐

問題6（文字A，B，C，Dについての演算表を与えて）
問1 この計算表を見ると，数についてのたし算のときの0，かけ算のときの1のように，計算しても，結果の変わらない要素（はたらきをしない要素）のあることがわかります。その記号を下の解答らんに入れなさい。

③ 具体的なことがら，または，演算表について，逆元を認めることができるか。

問題5 問2 問題1，問題2，問題3，問題4についての計算で，次にあげた要素の逆元がありますか。あるときには，その記号を，ないときには×を，下の解答らんに入れなさい。（Aの逆元というのは，Aにはたらきを加えると，Aのはたらきがなかったと同じになるような要素のことです）

  （ア）問題1でRの逆元はなんですか。 ☐
  （イ）問題2で③の逆元はなんですか。 ☐
  （ウ）問題3でハの逆元はなんですか。 ☐
  （エ）問題4でAの逆元はなんですか。 ☐

4節 数の指導における代数的構造の役割とその指導の試み

問題6 問2 与えた計算表について逆元をきく問題。

④ 具体的な事象や，その演算表の構造に関してパターンの異同を認めることができるか。

問題5 問3 問題1，問題2，問題3，問題4で作った計算表を見ると，それぞれの場合の計算に，いろいろな特徴のあることがわかります。これについて，次の問いに答えなさい。
　　（ア） 問題1の計算と同じ特徴をもっているとみられる問題の番号（1～4）を下の解答らんに入れなさい。
　　（イ） 1つだけ，他の問題と計算の特徴がちがっているものがあります。その問題の番号を，下の解答らんに入れなさい。

問題6（与えた計算表について）問4 上の計算表とくらべてみて，この計算表の特徴と同じとみられるものが，これまでの問題1，問題2，問題3，問題4の中にあるでしょうか。あれば，その問題の番号を，なければ×を下の解答らんに入れなさい。

⑤ 逆元の考えを，方程式を解くことなどに用いることができるか。

問題6 問3 次の□を求めるときの考え方を表す式を書きなさい。
また，その答えも求め，下の解答らんに入れなさい。
　　□・B＝C

問題7 問1 次の□を，かけ算だけを使って求めることができますか。そのときの考え方は，どんな式になるかをかきなさい。式がかけないときには，ことばで，その考え方をかきなさい。
　　□$\times \frac{2}{3} = \frac{4}{5}$

問2 次の□を求めるのに，たし算だけで答えをもとめようとすると，どんな考え方をすればよいと思いますか。
　　□＋5＝2

次の考え方のうち，よいと思う番号を1つだけ選び，下の解答らんに入れなさい。

1. 5の逆元を，＝の左がわに加える。
2. 2が5より大きくなるようにくふうする。
3. □に入る数が考えられないのだから，できない。
4. 2の逆元を，＝の右がわに加える。
5. 2の逆元を，＝の左がわと右がわの両方に加える。

211

6. 5の逆元を，左がわと右がわの両方に加える。
7. たし算だけでできるわけがない。ひき算ならできる。
8. なんともいえない（わからない）。

4.2.4 調査の実施とその結果

まず，プログラム実施上の問題点を調べるために，2，3の学校で予備調査を行った後，本調査を小学校5年生（445人），6年生（483人），中学校1年生（379人），合計1,307人を対象に行った。

その結果，次のようなことが明らかになった。

（1）具体的な事例について演算を考えることについては，学年の発達による向上は認められるが，プログラムA，Bによる差異は認められない。特に演算表を完成する問題では，学年進行による正答率の向上がかなりはっきりしており，記号について演算を考えたり，演算表を作るというような能力も，学年の発達に即応して向上している。

（2）単位元を認める問題については，5年生では，プログラムAの方が正答率が高いが，6年，中1年ではプログラムによる差異は認められない。このことより，5年生の段階では，具体的なことがらに結びつけての単位元の説明の方が，理解されやすいことがわかる。

問題6は，与えられた記号についての演算表で単位元を認める問題で，かなり抽象的なことである。それにもかかわらず，5年生でも70～80％の正答率であり，中学校では95％以上の正答率で，予想外の好成績であった。単位元のAが，アルファベットの最初の文字であり，数の1を連想させたとも考えられる。

特に出来の悪かった問題は問題3について単位元をきく問題（問題5 問1の3）で，この傾向は全学年にわたっている。これは，こどもにとって，0や1のような数といえば，小さな数というイメージが強く，「0や1のように，計算しても結果を変えない要素」ときかれても，その後半の観点が抽象して受け取られないで，大きさが小さいというイメージで判断してしまうためではないかと考えられる。単位元については，かなり理解されているようでも，0や1のような表現があると，それにひきずられる不安定さがある。これは，単位元ということばを用いないで，このような抽象的な概念を指導することが，困難であることをも示していると思われる。

（3）逆元を認める問題は，単位元を認める問題にくらべてかなり正答率が低

い。これは，逆元の意味が単位元にくらべて理解し難いことを示している。特に抽象的な式や表の上で，逆元を認める問題は正答率が低い。

ただし，具体的なものについて逆元をきく問題（問題5 問2）は，さほど正答率は悪くない。このことから考えると，プログラムで示した「加えられた操作を，もとにもどす働きをもつ」という逆元の意味は，具体的なものについてはわかりやすいが，記号で示された演算については，それがとらえにくいのではないかと考えられる。これは，プログラムBでの方が学年による差が大きいことからも示唆される。プログラムAの方が学年の差が小さいことからも，下の学年では，具体に即して逆元を説明したほうがわかり易いことがわかる。

(4) パターンの異同の弁別は，かなり難しいのではないかと予想したが，他の問題に比べてそれ程低いものではなかった。これは，構造の認識を保証する前提ともなるもので，これが高いことは，その学習の可能性を示唆しているものと考える。

(5) 逆元の考えを用いて方程式を解くことができるかどうかということは，本研究の一つの重要な着眼点であったが，正答率は，5年生で約20％，6年生で約30％，中1年生で約50％とよくなかった。したがって，この問題に関する限り否定的な考えをとらざるを得ない。

(6) プログラムAとBとについては，5年生において正答率の差が見られたものの，6年生および中学1年生についてはそれほどの差が見られなかったということは既に述べた。しかし，正答率の上には現われなかった違いが見られた。

それは，本調査の実施前に，5年生の上位6人ずつ2組を選び，仮実験を行った際，プログラムAまたはBにより学習した児童に，それぞれ「このようなことがあてはまる具体例を探してみなさい」という課題を与え，1週間後に調べたところ，プログラムB（抽象的記号的なもの）を学習した子どもは，具体例をまったく考えることができなかったが，プログラムA（具体例によるもの）を学習した子どもは，各自で一つ以上，突飛な例もあるが，次のような例を考えてくることができたということである。

ア．電気の強さによって，針がくるくるまわる機械
イ．コップに水を $\frac{1}{4}$, $\frac{2}{4}$, $\frac{3}{4}$ 入れる機械（いっぱいになると同時にひっくり返り，空になる）
ウ．歯車の組み合わせ（歯数が 10，20，30，40）
エ．場所変わり（東⟷西，南⟷北，東南⟷西北，西南⟷東北）
オ．コーヒーに，砂糖やミルクを入れたり出したりする機械

カ．人形の服を着せかえる機械
キ．木を切る機械（厚さ，長さ，幅を変えて切る）

これらのことから，具体例を用いた指導を行うと，それに類似した場面が考えやすいのに対して，記号的に学習させた場合には，そのようなことが難しいことがわかる。

これらのことは，転移の問題に関連して言うならば，先にフォセットもふれていたように，転移してほしい能力は，転移してほしい分野に結びつけて伸ばそうとすることが必要であることを示している。と同時に，子どもは，適切な指導があれば，それに関連した領域において，これを一般化することができることがわかる。

しかし，一般化の程度に問題がないわけではない。たとえば，子どもの考えてきた具体例はすべて4元であった。これは，学習した場面が4元であることにこだわっているためであろう。（木を切る機械などでは少なくとも8元を考える必要がある。）また，正三角形を自分自身に重ね合わせる重ね方の組み合わせを問題に出したところ，交換法則を暗黙のうちに仮定して，演算表を作ろうとするものが多く見られた。これから，交換法則を暗黙のうちに仮定してものごとを考えようとする傾向があることもうかがわれる。

これらのことは，転移や一般化を考える上で気をつけなければならない示唆を与えてくれる。一般化はできるが，それは，学習した内容の近くにおいてであること，したがって，転移を期待するならば，できるだけ転移してほしい領域に関係づけることが必要なことなどがそれである。

しかし，本実験調査で行ったような指導が可能であるということは，実験調査を行ったあとの子どもの活動から示唆される。たとえば，木を切る機械についての考え方が不十分であったので，ディーンズの属性積み木を与え，厚さ，色，形を変える機械（8元を考える必要がある）について，最初のヒントだけを与えたところ，約1時間の話合いで，自分達だけで8元の群表を完成することができた。また，正三角形の自分自身への重ね合わせ（これは6元で交換法則が成り立たない難しい例である）も自力で計算表を完成することができた。

4.2.5 まとめ

本調査には，いろいろな制約があった。

まず，先にも述べたように，教師の指導の差を除くためにプログラム方式を用いたが，その方式は小学校5，6年生では，読解力の点で，特に中以下の子どもにとって抵抗が大きかったと考えられる。それが学習の時間の差，理解の差とな

4節　数の指導における代数的構造の役割とその指導の試み

っているにちがいない。普通の授業であればあったであろう教師の助けもまったくなかったので，少し助けがあれば理解できた子も救えなかったと思われる。

　また，これだけ多くの内容がありながら，そこにかけた時間がせいぜい40分であったことにも注意したい。普通に授業で指導すれば，3～4時間を要する内容である。もし，それだけの時間をかけて教師が直接指導をし，確認，定着の配慮をすればその理解はもっとよかったはずである。特に，(5)の結果については，逆元の理解の不十分さだけでなく，等式の性質についての理解が十分でないことも影響している。これは，当時のカリキュラムにおいては当然考えられることであった。

　このように大きな制約があったにもかかわらず，かなりの成績をあげ得たことは，本調査のねらいとしていたことが達成できる可能性のあることが示されたと考える。

　この研究調査全体を通して，学校の差，学級の差，したがって，日頃の教師の指導の差の方がプログラムA，Bの差よりも大きいということが見られた。時には，同じ学校内で，5年生の方が6年生より成績がよかったり（5％水準で，有意差のある問題がかなりある），中学校よりも6年生の方がよいということも認められた。

　特に，ある小学校6年生では，正答率が90％以上の問題がおよそ半分あり，正答率80％以上の問題が全問題の80％にもなる好成績を示した学級もあった。その後の面接の結果，これは，日常の学習指導が優れていることに起因していることがわかった。

　このような結果を得る学級のあることも，上に述べた制約をなくして，日常の学習指導に留意しさえすれば，小学校6年生でも，本研究のねらいとしていることが十分理解され得る可能性があることを示していると考える。

第5章
公理的方法に基づく算数・数学の学習指導

──創造的・発展的な学習指導をめざして──

　これまで，第3章では「根拠（公理，原理）を探る」という考えを活かした論証の指導のあり方について考察し，また，第4章では「仮設（公理）をおいて考える」という考えを活かした指導を考える立場から，現代化運動で強調された数学的構造の学習指導における役割について考察してきた。この章では，もっと一般的に公理的方法の考えを活かした学習指導について具体的に考察する。

　筆者が公理的方法を考えるときの基本的な立場は，既にこれまでの章の中にも示してきたように，単に論証ができればよいとか，ある種の数学的構造が理解されればよいとかということにあるわけではない。根拠を求め，基づいている原理・法則を明らかにし，確かな知識を得ることをめざすとともに，それらをもとに発展的，創造的に学習を進めることを大切にしたいと考えている。

　本章の第1節では，算数・数学で教えられているいくつかの題材のうち，一般に扱いの難しいとされているいくつかの題材について，公理的方法の考えによる指導を考える。これによって，それらがどのように改善されるかを明らかにしたい。

　公理的方法の考えによる学習指導は，基本的には，原理をもとに発展的に学習を進ませたいということにある。そのような学習指導を着実に進めるためには，ただ，その考えを授業の中に持ち込めばすむというものではない。それまでにどのような学習をしているかが問題になる。そのためには，指導内容の中にどのような原理があり，それによってどのような発展が可能かの吟味をしておくことが欠かせない。第2節では，そのような立場から，学習内容についての考察をする。

第5章 公理的方法に基づく算数・数学の学習指導

1節　公理的方法の考えに基づく学習指導

　本節では，公理的方法の考えを活かした学習指導を考える。
　公理的方法の二つの考えは，これまでも述べてきたように，一応分けて考えてはいるが，峻別されるものでも，また，相対するものでもない。確かな知識を求め，知識全体の整合性を求める立場と，新しい世界を切り拓いていこう，知識を創造していこうという立場と見ることもできるが，これらは一つのプロセスの中で行われることが多い。
　たとえば，第3章での論証指導の考察も，初めの節は数学的知識の説明の根拠を求め，事柄の原理を求め，体系を作る立場で証明の意味を考えたが，後の節では，証明によって明らかになった本質となる原理をもとに新しい知識を求めていくことができることを示した。
　このように，実際の指導を考えると，この二つの考えはともに出てくることが多い。公理的方法が，公理を求め，公理を設定し，公理から演繹するというプロセス全体から成り立っているように，この二つの考えは，一つのプロセスの前段と後段と考えることもできる。ここでも，一応，二つの考えによって項を分けて論じるが，ただ，どちらかといえば前者に重点があるもの，どちらかといえば後者の性格が強いものとして分けているにすぎない。重点のおき方によっては，他に分類することも考えられるという程度のものである。

1.1　既知の知識の中に根拠（原理）を求める

1.1.1　小数の乗法

1.1.1.1　問題の所在

　　乗法は，初め，同数累加によって解を求めることができる具体的な場を通して

導入される。したがって，乗数が整数の場合は，立式も計算の方法も乗法を同数累加と考えて解決できる。しかし，乗数が小数・分数になると，同数累加の意味のままでは乗法の意味づけはできない。乗数が小数・分数の場合も含めて乗法の意味の指導をどのようにするとよいかは，数学教育の中で問題とされているものの一つである。

実際に，教科書などを見ると，小数をかける場合の立式の指導は，公式を頼りに行われることが多い。

たとえば，1 m の値段がわかっているテープやリボンがあるとき，その 2 m，3 m，……の代金を求める場合から，代金を求めることばの式（公式）——（単価）×（長さ）＝（代金）——を作り，その式に長さが小数の場合を当てはめて，小数をかける式を立てるという展開がなされている。題材としては，テープやリボン，あるいは，ジュースや食用油などが用いられ，その代金や重さを求める問題場面として設定される。

これは，整数について乗法が用いられる場面でことばの式（公式）を作り，これを頼りに小数の乗法の立式をさせているものである。

この方法は，与えられた問題場面において，整数について成り立つことばの式は，数値が小数や分数になった場合もそのまま成り立つことを仮定している。同じ場面で数値が違うだけなので問題構造は同じであり，したがって，同じ式を用いてよいという論理で，上のような展開がなされているものであろう。

しかし，先にも述べたように，これは小数の乗法を用いたいという欲求を示しているだけであって，小数の乗法を用いてよいという保証をしているわけではない。小数の乗法そのものの意味は，はっきりさせられていないままである。

このような指導が現在多く行われている。この展開によって子どもは納得しているように見えるので，この方法が一般に認められているが，乗数が小数・分数になる場合も含めた乗法の意味づけの問題をいつまでもこの不十分な方法ですませておくわけにはいかない。この方法には，数学的な面だけでなく教育的にも問題があるからである。

今，上の考え方をひとまず認めることにしてみる。立式の根拠は「整数について成り立つことばの式は，小数についても成り立つ」ということである。すると，これから後，小数や分数の用いられている問題場面に直面したときには，小数・分数で与えられている数値を整数に置き換え，整数の場合に乗法が使えるかどうかを調べるということになろう。それでは，しかし，乗法の式が立てられるだろうという仮説は得られても，小数をかけてよいということは保証されない。

立式をするときに，小数や分数を整数に置き換えて立式の判断をする考え方では困ることも出てくる。たとえば，百分率や割合の問題を考える場合に，立式の

判断をする根拠がなくなる。割合の問題での立式は，整数値に置き換えても解決されない。「～の20％」の答えを出すことはできても，0.2をかけてよいという理由は言えまい。

そうすると，割合の問題は，以前よく行われていたように，比の三用法として別に指導されなければならなくなる。つまり，整数値をとり得る場合と割合の場合とをそれぞれ別々に指導しなければならない。現在は，それぞれを別々に指導するのではなく，いずれも小数の乗法が用いられる場合として指導されている。それが十分理解されるためには，小数をかけることの意味が，それとしてはっきり決められ，それに基づいて立式できるようでなければならない。

1.1.1.2 数直線のモデルによる解決の試み

これを解決するために，いろいろなことが考えられている。

その一つに，数直線上の操作に頼る考えがある。数のモデルとして用いられている数直線に乗数の意味を読みこみ，その操作上の手続きを一般化することによって，小数をかけることの意味にしようとするものである。

整数の乗法，たとえば，6の段の乗法は，数直線を用いると次のように図式化することができる。

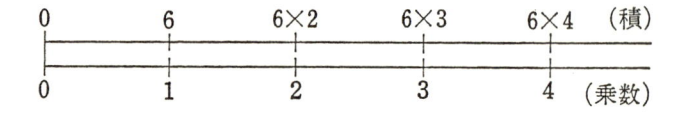

```
0      6     6×2    6×3    6×4  (積)
├──────┼──────┼──────┼──────┼──
├──────┼──────┼──────┼──────┼──
0      1      2      3      4  (乗数)
```

これを1本の数直線にすると次のようになる。

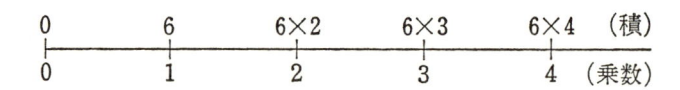

```
0      6     6×2    6×3    6×4  (積)
├──────┼──────┼──────┼──────┼──
0      1      2      3      4  (乗数)
```

これは，被乗数6を1としたとき，2倍，3倍は，その2つ分，3つ分にあたることを図で表現しているものである。見方を変えると，6を新しい単位にして目盛をつけたとき，目盛2，3，……に対応する値を求めているものと見ることができる。

整数の乗法はこのように図式化できるが，実際の指導の場では，ここで乗数と考えられているものは，長さや重さなどの量である。そこで，乗数に当たる量が整数だけでなく小数や分数の場合も考えられ，それらの数値に対応する大きさを求める必要のある場面が出てくる。その場合に式でどう表現するかが問題となる。

もし，乗数が小数の場合に乗法で表現しないとすると，乗数が整数のときは乗法で表し，乗数が小数のときには乗法でなく別の表現で表すことになり，不便で

ある。だから，小数の場合も乗法の式で表したい。しかし，だからといって，そのまま認めるわけにはいかないところに問題がある。そうしてよい理由，根拠をはっきりさせておかなければならない。

　整数の場合，この数直線には仮定がある。それは，乗数と積とが比例しているという仮定である。このことが，小数，分数の場合も成り立つかどうかが問題である。現実の問題の場では，たとえば，1 m300円の布地の$\frac{1}{100}$mの代金や$\frac{1}{1000}$mの代金などは無視するにちがいない。しかし，乗法を使う場合は，そのような小さい数の場合も必ず比例すると仮定する，あるいは，約束する必要がある。そのうえで，上に示した数直線を乗法のモデルとし，乗法というのは，「被乗数を単位にしたとき，その数値に当たる大きさを求めること」「被乗数を単位にしてつけた目盛りに対応する大きさを求めること」とする。

　これを根拠に，形式を保って，小数や分数の乗法の意味づけをするのであるが，そうするためには，それに先立ってしておかなければならないことがある。それは，この数直線の形式に頼ろうとするのであるから，まず，積の0や6についても形式を整えておかなければならない。乗数の2や3に対応する目盛を6×2，6×3としているので，形式を整えるとすれば，乗数1の上の6は6×1，0の上の0は6×0としなければならない。そこで次の数直線を得る。

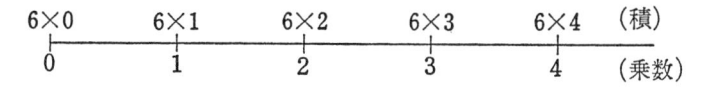

```
6×0    6×1    6×2    6×3    6×4    （積）
─┼──────┼──────┼──────┼──────┼──
 0     1      2      3      4     （乗数）
```

　こうした上で，小数も含めて乗数の数値に対応する値を求めることを乗法とすることにすれば，整数をかけることの意味と小数をかけることの意味とを同じものと考えることができ，ともに乗法で表すことができることになる。

```
 0   6×0.6 6         12   6×2.5 18          24
─┼────┼───┼──────────┼─────┼───┼───────────┼──
 0   0.6  1          2    2.5  3           4
```

　ここには，前提にしていることが二つある。

　一つは，既に述べたように，積も乗数も一様に増加（減少）している，言い換えれば，積に当たる量と乗数に当たる量とが比例関係にあるということである。この段階では，比例するということばを学習していないので，その表現を用いることはできないが，一方が2倍，3倍になれば，他方が2倍，3倍になるということが，どんな数の間にも成り立つことが前提になっていることを確かめなければならない。同じく数直線を使っても加法や減法と異なるところはそこにある。実際には，新しい大きさの単位で目盛をつけていることがそれを保証している。

　二つめは，上のことと関連するが，乗数を測定値として見る見方である。被乗

数の大きさを単位として測った測定値が乗数である。すると，乗法とは，単位の大きさとそれを単位にして測った測定値を知って，その大きさを知る手続きと見ることもできる。除法はその逆なので，単位の大きさを知って，測定値を求めること，および，測定値を知って単位を求めることの二つが考えられる。前者が包含除，後者が等分除と言われているものである。

小数をかけることの意味をこのようにして拡張するとすれば，当然のことながら，数直線による乗法の意味の解釈を前もって指導しておく必要がある。一度教えてそれですますのでなく，子どもが慣れ親しむまでにしておかなければなるまい。折りにふれ，具体的な問題の場を数直線で解釈したり，立式の根拠として使っておくことが欠かせない。

数直線を用いての乗法の意味の解釈は，乗法の意味を小数や分数の場合も整数の場合と同じ意味で捉えることができ，無理なく意味の拡張ができるというメリットがあるが，他にもメリットがある。

その一つは，特に小数の場合，計算の仕方についての示唆をも与えてくれることである。計算の結果を求めることについては，整数の場合には数直線はあまり役に立たなかった。しかし，小数を乗ずる場合は，整数に直して考えられないかという発想があれば，0.1，0.01などに単位を落として考えることにより，数直線から直ちに，整数の乗法をすればよいということが示唆される。

たとえば，6×1.5は，0.1を単位にすれば，1.5を15と見ることができ，乗数が整数の場合の乗法と見ることができる。0.1を単位にすると，そのとき6は0.6にあたるので，積は0.6×15で求められる。つまり，6×1.5＝0.6×15と，「整数×小数」を「小数×整数」に直して考えることができる。

同じようにして，「小数×小数」も，たとえば，2.5×3.4＝0.25×34と考えることもできる。分数のときも小数の場合と同じである。

数直線を用いるもう一つのメリットは，乗数が1より小さいとき，積が被乗数より小さくなるということの不思議さに対する答えを与えてくれることにある。被乗数の下が乗数の1であり，1より小さい乗数はその左にあるのだから，それに対応する積も被乗数の左にあり，したがって，積が被乗数より小さくなることは当然なことであることがわかる。

1.1.1.3　用語「倍」を用いる試み

小数をかけることの意味を，整数をかける場合からスムーズに進めることができるようにするために，「倍」ということばを早く導入しようという考えがある。2倍，3倍ということばとその意味を早くから教えておき，2倍，3倍の大きさを求めることを ×2，×3 と表すことにすれば，3.4倍のときには，×3.4とすぐ

立式できるにちがいないと考えられるからである。

　この考えは一見よさそうに見えるが,「2倍,3倍,……」ということを初めにどう定義しているかを見てみると,それでは解決になっていないことがわかる。初め「2倍,3倍,……」ということの意味は,「2つ分,3つ分,……」と定義している。これは,整数の場合にのみ使うことができる表現で,小数には使えない表現である。3.4倍というように「倍」ということばは小数でも使えるが,それができるためには,倍を「～つ分」の言い換えのままにしておいてはならず,したがって,小数倍とはどんなことかを定義し直さなければならない。それなしに小数倍を使うと,ごまかしをしていることになる。

　小数倍の意味をどこでとりあげるかが問題になるが,このことは「倍」ということばの意味を考えることによって得られる。

　「倍」ということばは乗法によく使われるが,何倍かを考える場は除法的である。二つの量があって,一方を1と考えたとき,つまり,これを単位として他方を測ったときの値が,「倍」ということばを使って表現されるものである。つまり,何倍かということは,測定の考えをもとにしており,したがって,割合として除法を使って求められるものである。

　すると,小数倍の意味は,小数の乗法に入る以前に扱っておかなければならないことになる。小数をかけることを学習する直前に行ってもよいが,もっと早くその場を見つけることもできる。それは,整数を整数で割って,商が小数になる場合である。

　普通,この計算は,割り進んでいく計算として,計算の仕方の指導の方に重点がおかれている。そのため,商の解釈がし易いように,等分除の問題場面,たとえば,「17mのひもを4人で分けると,1人分は何mか」といった問題で与えられる。17÷4の計算をして得られた商4.25は,1人分のひもの長さ4.25mを意味している。

　ところが,「17mのひもを4mずつ分けると,何人に分けられるでしょうか」という包含除の問題の場で,17÷4を割り進んで4.25を求めたとしたら,整数部分の4は4人分の意味とわかっても,小数部分0.25は意味をなさない。けれども,その意味することをよく考えてみると,これは「1人分を1としたとき,0.25に当たる大きさ」となる。すると,最初の17÷4で得られた4.25も,17mが,1人分4mの4.25に当たる大きさということになる。これが小数倍4.25の意味である。

　つまり,17÷4の意味は,4mを単位にして17mを測りとったら,四つ分とれて,残りの大きさが,新しい単位(4mの大きさ)でつけた小数目盛で0.25になっていたということである。

この小数倍の意味をもとに小数をかける乗法を考えるとすれば，現在のように学年を分けずに[1]，小数倍の意味をこのように決めたらすぐ小数倍の乗法の指導をすることも考えられる。それができなければ，少なくとも，$17 \div 4 = 4.25$ だから，$4 \times 4.25 = 17$ という押さえはしたいものである。計算の仕方を考えるときには，その答えが確かにわかっている方が考え易い。

小数倍の意味が，整数を整数で割る場に求められるように，分数倍の意味も，整数を整数で割った商を分数で表す場に求められる。しかし，商を分数で表すことの指導も，小数の場合と同じように，ひもなどを等分する場の問題として導入されることが多い。このとき，小数では表し難い数値を用い，たとえば，2mを3等分することなどが問題とされる。結果の $\frac{2}{3}$ は，1人分の長さ $\frac{2}{3}$ mを表す。ここには分数倍の考えは出ていない。

ところが，8mのひもを3mずつ分けるような場であると，$\frac{2}{3}$ は何を意味するかが問題となる。この意味は，小数の場合と同じであり，これが分数倍の意味である。

「倍」という用語に頼ろうとするならば，このように小数倍，分数倍の意味を押さえておく必要がある。ただ，ここで気になることは，割合を表現する場合には，必ずしも「倍」ということばを用いないことである。「0.6に当たる大きさ」「…の6割」「…の60％」という表現を使う。これを一旦「0.6倍」と表現し直してから乗法の式を作るのであろうか。

ここでの考察は，「倍」という用語に頼る指導を考えている。しかし，実際には，数直線の解釈を合わせて用いてもよいことはいうまでもない。用いてよいというよりも，可能な限り両者を共に指導すべきであるというのが筆者の考えである。

1.1.1.4　公理的方法の考えに基づく解決

その他にもいろいろな考え方がある。

乗法の意味の導入を「同数累加」から入らず，小数をかける場合にもあてはまるように初めから定義しておくことも考えられている。数学的知識・技能を能率的に習得させることに重点をおくとすれば，途中で意味を変えて混乱を生じさせないようにしようというのも，一つの立場ではある。しかし，筆者は，必要に応じて数学を作り出していくという考え方に立つことをより重視したい。

必要に応じて数学を作りあげていくことを大切にするということは，必要に応じて新しい概念を作り，それを洗練していくということだけをさすわけではな

---

[1]　現在 (1985)，割り進む計算は小学校4年，小数をかける計算は5年で指導されている。

い。新しい場面に直面したとき，既習の知識を活用してその問題を解決し，その解決の方法を修正して形式を整えていくという考え方も含んでいる。まったく新しいものを作るのではなく，古いものに修正を加えて新しい場面に対処するという考えも含んでいる。もちろん，どうしても困る場合には，まったく新しい概念を作ることも考えなければならない。

今問題にしている小数の乗法の場合にも，同じ式の形が使えるように意味を修正し，拡張していくことを考える。もちろん，ほっておいてこれができるわけはない。教師がしかるべき場を設定し，適切な指導・助言をすることが必要である。そのような場で，子どもが必要を感じ，問題を解決し，よりよいものを求めて努力することを通して，ものの考え方，問題を解決する力，数学を発展的なものと見る目が養われるものと考える。

小数をかける乗法を考えるにも，それにふさわしい問題の場が必要である（抽象的，数学的に小数をかけることを課題としてもよいが，小学校では，考える手立てを与える意味で，具体的な場面にとどまらざるを得ない）。ここでは，その問題の場として，リボンの代金を求める場面を想定して考えてみる。

まず，整数値の場合として，「1mの値段が80円のリボン3mの代金」を求める問題を考える。これは，整数値の場合で，問題の場が乗法を用いて解決できることを確認するためのものである。整数の乗法の意味からことばの式が導かれ，80×3を用いて解が得られる。2m，4mなど整数の場合はそれぞれ80×2，80×4という式によって解を求めることができる。整数の場合には，それまでの学習から簡単に式が立ち，答えを出すことができる。

次に小数値を用いる場として，「1mの値段が80円のリボン3.4mの代金」を求める問題を考える。問題場面としては，当然あり得ることである。子どもは，ことばの式を頼りにして（あるいは，頼りにしなくても），80×3.4という式を作るであろう。

このとき子どもは小数をかける乗法の意味がわかって書いているわけではないことに注意しなければならない。なんの意識もなく書いていることが多いであろう。しかし，これは，前にも述べたように，80×3.4という式で表したいということであって，こう書いてよいということではない。80×3.4という式で表したいのだけれど，3.4をかける式を作ってよいのか，3.4をかけるとは，どんな意味をもっているのか，なぜ乗法の式で表してよいといえるのだろうか，ということを明らかにすることが，ここで解決しなければならない課題である。

ここですぐ，乗法とはどんなことかと問い返しても役には立つまい。多くの場合，乗法は同数累加であるという定義のままであろうからである。

では，乗法の意味が言えず，立式の正しさが確かめられなければ，なにもでき

ないであろうか。既習の知識を使ってできることは，ともかくさせてみるという態度で臨むことが大切であると考える。新しい問題の場に直面すれば，そうすることは当然なことである。

この問題の場合，乗法の立式の妥当性が確認できなくても，他の方法で代金を求めることはできる。そのとき，子どもたちは次のように考えると予想される。

1 m の値段が 80 円のリボン 3 m の代金は，80 × 3 = 240 で，240 円とわかっている。あと，0.4 m 分の代金を求めて，加えればよい。

これを求めるには，いくつかの方法が考えられる。

一つは，0.4 m を cm 単位に直して 40 cm とする考えである。1 m を cm 単位に直せば 100 cm で，これが 80 円。したがって，1 cm 分は 0.8 円（あるいは，10 cm で 8 円）であることがわかる。0.4 m 分というのは，40 cm 分のことだから，1 cm 分 0.8 円の 40 倍（あるいは，4 倍）で，0.8 × 40 = 32（あるいは，8 × 4 = 32）。つまり，0.4 m 分の代金は 32 円。したがって，これを 3 m 分の 240 円に加えて，272 円を得る。

小数に慣れていれば，次のように，小数のままで考えることもできる。0.1 m 分の値段は 80 円の $\frac{1}{10}$ で 8 円，0.4 m 分はその 4 倍だから，8 × 4 = 32，合計は 24 円と合わせて 272 円となる。

さて答えは出たが，ここで先へ進む前に，しておかなければならないことがある。それは，ここに示した三つの考えは，違っているように見えるが，同じ答えが出るのはなぜか，同じ答えが出るのなら，同じことではないのかという吟味である。もっと積極的に言えば，これらは同じと見ることができないか，どう見ると同じと見ることができるかと考えることである。これは，根拠を探るという公理的方法の考えである。

一つは，いうまでもなく，「単位を小さくすることによって，整数の乗法が使えるようにしている」という点で，これらはいずれも同じである。

しかし，これは，既習の整数の場合に帰着させようという考えであって，乗法の意味に即したものではない。同じ答えが出る根拠を求めるという立場からすれば，一般性はあるものの，ここで求めているものとは違っている。もっと乗法に即したものを求めなければならない。そこでもう一度ふり返って，使われている考えの根拠になっていることを求めてみる。

まず，第1の考え方は，0.4 m は 40 cm だから，1 cm を 40 倍すればよいという考えをもとにしている。そして，1 cm 分は，1 m（100 cm）の $\frac{1}{100}$ だから，80 円の $\frac{1}{100}$，つまり，80 ÷ 100 = 0.8（円）。したがって，40 cm 分は，0.8 × 40 = 32 になるというものであった。ここでは，長さが $\frac{1}{100}$ になれば，それに対応する代金も $\frac{1}{100}$ になり，長さが 40 倍になれば，それに対応する代金も 40 倍になる

ということが認められている。

　第2の考えは、10cmは1mの$\frac{1}{10}$だから、10cmの代金は、80円の$\frac{1}{10}$で8円、40cmは10cmの4倍だから、その代金は $8 \times 4 = 32$（円）になるというものであった。ここでも、長さが$\frac{1}{10}$ならば、それに対応する代金も$\frac{1}{10}$、長さが4倍であれば、それに対応する代金も4倍になることが認められている。

　第3の考えは、0.1mは1mの$\frac{1}{10}$だから、その代金は80円の$\frac{1}{10}$で8円、0.4mは0.1mの4倍だから、その代金も4倍になるので $8 \times 4 = 32$とする。これは、第2の考えと同じである。

　そうすると、前提として共通に認められていることは、長さが$\frac{1}{10}$、$\frac{1}{100}$、……になれば、それに対応する代金も$\frac{1}{10}$、$\frac{1}{100}$になる、……長さが4倍、40倍になれば、代金も4倍、40倍になるということ、つまり、長さと代金とが比例しているということであることがわかる。上の答えを出した三つの考え方は、そのことを前提として計算していたわけである。比例関係があることを認めた上で、結果を求めていたという点が同じである。

　このように、そこに用いられている根拠（原理）を求め、これを明らかにすると、違って見えることを同じと見ていくことができる。これが公理的方法の考えのよさでもある。

　このことを明らかにした上で、先に整数の場合に成り立っていたことばの式に基づいて、数値が3.4mと小数になった場合にも 80×3.4 と乗法の式を書いたことにもどってみる。

　形式を同じにしていこうとする考え方は、数学的知識を一般化するときの大切な考え方である。同じ場面ならば同じ式で表現できれば便利であり、思考の経済でもある。しかし、便利であるからといって、ただ形式を当てはめていけばよいというものでもない。その形式には、その形式のもっている約束ごとや法則、原理がある。**それに基づいて導かれた結果と、現実の問題場面で得られた結果とが矛盾しないという保証が得られなければならない。**

　この問題場面については、長さが2倍、3倍、……になれば、代金も2倍、3倍、……、になる、つまり、長さと代金は比例するということを認めている。乗法においては、乗数が整数の場合には、このことを具体物（アレイなど）で確かめて認めてきた。これは、乗法についての結合法則の表現が変わったものと見ることができるものであり、いわば公理である。

　この公理を 80×3.4 について適用して得られる結果が、前に具体に即して求めた結果と同じになることが確かめられれば、この式を用いてよいと言える。

　そこで、この公理に基づいて結果を求めてみる。

　既に知っていることは、乗数が整数の場合である。そして、3.4に最も深い関

わりがある（簡単に整数に直せる）のは34である。そこで，80 × 34を考えてみる。結果は2720である。乗数を10倍にしたのだから，この結果は公理によりもとの10倍になっている。34をもとにもどすには10分の1にすればよいから，積の2720の10分の1を求めて272を得る。これは先ほど具体に即して考えて得た結果と一致する。つまり，乗数と積の比例関係を認めれば，乗数が小数の場合も，乗法の式を用いて表しても矛盾は起きないことが明らかになった。これにより，乗数が小数の場合にも乗法を用いてよいことが確かめられたことになる。

ここで根拠にしていることは，具体的な場については，対応する量が比例しているということであり，乗法でいえば，乗数と積とが比例しているということである。このことが成り立っている場合は，その公理に基づいて得る結果は，具体的な場に見られる結果と矛盾しない。そこで，比例しているかどうかを，乗法の式を作ってよいかどうかの判断の根拠にすることにする。つまり，比例していれば，乗数がどんな数であっても乗法を用いてよいと決めていくのである。

1.1.1.5 まとめ

上述の展開を整理すれば次のようにまとめられる。

まず，整数についての乗法が同数累加の場面で導入される。次に，そこに成り立つ性質が調べられ，乗法について成り立つ基本的な法則が導かれる。それらのいくつかは，公理のように使われることになる。

そのようにして作られた乗法を使って，我々の日常生活の事象を処理する。小数や分数を用いる場面が出てくると，形式を大切にする立場で拡張を試みる。そのとき根拠にすることは，乗法に認められる基本的な法則であり，それに基づいて乗法のより広い意味をきめていく。

小数・分数についても成り立つように乗法の意味をきめることにより，日常の事象について，どのような場合に乗法を用いてよいかを判断する根拠も明らかになるが，最後に問題となるのは，どんな小数・分数についても計算して答えを得ることができるかということである。今，確かめたのは，一つの数値であり，長さという特殊な種類の量についてであった。どんな小数でも計算することができるということを保証しておかなければならない。

これは，乗数が整数の場合には計算できることをもとに，小数，分数は整数倍することによって整数に直すことができること，同時に，整数倍したものをもとの小数・分数に直すことができることを確認すれば保証される。

このことから考えると，計算の理解が得られるためには，n倍すれば，nで割ることによって，また，nで割ったものはn倍することによってもとにもどるという doing-undoing の関係（乗除の関係）の理解が確かになっている必要があ

る。

　このようにして，乗数が小数や分数の場合に乗法の意味が拡張され，計算がいつでもできることの保証まで見てきたが，このことは単に数学的に確かな意味の拡張をしたという意義をもつだけでなく，カリキュラム構成上，あるいは，乗除の指導で確かにしておかなければならないことを明らかにすることにも役立つという意義をもつ。

　まず第1に，乗数と積とが比例するということを乗法について成り立つ基本的な法則とし，子どもに慣れ親しませておく必要がある。これが，具体的な場面について乗法を用いてよいかどうかの判断をするときの根拠となるからである。

　第2に，乗法と除法の doing-undoing の関係の理解を十分させておく必要がある。計算の仕方を考えるときに必要とされるからである。

　第3に，小数・分数について，それぞれ何倍かして整数にする直し方を理解させておく必要がある。どんな小数であれ，分数であれ，必ず整数に直すことができるということが，計算がいつでもできることを保証する根拠となるからである。

　これらが，理解と習熟の必要とされることである。これらが十分であれば，具体的な図的な表現による解説はなくてもすむであろう。しかも，整数に直して計算し，それをもとにもどすundoingという考えで，小数・分数の両方の計算が考えられてしまう。確かな知識が得られると同時に，能率的に指導できることになる。

　これまで進めてきた考察の中には，いくつかの考え方が含まれている。

　まず，教材を見る際に，そのことがらが何に基づいているのかを明らかにしようとした。これは子どもが何に基づいて考えればよいのか，その論理性を明らかにしようとしているものである。また，その根拠としていることをもとにして先へ進めた場合に，不都合が出てこないかを吟味しようとした。この見方は，教師の側の見方であるが，教材研究をするときの大切な視点である。そしてこれは，現在の算数指導が，なんとなくわかった気にさせて，曖昧なまま進め，論理的な飛躍をしている問題点を解消してくれる。

　次に，小数の乗法の仕方を考える場合，子どもが既習の知識を用いて解決したことをもとに発展させていった。そこには，子どもにとって大切な考え方がある。

　一つは，異なっているように見えることがらを同じと見ようとする考え方である。そのとき，整数に直すという手続き（あるいは，目的）だけでなく，そこに支配している原理や法則を明らかにし，それをもとに統一的に把握するということが見られた。レベルは異なるが，これは，現代数学が構造に着目することになぞらえることができる。そこで明らかにされた法則は，公理として，乗法を規定

する法則となる。

　このように，根拠を明らかにしようとすること，あることを根拠にした場合それから不都合が出てこないかを調べること，異なって見えることに共通性を見出そうとすること，原理を明らかにし，それをもとに統一的な把握をすること，確かな一般化をはかるためにも原理の吟味をすることなどのいろいろな考えが見られる。これによって，確かな指導ができるだけでなく，その確かな考えをする態度を養い，原理に基づく統一的な理解をさせることができ，指導の能率を高めることにもなろう。

　さらに，具体的な問題場面について，たとえば，どんな大きな長さについても，どんな小さな長さについても，長さと代金は比例するものと仮定しているが，これも，問題場面を数学的に構成しやすいように条件を整備し，それによって問題解決を支える考えである。

1.1.2　正負の数の乗法

　正負の数の乗法について，生徒が感じるふしぎさは，負の数に負の数をかけると正の数になるということである。筆者が調査したところによれば，負の数の概念について少し学習した子ども達は，それまでの正の有理数の場合から類推して正負の数の加減は教えなくても50％以上の子どもが正しく答えるが，（負の数）×（負の数）の計算については，70％以上の子どもが負の数と誤った答をする[1]。

　子どもの考えを察するに，負の数に負の数を乗ずれば，一層負の度合いが増すと感じられるものと思われる。たとえば，負の数を借金と考えるとすれば，借金を重ねるような気になるが，借金に借金を重ねて（実はこれは加法なのだが）財産になるとは考えられない。温度計で負の数をイメージしているときには，負の数をかけることは，もっと冷やすことのように思われるようである。適切な具体例を思い出すことができなければ，このように考えるのが自然かもしれない。

　これに似た例として，「裏には裏がある」あるいは，「裏の裏」などという表現がある。それはよく考えてみると表を意味しているのであるが，実際の意味は，より深い意味がそこにあるということである。

　正負の数の乗法については，負の数に正の数をかけることには問題はない。特に，乗数が正の整数の場合には，同数累加の考えでも意味づけをすることができるし，積を求めることもできる。

（1）　杉山吉茂：小学校における「負の数」の指導の効果に関する調査と中学校におけるその指導（科学教育 研究発表大会講演論文集　1976）pp.22〜23

正の数に負の数をかける場合は，負の数をかけることがどういう意味かはわからなくても，積はほぼ間違いなく負の数と予想する。交換法則が成り立つものと仮定すれば，正の数をかける式に変えて積を求めることもできる。しかし，負の数に負の数をかけることになると，負の数をかけることの意味も，また，その積を考え出すのも難しい。

　負の数に負の数を乗ずる乗法の指導のために，いろいろな工夫が提案されている。たとえば，ピーターソン（John C. Peterson）は，14個もの例を挙げている[1]。

　一般に，正負の数の乗法は具体的な事例を用いて説明されることが多い。具体的な事例を用いて説明する方法は，わかり易いように思われるが，問題も含んでいる。筆者の考えを述べるに先立って，まずその指導を吟味しておく。何を根拠として一般化できるのか，その根拠をどこでどう与えているのか，どんな問題があり，その問題を解決するために何を補っておかなければならないのかが考察の視点となる。それは，確かな学習をさせるため，確かな知識を得させるために欠かせないことだからである。

1.1.2.1　具体的な場面を用いる指導

　正負の数の乗法を説明するのに，たとえば，東西に歩く人や水位の上下などの具体的な事例が用いられることが多い。具体的な事例を用いる場合は，そこに用いられている量が負の数も考えられるものでなければならない。距離や時間は，基準点を定めると負の数が考えられるのでよく取り上げられる。

　具体的な事例を用いての説明は，わかり易いようであるが，そのわかり方で，本当にわかったといえるのかが問題である。わかった気にさせるだけのことがあるからである。

　たとえば，ピーターソンがまとめているものの中には，（−）×（−）が（＋）であることを説明するのに，ページをパラパラとめくると，絵が動いて見えることを利用したものがある[2]。1組のカードの束には左端から右端へ走る自動車，もう1組のカードの束には右端から左端へ行く自動車が書かれており，一方の走り方を（＋），もう一方の走り方を（−）と約束する。これを上から下へパラパラとめくるとき見える状況をそれぞれ（＋）×（＋），（−）×（＋），下から上へパラパラとめくると，そのとき見える状況は逆向きなので，それぞれ（＋）×（−），（−）×（−）とする。今，自動車が左から右へ進むことを（＋）とすると，右から左へ進む

---

[1] Peterson, J. C.: Fourteen different strategies for multiplication of integers or why $(-1)\times(-1)=+1$ (The Arithmetic Teacher Vol. 19 No. 5 May 1972) pp. 396〜403
[2] ibid., p. 399

ことは(−)となり，上での約束に従えば，

$$(+)\times(+)=(+),\ (-)\times(+)=(-),$$
$$(+)\times(-)=(-),\ (-)\times(-)=(+)$$

ということが導かれる。

　一見，これはうまい例のように思われる。生徒も納得するかもしれない。しかし，これでわかったと言ってよいかが問題である。

　左から右へ進むことを(+)としたら，右から左へ進むことを(−)とするのはよい。負の数を反対方向を表す数と定義したとすれば，それに適合しているからである。また，上から下へパラパラとめくることを(+)としたら，下から上へパラパラとめくることを(−)とすることも認めてよい。しかし，これらを組み合わせることをなぜ乗法としてよいかは問題である。乗法とする根拠が明らかでないからである。

　あるいは，このことで (−)×(−)=(+) が納得されたとしよう。しかし，それで，正負の数の乗法が用いられるあらゆる場面で，このように計算してよいという保証はあるだろうか。

　このように問うているのは，「わかる」とはどのようなことをいうのか，また，知識の一般性はどのようにして得られるのかを問うているのと同じである。公理的方法は，これらのことに関わりをもつものである。

1.1.2.2 具体的な場面の吟味

　まず，上のカードめくりを乗法としてよい根拠をどこにおいているかを考えてみる。いうまでもなく，カードめくりの場合，カードのめくり方に意味があるわけではない。そこに書かれている図の動きが対象となっている。カードめくりにしなくても，車が左へ進む，あるいは，右へ進む映像でもよい。カードを上から下へパラパラとめくるのは，車が進んでいるそのままの方向へ進めることを意味し，また，カードを下から上へめくることは，進んでいる向きを逆転すること，あるいは，時間的に前にもどすことにあたっている。これは，東西に人や車が走る場面を想定しているのと同じである。ピーターソンのあげている例の中の映画[1]も中味は同じで，実際に動いているものを見せるか，あるいは，動かさせるか，あるいは，静止図で動きを想像させるかの違いにすぎない。

　ページをパラパラとめくる場合は論外としても，東西に進む場面を用いて負の数の乗法を指導する場合にも問題となるのは，それを用いて教師が解説し，生徒に納得させようとするところにある。それは数学を作る立場ではない。

---

[1] Peterson, J. C.: Fourteen different strategies for multiplication of integers or why (−1)×(−1)=+1 (1972) pp. 398〜399

数学を作る立場で考えるとするならば，負の数の乗法の式を作る場から生徒に参加させることを考えたい。例として場面は同じく，東西に進む人を考える場合ならば，次のようにすべきであろう。

　今，東の方向へ毎時4kmで歩いている人がいるとする。この人の2時間後の位置は $4 \times 2 = 8$ で，基準点の8km東であり，2時間前の位置は $4 \times 2 = 8$ で，基準点から8km西にいたことになる。具体的な問題場面での問題解決のためならば，これでなんの不都合もない。しかし，小数の場合に考えたように，形式的に統一したほうが何かと便利だということを明らかにして，これを統一的に表すことを考える。このとき，負の数は，二つの方向を一つの方向で統一的に表したいという考えで学習してきていることを思い出して，それをここでも活用することを考える。どのように活かすかを考えることが課題である。

　今，基準点を決め，その基準点より東を＋，西を－とする。つまり，東へ向かう方向を正と決めることにする。時間の方も，基準点以後の時間を正，基準点以前の時間を負とする。これで位置も時間もそれぞれ一つの方向に統一されたことになる。

　そこで，先ほどの結果を負の数を使って式に表してみる。

　2時間後は，前と同じく $4 \times 2 = 8$ でよい。

　2時間前は（－2）時間後であり，8km西は（－8）km東なので，これを使って式に表すとすると， $4 \times (-2) = -8$ となる。

　今度は，西の方へ毎時5kmで歩く人を想定してみる。

　具体的に考えれば，この人は2時間後には10km西におり，2時間前には10km東にいたことがわかる。先ほどと同じ条件でこの場合も負の数を用いて表すとすると，西へ毎時5km歩くことは，毎時（－5）km東へ歩いていくことと解釈されるので，2時間後，2時間前の位置はそれぞれ

$$(-5) \times 2 = -10$$
$$(-5) \times (-2) = 10$$

と表されることになる。

　ここで示そうとしていることは，負の数の乗法の計算のきまりを具体例で納得してもらおうというのではなく，具体的な問題場面でそれなりに解決したことを，これまで学習した負の数を用いて形式的に統一して考えていこうとすると，負の数の乗法を考えなければならなくなるという考え方を体験させようとしている。負の数の乗法のきまりも大切であるが，それを得る考え方も大切にしたい。

　具体例に結びつけて考えると，上のような結果が得られるが，この結果を得ることが数学的に保証されるかどうかは明らかにされなければならない。つまり，そのことを保証する「根拠」を明らかにしなければならない。このような展開を

することが公理的方法の考えに立ったときの展開である。

　上で得た結果をまず具体例に即して，これまでの乗法の意味と結びつけて考えてみよう。

　正の数の場合は，時間と距離が比例するということを根拠に乗法の式を作った。**乗数が負の数の場合を考えるときは，たとえば，1時間前，2時間前の状態**を想定している。そのときの距離は，時間数に比例する距離だけ少ない。これを負の数をかけたときの積にしようと考えている。たとえば，時速4kmで東へ進んでいる場合，ある時点を基準に，2時間前の位置を求めるのに，4×(−2)という式を作り，その積を4×2，つまり，8だけ0より少ない−8にしようとしている。

1.1.2.3　用いられている法則の吟味

　ここで仮定していることは，増減の状態が変わらないこと，つまり，一方向に一様に増加（減少）しているということである。一方向に一様にということは，正の数について，乗数 x が $x_1 < x_2$ であるとき，それに対応する積 y が $y_1 < y_2$，**簡単に言えば，増加関数なら，x が負の数になっても，その条件を満たす（状態は変わらない）**ということである。しかも，そのときの増加（あるいは，減少）の大きさの絶対値は，x の変量の絶対値に比例する，つまり，割合も変わらないことが仮定されている。

　これを簡単に x が y に比例するといってよいようなものであるが，負の数を乗ずること，つまり，（負の数）倍が定義されていないので，比例するということばは使えない。そこで，上のように述べざるを得ない。

　このことは，言い換えれば，$x_2 > x_1 > 0$ のとき成り立っている関数方程式 $f(x_2) - f(x_1) = f(x_2 - x_1)$ が，x_2, x_1 の正負にかかわらず成り立つことを仮定していると言ってもよい。卑近なことばで言えば，負の数も含めて乗法を考えるときには，増加（減少）する割合が一定で，一方が 0 のときは他方も 0 ということである。これは正の数の乗法でも成り立っていたことであった。

　割合が一定とは，x の増加量が同じならば，f(x) の増加量も同じということである。言い換えれば，k を定数とすれば，$f(x+k) = f(x) + f(k)$ が x の値如何にかかわらず成り立つということである。先の式はこの式を変形したものと見ることができる。

　正の有理数の乗法を考える場合の根拠は，二量が比例する，つまり，一方が2倍，3倍になれば，他方も2倍，3倍になるということにおくことにした。これは，自然数についての乗法の定義から導かれていたことである。今明らかにしたことは，負の数の乗法の場合には，−2倍，−3倍が定義されていないので，乗

法を負の数のときにも使いたい場を吟味して，xの増加量が一定のときは，f(x)（積）の増加量も一定であるということを仮定するということである。

　この二つの性質は別々のものではなく同じことを表している。

　xとyとが比例することはy＝axと表されるが，分配法則が成り立つから，y＝a(x+k)＝ax+ak，つまり，f(x+k)＝f(x)+f(k) が成り立つ。

　逆に，f(x+k)＝f(x)+f(k) が成り立つとすると，
$$f(2x)=f(x+x)=f(x)+f(x)=2f(x)$$
$$f(3x)=f(2x+x)=f(2x)+f(x)=2f(x)+f(x)=3f(x)$$
となるから，xが2倍，3倍になれば，yも2倍，3倍になるといえる。したがって，どちらも同じことを示している。

　負の数の乗法を説明する際に用いられる具体例は，上に述べた性質をもつことを前提にしている。また，やや形式的に既習の数計算を拡張する形で説明される場合も，この性質を仮定している。たとえば，九九表を負の数の方まで拡張する考えがあるが，このときには，2の段についていえば，乗数が1少なくなると積が2ずつ少なくなることを，乗数が負の数の場合にも続けて成り立つものとしている。

　これは f(x+k)＝f(x)+f(k)，つまり，f(x+y)＝f(x)+f(y) を仮定していることになる。このことをもとにすれば，計算結果も求めることができる。関数方程式 f(x+y)＝f(x)+f(y) は，代数的には分配法則を意味している。正負の数の乗法を考えるときには，これを仮定している。これを仮定することが妥当なことは，(−1)×(−1)＝+1を数学的に証明するときにも，分配法則を用いることからも裏付けられる。数学では，この証明を次のようにする。

　aを正の数としたとき，負の数 −a を x+a=0 となる x とし，
(−1)×(+1)＝−1 を既知とすると，
$$(-1)\times(+1)+(-1)\times(-1)=(-1)\times\{(+1)+(-1)\}$$
$$=(-1)\times 0 = 0$$
∴　(−1)+(−1)×(−1)＝0
∴　(−1)×(−1)＝+1

1.1.2.4 「わかる」ことの意味

これまでの考察の発端は，カードをパラパラとめくる操作で (−1)×(−1)＝+1 であることをわからせようとしているが，それでわかった気にさせておいてすむか，「わかる」とはどのようなことか，一般性がそれで得られるものかということを問題にしたことにあった。それらをもとに，仮定されていることを吟味

してきた。

　仮定されている根拠を吟味することは，公理的方法の一つの側面であるが，それはそれだけに止まることなく，「わかる」ということにもかかわりがある。心理学的に「わかる」ということを明らかにしようとすれば，それだけでも大変な仕事になるが，簡単に言えば，「わかる」ということは，新しい知識が既有の知識の中に位置づけられることができ，個人内の知識体系が整合性を保ち，安定することであると考える。カードの束をパラパラとめくって，$(-1) \times (-1) = (+1)$とするのは，わかった気にはさせるであろうが，それはカードの束の操作と結びつけられているだけで，それ以上のもの，つまり，既習の乗法には関係づけられていない。したがって，どのような場面で使えるかはわからない。それでは，本当にわかったことにはならない。

　上で考察してきたことは，単に根拠を吟味することに止まっているわけではない。既習の知識，すなわち，正の数の乗法とのかかわりを求めており，したがって，既有の知識体系に照らして，どんなつながりをもち，何が共通で，何をもとに考えればよいかを求めている。それにより乗法の理解が保証されると考える。

　公理的方法というと，厳密な演繹的な体系を連想されることが多いが，それは結果であって，論理的なつながりをつけようとする努力，それが公理的方法のもつ基本的な態度である。そのために，暗黙の仮定を明らかにしようとし，基本的な原理を明らかにしようとする。その原理が明らかになることにより，新しい知識が確かなものとして理解されるだけでなく，統合ももたらされる。

　上の考察でいえば，関数方程式 $f(x+k) = f(x)+f(k)$，あるいは，分配法則を原理として仮定することによって，負の数の乗法も統合されたことになる。また，それによって，乗法を用いる場の判断がいつでもできることになり，一般性も得られる。

　繰り返し言うことになるが，それがもたらされたのは，乗法を用いたい場を支配している原理・法則を明らかにしようとし，それが得られたことによっていることに注目したい。それが公理的方法の役割であり，教育的な価値である。

1.1.2.5　数直線による拡張

　数のモデルとして数直線があり，小学校では乗法の意味も数直線上の操作に対応させて考えられている。これをもとに，負の数の乗法を考えていくこともできる。また，東西に歩く人の話もこれに結びつけることができる。

　正の有理数の乗法の意味づけは，前項でもふれたが，たとえば，被乗数が5の場合を例にすると，

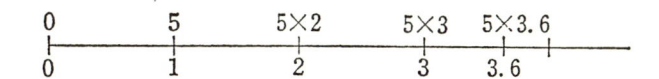

```
  0      5    5×2    5×3  5×3.6
  ├──────┼─────┼──────┼────┼──
  0      1     2      3   3.6
```

上のような数直線の図において，5を1と見たとき，2にあたる大きさが5×2，3.6にあたる大きさが5×3.6であるとしている。その前提には，測定の考えがあり，数を測定数と見る見方がある。この図からは読みとりにくいが，拡大，縮小の考えに基づいているとも見られる。

　乗法を，数直線上におけるこのような操作（ある量 a を 1 としたとき，それを単位にして，b にあたる大きさを a×b とする）とするという考えを，そのまま負の数の場合にも拡張してみる。すると，負の数をかけることは，この数直線を左に延長したものと考えられるから次の図のようになる。

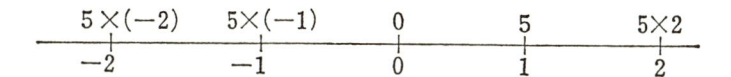

```
 5×(-2)  5×(-1)   0       5      5×2
  ├───────┼───────┼───────┼───────┼──
   -2     -1      0       1       2
```

5×(-1)，5×(-2) にあたる大きさは，数直線ではそれぞれ-5，-10になるから，5×(-1)＝-5，5×(-2)＝-10 ときめればよい。絶対値については，左側と右側は対称なので，負の数をかける場合の積の絶対値は，乗数，被乗数の絶対値の積とする。位置は反対側にくるので，符号はマイナスとする。乗数が負の数の場合は，それらが原点に関して反対側にあるから，当然，積も原点に関して反対側にくる。これは先の例で，2時間前の位置を求めたことと同じである。

　被乗数が負の数の場合，たとえば-5のときは，被乗数に対応するところを1とするので，-5の下に目盛1をつける。

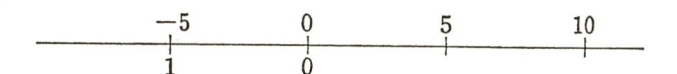

```
   -5        0        5        10
   ├─────────┼────────┼────────┼──
    1        0
```

すると，1が原点の左側にくるので，2以上の目盛も左の方へつけていかなければならない。負の数は，原点に関して反対側にあるから，右側にとる。すると次のような数直線ができる。

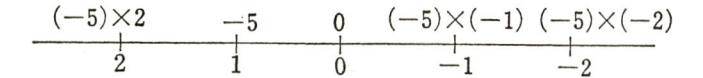

```
 (-5)×2    -5      0   (-5)×(-1) (-5)×(-2)
  ├────────┼───────┼───────┼────────┼──
    2       1      0      -1       -2
```

　これより，負の数に正の数，負の数を乗ずるときには，絶対値は正の数の場合と同じとし，符号については，乗数の正の数がもとの数直線では負の数の側にとられるので積の符号はマイナス，乗数が負の数のときは原点に関して反対側にくるので，積の符号はプラスとすればよいことになる。ここでの数直線の解釈は，先ほどの例でいえば，西に歩く人の場合と一致している。このことから，具体例から得た結果が妥当なことが確かめられる。

このようなことが理解できるためには，小学校で乗法の意味を考えるとき，数直線による意味づけをし，それに親しんでいることが前提となる。それができていれば，数直線を手がかりに，生徒に負の数の計算の意味を考えさせていくことができよう。

　この中には，拡張するにあたって数学で用いられる考え方が見られる。つまり，負の数の乗法を考えるにあたり，既知の正の数の乗法をふり返り，そこでのきまりを負の数の場合にも成り立つものと仮定し，それをもとに負の数の乗法を決めている。これは，数の範囲を拡げるときに，既存の公理，定義，原理をできるだけ変えずに，可能な限りそのまま成り立つように決めていこうと考えるもので，「形式不易の原理」といわれている。公理となるものをなるべく変えないようにすることにより，統一的に把握でき，互いに関連づけられるので忘れにくく，思考の経済がはかられる。

　前項で分数の乗法や正負の数の乗法を考えたときは，具体に即して，形式を整えるために乗法を用いたいと考え，その根拠（原理）を探っているものだとしたら，ここでの考え方は，これまで成り立っているきまり，公理をそのまま成り立つものと仮定して新しい世界を作っていくという考え方と見ることができる。

　数直線による上のような考え方は，公理的にものを考えるという点で，また，抽象的な数の世界に近いという点で価値がある。具体例に基づいている場合は，たとえば，一方が距離を表す数であり，他方が時間を表す数であるというように異なった量を表していることが多い。そこに支配している法則に着目して形式化する努力をすればよいが，そうしないで，負の数の計算の仕方を導くと，前にも指摘したように，他の量についても大丈夫なのだろうかという不安が残る。前項では，その不安をなくすために努力すべきことを考察した。

　数直線で考える場合には，数がかなり抽象化されているため，そのような問題は少ない。しかし，数直線上の操作から負の数の計算のきまりを導いたとしても，「わかった」，「それでいいのだ」という気持ちがなんとなく起こらないかもしれない。

　それは，論理的に結論を導き出すことが，必ずしも理解につながらないことに通ずる。証明が示され，その結論の出ることは認められても，わかった気がしないのと同じである。

　数直線上の操作を仮定し，負の数の計算の仕方を導きはしたものの，それは，正の数の場合の考え方を負の数の場合にもそのまま使えるものとしてみようという仮定の話ではなかったか。そのように仮定してよいという根拠はどこにあるのか。そのようにして導いたことが，そのまま具体例にもあてはまるだろうか。というような不安が残るにちがいない。

さきほど、「わかる」とは、既有の知識の中に位置づけられることだと述べた。数直線で考えたことは、既有の知識との関連から出てきたことであり、したがって、知識を得る過程から既に既有の知識と関連づけられているということもできる。しかし、不安が残るということは、それでもまだ不十分だということを意味している。

その原因は、単に既有の知識の一つと関連づけられているだけでは十分ではないというところにある。数直線で考えただけでは、つながりが一つつけられたというだけであって、数が用いられている場でいつでも妥当な結果をもたらしてくれるのか、他の計算などと組み合わせても矛盾しないのか、数と計算についての諸々の性質が、このようにして決めた計算にどの程度保存されるのか、それらが明らかにされなければ、これが確かな位置づけを得ていないことを意味しよう。実際には、数直線について考えたことは正しい結果なのであるが、学習のプロセスにおいては、それも確かめられていかなければならない。このことは、実は、「わかる」ということを離れても、知識を得るプロセスとして大切なことである。

本項では、先に、具体的な事例を導入素材とした場合、そこにどのような仮定があり、何を乗法の根拠にするかを明らかにすることによって、既知の乗法と結びつけ、統合を得た。それとは逆に、数直線という一つのモデルから得られた結論は、具体的な事例に適用する場合、その具体的事例を数直線で解釈することが可能か否かによって確かめられる。たとえば、東西へ進む人の距離と時間の関係をこの数直線に読み込むことを考える。それが可能であることをもって、結果の妥当性が高められる。

しかし、実際に乗法を用いてよいかどうかの判断の根拠を、数直線にのみ頼らなければならないというわけではない。正の数の乗法では、2量が比例する、あるいは、関数方程式 $f(x+y)=f(x)+f(y)$ が成り立つことを根拠にした。このことを同じように判断の根拠にしてよいことが、数直線上の操作から結論を得たプロセスを反省することによって明らかになる。というのは、積を考えるとき、積の絶対値は、絶対値の積をもってすると決めた。符号を無視すれば、数直線の構造は、正の数の場合とまったく同じである。これは、絶対値については、正の数の場合と同じ性質があり、同じ法則が成り立つことを示唆している。したがって、正の数における乗法の判断をもって絶対値を考えればよいことになるからである。

このように考えていくことによって、数学的な法則も確かめられていく。これらのことは、教師が教材研究をするときにしておくだけでなく、学習指導の中で、それらの考え方が現われるようにしたいものである。それは、確かな知識を

得るためにも，また，「わかる」ということの意味から考えても必要なことだからである。

さらに，ここにも公理的方法が見られることに注意したい。負の数の乗法を考えるのに数直線の操作をもってした。ただそれだけに終わらず，絶対値に着目すれば，それは正の数の乗法と同じになることにも目を向けた。同じ乗法である以上，同じ構造をもっているはずである。同じ構造をもつことがわかれば，正の数の乗法について成り立っていた法則はすべて成り立つのであるから，それを用いてもよいと判断することができる。これも公理的方法の考えである。以上のことから，数の範囲が負の数まで拡がっても，乗法を用いてよいかどうかの判断はこれまでと同様でよいことの保証が得られる。

1.1.2.6 計算法則を仮定して

これまで，具体的な場面で負の数の乗法を使う場合と，やや抽象的な数のモデルとしての数直線をもとに負の数の乗法を考える場合とを見てきた。そこでの考えは，前者が，乗法を使うことを意図してその根拠を吟味することであり，後者は，数直線の乗法のモデルについてのきまりをそのまま負の数にも成り立つものと仮定して用いることである。後者は，負の数の乗法を考えるとすれば，こうあるべきだという考えによっている。つまり，正の数について数直線で考えたものがそのまま成り立つことにしようと決めている。言い換えれば，それを公理のようなものとした。

正の数についての数直線の解釈をそのまま負の数にもあてはめていこうとする考えをもっと前面に出して，形式的に負の数の乗法を考えることもできる。その場合，「なぜ乗法を考えるのか」ということが問題になる——これは数直線の場合にも問題になることである——が，それも数学らしく，正負の数も数と認めることにするならば，正負の数についても乗法ができるはずだと考えていくことにする。そして，乗法が決められたあとで，具体的な場面でこれを解釈して使うことを考える。

さて，正負の数についての加法・減法まで学習が終わったとして，次に乗法を考える場になったとする。このとき，何を根拠に考えるかが問題となる。前項では数直線をもとにしたが，もう一つ，これまで数について考えてきたことを根拠にすることを考えてみたい。数と認めるならば，計算ができていいはずである。加減が考えられたのだから乗法も考えられるはずだと考えても当然である。計算法則も成り立つものとしよう。これらを公理として，正負の数の乗法を決めていくことが考えられないだろうか。

しかし，中学校の１年生に，頭から計算法則をもとにして考えよと言っても，

考えられるわけもない。また，計算法則を根拠（公理）にして説明（証明）するのでは，大学の数学の授業と同じであり，生徒は理詰めで無理やり納得させられたと感ずるだけであろう。生徒が考え，生徒自身が説明できるようにさせることが必要である。計算法則をもとにするとは言っても，教師の側から，計算法則をもとにせよというのではなく，生徒にも計算法則をもとにしてもよいと感じられるようでなければなるまい。

　公理的方法は，公理をもとに論理的に結論を導く方法である。しかし，これを使うのは，教師ではなく生徒でなければならない。それは，数学を研究する数学者が用いるように，数学を探求的に学習しようとする生徒のための道具とならなければならない。教師が，数学を伝えるための方法と考えてはならない。なぜなら，生徒がそれを理解する能力をまだもたないというだけでなく，創造的に学習することを期待しているからである。もちろん，教師がその方法，考え方を使って見せなければならないであろうが，その場合にも，子どもとともにそれを使って見せなければならない。子どもとともにそれを使い，ともに考える姿勢を持つことが期待される。

　計算法則を根拠としてよいことを感じさせるには，負の数の計算を考えようとすると，知らぬうちに自分達が使っていることに気づかせるという方法が考えられる。知らぬうちに使っているのだから，積極的にそれを基にして考えていこうともちかけるのである。その展開は，暗黙の仮定を明らかにする（根拠を探る）という公理的方法の考え方に支えられている。

　具体的には，次のような展開になろう。

　たとえば，$2 \times (-3)$ の積をどう決めればよさそうかについての予想をさせてみる。考えられる積としては，6 と -6 がある。しかし，6 は 2×3 の積であり，2×3 も $2 \times (-3)$ も，ともに同じ答えということは考えられないから -6 と予想する。

　あるいは，$(-3) \times 2$ ならば，$(-3)+(-3) = -6$ だから，交換法則により，$2 \times (-3) = (-3) \times 2$ と考えるかもしれない。

　すると，ここには，二つのことが仮定されていることがわかる。

　つまり，積の絶対値は，二つの数の絶対値の積にしようということである。なぜそうするかは言えないが，そのように考えるしかないという気持ちがある。ひょっとすると不都合があるかもしれないが，一応これを仮定して考えを進めてみる。何も不都合が出てこなければ，それでよいと考える。

　ここに見られる考え方も，公理的方法の考え方である。「そうなるはずだ」「そうにちがいない」「そうあってほしい」のだけれど，なぜそれでよいかは断定できない。もし，それが妥当でなければ，また別の仮定をもとに推論を進めてみる。

非ユークリッド幾何学の発展の歴史の中にも，それに似た推論が見られた。非ユークリッド幾何学の場合は，論理的な矛盾はいつまでたっても出てこなかった。あるいは，現実世界と合わないのではないかとも考えられた。この場合は，論理的に矛盾は出ないか，現実世界の現象と合致するかということが，それを是とするか否とするかの根拠にされていた。ここでも，その考え方に従おうとしている。

この考え方は，デューイ（J. Dewey）のいう反省的思考（reflective thinking）にも通ずる。デューイは，反省的思考を構成するものを次のようにいう。

「Active, persistent, and careful consideration of any belief or supposed form of knowledge in the light of the grounds that support it and the further conclusions to which it tends …[1]

（どんな信念であれ，あるいは，想定される知識であれ，その信念や知識を支えている根拠に照らして，また更に，その信念や知識から導きだされる結論に照らして，積極的に，忍耐強く，かつ，注意深く考察すること……）」

つまり，根拠を確かめるだけでなく，そのことから導かれる結論にも不都合がないかを吟味することの二つが反省的思考を支えていると言っている。これは公理的方法の考えと同じである。そのような考え方をすることが教育的に価値あるものとするならば，公理的方法によって学習指導を進めることは，教育的に価値ある考え方をさせていることになる。

さて，一つの仮定は，積の絶対値は二つの数の絶対値の積と考えるということであった。

もう一つの仮定は，計算法則である。計算法則の一つの交換法則を仮定したいという考えが見られた。そこで，他の二つの法則，結合法則，分配法則も仮定しよう。交換法則を仮定してよいとするなら，残りの二つも認めることは納得されるにちがいない。そして，今，交換法則を仮定すれば，$2×(-3)$の積を-6としてよいのではないかと考えた。

次に，$(-2)×(-3)$の積を考える。これは交換法則で説明することはできない。そこで，それに先立って$2×(-3)$について，他の法則を使って説明できないかを考えてみる。その説明をもとに$(-2)×(-3)$を考えようというわけである。ここらあたりには，適切な示唆，指導が必要である。もし，その説明が子どもに無理だと感じられれば，教師が示してもよい。同じことを後で生徒にさせるので，教えてもかまわない。

この説明は，分配法則を用いることによって可能となる。

---

[1] Dewey, J.: How We Think (D. C. Heath and Co. 1933) p. 9

このとき負の数を a＋x＝0 （a＞0）の x にあてはまる数と考えることが必要になる。このことは，加法で，(＋3)＋(－3)＝0 となることをおさえておくことで理解されよう。しかし，－a を a＋x＝0 （a＞0）となる x とする考えは，子どもから出てこないので，これは教師が示すことにする。

このように，
① 積の絶対値は，二つの積の絶対値の積とする。
② 計算法則（ここでは特に分配法則）を仮定する。
③ a＋x＝0 （a＞0）の x にあてはまる数を－a とする。
の三つを仮定すれば，次のように説明できる。

今，2×(－3)の積を－6 と予想した。すると，6＋x＝0 の x に 2×(－3)をあてはめた式が成り立つはずである。つまり，

 6＋2×(－3)＝0

である。
ここで，－6 の 6 が 2×3 から出たことをふり返って，6 の代わりに 2×3 とおく。すると，2×3＋2×(－3)＝0 という式が成り立つはずである。つまり，2×3＋2×(－3)が 0 になることを示せばよい。これは分配法則を用いて説明することができる。

 2×3＋2×(－3)＝2×{3＋(－3)}＝2×0＝0

これより，－6 と予想したことと，法則を仮定したことに整合性のあることが確かめられた。

次に，(－2)×(－3)についてもその積を予想させてみる。今度は，2 通りの予想，6 と－6 がでてきても不思議ではない。

6 という予想は，2×(－3)が負になったから，(－2)×(－3)はこれと同じではありえないと考えたものであろうし，－6 と予想した者は，それでも，(－2)×(－3)が 2×3 と同じなのはおかしいと考えたものであろう。いずれにしても合点がいかないから，「わからない」という子も出てくるであろう。「わからない」では説明のつけようがないから，6 と－6 の二つの予想を一応認めて，上でしたと同じように，その予想を説明させてみる。先の説明をほぼまねればよいから，それほどの困難はあるまい。

6 と予想した場合は，上の 2×3 と同じであると考えられているので

 (－2)×(－3)＋2×(－3)＝{(－2)＋2}×(－3)＝0×(－3)＝0

と説明できる。
(－2)×(－3)を－6 と予想した場合は，説明できないはずであるが，実際の授

業では，次のような説明をした子がある。

「(−2)×(−3)を−6になると考えたから，(−2)×(−3)と6をたして0になるかどうかを調べる。6というのは，2×3から出てきたから，これにたして
$2×3+(−2)×(−3)=\{2+(−2)\}×\{3+(−3)\}=0×0=0$」

これは分配法則を誤って用いているのであるが，非ユークリッド幾何の発見の過程において，なかなか平行線公理が否定できなかったことが思い出される。これは，自分の信念を裏づけるように論理をも用いようとする傾向が人間にあることを意味している。

1.1.2.7 三つのアプローチの位置づけ

　　　正負の数の乗法について，最も特徴的なアプローチの仕方を三つ取り上げて，公理的方法の立場から検討してきた。

　第一のアプローチは，具体的な場面において負の数の乗法を用いることを考えたものである。この場合には，乗法を用いてよい根拠を吟味し，既習の乗法と結合すると同時に，そこに認められる原理に基づいて負の数の乗法について，その積を求めることができた。

　第二のアプローチは，やや抽象的に数のモデルとしての数直線を用いて，正の数の乗法の操作をそのまま負の数にも拡張適用して，負の数の乗法を考えた。この場合は，具体的な場についてうまくあてはまるかどうか，また，既習の計算に見られる諸法則がやはり成り立つかどうかの吟味が必要であることを示した。

　第三のアプローチは，形式的に，計算法則を仮定して，自分たちの予想を確かめていく方法である。分配法則を逆に使って説明することは，中学1年ではやや難しいが，実験的な授業では一応可能であった。この場合も，ここで決めた乗法のきまりが具体例についてもうまくあてはまるかどうかの吟味が残されている。ともかく，具体から入ればその一般化をはかる必要があり，形式的に入れば具体での解釈が必要である。

　この三つのアプローチは，数の指導についての極端の立場を示している。というのは，具体例について考えている場合は，結果を知る手続きとして，既習の乗法が使えないかと考える立場であるのに対し，形式的に扱っている場合は，数ならば計算ができてしかるべきだ，したがって，乗法ができるように決めていこうという立場をとっている。そのために，既習のことがらの中に根拠を求め，それをもとに拡張したり，演繹したりしている。これは論理的な扱いであり，公理的な扱いである。

それに対して，具体的な場面の場合は，必ずしも負の数で表したり，負の数の乗法を用いたりしなくても結果を求めることができる。けれども，同じ場を形式的，統一的にとらえようとして，負の数の乗法を考えた。そのために，そこでの仮定と結果が，これまでの乗法を用いた根拠をもとにしても不都合を生じないかどうかの吟味をした。これも公理的方法である。

いずれの方法がよいかは，生徒の数学的成熟の違いによるので，一方的に決めるわけにはいかない。上では，どの方法を用いても十分であるようにという立場から考察を進めてきた。どの場合も，公理的方法の考えに基づいて吟味してきた。

しかし，上に示した方法をすべて扱うことができれば一層よい。たとえば，具体例について上で述べたような考察をし，続いて数直線でその確認をする。そのときには，具体例での解釈はなくてもいい。そして，最後に，第三のアプローチのようにして，計算法則をもとに証明する。時間はかかるが，このようにすることこそ，数学を作りあげる過程であり，公理的方法の用いられ方を示しているといえる。

1.1.3 不等式の指導

基本的な性質を大切にし，それに基づいた学習指導を進めることを主張すると，基本性質──それから導かれることがらというような展開が想像されるかもしれない。これは，公理を与え，そこから演繹的に導き出すという方法と同じである。

数学の授業では，どちらかというと，そのような展開がなされることが多い。教科書の書き方がどうしてもそうなりがちだからである。たとえば，1元1次方程式の指導は，等式の性質をまとめ，それを応用して方程式を解くことを学習させるという展開が普通である。はじめは等式の性質をそのまま使って解き，その手続きを形式化して「移項」ということばを導入する。そして，機械的に方程式が解けるようにする。

同じような展開が，1元1次不等式を解く場合にも行われている。不等式の導入に先立って，改めて不等式の性質を整理し，それを用いて不等式の解き方を考えるという展開である。

教科書の体裁から考えると，それが当然の構成である。しかし，実際の授業がそれに従わなければならないというわけではあるまい。

これまで考えてきたように，公理的方法の立場に立って学習指導を考えるとすれば，公理（ここでは，等式や不等式の性質）を与えるのではなく，その手続きの妥当なことの根拠を探り，公理（基本性質）を求めていくことを大切にした

い。このような指導は，方程式の指導ではできないかもしれないが，不等式の指導ではするチャンスがある。すでに方程式の解法を知っているので，その解法を用いようとすることができるからである。この方がもっと自然な展開となる。

たとえば，2x+3＞7 というような不等式を与えるとする。ここで不等式の性質はどんなだろうと考える子はいないであろう。しかし，方程式 2x+3=7 を思い出す子はいる。この方程式と不等式は無縁ではないからである。まず，形が似ているし，実際，この方程式の解は不等式の解の領域の境界になっているからである。関係があると考えるのが自然である。

ポリア（George, Polya）は，問題解決を助けるための問いとして，「これまでに似たものを解いたことがなかったか」[1]ということをあげているが，不等式を見て方程式を思うのは，それにあてはまる考え方である。問題解決では，この新しい問題と似た問題で，どんな問題だったら解けるか，それとくらべて何を解決しなければならないか，と考えることが大切である。不等式を見て方程式を思い出す考えは，問題解決の一般的な考え方にも通じている。

そこで，不等式 2x+3＞7 を解く代わりに，方程式 2x+3=7 を解いてみる。

$$2x+3=7$$
$$2x=7-3$$
$$2x=4$$
$$x=2$$

この解を得た後，もとの不等式に戻って確かめてみる。

左辺の式 2x+3 は，x=2 のとき7に等しくなるが，x=1 のときは7より小さく，x=3 のときは7より大きくなる。xの値を大きくすればするほど左辺は大きくなっていくので，解は x＞2 であることがわかる。

このように考えれば，不等式は解けなくても，方程式を作って解き，その解を境にして，不等式の解がどちら側にあるかを確かめれば，解を得ることができる。しかし，不等式のままでは解けないかというのが，ここでの課題である。そこで方程式と不等式を対比させてみる。

$$2x+3=7 \qquad\qquad 2x+3＞7$$
$$2x=7-3$$
$$2x=4$$
$$x=2 \qquad\qquad\qquad x＞2$$

もとの式と解とだけを対比してみると，不等号を等号と見立てて解いてもよさそうに思われる。つまり，不等式は方程式と同じようにして解けばよいのではな

（2） ポリア，柿内賢信訳：いかにして問題をとくか（丸善 1954）

いかという示唆が得られる。そこで，方程式の等号を不等号に変える。

$$2x + 3 > 7$$
$$2x > 7 - 3$$
$$2x > 4$$
$$x > 2$$

こうした後に，本当にこのようにしてよいのだろうかと考え，これを確かめるために根拠を求めることを考える。これが公理的方法の考え方であり，大切にしたい態度である。まずできることを試みてみて，よさそうだが本当に大丈夫だろうか確かめてみようという考え方である。このように考えたとき，基本的性質が問題になってくる。

まず，上の不等式を解く過程の第1段階で3を移項するが，これが大丈夫かどうか吟味しなければならない。しかし，移項するという手続きに目を向けているだけでは，問題の解決にはならない。なぜなら，「移項」は形式化したあとの手続きだからである。移項してよいかどうかを調べるには，移項してよいことを保証していた基本性質に立ち戻らなければならない。これはいうまでもなく，「等式の両辺に同じ数を加えても等式が成り立つ」ということである。このことから，これが不等式についても成り立つかどうかを確かめなければならないことがわかる。それが確認されて初めて，不等式でも移項してよいことが保障される。上の例の変形では，等式の性質がそのまま不等式についても成り立つので，等号を不等号に変えるだけで，なにも変える必要はない。

このようにすると，不等式の性質は，ただ単に教科書の説明を見て知るというのではなく，子どもにとって吟味せざるを得ない，解決を迫られる課題となってくる。

方程式は，等式の性質をもとに，その手続きを形式化することによってその解法が得られる。多くの場合，その形式化された手続きに習熟することに重点がおかれ，**解法が形式化されると，そのもとになっている等式の性質をいちいち意識**することは少なくなる。方程式の解法は一つの技能であるから，一々その根拠にもどらなくても，機械的に方程式が解ければよい。また，それが方程式のよさでもある。

しかし，数学を発展的・創造的に，課題をもって学習させようとするならば，根拠にしている基本的な性質を大切にしなければならない。等式の基本性質は，移項などの手続きを得るための説明の根拠になる道具だけではない。同じような場面に直面したときに新しい場面を切り拓く役目もしている。根拠にしているものに着目することによって，新しい事態が解決される。そして，その根拠になっている基本性質の中には共通しているものもあり，その立場から見れば，覚えな

ければならないことは少なくなる。これが，基本性質に着目すれば，内容が理解しやすくなり，忘れにくくなるということの意味である。

不等式の性質と等式の性質が違うところは，両辺に同じ数をかける場合である。先ほどの不等式の場合は，正の数をかけているから，不等号の向きは変わらないので問題にならないが，負の数のときは向きが変わるので，気づかぬまま解くとまちがった解を得る。

負の数をかけると不等号の向きが変わるということは，子どもは初め気がつくまい。放っておいても，しばらくすればその間違いに気づくであろうが（人類はそうしたものかもしれないが），学校教育の場では無駄を省くために，教師がその場を準備してやることが必要となる。

たとえば，解を求めたら確認するという習慣を身につけておけば，$3-2x>7$ というような問題を与えると，たとえば，$x>-2$ という解を得るが，数値を選んで代入することにより，解が違っていることに気がつく。そこで，不等式の性質をもう一度調べ直して確かめなければならないという気持ちが起きる。これが不等式の性質を調べる動機づけとなる。このような展開は単なる解説よりも数学らしく，また，動機づけの強い指導となることが予想できる。

不等式を解くときには，不等式の性質を使う。しかし，不等式の性質をすべて使うわけではない。もし，不等式の性質をあげてみようというと，$a>b$, $c>d$ のときには，$a+c>b+d$ というようなものもあがってくる。しかし，1元1次不等式を解くときには，この性質は使わない。また，この性質を2元連立不等式の解法に使って，たとえば，

$2x+3y<9$
$3x-3y<1$

を解くときに，辺々加えて，$5x<10$，ゆえに，$x<2$ とされても困る。方程式や不等式を解くためには，これを解くのに必要な性質を使っている。不要な性質まで挙げて混乱させないためにも，方程式との対比は価値がある。

子どもが予想を立てながら，自分で公理にもどり，それに基づいて自分の行動や予想の確かなことを確かめるという展開こそ公理的方法である。これができるように教材を準備し，展開を構想しておきたい。たとえば，初めに方程式を解かせ，これを準備とし（ここで既習の内容の定着の評価もできる），次にこれに似た不等式を出す。解かせて解の確認をする。両辺に同じ数をかけることについては，係数が負の数であることを無視すると間違える例を準備しておくことなどが考えられる。

上に述べたような指導ができるためには，したがって，方程式を解く手続きの根拠になっている基本的な性質は，忘れないように配慮しておくことが必要であ

る。方程式は，機械的に解けることが大切だとして，この基本的な性質への着目を軽んじる人がいる。移項などの説明のために等式の性質を使って説明するが，それは，数学の教師としての良心のためであって，本当は解けさえすればいいという気持ちをもっている人を見かけることがある。そのような人は最初こそ等式の性質を用いて説明するが，あとで，もうふり返ることはない。そうではなくて，再々それにもどるべきであると考える。

次に，その指導のあり方である。基本的な性質に基づくというと，数学の場合，まず，基本的な原理や性質についての解説や学習があって，それに基づいての説明が続くという学習指導展開がなされることが多い。もっと典型的にいうならば，公理，定義の提示があって，それから定理が示され，証明を行うという大学の講義に似た指導である。確かに論理的ではある。

これに似た学習指導が数学に多いのは，数学の論理体系への信奉が根にあるからではないだろうか。あるいは，論理的な説明が最もわかりやすい指導法という考えがあるのかもしれない。しかし，ヤング（G. S. Young）その他の人々も言っているように，証明や論理的な説明が必ずしも納得のいく説明ではないし，また，わかり易い説明でもない[1]ことを忘れてはならないと思う。

このような論理的な説明はまた，論理的な考え方，あるいは，公理的な考え方を伸ばすことに役立つわけでもない。方程式の解法の指導は，これまで通りにしておくとしても，不等式の解法の学習では，予想，実験，あるいは，試行の後の根拠への着目，根拠の確認，それに基づく説明，あるいは，証明，確認という学習展開をしたい。初めから根拠となることを提示するのではなく，根拠に目を向けること，根拠を求めることを大切にしたい。そこに公理的な考え方があり，公理的な考え方の精神がある。

1.2 仮説（公理）をおいて新しい世界を拓く

前項では，「根拠（公理）を探る」考えを活かす立場から，小数の乗法，正負の数の乗法，不等式の指導を例に考えた。いずれの場合も，既知の知識をもとに結果を求め，あるいは，予想し，形式的統一を求めて，そこに仮定されている原理，法則を探り，これを改めて仮定として拡張・発展をはかってきた。

本項では，「仮説（公理）をおいて新しい世界を拓く」という考えを活かした

---

(1) Young, G. S.: The Role of Postulates in School Mathematics ("The Role of Axiomatics and Problem Solving in Mathematics" Ginn and Company 1966) pp. 85〜87

第5章　公理的方法に基づく算数・数学の学習指導

学習指導の事例を考察する。しかしながら，この考えは，前項の中でも見られたことである。根拠を探り，それが明らかになるとそれを仮定して，発展的に考察することを試みてきた。そういう意味では，既に「仮設（公理）をおいて新しい世界を拓く」考えによる具体的事例は考察ずみだともいえる。

本項では，その考えが一層強い事例として，平方根の指導，分数の除法の計算の仕方の指導，計算法則の指導を例に取りあげる。

1.2.1　平方根の指導

1.2.1.1　数を拡張する立場

中学校での平方根の指導は，それまでの数の指導と同じように，具体的な量を表す必要から導入されることが多い。たとえば，正方形の対角線の長さや，もとの正方形の2倍の大きさをもった正方形の一辺の長さを求めることが考えられている。これらは，方程式 $x^2=2$ の解であり，その解として $\sqrt{2}$ が導入されると，あとは形式的に $x^2=3$ の解，$x^2=5$ の解として，$\sqrt{3}$，$\sqrt{5}$ が導入される。こうして平方根一般が定義され，そののち計算の指導をすることになっている。すべての平方根を量に結びつけて導入するわけではなく，形式的に導入しているので小学校より随分進んではいるが，もっと数の世界を拡げていく考えで指導することも考えられる。計算法則などを仮定して，新しい数の世界を作っていく経験を与えることもできるはずである。ここでは，その考えに立った指導を考える。この展開はまた，数の不思議さに対する目も開いてくれる。

計算の可能性については，小学校から着目してきている。自然数の範囲では加法，乗法は常に可能であるが，減法と除法は可能だとはいえない。分数を学習すると除法が常に可能となる。しかし，減法は相変わらず常に可能とは言えない。

このようなことが，「四則計算の可能性などについて調べること」[1]に関連して学習されている。減法が常に可能ではないことが，負の数への拡張の伏線になっている。数学教育の現代化を反映していた学習指導要領のもとでは，ここで「負の数」を導入してもよいことになっていた。新しい数の創造に参加させようというわけである。そして，中学校で正負の数を学習すると，四則に関して計算が常に可能となることに目を向けさせることになっていた。

これには，数の集合を拡張する姿を見せるという教育的価値が認められる。小学校での数は，実際には，量を表す必要から拡張されるものと考えられるが，上に述べた考えは，見方を変えて計算の可能という立場からも，数の拡張の意味づ

（1）　文部省：学習指導要領（1978）　6年　A．数と計算(2)ウ

けをしようとしている。つまり，四則の演算が可能になるように新しい数を創り出していると見させている。それによって，数は四則計算の対象となるものであるという見方がなされることになる。

次に中学校で新しく学習する数は平方根である。平方根も，多くの場合，正方形の対角線の長さなどの量の表現の必要から導入される。それまでの学習で，四則について閉じた世界が作られたので，新しい計算を考えない限り，計算から新しい数が必要となることはない。新しい数の必要は，再び，量の世界からの刺激から生ずる。

しかし，数学の立場から必要が生じないというわけではない。たとえば，方程式の解の存在という立場から，平方根その他の数の必要を考えることもでき，それにより数の拡張を行うことも考えられる。四則の可能性を1次方程式に結びつければ，$a+x=b$ が a，b の如何にかかわらず解けるように負の数を導入したことになり，$ax=b$ が常に解けるように有理数へ拡げたと見ることができる。これらが1次方程式であることに目をつけると，では，2次方程式でどうだろうかというような展開が考えられる。

このように，方程式の解の可能性に着目して数を拡張することも可能であるが，一般に行われないのは，2次方程式の解の可能性を問題にすると，簡単な方程式 $x^2=2$ などはよいが，$ax^2+b=0$, $ax^2+bx+c=0$ の形の方程式もすぐ考えられ，解法の指導が難しくなるという問題がでてくるからである。さらに，実数の範囲では解けないものも形式的に作られてしまい，数の拡張があまりに早く行われすぎることにもなる。

そこで，形式的に方程式をもとに新しい数を拡張することはやめて，正方形の対角線のような具体的な量をもとに数の拡張を考えている。しかし，演算が可能なように数の世界を拡げるということにも目を向けさせてきているので，これを活かした学習展開，つまり，これまで知られていなかった新しい数 $\sqrt{2}$ の発見をきっかけに，今までの数の知識を動員して，新しい数の世界を探究してみようという考えで学習を進めていくことを考えたい。これも公理的方法の考えであり，この項で考えたいことである。

1.2.1.2　$a+b\sqrt{2}$ の集合

正方形の対角線の長さを表す数として $\sqrt{2}$ を学習する。これが，量を表す新しい数の仲間として今登場してきたとする。このとき，数は量を表すものという立場であれば，新しい量が出てくれば，それを表すものも数の仲間として認めなければならない。

さて，この $\sqrt{2}$ が数の仲間だとすると，この数の仲間がまだ他にもあるのでは

ないかということが問題になる。$\sqrt{2}$が数であるならば，先に見てきたように，計算の対象となるのだから，今までの数とも計算ができ，その結果得られるものも数の仲間であるはずである。（このとき，数の集合を拡張するという立場，新しい数を作っていくという考え方で学習を進めることもできるが，ここでは，どんな数があるかを調べていくという立場で進めることにする。）

まず，$\sqrt{2}$と1を加えてみる$\sqrt{2}+1$，これは，今までになかった数である。四則の計算が可能なものならば，こうして作った数も仲間でなければならない。$\sqrt{2}+2$，これも新しい数の仲間でなければならない。同じように考えると，qを有理数として，$\sqrt{2}+q$という形の数はすべて新しい数の仲間でなければならない。それらは，これまで知られていなかった新しい数である。

こうすることの中には，$\sqrt{2}+q$という式で表されているものも一つの数である，という考えが示されている。生徒の中には，$\sqrt{2}$とqとを加えた$\sqrt{2}+q$は加えられないものであって，これを数でないと考え違いをしているものがある。そうではなく，これも数である。数直線上に表せば，そのことはすぐわかるはずである。

このように$\sqrt{2}$という新しい数を仲間に入れ，計算の可能性という立場から加法を考えることによって，まず，$\sqrt{2}+q$（qは有理数）という式で表される数が仲間にあることがわかった。次の問題は，これですべてだろうかということである。

今は，$\sqrt{2}$と有理数qとの和を考えたが，$\sqrt{2}$同士の和も考えなければなるまい。すると，$2\sqrt{2}$, $3\sqrt{2}$, ……，なども仲間に入れなければならないことがわかる。また，$\sqrt{2}+q$同士を加えた$n\sqrt{2}+q$（nは自然数）も仲間に入れることが必要である。これで加法に関しては閉じた集合ができた。

次に，減法が可能であるという立場からは，どんな数が仲間にいることがわかるであろうか。今，数の集合は，nを自然数，qを有理数として$\{n\sqrt{2}+q\}$までの数の範囲が広げられているが，加法の逆元を考えると，$-(n\sqrt{2}+q)=(-n)\sqrt{2}+(-q)$が必要である。したがって，nを整数とした$n\sqrt{2}+q$が含まれていなければならない。このようにして作られた集合 $\{n\sqrt{2}+q \mid n:$整数，$q:$有理数$\}$は，加法，減法について閉じている。

次に，乗法について考えてみる。

m，nを整数，p，qを有理数として，$m\sqrt{2}+q$と$n\sqrt{2}+q$との積を作ってみる。

$$(m\sqrt{2}+p)(n\sqrt{2}+q)=(2mn+pq)+(mq+np)\sqrt{2}$$

となるから，a，bを有理数として$a+b\sqrt{2}$の形の式で表される数の集合を考えなければ，乗法については閉じていないことがわかる。

最後に，除法を考えてみる。

a, b, c, dを有理数として，$(a+b\sqrt{2})\div(c+d\sqrt{2})$ を考えると，

$$(a+b\sqrt{2})\div(c+d\sqrt{2})=\frac{a+b\sqrt{2}}{c+d\sqrt{2}}=\frac{(a+b\sqrt{2})(c-d\sqrt{2})}{(c+d\sqrt{2})(c-d\sqrt{2})}$$
$$=\frac{ac-2bd}{c^2-2d^2}+\frac{bc-ad}{c^2-2d^2}\sqrt{2}$$

であるから，集合 $\{a+b\sqrt{2}\mid a, b\text{は有理数}\}$ は，除法についても閉じている。すなわち，$\{a+b\sqrt{2}\mid a,b\text{は有理数}\}$ の集合は四則に関して閉じている。$\sqrt{2}$ については，これで新しい数はすべてであることがわかる。

1.2.1.3 このような展開をすることの価値

このように，2の平方根$\sqrt{2}$が新しい数として見つかると，それが四則について閉じた集合であるはずだという仮定のもとで，新しい数が見つかっていく。また新しく$\sqrt{3}$が加わると，同じようにして新しい数が見つけられる。平方根は，これらの他にも数多くあるが，それらについてすべて，このようにして新しい数を見つけていくことができる。もちろん，すべての平方根について，実際にこれを行うことはできないが，少なくともこれらのいくつかについての作業によって，新しい数の集合がどのようなものであるかが類推的にわかるであろう。

このような学習をさせることの価値は，探究的な学習を通して，探究的な態度・考え方を養うことにあるが，それだけにあるわけではない。新しい数にどんなものがあるだろうかと調べていく間に，数の拡張の仕方がわかるということもある。数についての理解が深まることも期待できる。さきほど，$a+b\sqrt{2}$は式の形をしていても，それで一つの数と見られるようになることを挙げた。さらに，次のようにすれば，数の集合の濃度についての認識も深められるはずである。

周知のように，自然数の集合の濃度は整数の集合の濃度と同じであるだけでなく，有理数の濃度とも同じである。しかし，有理数の集合の濃度と実数の集合の濃度とは同じではない。これらは，集合論を学習した時，実感できず不思議に思えることである。もちろん，中学校でこのようなことを教えるわけではない。しかし，数の概念を豊かにするためには，そうしたことにも少しは関心をもたせてみたい。

すぐわかることであるが，$\sqrt{2}$に有理数 a を加えて作った$\sqrt{2}+a$ という数の集合の濃度は，有理数の集合の濃度と同じである。平方根$\sqrt{2}$と有理数 b とを掛け合わせて作った$b\sqrt{2}$ という数の集合の濃度も，有理数の集合の濃度と同じである。すると，それらを合わせた$a+b\sqrt{2}$ という数の集合の濃度は，それだけでも有理数の集合の濃度よりも高い感じがする（実際には，同じなのであるが）。ところがこのことは，$\sqrt{3}$についても，$\sqrt{5}$についても言えることである。算術

的にいえば，有理数の何倍もの新しい数があることになる。平方根はすべての有理数について考えられるので，有理数の有理数倍の新しい数が作られることになる。

　図的なイメージでいうならば，この段階の子どもの知っていた数は有理数だけであり，数直線上の点はそれらに対応するものと考えられている。すると $\sqrt{2}+a$ という数はこの数直線を $\sqrt{2}$ だけ平行移動したものである。同じように考えてみると，$a+b\sqrt{2}$ という数は，平面上の点に対応させられる。これまで知っていた数が数直線上の点に対応させられるものとすれば，新しく作られた数は，平面上の点に対応させられるものと考えられる。そうすれば，その数の違いが実感させられるにちがいない。

　この $a+b\sqrt{2}$ の集合については，昭和43年の学習指導要領の第3学年の「内容の取り扱い」で，「内容のAの(1)に関連して，生徒によっては，集合 $\{a+b\sqrt{2}\mid a,b$ は有理数$\}$ などの構造について取り扱ってもさしつかえない」とされていた。しかし，実際の教科書では，上に述べたような扱いはされず，$\{a+b\sqrt{2}\}$ の集合が与えられ，その集合の中の具体的な数について，加法について閉じているか，交換，結合の法則が成り立つか，減法や乗法についてはどうか，などが吟味され，最後に，除法の可能性の吟味に関連して分母の有理化が指導されていた。先生の中には，これを分母の有理化のための教材と位置づけていた人も少なくない。分母の有理化のための教材としては不十分なのにである。

　そのような扱いだったので，この教材については，初めからその価値を疑問視する人が多かった。というのは，$\{a+b\sqrt{2}\}$ の集合について，交換，結合，分配の法則を調べることにどんな価値があるというのか，構造を調べるというのだから，それらの法則も対象になるにちがいないが，それでどうだというのだ，何のために $\{a+b\sqrt{2}\}$ の集合の構造を調べなければならないのか，と考えられたからである。

　それに価値を見出そうとして，代数における演繹推論の題材の一つと見た人もある。しかし，現代化運動で，代数にもっと演繹的な性格を，代数においても論証を，公理的方法を教えるために代数的構造をと主張されていたのは，その程度のことだったのであろうか。

　そういう状況だったので，学習指導要領の見直しの中で，いつか，この題材は指導されなくてもよい教材となっていった。しかし，学習指導要領の中になくても，また，教科書の中になくても，上に述べた扱いはできるはずである。仮設的に考える考え方を示せるだけでなく，数に対する目も開いてくれる。

1.2.2 分数の除法

　平方根の指導では，計算の可能性ということを視点に数の世界の拡張の姿を示すことを考えてきた。そこでは，それまで学習してきた数について成り立っていた計算法則が成り立つものとして話を進めてきた。

　平方根の指導では，新しい数としてどのような数がなければならないかということに主眼をおき，数の範囲を拡げていく考えを示した。それだけでなく，それまで学習してきた数について成り立ってきた法則がそのまま成り立つという考えをもとに，計算の仕方を考えることもできる。このことを分数の除法について考えてみる。

　分数の除法の計算の仕方も，小学校の算数の中では，その指導が難しいものの一つである。

　分数の除法を考えることの難しさは，立式の問題もさることながら，立式ができてもその結果が知りにくいということがある。小数や分数の乗法の場合は，乗法の立式はできなくても，既知の方法を使って解を求めることはできる。その上で，なぜそのように立式してよいか，結果はどのようにして求めたらよいかを考える。負の数の乗法の場合も同じである。具体に即して結果を求めることもでき，ただ形式化の要求にどう答えるかが問題となる。ところが分数で割る場合は，計算手続きより以前に，結果もなかなか知り得ない。

　小学校での数の学習は，量に結びつけて指導される。それは，数が量を表現するために生まれてきたというだけでなく，教育的な観点から言っても，量はその大きさを目で見ることができるので実感をもつことができ，操作することができるので考えるときの助けとなるといったよさがあるからである。量に結びつけると，整数の加減乗除や，小数・分数の加減の場合は考え易く，指導し易いが，小数や分数の乗除になるとその解釈が難しくなってくる。もともと乗法は，数（整数）を能率的に数える方法として生まれ，それが小数や分数の場合にも使えるように意味が拡張されたと考えられるので，その解釈が難しくなるのも当然のことかもしれない。

　分数の除法は，計算の仕方を具体に結びつけて考えることが難しい。教科書では，そのためのいろいろな工夫がなされている。しかし，適当な例が考えつかなければ考えることは難しい。適当な例を思いつくことは大学生でも難しいから，小学生に自力で考えさせることはできない相談となる。

　では，まったく手も足もでないかというと，そうでもないということを示した

い。除法について成り立っている法則や性質が分数についても成り立つことを認めるとすると，解を得ることができるからである。それをもとに計算手続きを一般化することもできる。そのことをもとに子どもに創造的・発展的に学習を進めさせようというのが本項の主張でもある。それができるようにするためには，その可能性を探っておくと同時に，そのための配慮をカリキュラム，および，学習指導の中でしておくことが必要となる。

　その基本的な考えは次のようである。

　未知の場面に遭遇した場合，それがどんな性質をもち，どんな法則に支配されているかがわからないことが多い。しかし，似たことについてのこれまでの経験やいくらかの観察などに基づいて，なんらかの法則が予想されることがある。そこで，一般には，観察や実験を重ねて，その事態を的確にとらえる努力をするが，不十分な情報で判断しなければならず，それをもとに決断を下さなければならないこともある。このような時には，それまでに得られた知識から，そこに支配していると考えられる法則や原理をもとに演繹的に推論し，判断しなければなるまい。このようなことは，問題解決においてよく起こることである。

　また，観察や実験をするについても，どういう観点で何を観察・実験すればよいのかを決めなければならない。この時にも，知られている事実や既知の知識をもとに仮説を立て，その研究の方向を定めたりすることが有効である。その際，多くの場合は，既知の知識体系に基づいて考え，その中に位置づけられるように考えていくものである。それは，理解というものが，既知の知識体系の中に位置づけられることによってなされるからであり，したがって，新しいことを理解しようとすればその努力をすることになる。どうしても，新しい知識を含んだ整合的な知識体系ができない時，これまでの法則や原理を見直し，知識の再体系化を行わなければならなくなる。

　数学の場合には，自然科学と違って，あるいくつかの法則をもった体系が出来上がると，その体系を拡大するにあたっては，それと整合性を保つように作っていく。それが，我々の身の回りにある諸事象を解明することを目的とする自然科学と，公理に基づき整合的な演繹体系を作っていく数学との違いである。

　たとえば，数は，初め具体的なものの多さをとらえるものとして生まれながら，複素数のように，大小の比較ができないようなものにまで拡げて考えられる。しかも，それまでのものを含めるように拡張されている。つまり，今までの法則の多くは，できるだけ変えないでそのまま成り立つように，そして，新しく決めて作ったものが今までのものを包含するように作っている。

　このように，新しい事態に直面した時に，原理・法則を仮定しながらその事態にアプローチし，問題を解決し，新しい知識を作り出すことも多い。これに似た

ことを学習指導で用いれば，仮説を立て，観察実験を続けて事態を解明する考えを養うことができ，自学の態度もつけることができるものと期待できる。その力がなくても，そういう考えで学習を進めれば，自分で数学を作っているという気持ちももてるであろう。数はそのような考えで拡張されているので，数の領域の学習において，そのような経験をさせる場を設けることが可能である。分数の除法の計算を考える場も，その一つの場として考えられる。

子ども達は，既に分数について，また，除法について多くのことを知っているので，その知識を活用することを考える。そのために，子どもの既知の知識で，どのくらいの解決ができるものかを見ていくことにする。

1.2.2.1 数直線を用いて

小数・分数をかけたり，小数・分数で割ったりすることの意味は数直線を用いて解釈されることが多い。そこで，その計算の結果も数直線で求めることが考えられる。

除法 a÷b を数直線で考えると，除法の意味に即して，次の二つの場合が考えられる。

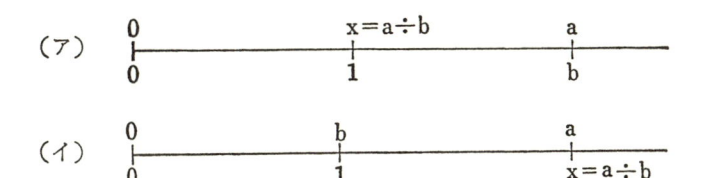

(ア) 数直線：0 ─── x=a÷b ─── a / 0 ─── 1 ─── b

(イ) 数直線：0 ─── b ─── a / 0 ─── 1 ─── x=a÷b

それぞれの場合を，$\frac{3}{4} \div \frac{2}{5}$ を例にして考えると次のようになる。

(ア) 数直線：0 ─── $\frac{3}{4}$ ─── x / 0 ─── $\frac{2}{5}$ ─── 1

$\frac{2}{5}$ に対して $\frac{3}{4}$ だから，$\frac{1}{5}$ に対応する値は $\frac{3}{4} \div 2$。

数直線：0 ─── $\frac{3}{4}\div 2$ ─── $\frac{3}{4}$ ─── x=$(\frac{3}{4}\div 2)\times 5$ / 0 ─── $\frac{1}{5}$ ─── $\frac{2}{5}$ ─── 1

1に対応する値は，その5倍だから $\left(\frac{3}{4} \div 2\right) \times 5$

だから，$\frac{3}{4} \div \frac{2}{5} = \left(\frac{3}{4} \div 2\right) \times 5 = \frac{3 \times 5}{4 \times 2} = \frac{15}{8}$

(イ) $\frac{2}{5}$ を1としたとき，$\frac{3}{4}$ の下の目盛りがどれだけになるか，つまり，$\frac{2}{5}$ に対する $\frac{3}{4}$ の割合がどれだけになるかを考えればよいから，

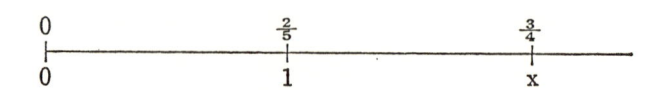

$\frac{2}{5}$ と $\frac{3}{4}$ に共通する単位を求める。これは $\frac{1}{20}$。

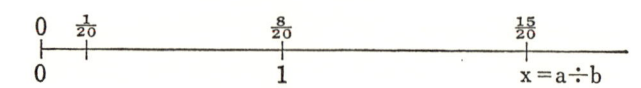

すると $\frac{2}{5}$ は $\frac{8}{20}$, $\frac{3}{4}$ は $\frac{15}{20}$ になるから，求める x の値は $15 \div 8 = \frac{15}{8}$ として求められる。(これは，少し難しいかもしれない)

このようにして商を得，その手続きを帰納したあとで，具体的なものについて，その答えが妥当なものと考えられるかどうかを吟味することにする。

1.2.2.2 単位を変えて

小数の除法の場合，単位を変えて考えるとうまくいくことがある。たとえば，8.4ℓ の牛乳を 0.6ℓ ずつに分ける場合，$8.4 \div 0.6$ という除法をすることによって求められるが，単位を dℓ に直すと，84 dℓ を 6 dℓ ずつ分けることと同じなので，$8.4 \div 0.6 = 84 \div 6$ と考えて計算すればよい。分数の場合もこれと同じように考えると $\frac{3}{4} \div \frac{2}{5}$ では，通分をして，

$$\frac{15}{20} \div \frac{8}{20} = 15 \div 8 = \frac{15}{8}$$

とすることが考えられる。これは数直線で考えた場合にも見られた考え方である。

1.2.2.3 乗法と除法の関係をもとに

除法が乗法の逆の演算であるということは，除法の学習の初期の段階で，商を九々を用いて求めているから，子どもはそのときから知っていることである。その後も検算をするときなどに用いているにちがいない。除法が乗法の逆の演算であるということが，分数についても成り立つとすると（これは除法の定義でもあるので，この言い方はおかしいかもしれないが，小学校では，必ずしもそのように定義しないので，このように述べた。子どもの中にも，このことに疑問をもつものはいないと考えられる），「乗法では，分母と分母をかけて分母とし，分子と分子をかけて分子とした」のだから，除法では「分母を分母で割って分母とし，分子を分子で割って分子とする」という考えが出てくるはずである。

実際，

$$\frac{2}{3} \times \frac{4}{5} = \frac{2 \times 4}{3 \times 5} = \frac{8}{15}$$

だから
$$\frac{8}{15} \div \frac{4}{5} = \frac{8 \div 4}{15 \div 5} = \frac{2}{3}$$
として求められる。このような問題を与えれば，子どもは上に述べたような考えで商を求めるであろう。この方法は，しかしながら，いつでもこのまま使えるわけではない。分母なり，分子なりが割り切れない時があるからである。

ここで，分数の指導がどのように行われていたのかが問題になる。分数が多くの同値分数をもっているということをよく知っていれば，分数の大きさを変えないで，分母や分子が割り切れるようにすればよいという考えが出るはずである。

たとえば，$\frac{7}{15} \div \frac{4}{5}$ であれば，$7 \div 4$ ができないので，$\frac{7}{15}$ と同じ大きさで，分子が4で割り切れる分数を探せばよい。そのようなものとして，たとえば，$\frac{28}{60}$ があるから，
$$\frac{7}{15} \div \frac{4}{5} = \frac{28}{60} \div \frac{4}{5} = \frac{28 \div 4}{60 \div 5} = \frac{7}{12}$$
として求めることができる。この考え方の手続きをそのまま式に書くと次のようになる。
$$\frac{3}{4} \div \frac{2}{5} = \frac{3 \times 2 \times 5}{4 \times 2 \times 5} \div \frac{2}{5}$$
$$= \frac{3 \times 2 \times 5 \div 2}{4 \times 2 \times 5 \div 5} = \frac{3 \times 5}{4 \times 2}$$

最初と最後を見比べ，形式化することによって，分数の除法の手続きが帰納される。この式からなぜ除数の分母と分子を取り替えてかければよいかの意味もわかるであろう。

1.2.2.4 除法の法則を用いて

このことについては，計算法則のところで述べるので，ここでは，その概略を述べることにする。

除法の法則として，次のものがある。

「D1：わる数とわられる数の両方に同じ数をかけても，あるいは，両方を同じ数でわっても，その商は変わらない。」

この法則を使うと次のように考えることができる。例を $\frac{2}{5} \div \frac{3}{4}$ にとる。

① それまでに，分数÷整数の学習は済んでいるので，除数を整数にすることを工夫する。そのために，除数，被除数の両方に4をかけることが考えられる。
$$\frac{2}{5} \div \frac{3}{4} = \left(\frac{2}{5} \times 4\right) \div \left(\frac{3}{4} \times 4\right)$$
$$= \frac{2 \times 4}{5} \div 3$$
$$= \frac{2 \times 4}{5 \times 3}$$

② 除数だけでなく，被除数も整数に直すと，整数÷整数の除法になる。

$$\frac{2}{5} \div \frac{3}{4} = \left(\frac{2}{5} \times 5 \times 4\right) \div \left(\frac{3}{4} \times 4 \times 5\right)$$
$$= (2 \times 4) \div (3 \times 5)$$
$$= \frac{2 \times 4}{3 \times 5}$$

③ 除数を1にすることを考えると

$$\frac{2}{5} \div \frac{3}{4} = \left(\frac{2}{5} \times \frac{4}{3}\right) \div \left(\frac{3}{4} \times \frac{4}{3}\right)$$
$$= \left(\frac{2}{5} \times \frac{4}{3}\right) \div 1$$
$$= \frac{2}{5} \times \frac{4}{3}$$

除法は，除数の逆数をかけることと同じであることの意味はこれが最もわかり易い。

1.2.2.5　その他の考えとまとめ

繁分数が許されるならば，整数の除法で $a \div b = \frac{a}{b}$ とすることを用いて，

$$\frac{a}{b} \div \frac{c}{d} = \frac{\frac{a}{b}}{\frac{c}{d}}$$

とすることも考えられる。普通の分数に直すには，分母と分子に同じ数をかけて，

$$\frac{a}{b} \div \frac{c}{d} = \frac{\frac{a}{b}}{\frac{c}{d}} = \frac{\frac{a}{b} \times b \times d}{\frac{c}{d} \times b \times d} = \frac{a \times d}{c \times b}$$

とすることができる。また，整数で割るときに除数を分母に掛けることを用いても同じように考えることができるであろう。

　これらはいずれも，これまでの計算について成り立っている法則が，分数で割る除法にもそのまま成り立つものと仮定している。教科書などでは，具体に即して商を導いているので，その結果と一致することを確認すると一層確かな知識として自覚されるにちがいない。

　既知の計算についての法則などが，分数の除法について成り立つと仮定して話を進めることについては異論がでるかもしれない。それは仮定すべきものではなく，確認すべきものであると。

　しかし，数を拡張し，計算を一般化する場合，われわれは形式不易の原理に則って，既知のものについて成り立つものはできるだけ変えないように拡張し，一般化してきたはずである。既知の原理・法則をできるだけ変えないで，新しい事態に対処し，取り込んでいこうとする考え方は，数学にかぎらず大切な考え方である。

そのとき大切にするものは，上で見たことから明らかなように，まず乗除の関係である。乗除の関係は，立式のためにも根拠となるし，また，すでに見てきたように，商を予測するためにも使える。また，商が正しいかどうかを確認するためにも使うことができる。

次に，除法について成り立つ法則「除数と被除数に同じ数をかけても商は変わらない」が大切である。これは，大きな数の除法，たとえば，2400000÷30000＝240÷3とするように使われているし，また，小数の除法を筆算でするときにも使われている。また，分数の分母，分子に同じ数をかけても，同じ数で割ってもよいこととも関係している。その根源をさかのぼれば，乗法の結合法則に行きつく。そういう意味でも，もっとも基本的な法則である。

したがって，乗除の関係と除法の法則とは，計算を考えるときの基礎となる原理として大切にし，これがいつでも使えるように配慮して，それまでの学習指導をしておきたい。それにより，創造的な学習が期待できる。

1.2.3　面積の指導 ── 自らの誤りに気づかせる指導

これまで取り上げた具体的な事例は，仮説（公理）をおいてその論理的帰結を求める考え方で，正しい知識を得る場合についてであった。しかし，その考え方は，正しい知識を得る場合だけでなく，誤った知識を自ら正すためにも有効である。このことを面積の指導を例にして考えてみる。

子どもは，面積を周の長さでとらえる傾向があるといわれている。つまり，周の長さが長ければ面積も広いと判断することがあるという。これは，相似形については正しいことであるが，一般には，必ずしも真ではない。

そこで，ふつう，周の長さが等しい長方形（4×6）と正方形（5×5）の面積を直接比べる課題から面積の導入をすることが多い。面積を周の長さでとらえることができると思っている子は，どちらの図形が広いだろうかという問題を投げかけられると，当然，周の長さをはかって，どちらも周の長さが20cmだから面積は等しいと反応する。すると教師は，一般に，「では，比べてみましょう」と言って，重ねて比べさせ，重ならない部分を切ることによって，正方形の方が1cm四方の正方形分だけ大きいことを見出させる。そして，周の長さでは比べることができないことをおさえ，1cmの方眼に区切る作業をさせ，その方眼の数をかぞえて面積を表すことを学習させている。

この指導は，面積が周の長さでは比べられないことに気づかせ，直接比較によ

って面積を比べる経験を与え，それによって自分の仮定していたことの誤りに気づかせるといったことを含んでいる点で面積の指導法のよい方法とされている。

しかし，よく考えるとこれに問題がないわけではない。

周の長さをはかって，どちらも周の長さが20 cmだから面積が等しいと子どもが言っているとき，教師が「比べてみましょう」と言う必然性はあるだろうか。等しいと思っている以上，比べる必然性はないはずである。比べなければならない，比べたい，という気持ちはない。問題意識はないのだが，教師に比べてみましょうと言われたから比べているにすぎない。教師の問うていることに反応しているだけである。

人が努力して考えたり，調べたりしようとするには，それなりのきっかけ，動機が必要である。第1章で見てきたように，論理的体系化の方法が生まれた背景には，エレア学派の逆説やソフィストの詭弁があり，数学では無理数の発見があった。既にもっていた知識や概念と矛盾することがらが論理によって導かれたが故に，公理的な体系が作られた。それと同じように，学校教育の場でも，調べたり，考えたりしなければならない場を設定しなければならない。考えずにはすまされない，調べないではすまされない気持ちを起こさせる場を与えなければならない。

学習の動機づけとしては，必要を感じさせることなどがあげられている。それも動機づけの一つではあるが，公理的方法の歴史を見てきた立場からいうならば，実用的な必要感といったものではなく，矛盾が起きて困ってしまう場，矛盾が起きて解消しないではすまされない場におくことの方が，より一層考えさせる場を設定していることになるものと考える。

面積の学習の場についていうならば，周の長さが等しければ面積も等しいと考えている子の場合，それが妥当なものでなければ，その仮定からは，既知の知識，考えと相矛盾することがらが導かれるはずである。その考えをおし進めれば，つまり，子どもの考えを仮設として推論を進めていけば，教師が示さなくても矛盾を感ずる場に直面させることができるはずである。

たとえば，周の長さが等しければ，面積が等しいとする。言い換えれば，面積を周の長さで表すことができるものとする。先程の例でも，長方形と正方形とで面積が違うといえるではないかといわれるかもしれないが，子どもは同じだと思っているので，そこには比べる必要は起きない。そこで，「面積は周の長さで表す」ことができることにしてみる。これが面積を数で表す定義のようなものとするのである。

それを仮定した上で，その定義でいつでも大丈夫だろうか，それを確かめることを考えさせてみる。これができるためには，日頃の指導で，常に，一般化してよいものかどうかを確かめる態度を養っておかなければならない。少なくとも，教

師はいつも，着実に確かめながら学習を進めるという態度をもって学習指導の場に臨まなければならない。また，このことは，公理的方法を考えるときの基本的な態度であり，数学を通して形成したい態度でもある。公理的方法の立場で学習指導に臨むということが，今述べた考え方を育てる場を設定していることになる。

一般化しても大丈夫か確かめてみようという態度も，また，公理的方法を考えるときの基本的な態度である。したがって，この考え方は子どもがまちがった考えを出したときに考えさせればよいといったものでなく，常にその考え方で臨まなければならないことである。態度に一貫性がなければならない。

そこで，たとえば合同な長方形をもう一つもちだして，二つを並べて長方形を作る。そして，まず，新しくできた長方形は，もとの長方形と比べてどうなったかを尋ねてみる。合同な長方形を二つ並べたのであるから，面積が2倍になったというはずである。あるいは，教師の側から倍になったことを指摘すれば，納得されるにちがいない。

新しく作った長方形がもとの長方形と比べて2倍になったことを確認したうえで，すると面積を表す周の長さも2倍になるはずだが，そうなっているかを確かめさせてみる。

ここには，面積を数で表したいということを考えたときに，そこで表された数は，量が2倍になれば，その量を表した数も2倍になるように数値化するという原則が前提とされている。その原則を確認することも価値あることである。

当然のことながら，二つの合同な長方形を合わせた大きな長方形の周の長さは，もとの小さな長方形の周の長さの2倍にはならない。そこで，これまでの量と測定値との間の関係をふり返ってみる。今まで，数で表してきた長さ，重さなどはすべて，量が2倍になれば，測定値も2倍になっていた。他の量については，量が2倍になればそれを表す数も2倍になっている。とするならば，面積だけがそうなっていないのは都合がわるい。どうしても止むを得ないのか，それとも，他に何か手段があるのかを考える。

そこで，周の長さが長ければ面積が広い，周の長さが同じならば面積も同じということに不都合はないかを調べてみる。あるいは，そのことに矛盾する事例を出してみる。たとえば，長方形の角から適当な大きさの正方形を切り取ると，面積は少なくなるが，周の長さは変わらない。このことからも，周の長さで面積を表すことが不都合であることが明らかになろう。同じ数値なのに違う面積が対応するのでは，用をなさないからである。

そのことが明らかになったことをきっかけに，測るとはどういうことかを考えさせてみる。既に子どもも気づいているように，量が2倍になれば，その量を表す数値も2倍になっていなければならないということも一つの原則である。さら

に,「測る」とはどういうことかを既習の量 —— たとえば,長さ,容積,重さ,角など —— について考えてみると,いずれも,測ろうとしている量そのものを単位として,その単位がいくつ分であるかを数えて数値化していることがわかる。

面積を周の長さでとらえようとしたのは悪いことではないが,それは面積を長さで単位をつくり数値化していたことになる。面積は,面積で単位を決めていけば,先ほどの原則にもあった数値化ができるのではないか,調べてみようというような展開が考えられる。

ここでは,公理的方法の考えのうち「根拠(公理)を探る」という考えに似た考えが見られる。つまり,測るとはどんなことかを求めている。このことは,ガロアやアーベル達が高次方程式の解法を求めて,「方程式を解くとはどういうことか」を吟味していることと同じである。そのことが明らかになった上で,それを根拠に,新しい事態に立ち向かっていく。これもまた,公理的方法の考えである。

この考えに基づいて,体積の指導を試みたことがある。体積の指導は,実際には5年で行われるのであるが,これを4年生で試みたが,子どもたちは「測る」ということの意味を理解し,1時間のうちに直方体の体積の公式に似たものまで導くことができた。

以上,仮設(公理)をおいて考えるという考えを活かした学習指導を考えてきたが,その仮設は,多くの場合,既習の内容から得ていた。似たような場であるので,同じ公理が成り立つに違いない。同じ公理が成り立ってほしいという考えがそこにはある。ときには,誤った類推から誤った仮設(公理)を置くこともあり得る。しかし,そのときでも,その仮設からの論理的帰結を求めるという考えは,誤りに気づく上で価値あることである。もちろん,最後に示したように,「測る」とは何かを求めることにより,そのことがらの本質が明らかになることもあり,それを仮設として新しい事態に対応することもできる。

デューイ(J. Dewey)は,反省的思考を「根拠を求める」ことと,「論理的帰結を追求する」ことの二つにあるとしている。これまでの事例は,この反省的思考と同じ考え方にもなっている。確かな知識を得るために,また,真に「考える」ことができるためにも,また,新しい問題場面に適切に対処できるためにも,これまで考察してきた考え方は価値あるものであると考える。

1.3 計算法則の数計算指導における役割

平方根の指導でも分数の除法の指導でも,新しい数に対して既知の計算法則が

成り立つことを仮定することにより，新しい数の範囲を拡げたり，計算の仕方についての予想を立てたりした。その立場に立つならば，計算法則は，数の指導において積極的な役割を果たし得る。その立場を数の計算指導全体におし拡げて考えるとどうなるか，本項は，その立場から計算法則の数の指導における役割について全体的に考察してみることにする。

　実は，これに似たことは，第4章でも考えてきた。そこでは，代数的構造の考えとして，群の公理にあたるものを具体的な事例を用いて小学校レベルで指導し，それを分数の除法や正負の数の減法，方程式の解法を考えるときの根拠としようとした。あるいは，それによる解釈によって忘れにくくしたり，思い出し易くしようと考えた。その考えは，仮設（公理）をおいて考えるという公理的方法の考えに共通する。

　その実験的な指導による調査では，期待するほどの結果は得られなかったが，その可能性はかなり認められた。

　しかし，問題は，そこに取り上げられている題材に対するわが国の教育界の対応の仕方にもある。というのは，その題材が数学的でないために，一見余分なことのように思われ，そのことがらの指導はしても，それを活かさないということが生ずる危険が感じられるからである。考え方を大切にするよりも，ことがらの解説・理解，知識の伝達を指向している場合には，往々にしてそうなることが多い。

　わが国にその傾向が強いことは，筆者だけが感じていることではあるまい。現代化を反映したといわれる昭和43（1968）年改訂の学習指導要領のもとでの中学校における「逆元」の指導などから見ても，ことがらの解説・理解指向は否めないと思う。とすると，第4章で取り上げたような具体的な事例を取り上げないですむものならば，すませた方がよいと考えられる。

　本項では，同じく仮設的に考えていく立場に立ちながら，前章で取り上げたような具体的な事例を用いなくても，計算について成り立ついろいろな法則や性質などをもとに，同じようなことを考えることができ，数と計算の学習を創造的に進めることができるということについて考察する。

1.3.1　計算法則の位置づけ

　計算法則は，計算を支配している原理であると同時に，数そのものの代数的構造を明らかにしているという点で重要な着眼点である。先への発展から見ると，数についての計算法則は，抽象的な演算について，その代数的構造を規定する重要な着眼点（公理）となるものであり，したがって，小学校で教えられる自然数，整数，有理数の代数的な側面を特徴づけるものである。

第5章 公理的方法に基づく算数・数学の学習指導

　　数学的には公理ともなるべきこの計算法則も，小学校の算数指導の段階では，必ずしも重要な法則であると認められているとはいい難い。もちろん，数学的に考えれば，数計算を支配しているものであり，数学的に重要な法則であることに違いはない。しかし，小学校の算数では論理的な証明をすることに関心があるわけではなく，もっぱら量に即しての数そのものの理解，および，それらの計算法，つまり，計算ができるようになることに関心があり，計算法則があまり重視されないのも止むを得ないことかもしれない。具体に即して計算法を考え，これを教えるということに力が入れられている時には，計算法則は暗黙のうちに認められてしまうからである。

　　しかしながら，暗黙のうちに認められているからといって，これを見過ごしてよいというわけではない。数学に限らず学問はすべて，無意識に認めていたことを意識することによって精密な科学となってきたのであり，その意味では，無意識に行っていることに反省のメスを加えるという経験を与えること自体，既に教育的な価値が認められるからである。その他に，計算法則は，これを意識的に用いることによって計算を能率的に手際よくすることができるという価値もある。また，ここでは，これを新しい計算を考えるときの根拠にしようとしている。

　　その具体例を見る前に，実際これまで，計算法則はどのように取り上げられてきたのか，また，現在はどのように考えられているのかを見ておく。

　　1958年の学習指導要領に伴って出された『小学校算数指導書』[(1)]では，計算法則に着目させることにより，能率的に手際よく計算する工夫をさせ，また，検算に用いることなどを通して，これを活用させようとしていた。小学校レベルでは，論理的な証明をすることはできないので止むを得ないが，計算を手際よくしたり，検算をしたりするためにのみ計算法則があるかのような印象を子どもに与えるだけでは不十分である。これらの法則が，本来，計算を支配する原理であり，数の代数的構造を把握するための重要な着眼点である以上，計算法則についてそういった見方もできるようにすべきであろう。

　　そういう意味から言えば，昭和43（1968）年の学習指導要領が，現代化運動に刺激されてであれ，計算法則そのものに目を向けさせようとしたのは一つの進歩であった。この学習指導要領に基づいた『小学校指導書算数編』には，以前の内容と同じような説明の後に，次のようなことがつけ加えられている。

　　　「こうしたことを通して，法則となることがらにしだいに着目する経験を与える」[(2)]

（1）　文部省：小学校 算数指導書（大日本図書 1960）
（2）　文部省：小学校 指導書 算数編（大阪書籍 1969）p. 61

「計算のくふうをさせることを通して，計算の法則にあたることがらについてまとめていくことをねらいとしている」[1]

このように，低学年から計算法則そのものの意義に目を向けさせることを，以前よりも配慮している。また，論理的な考えを伸ばすことにもふれて，次のように述べられている。

「これらの法則は，単に計算について成り立つ性質であるという見方だけでなく，計算の方法を考えるときに，その基礎として用いられていることがらであるという立場からも法則の役割をしだいに理解させるようにする。このようなことは，児童の論理的な考え方を伸ばす機会としてもだいじなことである」[2]

「計算についてのこうした論理的な考察は重要なことであるだけに，学年の高い段階でいっそう確かに指導できるようにしようというねらいに立っている」[3]

「計算の手順を振り返り，法則に照らして考えさせたり，それらを用いて説明させたりする機会を作ることもだいじなことである」[4]

このような方向に対して疑問が出されなかったわけではない。計算の過程を，計算法則に基づいて吟味しながら，論理的な考え方を伸ばそうとすることに対しては，一応の価値を認めながらも，論理的な証明（あるいは，説明）ができるようになるよりは，計算がよくできることの方が，子どもに切実な問題であるはずだという意見である。計算のできることのみが大切だと考える人にとっては，計算法則は余分なこととしか見えないであろう。論理的な証明のようなことは，幾何で行われる証明と平行して，中学校で扱えばよいではないか，小学校では，論理的に正しいかどうか以前に，数についての理解，計算の仕方についての理解，計算力などの方が大切だという意見ももっともである。そういう考えに立って，論理的な説明をしないことにするなら，子どもにとって当然のこととしか考えられていないような計算法則を，わざわざ○や△を用いて表示する必要はないのではないかという考えも当然出てくる。

クライン（Morris Kline）は，『Why Johnny can't add』の冒頭で，次のような戯画的な算数指導を紹介している。

「現代化された数学教室をのぞいてみましょう。教師は，「どうして 2 + 3 =

---
(1) 文部省：小学校指導書　算数編 (1969) p. 74
(2) 上掲書　p. 97
(3) 上掲書　p. 98
(4) 上掲書　p. 122

3＋2なの？」とたずねます。

ためらいなく生徒は答えるでしょう。「それは両方とも，5に等しいから」

すると教師は「違うよ。正しい答は，加法についての交換法則が成り立つからですよ」と叱ります。先生はつぎに「どうして9＋2＝11ですか」と質問します。

ふたたび，生徒たちは「9と1は10で，もう一つ多い数は11です」とすぐに反応します。

「間違いです」と先生は叫びます。「正しい答は2の定義によって，

$$9+2=9+(1+1)$$

そして加法についての結合法則が成り立つから，

$$9+(1+1)=(9+1)+1$$

さて，10の定義により9＋1は10であり，11の定義によって10＋1は11ですよ」[1]

「他の父親は，自分の息子が算数をどんな調子でやっているかに関心をもって，「どうかね」とたずねました。「うまくありません」と少年は答えました。「先生は交換，結合，分配法則について話し続けています。私がたして正しい答えを出したのに，先生にはそれが気に入らないのです」[2]

『小学校指導書 算数編』には，このようなことに対する留意点が次のように述べられている。

「この学年段階では，計算の過程全体をこのような立場から厳密に考えさせることを要求することはできないが，個々の過程について，逐次，このような考察ができるようにしていくことが望ましい」[3]

これは，厳密な証明をすべての子どもに求めるわけではなく，できる範囲で計算法則が計算を支配していることに気づかせ，同時に，徐々に論理的な考え方も伸ばしていく配慮が必要なことを述べている。計算法則に対する見方が以前と違っている点は，これを用いて論理的な考え方をさせることにだけあるわけではない。代数的構造の観点からもこれをとらえる立場が加わっているところにもある。たとえば，数直線に関連して導入された負の数について，計算の可能性の立場から考察しようとしている点が加わっているが，これは，ある集合がその演算について閉じているかどうかを問題にするものである。この閉包性は，代数的構

---

(1) Kline, M.: Why Johnny can't add
　　　柴田録治監訳：数学教育現代化の失敗（黎明書房　1976) p. 7
(2) 上掲書 p. 10
(3) 文部省：小学校指導書 算数編（1969）p. 98

造を考えるときの一つの着眼点である。

　計算法則に低学年から着目させていること，および，「数の集合について，計算に関する特性を調べる場合に，計算の可能性という観点のほかに，加法と乗法に関して，交換，結合，ならびに分配の法則が成り立っているかどうかということも重要な観点である」[1]と述べられていること，また，その後に続いて「なお，整数の集合や有理数の集合について，このような代数的構造の立場からまとめることは，中学校でさらに指導されることになっている」[2]と述べられていることなどを考え合わせたとき，昭和43（1968）年の学習指導要領が，論理的立場だけでなく，代数的構造への発展にも配慮していることがうかがわれる。

　このようなことに対しても疑問が出される。抽象的な代数的構造への発展を意図しているのは，数学教育の現代化を現代数学の導入と考えているのではないか。現代化とは，現代数学を易しく学習できるようにする準備のためではなかったはずだ，と。

　確かに，数学教育の現代化とは，現代数学を平易化して小学校から教えることを意図しているわけではない。現代数学の解説をするわけでもない。しかし，現代数学の持っているアイディアを算数指導の中に活かして，単純化し，整理，統合，発展の実を上げることは，現代化の考え方の中に含まれているはずである。また，先への発展を見通して，折にふれて言及しておくこともよいことであろう。

　それに，ここでは，閉包性の観点を，ある集合がある演算に関して閉じているかどうかということを問題とするだけでなく，数の拡張を考える時の一つの観点として用いようとしている。一般に，新しい数の導入は，量の表現に関連して導入されることが多いが，それだけに終わらず，数の持つ代数的構造の側面からも，その必然性を考えさせようとしている。そこに価値を認めたい。

　このように評価する立場は，筆者の考えの中に基本的な考えとして，数および数計算の指導は，量に結びつけて考えるだけでなく，代数的構造の面からもとらえていく必要があると考えるところにある。そのようなとらえ方ができて初めて，新しい数もこれまでの数と同じものとして把握できると考えられるからである。さらにまた，算数の展開は，必ずしも具体的な量からのみいつも出発しなければならないわけではないのではないか，数学にも発展する力が内在しているので，それを算数の中にも活かせば，効果を上げることができるのではないかという考えも含まれている。

　そういう立場に立つ時，『指導書』に次のように述べられていることなどは，

（1）　文部省：小学校指導書 算数編（1969）p. 143
（2）　上掲書 p. 143

第 5 章　公理的方法に基づく算数・数学の学習指導

もっと強調したい。

「いままでに指導してきた整数の四則の意味やこれらの相互関係，計算について成り立つ性質などを整理して明確にし，引き続いて指導する小数や分数の場合に基礎として用いられるようにすることが，主要なねらいであるといってよい」[1]

この中に述べられている「基礎として用いられるようにする」ということには二つの意味が考えられる。一つは，小数，分数の計算を学習していく中で，整数について成り立っていた交換，結合，分配の法則が，小数，分数においてもやはり成り立っているかどうかと考えるという意味での基礎であり，それをもとにして，整数，小数，分数が同じ数のなかまであると見ようとする考え方である。この考えは昭和33年の学習指導要領にも見られたことで，『指導書』(1960)には次のように述べられていた。

「これは，整数，小数を十進数として，統一的にとらえることと対応して，計算においても，整数，小数に同一の法則や関係が成立することを知らせ，整数，小数をまとめて理解させるのに重要なことと考えられる」[2]

「四則に関する法則として，整数や小数について，交換，結合などの法則が成り立つことを知っている。分数についても，四則に関してこの法則が同じように成立することを認めさせるのである。……
　上に述べたようなことがらに注意させることによって，こどもにしだいに，それらの3種類の数を同じ数のなかまとして，さらには分数を，それらを含む，より一般的な数として，理解させることができると考えられる」[3]

これらのことは，昭和43年の学習指導要領ではあまり細かく述べられてはいないが，先の記述以外では，「整数の乗法，除法について成り立った法則などは，小数の範囲においてもそのまま成り立つことになるが，これらの点もよくおさえておくことが必要である」[4]と述べられていること，および，前に引用した部分[5]などの中に，同じような考えが含まれていると考えられる。

---

(1)　文部省：小学校指導書　算数編 (1969) p. 97
(2)　文部省：小学校指導書　算数編 (1960) p. 129
(3)　上掲書　pp. 157〜158
(4)　文部省：小学校指導書　算数編 (1969) p. 122
(5)　上掲書　p. 143

「基礎として用いられるようにする」ということのもう一つの解釈として，これらの法則を仮定して，小数，分数の計算方法を考えさせようという考えがあると見たい。1960年の指導書には，整数に関連して，法則を仮定して新しい事態に対処しようという考えが見られた。

たとえば，「九九の構成についても理解を図り，それらの相互の関係などをもとにして，自分で作り出すこともできる程度になっていることが望ましい」[1]，「（一位数）×（二，三位数）については，この学年では，たとえば，交換の法則が成り立つことの理解をもとにして，（二，三位数）×（一位数）の場合と同じ結果になることを見通させるなどによって，これまでにわかっていることをもとにして考えさせることもできよう」[2]と述べられていることなどにそれが見られる。特に後者は，交換法則を仮定して結果を予想し，その結果の妥当なことを確かめ，それをもとにして計算の方法を考えようとしている。

計算法則に対するこの態度は，先の解釈の立場とはかなり違っている。前の場合は，ある事実についての知識が得られた後で，これまでの法則が当てはまっているかどうかを確かめていき，その立場で，新しく学習した数も同じ仲間として見ていこうとする考え方である。これは，新しい知識をこれまでの観点で整理し，位置づけていこうとする考え方である。これにはこれのよさがあり，望ましい考え方である。

それに対して後の考え方は，これまで成り立った法則を仮定として次に推論を進め，それによってある結果を予想し，それからその妥当性を確かめながら位置づけていこうとしている。簡単に特徴づけて言えば，前者は法則が後追いするのに対し，後者では法則が先行すると言える。

一般に法則の使い方を考えてみると，二つの場合が考えられる。

自然科学の場合，何かの事象を解釈するとき，知られている事実を法則にあてはめて説明しようとする。それは前者の場合と同じである。そうすることによって，諸現象をある法則のもとに位置づけ，整理していくことができる。数学の場合にも，ある事象を公理に基づいて演繹的に証明する場合がそれにあたる。

数学と自然科学の違いは，自然科学の場合，その法則が事実をうまく説明できない時，法則の方を吟味しようとするが，数学の場合には必ずしもそうではないところにある。なぜなら自然科学では，先に自然現象が存在し，法則はそれを説明することができる本質的なものであると考えられるからである。数学が自然を解釈するものと考えられていたときには，そういう面も見られた。数学では，初めに考えられていた意味を少し修正し，あるいは，意味を拡げて，より広く包括

---

(1) 文部省：小学校指導書　算数編（1960）p. 66
(2) 上掲書　p. 67

できるものにしようと努力する。

　数学が自然科学と異なるところは，必ずしも実在にこだわらなくてもよいところにある。つまり，法則を前提として，それからどんな結果が導かれるかを調べようとする。これが自然科学と違っているところである。

　ときには，自然科学でも法則の方が先行するかのように見えることがある。天文学で，冥王星が発見されたのは，法則を仮定したときに予想されたことに基づいている。その他，物理学などでは，ある論理に基づいて予測することが多い。ヒルベルト（D. Hilbert）が『自然認識と論理（Naturerkennen und Logik）』[1]で述べていた趣旨はそのようなことであった。これが公理的な考え方である。

　「基礎として用いられるようにする」ということについて上に述べたような二つの解釈のうち後者の考え，つまり，法則を仮定して小数・分数の計算方法を考えようとするのは，数学や自然科学で，法則を仮定して新しい事実を発見したり，予想したりすることになぞらえられる。ただ，小学校の算数では，数が量と密接に結びつけられており，したがって，量との結びつきをまったく断ち切るわけにはいかないため，単に計算法則を仮定し，これにのみ基づいて理論を展開させるというわけにはいかない。けれども，小学校の算数でも，法則を仮定して予測をし，見通しを立て，新しい事実を発見するというようなことが指導されてもよいと思う。上に見られた交換法則の仮定による結果は，その一つの例である。

　計算法則などを「基礎として用いられるようにする」という意味の中には，そういうことが含められていると考えたい。単なる後追い，追認の役だけを計算法則や四則の相互関係などに与えるのではなく，先行し，予測するためのものとしてそれらを使っていくようにすれば，計算法則など計算についてのきまりを指導する意義ももっと認められるはずである。自然科学が今日広く認められているのは，自然の解釈だけに終わらず，新しい予測をし，発見をし，自然界を利用し，自然界に存在しなかった新しいものをも創造するのに力があったからであろう。それほどまでにはいかなくても，算数でも法則を仮定して見通しを得るという法則の使い方を考えたい。というのは，それが現代的な公理的方法の考え方につながると考えられるからである。

　ところで，これまでの考察は主として，昭和33（1958）年，43（1968）年の学習指導要領に即して行ってきた。それは，計算法則についての考え方に違いが見られたからであり，筆者には，後者の方がより望ましいものと考えられたからである。

　では，昭和53（1978）年の学習指導要領についてはどうであろうか。後退が見

---

(1) Hilbert, D.: Natürerkennen und Logik ("Gesammelte Abhandlungen III-band" Chelsea Publishing Co. 1935) pp. 378～387

1節　公理的方法の考えに基づく学習指導

られこそすれ，前進は見られない。『小学校指導書　算数編』(昭和53 (1978) 年) に見られるものは，ほとんど前の指導書に見られる。しかし，計算の可能性に着目することは残されてはいるものの負の数の扱いはなく，また，上に考察した「基礎として用いられるようにする」という言葉も見られない。似た言葉を探すとすれば「計算の方法を考えるときに，その基礎として用いられている事柄であるという立場…」[1]であるが，「用いられるようにする」と「用いられている」とでは，上で考察したことから考えると大きく違っている。

　積極的に利用する場として具体的に挙げられているのは，5年で「また，整数の乗法，除法について成り立った計算法則が，小数の範囲においても成り立つことを確かめるようにする。更に，それを用いて計算方法を見いだしたり，計算の結果を確かめたりすることができるようにすることが大切である」[2]と述べられているところぐらいである。他に大きな変化は見られない。

1.3.2　計算法則などを取りあげる基本的な考え

　以上見てきたように，これまでは具体に即して得られた諸知識を確かめ，位置づけ，数と計算をまとめていくという考えで計算法則その他の計算のきまりを用いるという面はかなり見られるが，法則を仮定して結果を予想し，計算方法をも考えていくという面は，少数の例を除いてあまり見られない。

　子どもがこれを活かして使えるようになるためには，一時的な指導で終わることなく，可能な限りいろいろな場合にこれを活用して見せることが必要である。そうすることができるためには，教師の側に「計算法則を積極的に使おう」という姿勢が要求される。可能な限り数多くいろいろな場合にそれを活用して見せることが，計算法則の重要性を認識させることにつながるであろうし，また，これを活かして使う態度を身につけさせる方法ともなるであろう。なぜなら，子ども達は，なによりも，大人の行動から学ぶものだからである。

　教師が積極的に計算法則を用いる態度をとることができるためには，使おうとする気持ちももちろん大切であるが，それだけでなく，計算法則を有効に活用する知識をもち，計算法則の意義を教師がよく確認していることが必要である。計算法則を用いて計算の過程が説明できるだけでは十分ではない。計算法則を用いて計算の過程の妥当性を示すことを繰り返しているだけでは，余分な詮索をしているとしか感じられないからである。

　事実，大学生にこれを示しても，その真なることは認め，数学的な厳密さを尊

---

(1)　文部省：小学校指導書 算数編（大阪書籍　1978）p. 93
(2)　上掲書　p. 110

敬しながらも，我々に無関係なことだという顔をするものが多い。なぜなら，それは新しい事態の解決に役立つというよりは，むしろ，既に知っていることをわざわざまわりくどく説明しているにすぎないと考えられるからだと思われる。この時には，計算過程の正しさを示すというよりは，計算法則が，計算を支配している原理となっていることを示そうとしているのだということに目を向けさせるよう留意することが大切である。

教師が，計算法則の指導によって何をねらっているかを明確に知っていて，折にふれ積極的に活用しようとする態度を持てば，計算法則に対する子どもの認識が深まることは，これまでの実践例から見ても期待してよいと思われる。

たとえば，常磐松小学校の実践の場合「計算法則を扱う際，高学年で特設単元を設けて扱うのではなく，新しい計算に直面したとき計算方法の発見のために用いたり，逆に発見した計算方法が正しいわけを説明するために用いたり，法則が用いられる場面が出てくるたびにくり返し扱うほうが，計算の原理をつかむ上でも，計算法則そのものの理解のためにも効果的である」[1]という考え方に立って，1年生から計算法則に気をつけさせる場面を拾い出し，機会ある毎にこれに着目させることにより効果を上げている。

また，西川勇も『計算法則の理解を通して，計算について論理的に考えさせる指導』の実践を報告している[2]。これらの研究は，計算法則が計算を支配している原理であることを認識させ，これを用いて確かな計算を進めたり，手ぎわよい計算をすることに役立てる指導をするための資料として参考になる。

このような研究があるにもかかわらず，なお，ここで計算法則の指導について論じようとしているのは，単に，計算法則に対する認識を深めるだけでなく，それによって数学的な考え方を伸ばしたい，数学的な考え方を活かした算数の指導をしたいと考えているからである。小学校の算数指導の展開が，具体に即して行われるべきことは常識のようになっているが，具体から出発するだけでなく，帰納した法則を仮定して考えを進めたり，ときにはその法則を修正したりしながら，算数の学習を進めていくことを考えたい。

計算法則について論じているのは，そういう考えに従って指導し，その考えを養いたいと思うからである。言い換えると，法則を帰納するだけでなく，その法則を仮定して考えを進め，課題を解決していくという考え方を養うのに，計算法則が活用できると考えるからである。

ところで，このような考え方に基づいて数と計算の指導を進めることを考えようとするならば，いわゆる計算法則だけにこだわる必要はないと考える。計算法

---

[1] 東京都渋谷区常磐松小学校：算数科 内容の統合と教材の精選（明治図書 1975）p. 38
[2] 西川勇：計算法則の理解を通して，計算について論理的に考えさせる指導（日本数学教育学会誌 Vol. 54 1972.8）pp. 10〜13

則とは，言うまでもなく，加法についての交換法則，結合法則，乗法についての交換法則，結合法則，それに分配法則を指している。本項では，それだけでなく，四則の相互関係，代数的構造を考えるときの公理となるものも含め，これを活用するようにしたい。たとえば，閉包性，加法の単位元，逆元の存在，乗法についての単位元，逆元の存在なども加えておく。

　これらは数について成り立っている性質であるが，逆に，「数とは何か」を問われた場合に，「これらの諸性質を満たすもの」というように答えることができるものでもある。もちろん，数とは何かを聞かれた時には，数の集合に含まれている要素のもつ性質について，これを詳しく説明してもよい。しかし，ヒルベルト（D. Hilbert 1899）が『幾何学の基礎（Grundlagen der Geometrie）』で，点とは何か，直線とは何か，平面とは何かを個々に説明することをやめ，点，直線，平面の関係を述べることによって陰伏的に定義したように，数を代数的構造の面から定義することも考えられる。

　計算法則に対するこのような見方は，数とは何か，つまり，数一般の概念を深めるには役に立つかもしれない。しかし，小学校では，数とは何かといったことに一般的に答えられるよりは，加法とはどんなことか，乗法とはどうすることなのかの方が重要である。計算法則はこれに余り答えてくれないきらいがある。というのは，数の代数的構造が論じられる時には，既に加法，乗法は知っているものと考えられており，その上でそれらに共通する形式をとらえている面が強い。

　さらに，抽象的に「体」を考える時には，演算は2種類の異った演算を考えればよく，その立場から言えば，加法，乗法は単なる二つの演算でしかない。計算法則が小学校の算数であまり有効なものと感じられないとすれば，それは，計算法則が演算一般に広く成り立つ法則を考えるためのものであり，加法そのもの，乗法そのものの意味に直結していないためではないだろうか。あまりに広く成り立つ法則が，逆に，特殊な問題の解釈にはあまり役立たないこともあるものである。

　したがって，小学校の算数で法則を活用することを考えようとするならば，その法則は加法，乗法の意味に直接つながったものの方がよい。

　たとえば，ペアノが自然数についての加法を，数の関係として

　　　（1）　$a+1=a'$　　　（2）　$a+b'=(a+b)'$

と定義したようなものの方が，加法を考える時に役立てていくことができる。自然数についてのペアノの公理，および，加法，乗法の定義などは，このような法則を作る時の参考となる。現実には数学的なものだけですますことはできないから，加法，乗法に即して成り立つ法則のうち，加法，乗法を考えていくうちに帰納されるものの中から，役に立ちそうなものを選び出していく。

そういう立場で考えるならば，たとえば，結合法則，分配法則も次のように述べた方が，加法，乗法の意味につながっている。

〔加法についての結合法則〕　$a+(b+c)=(a+b)+c$
　「加法では，たす数を大きくした分だけ，その和は大きくなる」
〔乗法についての結合法則〕　$a\times(b\times c)=(a\times b)\times c$
　「かけ算では，かける数を2倍，3倍…とすると，積も2倍，3倍…となる」
〔分配法則〕　$a\times(b+c)=a\times b+a\times c$
　「かけ算では，かける数をc大きくすると，積がかける数のc倍大きくなる」

このような述べ方は，自然数のペアノの公理系に基づく加法の定義，
　　（1）　$a+1=a'$　　　（2）　$a+b'=(a+b)'$
および，乗法の定義，
　　（1）　$a\times 1=1\times a=a$　　　（2）　$a\times(b+1)=a\times b+a$
の意味を一般化したものであり，したがって，これらは加法，乗法についての本質につながる意味を述べているものである。これらはまた，加法，乗法がどんな時に使われるものであるかを，数との関係において判断する時の根拠でもある。

計算法則としてあげられているものは，上に挙げたものと，交換法則であるが，法則に基づいて考えを進めることを大切にしようとする立場から言えば，これらの計算法則から導かれる法則，および，減法，除法について成り立つ法則も加えておきたい。というのは，この段階では，法則（公理）の数を最小にすることよりも，帰納した性質を前提として推論することの価値の方に重きを置きたいからである。また，それによって，いわゆる計算法則に述べられていることだけでは説明しにくいことをもうまく説明することができるからである。もちろん，学年が上に進めば，法則どうしの論理的な関係を明らかにし，まとめていくようにすればよい。それをつきつめていけば，ついには代数的な公理に整理されていく。

そのような法則としてどのようなものを帰納し，どう活用できるのかを，次に具体的に考えてみる。

1.3.3　加法・減法についての計算法則

加法，減法は小学校1年から指導される。しかし，この段階は，数概念を形成し，数についての基本的なことがらの理解をはかることに主たるねらいがある。したがって，加法，減法の指導は数概念の形成をはかるという面が強い。とする

と，この時期は，計算についての法則を帰納したり，活用したりする以前の段階であるとも考えられる。しかし，加法，減法の理解をはかる中で，数計算についての簡単な法則に目を向け，それに基いて簡単な推論をさせることも心がけたい。

小学校1年の計算指導は，まず，基数についての加法，減法，いわゆる，加法九々，減法九々の指導から始まる。これはまた，和が10以下になる場合と，和が10以上になる場合とに分けて指導される。それは，和が10以下の場合は，10進位取記数法に依存せず，和を1つの数字を用いて表記できるために，加法の意味のみに留意すればよいのに対して，和が10以上になる場合は，10進位取記数法による表記の仕方も合わせて考えなければならないことによる。

数計算とは，実は，その多くが10進位取記数法による表記を変えているにすぎないと見られるが，——したがって，また，10進位取記数法の十分な理解が欠かせない——そうしている中でも，次のようなことが，加法についての法則として帰納できる。

　A1：たす数とたされる数をとりかえても，和は変わらない。
　A2：たす数（たされる数）を1大きくすると，和は1だけ大きくなる。

言うまでもなく，A1は交換法則，A2は結合法則の特殊な場合であり，ペアノの公理系における加法の定義を，日常語で解釈したものでもある。A2については，被加数についても同じことが言えるし，1大きくするときだけでなく，逆に，1小さくするときにも成り立つことである。

これらの法則は，加法の結合法則につながるものであるが，1年生でこのくらいの法則としてまとめておくだけでも価値がある。というのは，これだけでも数の理解，加法の理解に役立つし，また，新しい計算に対応するときの武器となるからである。

たとえば，5＋7＝12と答えた子どもに，「では，5＋8は？」と聞くと，また，「5に5をたして10，…」と改めて考えている子が多いが，上の法則A2を知っていれば，直ちに答えられるはずである。

また，5＋0というような0についての加法を，5＋1＝6から加数を1へらして5＋0＝5とすることもできる。あるいは，中学校で負の数を加えることも

$$3+1=4$$
$$\downarrow$$
$$3+0=3$$
$$\downarrow$$
$$3+(-1)=2$$
$$\downarrow$$
$$3+(-2)=1 \quad \cdots\cdots$$

というように順次この法則を適用することによって和を求めることができる。加

法表を拡大して負の数の加法を予測する場合は，この法則が基礎になっている。

このＡ２のような法則は，数の合成分解の指導に関連して導くことができる。どの教科書にも，カードを用いての数の計算練習が見られるが，そのカードを作る段階，あるいは，カードを加数について整理することを通して，法則Ａ２が帰納できるはずである。

また，カードを整理するという作業の中で，和が同じカードを集めることによって，

　　Ａ３：たす数を大きくした分だけ，たされる数を小さくすれば，その和は変わらない。

という法則も導くことができる。これは，たとえば，35＋7の計算を説明するのに結合法則を用いて，
　　　35＋7 ＝ (30＋5)＋7 ＝ 30＋(5＋7) ＝ 30＋12 ＝ 42
と説明するほかに，
　　　35＋7 ＝ (35＋5)＋(7－5) ＝ 40＋2 ＝ 42
として説明したり，考えたりするのにも使える。このことは小数，分数の加法にも使えるし，負の数の計算でも，(－1)＋(＋1)＝0を知っていれば，
　　　3＋(－1)＝ (3－1)＋(－1＋1) ＝ 2＋0 ＝ 2
と説明できる。

後で述べるつもりであるが，この段階でも断わっておかなければならないことは，これらの計算の仕方を説明するときに，計算法則のみで説明することを意図しているわけではないということである。ときに，教育界には，ある一つの方法ですべてを律しようと考える人があるが，一つのことですべてを覆い尽してしまおうとするのではなく，一つのことを多くの面から考える，あるいは，その妥当性を確かめていくということが大切だと考える。したがって，数についての計算の仕方を具体物を用いて考えたり，説明したりしてもよいし，他にうまい方法があればそれを用いることも否定しない。その上でなお，計算法則からもその妥当性を保証することを考えたいというのが，ここでの主張である。時には，計算法則からの予測を先行させることも考えたい。このことは，以下に述べる具体例についても同じである。

加法についての法則Ａ３と同じようなきまりは，減法についても帰納できる。１年生では無理かもしれないが，２年生になれば導き出せるであろう。それは次のような法則である。

S1：ひき算では，ひく数とひかれる数の両方に同じ数を加えても，両方から同じ数をひいてもその差は変わらない。

この法則は，加法についての例と同じように二位数，三位数の減法に活用できるだけでなく，小数や分数についても，これを用いることができる。小数についての例をあげると

$3.9 - 2.4 = (3.9 + 0.1) - (2.4 + 0.1) = 4 - 2.5 = 1.5$
$3.9 - 2.4 = (3.9 - 0.4) - (2.4 - 0.4) = 3.5 - 2 = 1.5$

というように，減数，あるいは，被減数を整数にすることを考えれば，計算を楽にすることができる。同じく簡便算を考えるにしても，この方が活用の範囲が広い。

同じような説明の仕方は，正負の数の減法でも用いることができる。

$(+5)-(+3)=(+5-3)-(+3-3)=2-0=2$
$(+5)-(-3)=(+5+3)-(-3+3)=8-0=8$

これらはいずれも，減数を0にすることを考えている。ちなみに，(−3) と (+3) が加えて0になるということは，逆元の考えである。

減法については，減数と差の関係，被減数と差の関係なども考えられるが，これを言葉で述べようとすると，場合分けが面倒なわりに効用が少ないので，とりたてて取り上げる必要はないと考える。ただし，法則を活用する立場を押し通すつもりならば，これをまとめてノートに整理しておき，ことあるごとに使うようにしてもよい。覚えさせることばかりを考えるのではなく，一覧表を用いて考えを進めていくという学習法・研究法も考えてよいことである。

1.3.4 加法と減法の関係

いわゆる計算法則ではないが，「加法と減法の関係」も，計算法則と同じように活用したい。一般には，この関係は検算に用いられることが多いが，さらに積極的に，加法から減法，減法から加法へのきっかけ作りに使うことができる。

たとえば，繰り上がりのある二位数の加法 $24 + 17 = 41$ などについての計算の仕方がわかったら，同時に，

「ひき算とたし算の関係から $41-17 = 24$，あるいは，$41-24 = 17$ になるはずだが，この計算の仕方はどう考えたらよいのだろうか」

と言うことによって，減法へのきっかけを作ることができる。

小学校では具体によって導入が行われ，具体を用いて計算方法が説明されるが，数学自体のもつ論理性から次への発展をうながすことも考えたい。計算法則や加法と減法の関係などは，次への発展の必然性を示してくれる。もちろん，小

学校では，抽象的な数についての指導で終わることなく，具体に結びつけておくべきことはいうまでもない。

このように考えると，加法と減法の指導は常に平行して行った方がよいように思われる。小数の計算でも，加法は具体から入っても，減法は上に述べたような考え方を用いればよい。分数や正負の計算についても同じことが考えられる。たとえば，負の数についていえば，「5－7＝－2だから7＋(－2)＝5となるはずだが，その計算は，どう考えたらよいか」
「5－(－2)＝7となるはずだが，どう考えたらよいか」
というように，結果を先に知っておいて，その計算の仕方，説明の仕方を考え，これを一般化することを考えるのである。

上に述べたようなことは，加法と減法についての関係だけでなく，乗法と除法の関係についても同じように考えることができる。また，加 ⟷ 減，乗 ⟷ 除という互いの逆演算への意識は，これから先の数学の学習についても発展のきっかけを与えてくれる。たとえば，平方・立方に対して開平・開立，関数に対しての逆関数など，一つのこと（操作）を知るたびに，その逆を考えてみることによって発展させることができるはずである。

発展のきっかけは，具体からのみ与えられるだけでなく，数学の考え方の中に**既に存在している**。だからこそ，**数学は自律的であり**，外からの刺激に数倍する発展が得られている。そのような発展への考え方の一つが，加法と減法の関係にも認められる。

このような考え方をいろいろな場面で経験することによって，数学において考えられている考え方が少しずつ分かっていくのではないだろうか。以前の学習指導要領の総括目標に，発展的に考察することがあげられていたが，発展的に考察できるようにするためには，発展的に考える考え方を示しておくことが欠かせない。

1.3.5　乗法についての計算法則

1.3.5.1　分配法則

乗法についての計算法則は，乗法の学習の中で帰納されていく。
たとえば，ある教科書には，次のような問いが出ている。
「3×6はいくつでしょうか。それは3×5よりいくつ大きいでしょうか」
この問いは，乗数が1大きいと，積がどれだけ大きくなるかを問うている。3の段では常に3大きい。これと同じ問いを各段について問うことができる。このことは，アレイを用いて確かめることもできる[1]。これから次の法則が導かれ

る。

　M1：かけ算では，かける数を1大きくすると，積はかけられる数だけ大きくなる。

　これは，ペアノの公理系における乗法の定義に述べられている条件の一つ a×(b+1)＝a×b+a を言葉で述べたものでもある。言うまでもなく，これは分配法則の特殊な場合である。したがって，このM1を何度か用いることによって，前にあげた分配法則が導かれる。
　この法則M1に気づくと，乗法九々の構成も楽にできる。というよりは，実際に九々を構成する時に使われている。
　7×1＝7，7×2＝14 がわかれば，7×3，7×4，…は，次々に7を加えていくことによって，積を求めることができる。
　この作業を続けていけば，7×9＝63，7×10＝70，…，というように，(一位数)×(二位数)の簡単な場合の積も求めることができる。もちろん，この方法が(一位数)×(二位数)の計算の仕方の一般的な手続きを示しているわけではない。
　しかし，計算の手続きを知らなくても，答えを求めることができることを子どもに示すことには二重のよさが認められる。一つは，基本法則に基づきさえすれば，手間はかかるかもしれないが，結果を求めることができるという自信と安心感を子どもに持たせることができることである。この安心感は，生徒の心に考える余裕を与えるにちがいない。
　二つめは，答が得られていることが，考えるための支えになるということである。計算の一般的な手続きを求めるアプローチの仕方，考え方はいろいろあろうが，それぞれのアプローチの仕方が間違っていないかどうかをチェックする一つのポイントとして，初めに得られていた答が役に立つ。答えを求める手だてを他に知っているということは，よりよい手段，方法を探し求める時の心強い支えとなる。
　一般に教科書では，時間的な制約，あるいは，当面の必要から，乗法については各段階とも ×9 までしか扱われていない。しかし，上のようなことを考えると，覚えるのは ×9 までだとしても，答えは ×10，×11，×12，…，と求めさせてよいと思う。10倍すると右に0を1つつければよいということは，10進位取記数法の原理から説明を考えさせることもできるが，上の手続きから得た答えによってもアプローチすることができる。

(1) 新津市教育研究協議会算数部：乗法の意味とその計算の指導をどのようにしたらよいか（日本数学教育会誌 Vol. 49 1967.12) pp. 4〜9

同じ手続きを使うと，×11，×12，…の結果を求めることができるが，そのとき，
$$7 \times 11 = 70 + 7, \qquad 7 \times 12 = 84 = 70 + 14$$
ということに気づく子もあるにちがいない。これはすなわち，
$$7 \times (10 + 2) = 7 \times 10 + 7 \times 2$$
という分配法則である。もちろん，10以上の数を扱わなくても，乗数が和である時には，積はそれぞれの積の和であるということは導くことができる。しかし，70といくつかという場合の方が気づき易いのではないだろうか。こうすることによって，分配法則が得られる。

M2：かける数が2つの数の和であるとき，積は，それぞれの積の和である。

これに早く気づかせて，それを利用して九々を作らせてもよい。ただ，×9まででは，M2はあまり気づかれないのではないかと思う。先ほども少しふれたように，×10を越した方が気づきやすい。というのは，2の段，3の段などでは×10以上になると，一の位だけの変化がしばらく続くからである。もちろん，アレイなどを用いて，これを確かめることもできる。

分配法則は，また，乗法がどんな場合に用いることができるかを示す大切な性質でもある。つまり，一方の値の一定値ずつの変化にともなって，他方の値もまた一定値ずつ変化する場合で，これは一般には一次式で表現される。したがって，一方の値が0の時に他方の値も0になるようであれば，これは乗法の式で表せると言ってよい。

また，既にかなり使われていることであるが，この法則を用いると，小数の計算，分数の計算，正負の数の計算の仕方を説明したり，あるいは，積を予測したりすることができる。

$$2.4 \times 7 = (2 + 0.4) \times 7 = 2 \times 7 + 0.4 \times 7$$
$$7 \times 2.4 = 7 \times (2 + 0.4) = 7 \times 2 + 7 \times 0.4$$
$$4\frac{2}{3} \times 5 = \left(4 + \frac{2}{3}\right) \times 5 = 4 \times 5 + \frac{2}{3} \times 5$$
$$5 \times 4\frac{2}{3} = 5 \times \left(4 + \frac{2}{3}\right) = 5 \times 4 + 5 \times \frac{2}{3}$$

負の数の乗法では，九々表から
$$3 \times 2 = 6 \to 3 \times 1 = 3 \to 3 \times 0 = 0 \to 3 \times (-1) = -3$$
というように，乗数の1ずつの変化に伴って3ずつ増減するというきまりを帰納することにより，積を予測することができる。これらの結果を乗法表にして，その増減についてのきまりを拡げて適用していくことによって，正負の整数につい

1節　公理的方法の考えに基づく学習指導

ての乗法のきまりを帰納していくことができる。これらは，分配法則を仮定していることにほかならない。

1.3.5.2 結合法則

　乗法についての計算法則のうち，もう一つの重要な法則は結合法則である。この法則は九々を学習している段階ではあまり気づかれないかもしれないが，2の段と4の段，3の段と6の段というように対比させたり，あるいは，これらを続けて指導していくことによって気づかせることが考えられる。また，アレイを用いて説明することもできる[1]。

　　M3：かける数（かけられる数）を2倍，3倍，…とすると，積も2倍，3倍，…となる。

　この法則を用いると，3の段をもとにして9の段を作ることができる。しかし，3倍にすること自体が難しいので，結局，3回加えるという方法をとらざるを得まい。それよりはM2を用いて，3の段と6の段を加えることを考えた方がよいかもしれない。

　しかし，（二位数）×（一位数），（一位数）×（二位数）の計算などは，この法則を用いることによって，結果の妥当性を保証したり，予測したりすることができる。

　　　　$12 \times 5 = (6 \times 2) \times 5 = 6 \times (2 \times 5) = 6 \times 10 = 60$

　後での利用を考えると，ある教科書にのっている次のような問題から導かれるきまりも大切である。

　　「(1)　6×4は，3のなんばいと同じでしょうか。
　　 (2)　8×3は，4のなんばいと同じでしょうか。
　　 (3)　まるはぜんぶで9このなんばいでしょうか。また，3このなんばいあるでしょうか。」

　これらの問いから得られる式は，それぞれ，

　　　　$6 \times 4 = 3 \times 8$,　　　$8 \times 3 = 4 \times 6$,　　　$9 \times 2 = 3 \times 6 = 6 \times 3$

である。これと似た問いから，次のような法則が帰納できる。

---

(1)　新津市教育研究協議会算数部：乗法の意味とその計算の指導をどのようにしたらよいか（日本数学教育会誌 Vol. 49　1967.12）pp. 4～9

M4：かける数を2倍，3倍，…したとき，かけられる数を$\frac{1}{2}$，$\frac{1}{3}$，……とすれば，その積は変わらない。

以上でまとめられた法則M3，M4は，小数，分数の計算を考えるときにも有効に用いることができる。

$$2.4 \times 7 = (24 \times 7) \div 10$$

これは，2.4を10倍して整数に直して計算し，その結果を10で割れば，もとの積と同じになると考えてもよい。また，2.4が24の$\frac{1}{10}$なので，答えも24×7の$\frac{1}{10}$だと考えてもよい。計算の仕方を具体例なり，他の仕方で説明しても，上のようにM3を用いて説明しておけば，あとの計算の仕方を予測するのに用いることができる。

$$7 \times 2.4 = (7 \times 24) \div 10$$
$$1.7 \times 2.4 = (17 \times 24) \div 10 \div 10$$
$$1.75 \times 2.4 = (175 \times 24) \div 100 \div 10$$

筆算形式での計算の仕方の説明はいろいろ考えられるが，小数点の移し方の説明としては，上の例もかなりうまいものだと思われる。上の例はM3を用いての説明であるが，M4を用いて説明することも可能である。

$$7 \times 2.4 = 0.7 \times 24$$
$$1.7 \times 2.4 = 0.17 \times 24$$
$$1.75 \times 2.4 = 0.175 \times 24$$

この方法に用いられているアイディアは，小数倍を整数倍に変えているところにある。この考え方は，累加の考えからなかなか抜けきれない子どもに受け入れられやすいであろう。

整数の乗法に帰着させるこの考え方は，分数の場合にも用いることができる。

$$4 \times \frac{2}{5} = \frac{4}{5} \times 2 = \frac{8}{5}$$

$$4 \times \frac{2}{5} = (4 \times 2) \div 5$$

$$4 \times \frac{2}{5} = (4 \times 2) \times \frac{1}{5}$$

説明を補うと，最初の方法はM4を用いたもので，「かける数を整数にするために5倍したから，かけられる数を$\frac{1}{5}$にして計算する」と説明される。2番目のものは「かける数を5倍して整数の乗法をし，もとにもどすために5でわればよい」，3番目のものは「$4 \times \frac{2}{5}$は，4×2にくらべて，かける数が$\frac{1}{5}$になっている。したがって，4×2の$\frac{1}{5}$である」と説明できる。

同じようにすれば，（分数）×（分数）の計算も説明することができる。例を

$\frac{4}{5} \times \frac{2}{3}$ にとる。

(1) かける数を3倍すれば，$\frac{4}{5} \times 2 = \frac{2 \times 4}{5}$ もとの答えはその $\frac{1}{3}$ だから，

$$\frac{4 \times 2}{5} \times \frac{1}{3} = \frac{4 \times 2}{5 \times 3}$$

(2) かける数，かけられる数をそれぞれ3倍，5倍とすると，整数のかけ算 4×2 になる。もとの答えは，その $\times \frac{1}{3}$，$\times \frac{1}{5}$（または，$\div 3$，$\div 5$）であるから $\frac{4 \times 2}{5 \times 3}$，

あるいは，$\frac{4}{5} \times \frac{2}{3} = (4 \times 2) \div (5 \times 3)$

このように説明することができるためには，$\div 5$ が分数の形に表わせることがわかっていなければならないので，小数と分数をそのまま平行して扱うわけにはいかない。しかし，そのことさえわかるように配慮すれば，上の考えを用いて小数，分数の乗法は続けて指導することができる。

結合法則は，上に述べてきたように，計算の結果や答えの予測，方法の説明などに使うことができるが，同時に，この法則について述べている法則M3は，分配法則同様，いかなるときに乗法が用いられるかも示している。二つの伴なって変わる量があって，一方が2倍，3倍，…になるとき，他方も2倍，3倍，…になる場合は，乗法を用いることができる。言い換えれば，比例関係にある時に乗法を用いることができるのであり，比例関係は乗法を用いて表現することができる。

1.3.5.3 交換法則

交換法則は九々表を構成する段階から直ちに帰納でき，一見つまらない法則に見えるが，ふり返ってみるといくつかの価値が見出せる。

昔，この法則が成り立つことを認めて，総九々を覚えさせなかった時代がある。労力の経済をはかっているものと考えられる。現在でも，これを仮定して，桁数の異なる乗法については，筆算の段数を少なくする工夫をする。また，交換法則が成り立つことが分かっていると，これまで述べてきたような法則を，いちいち，乗数，被乗数の場合に分けて述べる手間を省くことができる。そればかりでなく，一方について成り立つことは，もう一方について成り立つと考えたり，あるいは，一方について言える法則は，もう一方についても言えるのだというように考えていってもよい。

たとえば，普通，（小数）×（整数），（分数）×（整数）から指導されるが，交換法則を仮定すれば，（整数）×（小数），（整数）×（分数）の計算の結果は，前に戻って考えることによって予測することができる。同じことは，正負の数の計算についても言えることである。

1.3.6 乗法と除法の関係および除法についての法則

除法についての指導では，まず，乗法と除法の関係を押さえていきたい。数学的に言っても，除法は乗法によって定義される。したがって，除法についてのいろいろな法則や考え方はすべて乗法に結びつけて考えることができる。しかし，前に述べたように，除法についての簡単な法則はこれを帰納しておき，除法の結果や方法を予測するのに使っていきたい。

さて，加法と減法の関係のところで述べたと同じように，乗法と除法の関係を用いて，乗法で得た結果をもとに，それを除法に直して予想を立てることが考えられる。小数を例にとると次のようになる。

$$2.4 \times 7 = 16.8 \rightarrow 16.8 \div 7 = 2.4 \text{ または, } 16.8 \div 2.4 = 7$$

このように，乗法と除法の関係を用いれば，結果（商）はわかるので，これをもとにして，その計算方法を考えることができる。

分数についても同じようなことが考えられる。

$$\frac{4}{5} \times 3 = \frac{4 \times 3}{5} = \frac{12}{5} \rightarrow \frac{12}{5} \div 3 = \frac{4}{5}$$

$$\frac{5}{6} \times 2 = \frac{5}{3} \qquad \rightarrow \frac{5}{3} \div 2 = \frac{5}{6}$$

$$3 \times \frac{4}{5} = \frac{12}{5} \qquad \rightarrow \frac{12}{5} \div \frac{4}{5} = 3$$

$$\frac{4}{5} \times \frac{2}{3} = \frac{8}{15} \qquad \rightarrow \frac{8}{15} \div \frac{2}{3} = \frac{4}{5}$$

$$\frac{3}{5} \times \frac{5}{6} = \frac{1}{2} \qquad \rightarrow \frac{1}{2} \div \frac{5}{6} = \frac{3}{5}$$

これらは，結果（商）が得られるというだけであって，それらがそのまま，除法の方法を示唆してはいない。その方法については，ほかの面から考えてみなければならない。

上にあげた例は，除法に入るきっかけを，数学的な定義の中に求めている例である。これらのことについては，すでに加法と減法の関係のところで述べたのでここで再び詳説しないことにする。

分数についての除法の仕方は，上の例から示唆されないこともない。その時には，積を得るときに約分できる例がよいように思われる。約分できない場合には，

$$\frac{4}{5} \times \frac{2}{3} = \frac{8}{15} \rightarrow \frac{8}{15} \div \frac{2}{3} = \frac{8 \div 2}{15 \div 3} = \frac{4}{5}$$

と考えて解決できてしまうからである。約分できる場合には，

$$\frac{3}{5} \times \frac{5}{6} = \frac{1}{2} \rightarrow \frac{1}{2} \div \frac{5}{6} = \frac{3}{5}$$

の計算の仕方は，前ページの場合のようにはいかない。どのようにして結果を得るかが問題になるが，乗法の式がよいヒントになろう。

　正の数・負の数についての除法も同じように考えることもできるが，結局，符号の問題に帰着されてしまうことがすぐわかる。もっとも，この段階になれば，すでに除法を，逆数を乗ずることと同じこととして理解しているから，逆数を求めればよく，分数の除法を考えた時のようなことは必要あるまい。

　さて，除法についての法則もいくつか導き出すことができるが，これらの法則は減法の場合と同じく，除数と被除数の区別が繁雑なので，減法の時と同じように扱う。そのような事情を考えたとしても，次のきまりだけは，これを用いていろいろ説明することができるので，はっきり法則としてうたっておきたい。

　　Ｄ１：わる数とわられる数の両方に同じ数をかけても，あるいは，両方を同じ
　　　　　数でわっても，その商は変わらない。

この法則を用いれば，乗法の時と同じように，小数についての除法は整数に直して考えるというアイディアで解決できてしまう。分数の除法でも同じである。

$$450 \div 1.8 = (450 \times 10) \div (1.8 \times 10) = 4500 \div 18$$
$$4.5 \div 1.8 = 45 \div 18$$
$$\frac{4}{5} \div 3 = \left(\frac{4}{5} \times 5\right) \div (3 \times 5) = 4 \div (3 \times 5)$$
$$3 \div \frac{4}{5} = (3 \times 5) \div 4$$
$$\frac{4}{5} \div \frac{2}{3} = \left(\frac{4}{5} \times 5 \times 3\right) \div \left(\frac{2}{3} \times 3 \times 5\right) = (4 \times 3) \div (2 \times 5)$$

　このような考え方を活かす立場なら，小数，分数の除法も，現行のように学年を２学年にまたがらせなくても[1]，並行して扱えるように思われる。そうしないまでも，小数の時の上のアイディアを大切にし，分数の時にこれを用いて，両者の考え方に共通するものがあることを示したい。この時，法則Ｄ１が大切な役割を果たしている。

　分数についての除法は，また，減法を考えたときに減数を０にするというアイ

（１）現在（1985），小数の除法は５年，分数の除法は６年で指導されている。

ディアを用いたことと結びつければ，次のようにすることができる。
（a÷1＝aは既知とする）

$$3 \div \frac{4}{5} = \left(3 \times \frac{5}{4}\right) \div \left(\frac{4}{5} \times \frac{5}{4}\right) = \left(3 \times \frac{5}{4}\right) \div 1 = 3 \times \frac{5}{4}$$

$$\frac{4}{5} \div \frac{2}{3} = \left(\frac{4}{5} \times \frac{3}{2}\right) \div \left(\frac{2}{3} \times \frac{3}{2}\right)$$

$$= \left(\frac{4}{5} \times \frac{3}{2}\right) \div 1 = \frac{4}{5} \times \frac{3}{2}$$

　除法で除数を1にするというアイディアは，減法で減数を0にするというアイディアと同じである。これに気づかせることができれば，演算についての統一的な理解がはかれよう。これはいうまでもなく，数学の用語を用いていえば，単位元，逆元の考えである。
　このようにして得られた結果は，他の方法でも確かめる必要がある。しかし，これらが，数学の中にある法則や定義，自分たちが仮定した法則に基づいて予想し，発展させられていく例となっているところに価値を認めたい。また，計算の仕方があやふやになった時，あるいは，忘れた時などに思い出したり，確かめたりするための鍵をも与えてくれている。
　除法についての法則D1は，上に述べた例だけでなく，他の場面でも現われてくる法則である。たとえば，大きな数についての除法をする時に，
　　　　$4300000 \div 12000 = 4300 \div 12$
とする場合も，この法則を用いており，また，$\frac{12}{18} = \frac{2}{3}$ と約分することも，$12 \div 18 = 2 \div 3$ と考えれば，この法則を用いていることがわかる。この法則D1を使って説明しないまでも，同じ法則が形を変えていろいろなところに現われていることは示したい。
　このように，計算法則を少し拡げて考えれば，いろいろなところで用いることができる。もちろん計算法則が飾り物になるかならないかは，教師がこれを使おうとするかどうかにかかっている。教師が常にこれを用いていこうとする姿勢を示せば，生徒も計算法則に基いて考えを進めるようになることが期待できる。
　以上，計算法則としてどのようなことを帰納しておけば，どのように使えるかを述べてきたが，最後に，計算法則を大切にする指導の意義について考察をしておく。

1.3.7　計算法則の役割と教育的意義

　算数で扱われる数についての知識は，歴史上必要に応じて生まれてきたもので

ある。ものの多少を表現するために自然数とその記数法が生まれ，端数を表す必要から分数，小数が考えられてきた。加減乗除の四則算法も，必要に応じて生まれてきたものと考えられる。具体に即して得られた数多くの経験と知恵が蓄積され，整理されたものが，今日我々が持っている数についての知識内容である。したがって，歴史的発生の順序に従って教育を行うとよいという素朴な教育論に従うとすれば，具体的なものについての数多くの経験から帰納させながら，数についての内容を理解させていくという方法がよいと考えられる。

　事実，数と計算の実際の指導は，具体的な場面の中に問題を見つけ，その具体例によって計算方法の示唆を得，あるいは，図化して考え，それを一般化するという方法によっていることが多い。この方法によって効果を上げようとすれば，必然性や必要性が感じられる具体的場面を設定し，しかも，計算方法が説明しやすい具体例を選ぶことが大切である。その点，教科書は，これまでの研究と実践を踏まえて成功しているように思われる。

　しかしながら，これで満足していてはならないと考える。よりよいものを求めて，さらに実践と研究が進められなければならないし，実際，多くの人々がよりよき具体的実践を求めて工夫を重ねておられる。それも欠かせないことであるが，同時に，その方法のもっている限界，問題点も明らかにして，これを補うことも考える必要があると思われる。上に述べた必然性・必要性に富む場面で具体に即した説明をするという方法は，児童の心理発達に合致していると考えられる点で，よい方法にちがいない。しかし，そこには次のような問題点もある。

　普通に授業でよく見られることであるが，一つの具体に即して得られたことが，直ちに，一般的な知識であるかのように扱われるという問題である。一つの具体例で計算方法を示唆することができたとしても，それが他のすべての事例についてあてはまるということが，どうして保証されるのであろうか。具体にのみ即していたのではできないことである。どうしても，数そのものについて論じてみなければなるまい。もちろん，その場合に使われる具体例は一般性をもったもの，数を代表しているモデルと見られるべきものであろう。しかし，果たして，教師のその意図が正しく子どもに伝わっているであろうか。

　たとえば，田畑の面積を求めることを通して（分数）×（分数）の計算の仕方を考えさせているとしよう。$\frac{3}{4} \times \frac{4}{5}$の場合，1辺が1mの正方形のたてを4等分，よこを5等分した図を考え，1区切り$\frac{1}{20}$m²がたてに三つ，よこに四つあることから

$$\frac{3}{4} \times \frac{4}{5} = \frac{1}{20} \times 3 \times 4 = \frac{12}{20}$$

と答えを求めることができる。この分母の20，分子の12は，それぞれ分母と分

母，分子と分子をかけ合わせたものになっているから「分数のかけ算は，分母と分母，分子と分子をかけ合わせればよい」と計算の仕方が説明される。

　これだけで，分数についての計算の仕方を一般化してよいかは問題である。それほど早く形式化できない子どもは，次に「1 m $\frac{3}{4}$ kg の針金 $\frac{4}{5}$ m の重さはどれだけか」という問題について $\frac{3}{4} \times \frac{4}{5}$ という式を立て，その計算の仕方を，上と同じような考え方で考えようとしても，$\frac{1}{20}$ が具体的に何を意味するかわからないにちがいない。分数の計算の仕方はかくかくだという結果だけを使うような子ならば，そんな問題は起こらないであろうが，先生の説明された途中の経過もまねて自分で具体的に考えてみようとする着実な子にとっては，難しいことが生ずるにちがいない。この針金の問題では，$\frac{3}{4} \times \frac{4}{5} = \left(\frac{3}{4} \div 5\right) \times 4$ と考える方が具体的な説明がつけ易い。

　そこで，具体例を一つだけにしないで，いくつかの具体例を示し，いずれの場合にも「分母と分母，分子と分子をかけ合わせればよい」ということが成り立つことから計算の方法を一般化することも考えられる。しかし，具体に頼っている限り，具体例の数を多くしても，その方法が確かなものであるとは言えない。ポリアが言っているように，「推測された一般命題は新たな特別な場合について確かめられるごとに信頼性を増す」[1]だけであって，それが真だと確証されるためには，一般的には証明がなされなければならないからである。

　小学校の段階では数学的な証明はできない。だからといって，具体に即しての説明だけで終わるのでなく，数や計算そのものについての説明，たとえば，分数の乗法の仕方の説明であれば，分数の意味，乗法の意味，それらについての性質や法則からも説明されるべきであろう。

　数学の応用を語る場合に，「数学化し，数学的な処理をし，その結果を具体に解釈する」という図式が述べられることがあるが，数学的な処理という以上，その処理は数学で保証される処理でなければならない。分数の乗法もその数学的処理にあたる以上，その方法は分数と乗法の定義，意味，法則から説明されるべきである。小学校では，それに代わるものとして数直線，面積図などをそれらのモデルと考えて処理しているわけである。

　このように述べてくると，当然反論が予想されるので，上のように述べている筆者の立場をはっきりさせておきたい。

　筆者も，小学校の算数の指導が，具体に即して行われることを否定しているわけではない。また，現在行われている指導法がまったくだめだと言っているわけでもない。ただ，具体にのみ即した指導法が，うっかりすると，確かな知識を得る態度と方法を体得させるという面で問題が生じ得るということを言いたいので

---

(1) ポリア，柴垣和三雄訳：帰納と類比（丸善 1959）p. 6

ある。教育では，科学的に得られ，かつ，確かめられた知識を子どもに与えると同時に，確かな知識を得る方法を教え，その態度を育てることも大切にしたい。もし一つの具体例から安易に帰納してしまうようなことが，いつも教師によって示されていると，確かな知識を得る態度の育成，ひいては，その方法の指導に影を落とすことになるのを恐れる。

確かな正しい知識を得る方法が，数学的な証明にのみあると言っているわけではない。自然科学においても，社会科学においても，それぞれ知識を得，理論を作り上げる方法がある。いずれの場合も，少数の例から法則を安易に帰納するわけではなく，いろいろな面から考えて不都合が生じないときに，初めて，理論として提出されるはずである。

今世紀初頭，アメリカの数学者ムーア（E.H. Moore）は，"On the Foundation of Mathematics" と題する講演で，数学教育についてのビジョンを語り，その中で教授法としての実験室法を提唱したが，そのとき，それに関連して，「重要な結果は，本質的に異なった少なくとも二つの方法で得られるべき」[1]ことを述べている。これは，確かな知識を得るための基本的な考え方と思われる。新しいことを発見する人は，一つの事実からのみ帰納して満足することはないであろうし，新しい理論を作る人も，一つの事実に適合することをもってよしとはしないはずである。ムーアは，この知識獲得の方法を研究者の方法に認め，これを教育の場に取入れることを考えて，「実験室法」を提唱した。

このことは，算数の指導においても考慮に入れてよいことである。

一つの具体例からのみ帰納するのではなく，質的に異なったいろいろな具体例についても考察することは，ムーアの述べていることとも一致する。しかし，それだけでなく，数についての性質，計算についての法則によって確かめ，また，それからも説明されれば更によいであろう。つまり，具体的にも，理論的にも説明され，確かめられることによって，その知識は確かなものと確信されるはずだからである。ここに計算法則の役割と教育的意義を認めたい。ここまで述べてきたことは，それがどのようにして具体化できるかを考えようとしたものである。

このように，計算法則が結果の妥当性を確かめたり，あるいは，計算の方法を説明することに用いることができるということから，確かな知識を求める方法を与えるものとして計算法則を位置づけてみたが，こうすることの価値はこれだけにはとどまらない。

計算法則に関連づけて説明できるようにしておくということは，計算についての諸々の方法を関連づけ，位置づけることを意味しているし，また，本質的なア

---

[1] Moore, E. H. : On the Foundation of Mathematics ("Readings in the History of Mathematics Education" NCTM 1970) p. 250

イディアで計算を見る見方を与えてくれる。知識は，一般に，孤立したままでは理解され難く，忘れ去られ易いものである。既知の知識に結びつけられ，位置づけられることによって理解され，また，忘れ難いものとなる。説明し易い具体例で教師によって説明されるということは，理解し易いというよさをもっている反面，忘れたときに思い出すことの可能性を奪っていることにもなる。なぜなら，うまい具体例でなければ説明しにくいことは，その具体例が思い出せなければ，考え出せないことを意味しており，一般には，その具体例が何かを思い出せるきっかけは与えられないからである。分数の除法の説明などは，その最もよい例である。

現代の教育で大切なことは，何でも数多く教え込むことではなく，自分で学習できる力，自分の力で解決していこうとする態度・能力を身につけることであると言われる。発見的方法が強調されるのも，単に発見による喜びを味わい，それによる定着のよさをねらうだけではなく，知識を自ら見つけ，理論を作り上げていく考え方・態度を身につけたいためである。

そのような創造性を伸ばすことを主張しないまでも，忘れたら思い出せるような手だて，できれば自力でなんとか解決していくことができるような考え方を与えておくことは大切である。そのための一つの方法は，子どもが思い浮かべれば，いつも考えを進めることのできるものを準備してやることである。それを手がかりにすれば解決が示唆されるようなモデルとなるものがあれば，ある意味での解決となる。数直線や面積図は，そのようなモデルの一つとして価値を持っていると思われる。

現在の教科書は，変化に富み，興味・関心を喚起するという意味では大変よく工夫されている。しかし，上に述べたような確かな一般化のための方法や，児童が独力で解決できるための方法を保証しようという点ではもの足りないところがある。実際の授業では，これを補うためにいろいろの工夫がなされ，細かい配慮がなされているにはちがいない。

計算法則もそのような役割を担い得ると主張したい。計算法則を用いて確かめたり，説明したりすることによって，忘れたときには計算法則をもとにして思い出すことができるはずである。教師が常に計算法則を用いて説明し，ときには，それに基づいて結果や方法を予想しながら考えを進めていくということを示していれば，子どもにもその考え方が受け入れられ，やがては，子ども自身が計算法則を用いて確かめたり，計算法則を仮定して結果の予測や方法の予想をし，具体について確かめるというようなこともできるようになると期待される。そのようなことができる子どもであれば，数学的な考え方のできる子と呼んでもよいであろう。

2節　公理的方法の考えによる学習指導をする立場からの内容の検討

――少なく教えて，多くを学ばせるために――

　　教育における公理的方法の役割を論じているシャンクス（Merrill E. Shanks）は，教科書を書いたり，カリキュラムを作ったりするとき，公理的構成を頭の中におくことを主張している[1]。それは，教科書やカリキュラムに論理的な誤りを生じさせないためであるが，さらに，それによって，そのトピックを選ぶ理由，それを提示する順序についての理由，説明の仕方についての理由が与えられると考えている。これは，アメリカの教科書に，誤り，脱漏，明白なことの繰り返し，失敗の繰り返しが見られることに基づく言であり，教科書を書くときに公理的構成に基礎をおけば避けられるはずのものだと言う。

　　シャンクスは公理的構成に基礎をおいて学習内容を考えることによって，明瞭さにおいても，教え易さにおいても得るところがあるという。公理的方法を授業の中であからさまに使わなくても，教師が自分の歩いている地盤をよく知っていれば，学生は容易に学ぶことができるし，説明は自然になり，行きあたりばったりのところがなくなると主張する[2]。

　　筆者も似たことを考えている。つまり，学習指導法についてだけでなく，指導内容の検討にも公理的方法の考えを用いる。しかし，その時の基本的な立場は，シャンクスのそれとは少し違っている。

　　シャンクスが，教科書を書くときに公理的体系を頭に置くことが必要だと言っている意味は，数学的に間違いのない教科書を作りたいということにある。学習内容について公理的な吟味をし，その立場から体系を考えて教科書を書けば，論理的な誤りは少なくなるからである。

　　筆者も，論理的な誤りを避けるために公理的方法の考えによる吟味が役立つことを認めるが，さらに，発展的・創造的な学習指導を可能にするためにも，公理的な考えによる指導内容の吟味が必要だと考えている。

　　筆者は前節で，公理的な考えを活かす学習指導をいくつかの事例について考察してきた。その根底には，既に述べてきたように，子ども自らの力による発展的な学習を経験させたいという考えがある。それは，ヤング（J. W. A. Young）

---

(1) Shanks, M.E.: The Axiomatic Method and School Mathematics ("The Role of Axiomatics and Problem Solving in Mathematics" Ginn and Co. 1966) p. 67
(2) ibid., p. 67

もいうように，算数・数学が早くから発見的・創造的な学習をさせることが可能だと考えることによる[1]。それが可能なのは，数学が基本的な原理・法則をもとに作りあげられてきたものだからである。公理的方法の考えが学習指導を考えるときに有効だと考えるのは，それが，原理を探り，その原理を基礎にしたときの論理的帰結を追究する働きをもっているからである。その働きに着目して，公理的方法に発展的な学習を可能にする可能性を見，その具体的な事例を考察してきた。

これらの事例の考察からも明らかなように，この考えを徹底し，その考えに基づいて算数・数学の学習指導を進めようとするならば，その立場に立っての指導内容の吟味が欠かせない。原理に基づいての発展的な学習を期待するならば，どんな法則や原理を根拠にするのか，そして，それをもとにすればどのあたりまで発展的な考察が可能なのかを明らかにしておかなければならない。それが明らかになれば，何に重点をおいて指導すればよく，何を教えなくても子ども自らの力で発展させることができるかも明らかになり，無駄な労力を省くことができるからである。その吟味があって初めて，少なく教えて，多くを学ばせることが可能になるはずである。教材の精選，基礎的・基本的内容の選択は，そのような観点からなされなければならないと考える。

また，学習するのが子どもであり，それを自らのものとするために学習したものを体系化していくのも子どもであるということから考えても，子どもの側に立っての基礎の吟味と，その体系化のされ方の予想をしておくことが必要であろう。

こうした内容の検討がなければ，創造的，発展的な学習指導は思いつきに左右されざるを得ないはずであり，この吟味に基づいた着実な指導があって初めて，確かな創造的，発展的な学習指導が保障されると考える。前節で示した学習指導の方法についての考えと，本節で考察する内容の検討とは，車の両輪になぞらえ得る。

我々は，算数・数学のカリキュラム作成にあたっては，子どもの考えを大切にすべきであるという。しかし，そうは言いながらも，常に数学の体系を頭に置いているようである。指導内容を選ぶときも，その配列を考えるときも数学的順序に従っている。たとえば，計算は，整数についても，小数，分数についても，加法，減法，乗法，除法の順に教えている。数学的な順序ではそうなるが，学ぶ者の論理，学ぶ者の立場に立ったときにも，その順序がよいとは限らないかもしれない。学習者の経験や既習の内容から発展させられるものを大切にしようとする

---

[1] Young, J.W.A.: The Teaching of Mathematics in the Elementary and Secondary School (Longmans, Green and Co. 1906) pp. 42〜43

2節　公理的方法の考えによる学習指導をする立場からの内容の検討

ならば，これまでの学習指導の順序とは異なった順序も考えられてくるはずである。

　既習の原理をもとに発展的に学習させること考えるとすれば，子どもに課題を課す時点で，子どもが知っていることは何か，できることは何か，そして，それらをもとにその課題に取り組ませるとしたら，どう考えられるものかといったことを，それぞれの場面で順に考えて学習計画を立てることが必要であると考える。これまでは，数学の体系に頼りすぎ，上に述べた子どもの立場からのカリキュラムの吟味が欠けていたように思う。

　このことは，言うは易いが行うことは難しい。子どもが考えることの中には，大人に予想のつかないことがあるからである。また，個人によって異なることでもあるので，一様に決めるわけにはいかない。しかし，新しく学習をするときの根拠を，それまでに学習してきたことに限定して考えることにすれば，それに基づく発展をある程度予想することができる。個人による差はそれぞれの場で修正することにして，一般的に考えられる可能性をまず吟味しておくことが肝腎だと考える。

　そういう考えから，本節では，小学校で教えられている内容のいくつかについて，何を教えておけば，そのことをもとに，教えなくてもどこまで進めていくことができるか，また，その限界はどこにあるかを探る立場で考察してみることにする。そのことにより，指導の重点を明らかにすることができ，公理的方法の考えが数学のカリキュラムを構成するときの一つの視点としても役立ち得ること，および，公理的方法の考えに基づく創造的，発展的な学習が可能になることを示すことができると考える。

2.1　発展的な学習を支える根拠を求めて
　　――分数の除法を例に――

　指導内容の吟味をする場合にも二つの立場が考えられる。
　一つは，創造的・発展的に学習させようとしている内容について，それができるためには，どのようなことをどのように学習しておかなければならないかを吟味していく立場であり，もう一つは，学習したことをもとにすると，どこまでのことが発展的に理解できるものかを吟味する立場である。これらは，大まかに言って，公理的方法の二つの考えに対応している。本項では，前者の考えに基づいて，分数の除法の計算の仕方を工夫させる場面を例に考察することにする。
　分数の除法の計算の工夫については，既に本章の1.2.2でふれてきたが，その

中には，子どもが思いつく方法として，たとえば，乗除の関係に着目して，分母は分母で割り，分子は分子で割るという考え方があった。この考え方を出すことができるための根拠を探ってみる。

除法が乗法の逆の演算であることは，除法の学習の初めの段階で，九々を用いて商を求めることを学習したときから知っていることである。したがって，上に述べた考えは，言われてみればわかることであるが，すぐ思いつけるというものではない。

除法が乗法の逆であることを意識して使えない子は多い。それは，使えるようにする配慮が，除法の初期の指導以後なされていないからであり，意図的に使う経験も与えられていないからである。何事でも同じであるが，一度教えられればそれで身につくというものではなく，忘れないような配慮をしておかなければ，いずれは忘却の彼方へと去ってしまう。大事なことは忘れないように配慮しておくことが大切であり，そのことを使って考える習慣を作るように配慮することも大切なことである。それができていて初めて，分数の除法の計算を考えるときに分数の乗法と関連づけて考えることができるようになるはずである。

乗除の関係に着目し，それをもとに考える態度を身につけさせるためには，常にそのことに思いがいたるようにすることが大切である。しかし，そのような態度を養える場が実際にあるかが問題である。そういう目でふり返ってみると，先に述べた除法の指導の初期の指導だけでなく，検算をする場にも見出すことができる。したがって，分数の除法を分数の乗法と結びつけて発展的に考えさせる学習指導をしようとするならば，計算をしたら必ず逆算で答えを確かめる習慣を養う配慮をしておくということが帰結する。これは，計算まちがいを避けるためにも必要なことである。もちろん，乗除の計算だけでなく，加減の計算についても配慮しておきたい。

分数の除法の計算の仕方を上のように考える場合，乗除の関係を知っていて，それが使えれば十分だというわけではない。$\frac{4}{5} \div \frac{2}{3}$ のように分母，あるいは，分子を割り切ることができない場合があるからである。このときには，当然，割り切ることができるような分数を探せばよいのであるが，このこともほっておいて考えつくことではない。それなりに強調され，子どもが直ちに思いつく程度に自分のものになっていなければならない。

分母どうし分子どうし割り切ることができる分数を探せばよいという発想が出せるためには，分数にはいろいろな表現があり得るということの理解がなければならないし，分数について考えるときにはいつもその見方ができるようになっていなければならない。

そのことの理解が図れる場は，当然，分数の学習場面にある。

2節　公理的方法の考えによる学習指導をする立場からの内容の検討

たとえば，約分や通分を学習するときには，そのことを学習する。しかし，そのときだけで終わり，後は約分，通分をする手続きを使っているだけでは，分数にいろいろな表現があり得るということは忘れられてしまうであろう。ましてや，約分できるときには約分しておかなければ点をもらえないという状況のもとでは，既約分数をそうでない分数にすることには抵抗が生じるにちがいない。それでは，表現の同じ分数を探そうという考えは出てこない。

分数にいろいろな表現があり得るという考えは，大小の比較のところでも出てくる。また，異分母分数の加法について学習するところでも出てくる。このとき「異分母の分数だから分母を同じにしたい。分数にはいろいろな表現があるから，それを探してみよう」というように考えさせ，その活動をさせるのは，時間も労力も無駄なようであるが，表現が異なる同じ大きさの分数があり，目的に応じて適当な分数を選べばよいという考えを定着する方法としては有効な方法であると考える。このことは，分数の大小を比較する場合も同じである。そうしないで，ただ通分して計算するという手続きだけを知らせ，その手続きに従って計算することだけを大切にしていると，分数にいろいろな表現があり得るということは忘れられてしまうにちがいない。

言い換えると，通分や約分を指導するときだけでなく，大小を比べるときも加法を考えるときも，能率は悪くても，分数には同じ表現があり，適当なものを探せばよいということがわかるように配慮しておくことが大切である。それができていて初めて，先に述べたような分数の除法の計算の仕方が思いつけるようになると考える。

ところで，乗除の関係にしろ，分数がいろいろな表現をもち得ることにしろ，それらは取りたてていうほど新しいことではなく，子どもが知っていることではないかと問われるかもしれない。確かに，これらのことは，実際に教えられていることであり，また，分数の除法の計算の仕方について上に述べてきた考え方も，言われてみればすぐわかることである。しかし，単に知っていることと，それが使えるまでに身についたものとなっているということとは別の問題である。また，言われてわかることと，自ら考え出せることとの間にも，コロンブスの卵の例のように雲泥の差がある。

ここで主張していることは，創造的，発展的な学習をさせることができるためには，何かを単に知っているレベルに止めず，自由に使えるものにしておきたいということである。そのためには，その力を身につける機会がどこにあるかを明らかにし，その機会を的確にとらえて，身につけさせる努力をすることが欠かせない。

人間はだれでも，使わないことは忘れるし，習慣となるためには回数を多く経

験する必要がある。したがって，大切な考え方や概念は，機会がある度に何度も使うようにして忘れないように配慮するだけでなく，考えがスムースに出るようになるまでにしておきたい。ここでの吟味は，何をそうできるようにしなければならないかを求めているものである。

分数の除法の計算は，また，わり算について成り立つきまり——除数，被除数の両方に同じ数をかけても，同じ数で割っても商は変わらない——に基づいて解決することができるということも見てきた。この考えを使う場合も同じである。分数の除法の計算の仕方を，わり算のきまりに基づいて考え出すことを期待しているならば，その考えを大切にし，忘れさせないようにするとともに，その考え方が使えるまでにしておくことが必要である。

このわり算のきまりは，いろいろなところに顔を出す。大きな数で割るわり算のときだけでなく，小数のわり算をするときにも使われる。

しかし，現在の指導では，一般に，このわり算のきまりに目が向けられないことが多いように思われる。大きな数のわり算や小数のわり算の指導が，わり算のきまりによるというよりは，単位を変える考えによって理解が図られていることが多いからである。

たとえば，小数のわり算は「3.6ℓの油を0.9ℓずつびんに分けると何本になるでしょう」という問題の場で考えさせている。この場合は，3.6ℓ，0.9ℓをそれぞれ36dℓ，9dℓと考えれば，整数の除法に直すことができ，これによって小数のわり算について学習させることができる。

大きな数についても同じような展開がなされている。

36000m÷9000mの計算を考える場合であれば，mをkmに直して，36km÷9kmとすればよい。このことから，大きな数のわり算の仕方が説明される。このような考えで指導するとすれば，先ほど述べたわり算のきまりは必要ではない。したがって，子どもは，わり算のきまりについて学習する機会を逸してしまい，わり算のきまりは忘れられる。そのことに気づかれずにすまされてしまうことさえ生ずる。

そうならないためには，前にも述べたが，小数のわり算や大きな数のわり算を，単位を変える考えで指導した後でもよいから，わり算のきまりがそこに見られることに着目させたい。それによって，わり算のきまりに目を向ける機会を作ることができるからである。

わり算のきまりに着目させようとするならば，約分に結びつけても学習させることができる。（整数）÷（整数）の商が分数で表されることを知れば，約分していることは，実は，除数と被除数の両方を同じ数で割っていることと同じである。ここでも，わり算のきまりに注目させることができる。通分の場合も同じで

2節　公理的方法の考えによる学習指導をする立場からの内容の検討

ある。

このようにして，わり算のきまりに結びつけることが，わり算のきまりを忘れられなくする方法となる。また，同じ原理がいろいろな場を支配していることも知ることができる。

わり算のきまりを強調しようとするならば，整数のわり算をするときにもこれが使えることを示すことも考えられる。たとえば，$108 \div 72$ というわり算ならば，除数と被除数の両方を2で割っていき，

$$108 \div 72 = 54 \div 36 = 27 \div 18$$

とし，次には3で割っていって

$$108 \div 72 = 54 \div 36 = 27 \div 18 = 9 \div 6 = 3 \div 2 = \frac{2}{3}$$

とすることもできる。

要するに，使う機会を求めて，結びつけられることには結びつけていくことが，わり算のきまりに着目させ，それをもとに考える習慣を養うことになると考える。

本項では，分数の除法の計算の仕方を発見的に学習させたり，発展的に学習させるとすれば，何を強調しておかなければならないかを求め，その基礎となる考えを明らかにすると同時に，その考えを育てる場を明らかにしてきた。上に示してきた乗除の関係や，同値分数の考え，除法のきまりなどは，忘れられているか，あるいは，ふれられないですまされていることが多い。しかし，上に明らかにしてきたことに配慮した指導をしてきていれば，一般に説明が難しいと言われている分数の除法の計算の仕方も，子ども自らが考え出せるものとなるはずである。少なくとも，上に示したことは，その可能性を示唆していよう。

これまで分数の除法の計算の仕方について考えてきたと同じような吟味を，個々の題材について行い，その立場に立って指導を計画していくならば，多くの場で創造的・発展的な学習をさせることが可能になると考える。また，この吟味によって明らかにされた基礎的な知識や原理こそが，算数・数学の基礎的・基本的な知識というべきものである。

2.2　発展的な学習の可能性を探る

前項では，発展的な学習を期待する内容について，その根拠を明らかにしていく考えによって，何を強調して指導しておくべきか，そして，それを子ども自らが使える力となるようにするためには，どのような場で指導することが可能であ

るかについて考察した。

　本項では，学習したことをもとにすると，どこまでのことが発展的に理解できるものか，また，発展的に考えられないことは何かを吟味する立場で考察することにする。このことにより，何が教えられなければならないことであり，何が教えなくてもすませることができるものかが明らかにできる。また，子ども自らが創造的・発展的に考え得ることまで解説して発見する喜びを奪ったり，子ども自らの力では発展的に考え出すことができないことまで考えさせて，無駄な時間を費やさせる愚を犯させないことにも貢献し得ると考える。このことを，いくつかの内容について考えてみる。

2.2.1　命数法

　命数法を例に取り上げるのは，ヤング（J. W. A. Young）が，学校教育の中で，最も早く発見をさせることができる教科は数学である[1]と言っていることの一つの例となると考えるからである。数学が原理をもとに創られているので，その原理を知れば，発見的に学習することが期待できる。筆者は，既習の内容に原理を認め，その原理を一般化することによって，創造的に算数の学習が進められるということを，学習指導の基本的な考えとしている。わが国の数詞の体系は，原理に基づいて作られているので，その指導を考える一つの例を提供してくれていると考える。

　まず，「イチ」から「ジュウ」までの数詞には，別に原理はない。あるとすれば「数が異なれば，別の数詞が与えられる」こと，「数詞は，人名のように，なんの関係もなく新しい数詞が用いられる」という原理である。したがって，数詞は一つ一つ正しく覚えられなければならないことが帰結する。

　この原理をもとに進めていくことにするならば，これから後も新しい数について新しい名を次々と考えていかなければならない。実際，英語では，eleven, twelve と新しい名がつけられる。我々は，人名などいくらでも覚えることができるのだから，この原理をおし進めていくことも不可能なことではない。

　けれども，実際にはそうしないで，（日本語，中国語などの場合）イチからジュウまでの数詞を繰り返し使って新しい数詞を作ることによって，覚える労力を省いている。したがって，ここでの原理は，

　　「イチからジュウまでの数詞を繰り返して用いること」

　　「10のかたまりの数とバラの数とを併置して表現すること」

　　「10のかたまりを先に，バラの数を後に言う」

（1）　Young, J.W.A.: The Teaching Mathematics in the Elementary and the Secondary School p. 42

という約束からなっている。もちろん，初めにあった原理「数が異なれば，別の数詞が与えられる」は生きている。しかし，後の原理「なんの関係もなく新しい数詞が用いられる」は捨てられている。

「10のかたまりを先に言い，バラの数の方を後にいう」という原理は自明の原理ではない。英語の thirteen, fourteen ……は，「バラの数の方を先にいう」という原理が支配しているし，また，ドイツ語などでは，21を ein-und-zwanzig とバラの数を先に言う。eleven, twelve の語源も，ein-left, two-left と，10をまとめたあとに残っている数を表現しているものであるという。ヨーロッパの人々は，まとめた残りに着目し，東洋人は大きなまとまりから考える傾向があったものと考えられる。これは住所の言い方にも共通していて面白い。

したがって，10以上の数についての上の原理は，なんらかの形で教えられなければならない。原理を直接ことばで表現しても理解されないので，実際には，唱え方を教え，そのうちに原理を帰納させるしかないかもしれない。11, 12を教えただけでこの原理を帰納させるのは無理であろうが，15, 16のあたりまでいけば，子ども自身がこの原理を帰納できるのではないだろうか。あるいは，数の唱え方を20まで教えられた段階で，その原理を帰納する子もいよう。しかし，原理が帰納できれば，すべてを覚えなくても，次々と自分で作りながら唱えていくことができる。これが，ブルーナーのいう「基本的なものを理解すれば忘れにくくなる」ということの意味することであろう。

この原理が理解できれば，19までの数詞はこの原理で作ることができる。しかし，20は必ずしもすぐニジュウと考えられるとはかぎらない。フランス語のように新しい数詞を作ってもよいからである。しかし，日本語の場合は，ここでも「イチからジュウまでの数詞を繰り返し組み合わせて使う」という原理をそのまま使っていく。

このとき，その組み合わせ方は，「ジュウが二」だから「ジュウニ」という組み合わせ方と，2倍のジュウだから「ニジュウ」の二つが考えられる。あるいは，「ジュウク」の次だから「ジュウジュウ」という唱え方も考えられる。ローマ数字のようにXXと書くとすれば，この読み方も可能性がないわけではない。しかし，これは使わないで「ニジュウ」を使う。「ジュウニ」を12の表現に使ったので，20はニジュウと読むことにしている。したがって，20の読み方は教えなければならない。

21から上は，前にあげた原理を一般化した「大きなまとまりを表わす数を先に言う」という原理を適用していく。さらに「10を3つ」を「サンジュウ」，「10を4つ」を「ヨンジュウ」と呼ぶ原理が分かれば，これまでの原理をもとに，99までは進めることができるはずである。この原理を20以上どこまで教えれば帰納で

き，それに基づいて数詞を作ることがどのくらいできるかは，調査してみなければならない。

99の次の100については，これまでの原理が使えない。もし「ジュウが二」を「ニジュウ」という原理を使うとすれば，100は「ジュウジュウ」と言わなければならない。もちろん，そうしてもかまわないであろうが，100については新しい数詞「ヒャク」を準備している。

これらを支配している原理は「同じ数詞を重ねて用いない」ということであろう。同じ理由で，この先も「ヒャクヒャク」とか「センセン」「マンマン」とは言わない。

このように見てくると，同じ原理が支配している数詞の数の範囲は，

　　　ア．1〜10　　　　イ．11〜19　　　　ウ．20〜99

となっていることがわかる。現在，1年生の教科書の多くが，1〜10，11〜20，20〜100というような指導区分を設けているが，それは上の立場から考えても当を得ているように思われる。さらに細かくいうならば，ウの中には，20，30，40，……，90という段階があり，そのあと21，22，…，29，30，31，…，39，…という段階がくる。

100以上の数については，これまで用いられた原理がそのまま用いられていく。200に対する数詞は，「10が2」の20を「ニジュウ」としたのと同じに考えれば，「100が2」で「ニヒャク」が得られる。言い換えれば，3桁の数の命数法は，2桁の数の命数法の原理が，一般化されていることになる。したがって，教えることはあまりない。ただ，1000にはその原理が使えないから教えなければならない。これまでの原理では，「ジュウヒャク」と言いたくなるが，新しい数詞「セン」を準備する。

とすると，先に帰納した原理「同じ数詞を重ねて使わない」という原理は修正されて，「10倍毎の単位名は重ねて使わず，新しい数詞を準備する」という原理に置き換えられる。いうまでもなく，ジュウ，ヒャク，センと10倍毎に新しい数詞が作られている。

この原理に従えば，センの10倍については新しい数詞が予想される。その他は，2位数までの数詞の作り方の原理をそのまま一般化していけばよい。

現在，10000未満の数は2年生で教えられているが，上での考察から，そこでの指導の重点は，結局，「10倍毎の単位に新しい名をつける」ということと，「千」という単位を教えるだけでよいことがわかる。

1，10，100，1000，10000と新しい数詞が与えられることがわかれば，3年生で学習する万以上の数については，99,999までは，これまで帰納した原理だけで作っていくことができる。ところが，100,000になると，まったく新しい数詞を

使うわけではないので，これまでの原理が適用できなくなる。万以上の命数法の指導は，これがポイントとなる。

100,000は，これまでは組み合わせて使わなかった単位名を組み合わせて，「ジュウマン」とする。さらにその10倍，10倍を「ヒャクマン」「センマン」と組み合わせて使う。その次の10倍については，「同じ数詞を重ねて使わない」という原則が活きていて「マンマン」とはしない。ここで新しい数詞「オク」が必要となる。

ここに働いている原理は，少ない数詞で，できるだけ多くの数を表現したいという知恵に基づく。これは，中国の数詞だけでなく，西洋人の作った数詞にも見られる。ただ，西洋では，10，100，1000の次の10倍から数詞を組み合わせることを考えたのに対し，中国人は，10000までの新しい数詞を準備したところが違っている。

この後も同じ原理が支配していくのであるが，その一般化が「マンチョウ」「オクチョウ」という方へまで一般化されず，繰り返し使われるのは「セン」までであるということがポイントとなる。それ以外は，教えなくても予想できるはずである。

2.2.2 記数法

記数法については，それほどの難しさはないように思われる。というのは，その仕組みの規則が単純なので，一度理解すれば大きな数まで容易に一般化できるからである。ただ，初期の指導には，種々の困難がある。このことを洗い出すつもりで考察してみる。

1から9までは，ただ覚えるしかない。数詞の場合と同じく，ここにはなんの法則もないし，数との結びつきや必然性も全くない。したがって，覚えるまで回数多く繰り返し練習する必要がある。

9までは次々と新しい記号を覚えなければならないが，9の次の数については新しい記号を用意せず，今までの記号を利用する。もし，0を学習していなければ，これが「ジュウ」を意味すると考えられてしまう可能性がある。あるいは，10を一つの記号と考えられてしまう可能性もある。

というのは，10という表わし方は，それまでとはまったく違った表記の考えを使っているからである。それがわからなければ，これまでと同じ類に属するものと考えられるのが当然である。しかも，数詞の方は，10についても，9までと同じように，まったく新しい音が与えられているのに，数字の方はそうではないというチグハグもある。11からは数詞の方も古い音を繰り返し用いているので，並

行して考えることができる。

　10を一つの新しい記号と考える傾向は，多くの記数法が10に対して新しい記号を準備していることからも立証される。ローマ数字も新しい記号Xを使う，漢数字も十を使う。十一から数字・数詞を繰り返し使用している。したがって，子どもが，ジュウイチを"101"とかくのも無理からぬことである。

　このことはわが国の子どもだけでなく，外国の子にも見られる。ある外国の雑誌に，四百を4100と書く誤りが紹介されていた。40でなく，400についての紹介があったということは，40については誤りがないことを意味しているのかもしれない。というのは，40はfortyで，ten(＋)がないが，400にはfour hundredsと，百があるために間違えると考えられるからである。このことから，上の誤りは，数詞によるものであると言ってよさそうである。こう考えるのが自然な考え方であるとすれば，この指導には十分な注意を払う必要がある。

　11，12をジュウイチ，ジュウニと読む（あるいは，その逆）ことについては，そのように書き，そのように読むという約束としても，21，22についてはまだ面倒なことがある。

　10をジュウとし，11をジュウイチと読むのは，1をジュウと読みかえていると理解するとしても，20になるとそれほど単純ではない。20をニジュウ，30をサンジュウと読み，書くと教えたとき，0をジュウと思う子が出てくる。なぜなら，2はニであり，ジュウと読もうとすれば，0しかないからである。本当は，20の2だけでニジュウなのであるが，それほど細かく気を配って指導されているだろうか。ニジュウイチは201でなく，21だと言われたとき，ひょっとすると0は書かなくていいんだなと思う可能性がある。そう考えた子が，二百一を201と書くと知ったときのとまどいはどんなであろうか。

　上述のことから，次のことが示唆される。

　20の2だけで，二十を意味するということを指導するには，20から順に指導せず，23，24などの具体物から指導をしたほうがよいのではないだろうか。

　23　22　などから逆もどりして，　20　とする方が0の意味や，位取記数法の原理も理解されるように思われる。もちろん，これは，経験的に実証されなければならない仮説である。

　ここが理解されれば，100，200，……，1000，2000，……などの表記法は難しくないはずである。表記法の規則を単純に一般化して使うだけだからである。

　大きな数についての難しさは，表記の仕方というよりは，その数の大きさのイメージを抱かせ，そのイメージと結びつけながら表記法を考えるというところに

ある。力を入れて指導すべきところは，そこにある。

2.2.3 整数の加法

　数詞を覚えて数を数えることができ，数字を用いて表記できるようになったとして，それがその後の学習にどのように影響するかを考えてみる。たとえば，この後すぐ学習する加法について，どのようなことが考えられるであろうか。教えなくても子どもができることは何であり，何が教えられなければできないことなのだろうか。

　加法は，たとえば，次のような例によって導入されている。

　　「みんなで　なんびき　いますか。
　　　3と2をあわせると　5になります。
　　　3＋2＝5　　　こたえ　5ひき
　　　3たす2は5」

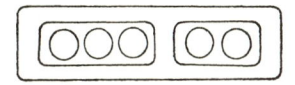

　上のような問いが発せられた時，子どもの反応はどのようであろうか。「なんびき？」と問われた時，これまでの反応の仕方は「数える」ことであった。したがって，当然，数を数える。数を数えることによって，問いに対する答えが出る。その後，同じような問いが発せられたとしても，反応は同じでよい。

　加法は，「なんらかの観点で別々の集合と考えられる二つの集合A，B（A∩B＝∅）について，（別の観点から見て同じ集合と考えることによって）その二つの集合の和集合を作り，その和集合の要素の数を求めること」と説明される。「和集合の要素の数を求めること」が目的であるとすると，たし算しなくても数えればよい。要素が目に見えていれば，それを数える。数が少なければ，それで十分であり，早く求めることもできる。要素が目に見えていなければ，目に見える形（おはじきに置き換えるなど，数え易い状態）を作って数えればよい。慣れてくれば，頭の中で想像して数えることもできる。

　数を知るには数える。これが数についての基本的な行動である。加法の導入段階では，それに支えられて学習が進められる。減法についても事情は同じである。

　「和は数えることによって知ることができる」ということを，そのまま押し進めると，「加法の計算は子どもが数えることができる範囲ですることができる」と考えられる。もちろん，「数えることができる範囲」と言っている時，数詞が唱えられる範囲というだけではなく，正しく数えられる範囲でなければならな

い。けれども，正しく数えることができさえすれば，（時間はかかっても）子どもは大きな数についても，加法の問題に対する答えを出すことができるはずである。

そこで，次のようなことが予想される。

(i) 加法の式を出さずに，言葉で問えば，小学校1年の加法の問題の大半は答えが出せる。
(ii) 加法の意味と式が教えられれば，20までの数を学習したらすぐ，和が20までの加法の計算をさせても，和を求めることができる。
(iii) 現在，子どもはかなり大きな数まで数えることができる。したがって，加法の意味と式を学習したらすぐ，大きな数の加法の計算をさせても，学習可能である。

　現在，多くの教科書は，20までの数の学習と，繰り上がりのある加法の計算との間を離している。その理由は，数の構成がよく理解できた段階で，繰り上がりの計算の合理的な考え方を教えようというところにあると思われる。

　加法の計算の指導は，合理的な考え方のみを強調しすぎ，早くから数字の上の処理をさせて，形式化を急ぎすぎるきらいがある。また，「数を知るには，数えればよい」という根本が忘れられると，計算の仕方がわからない場合に，手も足も出ないという状態に子どもを陥れることになる。すると，確かめる手だてもわからず，極端な場合には，何をしているのかさえ分からないということも起こる。

　ときには，子どもの頭の中で指導内容の分離が起こる可能性がある。つまり，数えることは数えること，加法は加法で別と考えられ，それぞれが独立したものと考えられる状態が生じかねない。実際には，数えることが基礎であり，計算がわからなくなれば，いつでもそこに戻ればよいのであるが，断絶が生じてしまうと，それができなくなる。

　このことは，教師が認識しておくと同時に，子どもにも認識させておく必要がある。そのためには，加法や減法を用いる文章題などは，数え棒やおはじきに置き換えて解く方法がもっと許されなければなるまい。

　加法を用いる場において，数えることによって和を求めることができるとしたら，容易に数えることができる場合には，加法の必要がないことになる。しかし，加法の計算が要求されるのは，合わせた全体の数を求めるのに，部分の数が数えてあることを活かすという制約が加えられているところにある。加法の計算をするときには，これが暗黙の制約として存在している。

2節　公理的方法の考えによる学習指導をする立場からの内容の検討

　たとえば，3と2を合わせて5を求める場合，数えることによって和を求める場合は

　(ア)　おはじき3と2を出して，端から1，2，3，4，5と数える。

　(イ)　おはじき3と2を出して，3の次から4，5と数える。

という2通りの数え方がある。(ア)は数えてある数3や2が活かされていないが，(イ)は少なくとも3が活かされている。

　また，8＋7の場合は，

　(カ)　おはじき8と7を出して，端から1，2，3，……，15と数える。

　(キ)　おはじき8と7を出して，8の次から9，10，……，15と数える。

　(ク)　おはじき8と7を出して，8に2を加えて10とし，残り5つを数える。

　　　（被加数分解も同じ考え）

という3つの場合が考えられる。(カ)は数えてある数が活かされていないが，(ク)は数えられている数をもとに考えている。したがって，加法を教えるときには，上の(イ)や(ク)のように考えることが求められ，具体物の操作から念頭操作，そして，最終的には3＋2→5，8＋7→15を覚えることが期待されている。

　このことは，大きな数になるとなおはっきりする。

　たとえば，38＋27では

　(サ)　数え棒38と27をバラバラに出して，端から1，2，3，……，65と数える。

　(シ)　数え棒の10の束3つと8本，10の束2つと7本を出して，10の束5つと，あと残り15本を数える。

　(ス)　上のことを念頭で行う。

　(セ)　筆算形式を用い，数字の上で処理する。そのとき，3＋2＝5，8＋7＝15を使う。

といった考え方がある。数えてある数を活用しているのは，(セ)である。(シ)や(ス)は，そこへ行くための中間的な段階と考えられる。

　加法の計算は，2つの数の和を10進位取記数法を頼りに能率よく求めることである。最終的には，(セ)のレベルで考えることができるようになることを期待しているのであるが，それへのステップとして(シ)，(ス)があるとすれば，数を数える活動をもっと充実しておきたい。これを充実しておけば，計算の仕方は子ども自らが考え出せるはずである。

　たとえば，10を越した数を把握するのには10の束を作る，ということが習慣となっていれば，わざわざ繰り上がりを説明するまでもあるまい。したがって，それが自然にできるようになるまで，具体物について経験を与えておけば，加法，減法の計算の仕方の指導を丁寧にする必要はなくなると考えられる。

20以上の数についても同じである。いうまでもなく，20以上の数については，「10の束がいくつ」ということが基本である。このとき，数える活動としては，次のものが考えられる。

(i)　バラバラのものを，数詞の系列にしたがって数える。
(ii)　10のかたまりと，バラバラにいくつかのものが与えられている場で，全体の数を把握する。
(iii)　バラバラのものを，10のかたまりを作って数える。

(ii)，(iii)の活動が充分できていれば，これが加法の計算を考えるときの基礎となる。したがって，10より大きい数を把握する段階で，10のまとまりを作る活動を十分行い，完全に習得させることが，加法・減法の指導と学習を楽にする道であると思われる。

現在の指導では，この(ii)の活動が少ないように思われる。加法の式が与えられたときに，与えられている数を具体物に置き換えて考えさせているが，計算以前に数の概念形成の段階で，具体物を用いて(ii)のような活動を豊富に与えてみたい。これにより，計算の指導が容易になると考えられるからである。

この後，数が大きくなっても，それを支配している原理はほぼ同じである。10進法を強調した形で，数の概念の指導，数についての多種の経験が十分与えられていれば，整数の加法・減法の計算の仕方は，子どもが考え出せるはずである。なぜなら，加法も減法も10進法に基づいて能率よく数えることと同じだからである。

以上のことから，10進法に即した数える経験を十分に与えておけば，加法，減法の計算指導が楽になるはずだと考えられる。もっと極端にいえば，10進法に即して数えることができる数の範囲については，教えなくても計算することができるといえるのではないだろうか。

2.2.4　整数の乗法

数を数える学習を適切に行っておけば，加法の計算は子ども自身が発展的に学習できるはずであるということを見てきたが，乗法についてはどうであろうか。ここでは，このことを見ていく。

同じ数のかたまりがいくつか示された場面で，全体の個数を求める場合，これまでの考えに基づいて対処するとすれば，まず一つは「一つずつ数える」ことによって，もう一つは，加法を用いることになる。これが既習のことに基づいての解決の方法である。

乗法九々は，それらの結果を表に整理して索引し易くしたものであり，数表と

2節　公理的方法の考えによる学習指導をする立場からの内容の検討

同じように，いちいち計算をする手間を省いてくれる。それらが記憶され，直ちに思い出されるものとなっているので，一層能率的に対処できることになる。乗法九九は，その役割を果たしている。

筆者は，乗法の初期の指導においては，積を求めさせる場合，九九に限定する必要はないと考えている。われわれ大人は，九九が計算の基礎になっていることを知っているから，どの段も×9で止める。しかし，子どもはそうは思わないはずである。かけ算の意味に従って表を作らせれば，×10，×11，…と求めようとするにちがいない。そして，実際にその結果を求めることは，加法に頼ればよいので可能なことである。

また，現在，どの教科書も，2の段，あるいは，5の段から始め，1の段ずつ丁寧に指導した後，次の段に移っているが，乗法の意味がわかれば，具体物の補助によって（あるいは，なくても），すべての段についてその結果を一気に求めさせることも可能である。覚えることは，その後の学習として気長にやればすむことである。

そうすることの価値は，乗法の意味を九々の範囲を越えた範囲にまで拡げて適用することを可能にさせ，同数累加によって，いつでも結果を求めることができるということを意識させることができることにある。また，九九の範囲外のものが，九九の適用によって容易に求めることができるということの意味も理解されるようになると考える。要は，乗法の指導の中で，もっと同数累加の考えを前面に押し出した方がよいと考える。

したがって，乗法の指導の初期の段階では，九九の範囲に限定せず，（二位数，三位数）×（一位数）の範囲の問題場面を与え，立式させ，積を求めさせる活動を早くから取り入れることを考えたい。二，三位数の加法を既に学習している子どもにとって，これは不可能なことではないはずである。

これを言う背景には，現在の乗法の指導が，乗法が使える場では乗法しか許さないような考えが大勢を占めているために，加法でも解を求めることができることを忘れさせ，乗法の計算の仕方を忘れたらお手上げという状況を生み出していることに問題を感ずるからである。乗法の計算の仕方を教えたい，定着させたいという気持ちから，加法での求答を排除していることも理解できるが，乗法の初期の指導では，乗法と加法の交流，混在，併用をもっと許すべきだと考える。

このことから，乗法の初期の指導は（二，三位数）×（一位数）まで一気に進めてよいように思われる。数学的には，分配法則の理解が必要だと言われるかもしれないが，加法に依存すれば，それがなくても，次のように解決できる。

第5章 公理的方法に基づく算数・数学の学習指導

```
（例） 23×4 →    23   ↔    23        （例） 423  ↔    423
                 23        × 4                    × 3        423
                 23        ―――                   ―――       + 423
               + 23                                         ―――
               ―――
                2×4  →         ←  3×4
```

つまり，加法で各位毎に基数を加えることを，能率的に乗法で処理しているものと考えるのである。これは初めのうち，上の例のように小さな数について行わなければならないが，容易に一般化できるはずである。

これらのことは，現在行われている学習指導とはかなり違っている。これが可能かどうか，また，本当に有効かどうかは，実際に指導してみないとわからないので仮説として残しておきたい。

上に述べた考えに基づいて積を求める計算の仕方を考える場合に困難が生ずるのは，×（二位数），×（三位数）の場合である。とは言うものの，既に×（一位数）については指導が終わっているので，結局は，何百，何千をかけることがうまく考えられるようになっていればよいことになろう。

一位数に 10 をかけることについては，乗法の初期の指導を，九九に限定しないことにすれば，子どもは帰納的にその結果を知ることができる。記数法の上からは，$2 \times 10 = 20$，$3 \times 10 = 30$，……のように，数字の後に 0 をつければよいのであるが，このことについては，具体物（教具）を補助に，記数法の仕組みに基づいた説明，確認が必要である。というのは，上に述べた九九の指導では同数累加の考えで積を求めており，2 の 10 倍の 20 が，18 より 2 多い 20 となっているからである。

具体物を用いて，記数法と結びつけるとすれば次のようなことが考えられる。

```
   十 一   ①   十 一   ②   十 一   ③   十 一
           ⇒           ⇒           ⇒
   ∘∘ ×10      ⦾⦾                ║║       ○
              ⦾⦾                ║║       ○
              ⦾⦾                ║║
              ⦾⦾                ║║
              ⦾⦾
```

式で表現すれば，この場合は，
  $2 \times 10 = 2 + 2 + \cdots\cdots + 2 = 10 + 10 = 10 \times 2$
で，10 が二つだから 20 ということになる。しかし，具体物の操作をするときには，この式の考え方にこだわる必要はないと考える。②のステップは，数える場

合に「10の束を作る」という考えに基づいており，10回加えたのだから，そちらに目をつければ早く数を把握することができるというにすぎないからである。同じ考えで，3×10，4×10，……，9×10も考えることができる。

10×10，これは，百の意味そのものなので解説の必要はない。

これに関連して，次のようなことが考えられる。

現在，どの教科書でも，乗法の導入は5の段，あるいは，2の段からとなっている。それは，5あるいは2が10の約数であり，10のまとまりが作り易く，数え易いためである。しかし，それよりも先に10をかけることの方を取り上げてはどうだろうか。乗法は，同じ数のかたまりがいくつかあるとき，その全体の個数を早く求めるために用いられるものであるが，同じ数のかたまりが最も自然に早く出てくるのが10だからである。1年生で100までの数を指導する際，10が二つで20，10が三つで30，…という表現が用いられるが，これは10×2，10×3…と表されるものである。10が10個で百は10×10と表現できる。乗法の意味，および，表記にとって最も自然な場であるように思われる。

話をもとにもどして，10をかける場合の考察を続ける。

11×10，12×10，……。これは，前に述べた加法の形式と結びつけて，
$$11×10 = (10+1)×10, \quad 12×10 = (10+2)×10 ……$$
を考えればよい。もちろん，ここでは分配法則が使われているが，加法の各位の数を加えることと結びつければ理解されるにちがいない。具体物の補助を用いれば，一層よく理解されるであろう。

20×10，これは，2×10よりも難しい。しかし，10進位取記数法と加法の考えに結びつければ，2×10と同じように考えられる。難しいのは，この「2」が，単なる2でなく，10が二つの2を意味しているというところにある。しかし，具体の補助があれば，さほど難しくはないはずである。

このことからも，10進位取記数法の理解が重要であることがわかる。これが乗り切れれば，30×10，40×10，……も，さほど難しくはないし，また，100×10，200×10，300×10，……も，同じ考えを一般化しているだけなので問題は少ない。

次に，×20，×30，……であるが，これも，今までの考えを拡張して使うことも可能である。たとえば，2×20を図示すれば下図のようになる。

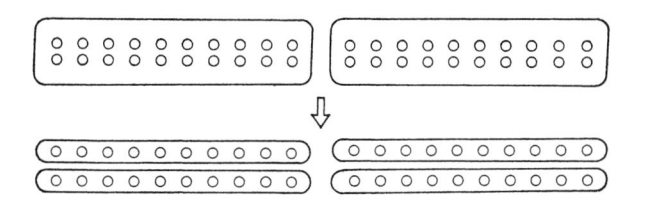

このことは，2×20＝（2×10）×2＝10×2×2と式で表されるが，具体に即して考えれば，それほど難しくはあるまい。

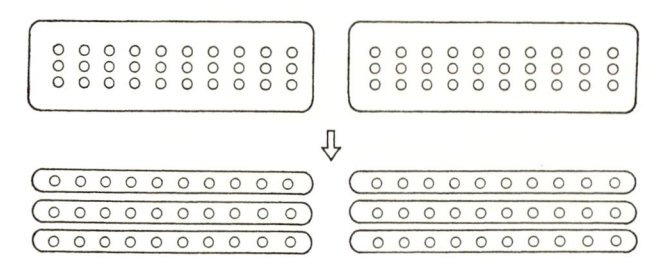

3×20は，

としていけばよい。4×20も同じように考えることができるであろう。また，同じ考えで，2×30も解決できよう。

ここに用いられている考えは，簡単に言えば，乗法モデルとしてのアレイ（array）と10進法の考えとを併用している。あるいは，ここで用いられている考えを，より形式化したものがアレイであるといってよいかもしれない。

これまで基礎に置いてきた考えは，数えること，10進法の表記とその考え，加法の仕方，乗法の意味であった。それらを適用しているうちに，アレイのモデルへ自然に行きついた。アレイは，そういった意味で，乗法のモデルとして素朴なものの一つであり，乗法を考えるときに有効なモデルであることがわかる。

2.2.5 小数，分数の導入

これまで，原理をもとに発展的に学習させることを基本的な考えとして指導内容の吟味をしてきたが，同じ考え方で，現在発展的な指導が行われていると思われる小数，分数の導入の指導を吟味してみる。これにより，その問題点を指摘することができる。これも公理的方法の考えの有効さを示す例となろう。

小数や分数は，1より小さい量を表現する必要から生まれたと考えられている。少なくとも，算数では題材を量にとり，1より小さい量を表すのに，「単位を決めて，そのいくつ分あるかを数で表す」という「測定の考え」を共通な考えとしていると考えられている。その立場で，小数，分数の指導は量と測定に関連させて，既習の経験をもとに発展的・創造的に学習させようとしているものと思われる。この指導に問題がないか，また，子どもの学習にどんな問題が出てくると予想されるかを，既習のことからの発展の可能性の根拠を探ることによって吟味してみる。

まず，小数について，これが「測定の考え」から導き出されるものとして考察を進めてみる。

2節 公理的方法の考えによる学習指導をする立場からの内容の検討

多くの教科書に見られるように，量を測って半端な量が出た場を想定しよう。たとえば，dℓますを用いて測って半端が出たとする。ここで子どもはどう対応すると考えられるだろうか。

それまでに，単位としてdℓしか教えられていないとしたら，何も考えつかないかもしれない。しかし，既に，量の単位としてℓ，dℓ; m, cm, mmが教えられており，したがって，それらの知識をもとに発展的に考えることができるはずである。

上にあげた単位は，dℓからℓ，cmからmm，cmからmという順に指導されることが多い。つまり，身近かな大きさのものを測るのに適した単位から，一つの方向としては，多い量を能率的に測る単位（dℓ→ℓ，cm→m）へ，もう一つの方向としては，より少ない量を詳しく測る単位（cm→mm）へと進められている。

単位に関して言えば，命数法で使われる単位は大きい方へと進められている。したがって，そこまでの学習では，既知の単位を何等分かして単位を決めるという考えは，cm→mmの場合しか学習していないことになる。このことだけからは，小さい単位を決めればよいという考えは出てこないかもしれない。

しかし，実際にものを測定する場を考えてみると，まず大きな単位でとらえ，余りがあればそれより小さな単位で，さらに余りがあればさらに小さな単位で測りとる考えを経験してきている。その経験があることを前提にすれば，dℓますで測って余りが出れば，それより小さい単位がないだろうかと考えるのは自然の発展である。

ところで，それまでの経験では，新しい単位には新しい名がついていた。数詞でも10倍毎に新しい名がつけられている。cmを10等分した単位には，mmという名がついている。したがって，dℓますで測って半端が出れば，小さな単位を新しく作ればよいという考えが出てくると同時に，単位名がなければならないという考えも合わせて出てくるであろう。

話がやや脇にそれるが，1より小さい数の表記は，大きな数の表記に依存していることが数学史から見てとることができる。中国では，大きな数について5万3千4百と10倍毎に単位名をつけて表記しているので，小さい数についても，3分2厘5毛というように$\frac{1}{10}$毎の単位名もあわせて表記している。

バビロニア人は，大きな数について60進位取記数法を用いていたので，1より小さい数についても60進位取記数法で表現している。エジプトでは，小さな数を表すのに大きい数に特別の符号をつけて表すために，単位分数だけが用いられた。現在我々が使っている小数の表記は10進位取記数法に依存しているが，これは，10進位取記数法がヨーロッパで定着した14，5世紀以降の産物である。これらの例は，原理や形式を一般化することによって数学が作られていることを示

している。

さて，それまでにもっている測定の考えは，「単位の大きさと名称を決め，それがいくつ分あるかを調べて数値化する」ということである。ところが，小数では「単位の大きさ」は決めるが，単位名は決めない。このことは，小数が命数法の体系ではなく，記数法の体系の範疇にあることを示している。

それに対して量の測定においては，記数法と同時に命数法も決められている。そこに測定の考えと小数との間に一線がある。したがって，小数の指導は，命数法に意識を向けず，記数法に意識を向けることが肝要となる。とすれば，小数の導入に水の量を測る dℓ を用いるのは問題があるともいえる。

小数が記数法の体系であり，10進位取記数法の原理が小数を生み出す基礎にあるとするならば，本来なら，小数の導入は，自然数の表記法に視点を置いて行われるべきである。小数が数の表記に統一を求めようとして得られたものだからである。

この考えをもとにカリキュラムを組むとすれば，小数の指導は，整数について10進位取記数法の考えがよく熟してからにしなければなるまい。我国のカリキュラムで言えば，4年生以降ということになる。具体物を離れるわけにはいかないとすれば，単位名を要求しない数直線を使うことが考えられる。

小数についての現在の多くの指導は，数が量の測定から生まれたものと考え，新しい単位名の存在しないもの（実は知らないもの），たとえば，dℓ ますで測る活動をさせている。そして，「もう新しい単位名は作らない。どう表すか」という課題を与えている。それも一つの方法であるかもしれない。

しかし，その時でも，本来ならば，整数の表記法である10進位取記数法に目が向けられるようにすべきである。整数の表記の原理に着目させ，それに基づいて表記の工夫をさせるべきである。ただし，小数点を用いての表記は教えなければならないことである。

もう一つの方法として，小数が量を表現するのに実際に使われている場面を示し，それがどんな意味なのかを考えさせる方法がある。たとえば，ある教科書では「明さんの身長は，124 cm 7 mm です。先生はこの身長を124.7 cm と書きました。この書き表し方は，どんな約束になっているでしょう」という課題を与えるのである。これは，「自分で考え出す」ということよりやや下って，「人の作ったものの仕組みを考える（予想する）」という活動となる。これでも，解説して教え込むだけの指導よりはすぐれている。上の教科書の例で言うならば，124 cm 7 mm を言わず，初めから，「124.7 cm とは，なんのことでしょう。どんな約束でしょう」と言ってもよい。

このようにして，子どもが「1 より小さい数は，小数点以下に $\frac{1}{10}$ を単位として

2節　公理的方法の考えによる学習指導をする立場からの内容の検討

いくつ分を示す数を書いて表す」ということを学習できたとしよう。すると，この後どこまで発展させることができるであろうか。

一つの方向としては，それより小さい数についても，その $\frac{1}{10}, \frac{1}{10}$…を単位として，そのいくつ分をその右に書いて表していくという考え方がある。ところが，このときいくつかの誤った一般化がなされることが予想される。

その一つは，3.5.6.…というように何度も小数点を書くという誤りである。これは，$\frac{1}{10}$を単位にした数を書くのに小数点を打ったことを一般化し，$\frac{1}{10}$ごとに点を打つものと考えられている。当然の発展である。ただ，10進位取記数法は，数字を並べて書けば，右の方が $\frac{1}{10}$ の単位，左の方が10倍の単位としているので，点は一つ基準として決めれば他は必要ないということが指導のポイントになる。

二つめの誤りは，0.9より0.1大きい小数を0.10とするものである。あるいは，0.12を「レイテン　ジュウニ」と呼ぶ子もその範疇に入る。これは，「整数の表記では，一番右に書いた数が一の位を表す」ということを一般化したために生ずる誤りである。

この誤った一般化を防ぐことを考えるとすれば，現在の3年生の小数の指導のように，小数第1位で止めない方がよいように思われる。少なくとも小数第2位まで進めれば，上にあげた誤りは少なくなるし，小数および10進位取記数法の理解が十分になされるにちがいない。ただし，これは実証する必要のある仮説である。

現在，この第2の誤りを避けるために，小数どうしの加法で，その和が1を越す場合が取り扱われている。どの教科書にもその問題は見られるが，上の誤りを避けるためという意識をもって指導することが欠かせない。数直線の上で計算を考えているうちは間違えないかもしれないが，数字のみで計算をさせる場合には，その誤りが出てくる。加法をさせないときには，「0.1が12個でいくつ」という問題を与えるのも一つの考えである。

このように，小数を量の測定と結びつけて考えることには，少し問題があることが明らかになったが，分数についてはどうであろうか。

算数では，分数の指導も小数の場合と同じように，半端な量を測定することに関連させて導入が図られている。いうまでもなく，小数が10進位取記数法の一般化であるのに対し，分数はそうではないという点で違っている。しかし，「単位を決めて，そのいくつ分で表す」という測定の考えから出ていると考えると小数と同じとなる。そこで，小数と同じように測定の考えに結びつけて指導されている。

小数は，整数を表す10進位取記数法の原理をそのまま一般化して，1を10等分して単位を作る考えから出てきた。ところが分数は，適宜2等分，3等分して単位を決める。けれども，このとき，任意に何等分するかを決めるわけではない。

測られる量をa，単位をpとするとa＝npとなる自然数nが存在するようにpを決めるのである。これが決まって初めて分数の表記ができるようになる。（数学的には，したがって，aは有理数でなければ測れない。無理数の場合は近似的に求めるのであるが，これは小学校では問題にならない。）

　このように考える基礎が，それまでの学習の中に見られるだろうか。これに似た考え方をする経験は，小学校のこれまでの段階ではないように思われる。しいて求めるならば，できるだけ整数を使って表現したいという考えから，量の測定の場合に小さい単位を作って整数で表現するという考えを用いていることがある。たとえば，リットルで表すことができなければデシリットルで，センチメートルで表すことができなければミリメートルで，というようにしている。これらはいずれも，より小さな単位を使って整数で表すことを考えているものである。

　しかし，測定の場合は，10等分，100等分が多く使われている。これは，記数法から出ていることである。したがって，単位を2等分，3等分，4等分して新しい単位を作るという考えは子どもからは出てこないのではないだろうか。

　実際に，分数で量を表すことを忠実に行おうとするならば，$\frac{1}{2}$の目盛りのついたものさし，$\frac{1}{3}$の目盛りのついたものさし，$\frac{1}{4}$，$\frac{1}{5}$，…の目盛りのついたものさしを準備しておき，目盛りの大きいものから順に当ててみて，丁度目盛りが読み取れるものを探さなければならない。

　このようにすると，分母が大きい分数の場合には，単位を決める手間が大変である。そこで，ユークリッドの互除法が用いられることになる。そのためか，分数の導入にユークリッドの互除法を使えと主張する人もいる。しかし，ユークリッドの互除法によって共約量が求められるということを小学生にわからせることは無理なのではないだろうか。

　こう考えてきてみると，分数には「単位を決めて，そのいくつ分で表す」という測定の考えが見られるにしても，いわゆる「測る」ということから分数の考えを出すのは難しいと思われる。結果的には，「測定の考え」によって小数と同じものと見ることはできるが，発生的に同じであったかどうかは疑問である。

　現在，分数の導入は量分数からという主張がある。これが，量の測定に結びつけられる根拠になっていると思われる。量分数からという理由は，操作的な分数の意味が強調されると，たとえば，2mを3等分した大きさを$\frac{1}{3}$mと答える子が出てくるということにある。また，操作分数では，それを表す大きさがそのつど変わるので，大きさがとらえ難いということもある。しかし，上に述べたことから考えると，量分数から入ることにも疑問を感ずる。

　分数の読み方，表記の仕方が，量の測定の場合とは異質であることも分数が量の測定から考えられるものではないということを裏付けているように思われる。

長さの測定では,「2メートル」と単位名を後につけて言う。分数を同じように言うとすれば,$\frac{2}{3}$は,$2\left(\frac{1}{3}\right)$と言うことになろう。英語での two thirds という言い方はその表現と同じである。

わが国ではそうではなく,「何分の何」と言う。この表現は,操作分数的なイメージを強く持っており,したがって,量分数から入っても,2mの3等分が$\frac{1}{3}$m という誤りはなくならないと考える。この誤りをなくすには,別の手立てが必要であろう。

すると,どのような考えから分数が出てくるかが問題となる。

筆者は,分数の基本は割合の表現にあると考える。一つは,容器等に入っている水の量を見て,およそ2等分した1つ分,3等分した1つ分,3等分した2つ分という見方があり,その表現が抽象化されて分数が出てきたものと考える。

スケンプ(Richrd R. Skemp)は,『数学学習の心理学(The Psychology of Learning Mathematics 1971)』の中で,「分数は,等分してまとめるという操作から抽出された分数法の同値類であったが,有理数の方は,集合の間のある種の対応から抽出された比の 同値類のことである」[1]と述べている。比とまでいかなくても,操作及び割合の意識が分数には強いように思われる。

分数の発生には,「等分する考え」があると思われる。つまり,2人で分ける,3人で分ける,4人で分ける,… という場合,その一人分を表すのに分数の表現が使われたという考えである。これは分割分数(操作分数)の考えである。この考えは,『九章算術』の中に「三分銭之一」「二十一分銭之四」という表現があることからもうかがわれる。お金だけでなく,「七分歩之四」と 広さにも 使っている[2]。

あるいは,また,2倍,3倍,…に対する逆の見方として$\frac{1}{2}$,$\frac{1}{3}$,…が考えられたのかもしれない。この$\frac{1}{2}$,$\frac{1}{3}$をもとに$\frac{2}{3}$などが発生するのかとも思う。この考えは,先の割合の考えに近い。

この考えに立つとすれば,現在は指導されていないが,「6の2倍は12」,「6の3倍は18」などに対応させて「12の$\frac{1}{2}$は6」,「18の$\frac{1}{3}$は6」ということを考えさせることが考えられる。「6の2倍は12」を 6×2＝12と書くとすれば,「12の$\frac{1}{2}$は6」は,$12\times\frac{1}{2}=6$と書いてもよいのではないかということが子どもから出てくるにちがいない。式に表さなくても,分数をこのように使えば,2mの3分の1を$\frac{1}{3}$mとする誤りは少なくなるように思われる。

分数の導入を量分数からという考えは,そのあとに分数の加減の学習が続くか

---

(1) スケンプ,藤永保,銀林浩訳:数学学習の心理学(新曜社 1973) p. 193
(2) 銭宝琮校点:算経十書(1963) pp. 98〜99

らである。操作分数的な分数や割合を表す分数では，加法が考えにくい。しかし，分数の学習の系統が，「分数の概念の導入 → 分数の加減 → 分数の乗除」となる理由は何だろうか。数学的に整理された順序：整数 → 小数 → 分数，加法 → 減法 → 乗法 → 除法という順序が根底にあるからである。その立場から考えて，分数の指導の順序も加減乗除の順になっているにすぎず，分数本来の意味から出てきた系統ではないように思われる。

もう少し十分に吟味しなければならないが，先に述べてきたような分数の意味で分数の概念が導入されたとしたら，その次は加法でなく，乗法（×分数）に進む方がよいのではないだろうか。（分数）×（整数）を学習する前に，（整数）×（分数）が出てきてもよいのではないだろうか。

これは，現在一般に考えられている系統とは順序が逆であるが，検討に値する仮説だと思う。

2.2.6 表記法としての小数，分数

小学校では，小数，分数という数があるかのような指導が行われている。しかし，実際には，小数も分数も表記法の体系である。このことを根拠において指導を考えると，小数，分数の指導が変わってくるように思われる。

小数や分数が表記の体系であることは，小数の計算が，小数点を無視すれば，すべて整数の計算と同じように行えばよいことから明らかである。小数の表記が整数の表記と同じ原理を用いており，計算が表記に依存している手続きなので，表記の原理が同じであれば，計算の手続きも同じになる。分数は表記が整数と異なるので，計算の手続きもまったく異なる。扱っている数の大きさは，小数，分数も変わりはない。そういう意味では，小数の計算は子どもにとって難しいものではなく，発展的に子ども自身が学習していけるものと考える。

問題点，困難点があるとすれば，相対的な大きさの考えくらいであろうか。これにしても，小数の理解が十分であれば，問題にはならないように思われる。

たとえば，小数の加法，$0.3+0.5$ を考えてみる。この加法ができるためには，0.3 が 0.1 の 3 つ分，0.5 が 0.1 の 5 つ分であることを知っていなければならない。言い換えれば，0.3，および，0.5 の 0.1 を単位にした相対的な大きさが，それぞれ 3，5 であることを知っている必要がある。加法は，その相対的な大きさについて行なわれる。そして，この相対的な大きさの考えさえわかれば，小数の加法，減法はどの場合でも行なうことができるはずである。

この相対的な大きさについての加法は，小数において初めて出てくるわけではない。二位数，三位数についての加法を行なう場合に10を単位にした相対的な大

きさ，100を単位にした相対的な大きさの考えが用いられている。小数の場合とまったく同じわけではないが，ほぼ同じ考え方と言ってよい。ただ，10や100を単位にする場合は，いくつかのものの集まりを1と見る必要があるが，小数の場合は小さく分割したものを1と考えるところが違う。表記上は，0.1 という表記が複雑に見えるので難しいようであるが，具体的には，小さいけれども一つのものであるという点で，10や100のような集まりを1と考えるよりも易しいはずである。

　加法を考えるには，小数の成り立ち，つまり，相対的な大きさの考えを明確に理解させておかなければならないことがわかったが，それだけではまだ不十分である。たとえば，0.4 + 0.6 = 0.10 という誤りが見られることがあるからである。この誤りは，ある意味では無理からぬところもある。というのは，測定などの場合，cmを単位にするにしろ，mmを単位にするにしろ，9 mm, 10 mm, 11 mmという言い方が許される。その考えからすれば，唱え方として「レイテン9」「レイテン10」「レイテン11」という言い方をしてしまうのは自然な発展であろう。「レイテン」という表現が「0.1を単位として」ということをほのめかしていると考えられるからである。「レイテン」は，あたかもmmのように，単位名の様相を呈する。

　「レイテン10」という言い方を絶対に許さないというところに小数の特徴がある。小数以外では，量を表す場合はほとんどすべて10は「ジュウ」と読んでよい。さきほども述べたように，cmを単位にしてもmmを単位にしても10 cm, 10 mmは許される。10 mmは1 cmのことであるが，10 mmと言ってもよい。小数ではこれが許されない。小数と同じ数の表記である分数でも$\frac{10}{3}$が許されるのに，小数では許されない。小数が特別であることを明確に意識させておかなければならない。これも，小数が命数法でなく，単位名を伴っていないことから生ずることである。

　小数の加法についての誤りのもう一つは，筆算形式を用いる場合，桁数が異なっている時に，小数点をそろえないで右のように数字の右側を揃えるものである。これは，言うまでもなく，整数の計算の各位を揃えると，右側が縦にそろうということを形式的に一般化していることによる。

$$\begin{array}{r} 0.35 \\ +\ 12.5 \\ \hline \end{array}$$

　算数，中でも特に計算は，形式化された手続きを用い，その形式を一般化していく面が強いので，上のような誤った一般化が行なわれ易い。そうならないためには，あまり早く筆算形式を用いて形式化を急ぐのではなく，各位毎に計算することを押さえ，それをし易くするために加えるものどうしをそばに置くという筆算の形式のよさをわからせる指導を丁寧にすることが望ましい。少なくとも数の

右端をそろえるという考えはできるだけ早く除くようにしておきたい。そのためにも，小数第1位に限定せず，第2位くらいまでを先に指導してから加法に入ることが望ましいのではないだろうか。

　加法の場合，「単位を同じとするものについて加法を行なう」という原則から，筆算をする場合は位をそろえて計算している。それが整数の場合には右端をそろえることになっており，小数の場合は小数点をそろえることになっている。この原則は，分数の加法，減法などについても用いられることなので，それがはっきりするような指導が行なわれることが望ましい。

　分数の加法は，見かけ上これまでの計算とはかなり違って見える。これまでの計算は，そこに見えている数字はすべて計算の対象であった。ところが分数の加法では，計算の対象ではない数，分母がある。これは小数と分数の表記の方法の違いに基づくものである。計算は表記上の処理なので，表記が異なれば手続きも違ってくる。

　形式的な手続きに見かけ上違いがあるということは，形式化を急がず，具体的な量（数直線も含めて）について，その意味を押さえる指導を十分に行なわなければならないことを意味している。

　分数の加法については，それに先立って解決しておかなければならない問題がある。それは，分数が，操作を表すもの，あるいは，割合を表すものとして導入されている場合は，分数の加法をする前に，分数が（数直線も含めて）量を表すものと考えられまでに理解が進んでいなければならないということである。小数は，数直線，あるいは，具体的な量と結びつけられて学習されており，しかも整数の表記法と原理が同じなので問題はない。

　ところが，分数の方はどちらかというと，割合的な意味合いを持っている。わが国の場合は，操作的，手続的な意味を含んだ読み方をしているので，一層その色合が強い。

　計算ができるということを重視する人達の中には，分数を初めから量を表わすものとして位置づけようとする人々がある。しかし，前にも述べたように，そこには不自然さが伴う。まず，割合を表わすものとしての分数があり，それを量の表現に使うという方が自然であろう。

　分数の加法，減法も小数の場合と同様，単位のいくつ分という考えができていることが必要である。分母が単位を表す役目をしていることがわからなければならない。これまでの数の表記と大きく違っているので，数直線の補助がぜひ必要である。

　このようなことに留意すれば，同分母分数の加法，減法についてはそれほど問題がないように思われる。あるとすれば，仮分数を帯分数に直すこと，あるい

は，約分ができる場合が出てくるということが加わることであろう。「同じ単位で表されている数について加法を行なう」という原理に変わりはない。

分数の加法，減法の困難点は異分母分数の加減にある。これの解決は，上の加法の原理に基づいて，「単位を同じにする」つまり「分母を同じにする」という考えが出るようになればよい。ここらあたりには，「公理的な考え」，その中でも「仮設的な考え」の芽が出ているように思われる。整数，小数，同分母分数の加法などの学習の中で，「加法は，単位を同じくする数値について行なわれる」という原理を帰納し，それを公理のようにして異分母分数の加法の問題を解決しようというわけである。この時，同値分数の考えが欠かせないことはいうまでもない。

同じ大きさの数に対していろいろな表現が存在することは，分数の一つの特徴である。このことが，分数についてのいろいろな処理を難しくしているが，また同時にそのことが，それらの難しさを解決してくれる鍵でもある。

数の大小の比較にしても，10進位取記数法で表された整数や小数は，単位が固定されているために大小の比較が容易である。ところが分数は，単位が固定されていないために容易ではない。それを救ってくれるのが同値分数である。

似たことが，分数の加法，減法についても言える。加法，減法は，単位を同じくするものについて行なうものであるため，整数や小数のように単位が固定されているものについては，そこにある数を加えたり引いたりすればそれですむ。しかし，分数のように単位が異なるものについては，そこにある数をそのまま加えればよいというわけにはいかない。

同じ大きさの数に対していろいろな表現があることが，分数の特徴であるが，数の指導では，この特徴をもっと強調して活かしたい。分数の大小を比較する場合，加法や減法を行なう場合，「分母をそろえればよい」「単位をそろえればよい」というようにいわれ，分母をそろえる手続きに従って，その比べ方，あるいは，加減が語られる。その前提には，大きさが同じで表し方が異なる分数があるということがあるのだが，この前提の方にもっと力点をおきたい。

たとえば，$\frac{3}{5}$ と $\frac{4}{7}$ の大小を比較する場合であれば，「このままでは比較できないが，分数には同じ大きさの分数がたくさんある。それらの中で，比べ易いものはないかを探してみよう」「比べ易いというのは，どんな場合だろうか」「分母（分子）が同じなら比べ易い」「そのようなものがあるかを探してみよう」というふうにすべきである。普通は，前半がなくて，後半だけになっているようである。前提としている考えをはっきり言葉で述べるようにしたい。

同じことは，加法，減法の場合についても言える。通分の方に重点がおかれていることが多いようであるが，それでは，同じ大きさの分数の助けを借りている

という意識が薄くなる。同じ大きさの分数を作る手続きに力点を置かず，それを探すことの方に力点を置いた方がその意識が強くなろう。分数は取り替え得るということが大切なのであって，分数が変わるわけではない。普通に行なわれている手続きでは，分数が変わっているかのように感じられる。

　小数も分数も表記の体系であり，同じ大きさの数を表す表記がいろいろあるということが理解されたら，分数だけでなく小数も含めて，この考えを活かしていくことを考えたい。現実の指導では，小数は小数，分数は分数と分けられすぎているように思われる。そのため子どもは，分数，小数を別のものと考えているように思われる。

　分数と小数が同じ場で使われる場合として，大小比較の場がある。分数の大小を比較するのに，小数に直してから比較する方法がそれである。しかし，これが邪道であるかのように考えられていることもないではない。最初は「小数に直して」という考えが出ても，次には「分数のままでは？」となり，小数を使うことは許されないようになる。もちろん，これが正しい方向なのであるが，分数は分数で，小数は小数で処理しなければならないという厳しい不文律でもあるかのようである。昔，算術，代数，幾何に壁を作っていたのに似て，暗黙のうちに壁を置くように仕向けている。もちろん，分数は分数で，小数は小数で処理できることも大切なことなので，その指導のためには，一時壁を作ることも必要であるが，その壁を固定してはなるまい。

　小数，分数の交流は，その後，混合算が出てくるまで，答えの予想や検算に使われることはあっても，それ以上はあまりない。予想や検算，確認にすら使われないことが多い。だが，同じ大きさの数にいろいろな表記があり，それを取り替え得るという考えはもっと有効に活かしたいものである。普通，小数の方が易しい（整数の表記法と同じだから）ので先に学習されるが，それを単に答えの予測や検算のためだけに使うのではなく，分数の計算の手続きを考える手だてとして使うことも考えられる。また，それによって創造的な学習が可能になると考える。

　このことを具体例で考えてみる。

　たとえば，小数の加法，減法を学習したとする。すると，それを分数に表すこともできるので，分数に置き換えてみる。

$$0.4 + 0.5 = 0.9$$
$$\downarrow \quad \downarrow \quad \downarrow$$
$$\frac{4}{10} + \frac{5}{10} = \frac{9}{10}$$

この場合，「$\frac{4}{10}$と$\frac{5}{10}$の和は$\frac{9}{10}$になるはずだ」ではなく，必ず「ならなければなら

ない」ものである。なぜなら，同じ数の表記を変えただけだからである。その上で，分数の意味からも分子の和でよいことを確かめればよい。

約分の学習がすんでいれば，この計算は実は，$\frac{2}{5}+\frac{1}{2}=\frac{9}{10}$ をも示していることがわかる。そして，その計算の仕方は，

$$\frac{2}{5}+\frac{1}{2}=\frac{4}{10}+\frac{5}{10}=\frac{9}{10}$$

から示唆される。分数は取り替え得るという考えを更に徹底すれば，

$$\frac{2}{5}+\frac{1}{2}=\frac{2}{5}+\frac{3}{6}=\frac{4}{10}+\frac{2}{4}=\frac{6}{15}+\frac{1}{2}=\cdots$$

などの計算もすべて $\frac{4}{10}+\frac{5}{10}=\frac{9}{10}$ となることが認められる。

それらの特殊な事例のいくつかから，分数の意味に即した計算手続きへと進めれば異分母分数の加法の指導ができる。同値分数の考えさえ確かであれば，同分母分数，異分母分数の加法，減法は同時に扱えるはずである。

同じことは，分数の乗法の仕方を考える場合にも使うことができる。

$$0.4 \times 0.5 = 0.2$$
$$\downarrow \quad \downarrow \quad \downarrow$$
$$\frac{4}{10} \times \frac{5}{10} = \frac{2}{10}$$
$$\downarrow \quad \downarrow \quad \downarrow$$
$$\frac{2}{5} \times \frac{1}{2} = \frac{1}{5}$$

これは特殊な例ではあるが，このことから，分数の乗法は分母どうしの積を分母とし，分子どうしの積を分子とするという手続きが示唆される。なぜそれでよいかは，分数の意味と乗法の意味から考えることにする。その時もまた，小数の乗法の意味，その手続きや結果の意味が参考になる。

小数の除法から分数の除法を考える場合は，上のように結果だけから考えるのではなく，その手続きにも着目する必要がある。

たとえば，$0.4 \div 0.05$ を考えてみる。この計算を筆算で行なうときには，小数点を省いて（移動させて）計算するが，これを式で書けば次のようになる。

$$0.4 \div 0.05 = 40 \div 5 = 8$$

これを分数に置き換え（表し直し）て見ると

$$\frac{4}{10} \div \frac{5}{100} = \frac{40}{100} \div \frac{5}{100} = 40 \div 5 = \frac{40}{5} = 8$$
$$\downarrow$$
$$\frac{2}{5} \div \frac{1}{20}$$

となる。

ここで，通分の考え，あるいは，除法についてのきまり（法則）が使われていることに着目させれば，分数の除法の仕方を一般化できる。もちろん，一，二の例で帰納することはできないかもしれないが，わり算について成り立つ法則で説明ができれば，演繹的にも導くことができる。この場合，その法則にどのくらいなじませておくかが問題になるが，それさえできていれば，うまくいくはずである。

　このように，小数の計算から分数の計算の仕方を予測することを考えれば，発展的，創造的に算数の学習を進め得る。その基礎には，分数には表記が異なる大きさが同じ分数があること，小数も分数も，数の一つの表記にすぎず，したがって，その表記法は取り替え得るものだという考えがある。上に述べたことは，その考えを積極的に活かそうとしているものである。

　そのもっと前の前提には，計算が表記上の処理であるという考えがある。これらのことを，どの程度子どもに自覚させ得るかは問題ではあるが，少なくとも，分数も小数も，表記の違いだけで取り替え得ること，特に分数にはその仲間が多いということについての意識を持たせることができれば，これに基づいて創造的に発展させていくことができると考えられる。

　M. クライン（M. Kline）は，現代化運動の中で，「数と数字の区別を意識させる」ことが子どもにとって無意味であると主張している[1]が，可能な限りその区別をしていきたい。上に述べてきたことを可能にするためには，分数や小数が表記法であるということが（明言しなくても）意識されることが必要である。そのためには，繰り返すことになるが，分数，小数を取り替えながら扱う機会をできるだけ多くすることが有効であると考える。

　数と数字の区別は子どもにとって容易なことではない。分数，小数を表記法と考えた場合，その実体をどう考えればよいのかということになるが，それは数のモデルとしての数直線に頼ればよいのではないだろうか。そのためには，数直線に早くから親しませると同時に，いろいろな解釈を数直線で行なうことが必要となる。

（1）　クライン，柴田録治監訳：数学教育現代化の失敗（1976）　p. 8

3節　本章のまとめ

　以上，創造的，発展的な学習を期待する立場から，ときにはそれを可能にするための根拠とするものを明らかにしようとし，ときには，帰納した原理をもとにどこまで発展可能なのか，何が限界なのかを明らかにしようとしてきた。その発展的な考察は，既習のことに基づいて誤る可能性の存在にも向けられた。これらの考察の内容は，一見当然のこととも見られようが，指導上これまで気がつかれていなかったいくつかのことを指摘し得たはずである。また，これまで考えられていない指導の可能性についても示唆し，いくつかの仮説を設定することができた。他の内容についてこれと同じような考えで分析を行えば，他にいくつもの仮説や指導上の示唆が得られるはずである。これまでの考察で少なくとも「根拠を探る」という考えと，「仮設（原理，公理）をおいて考える」ということが，教材研究をするときの考え方としても価値をもつことが示し得たと思う。

　本章では，第1節で，根拠を探り，確かな知識を求める考え方による学習指導，および，既習内容の中に見られる法則を仮定して，新しく直面した問題を解決しながら新しい知識を獲得していく学習指導のあり方を具体的に考察した。いずれの場合においても，数学的知識を単なる帰納によるのでなく，可能なかぎり数学らしく得させていく，作らせていくということを基本にしている。

　本論文では，数学における発見，創造，発展は，原理，法則に基づいて行うことができ，着実な発見，創造が行われるということを前提にしている。つまり，創造，発展を原理，法則に基づくものに期待すれば，着実な創造的，発展的学習が可能であることを前提としていた。これが仮説に基づいて演繹的に考えるという公理的方法に共通するものである。創造的，発展的な学習指導の基礎をそこに置くとすれば，しておかなければならないことは，帰納した原理，法則に基づけばどこまでの発展が可能であり，何が発展不可能かという吟味である。そのための内容の吟味を2節で具体的にしてきたのである。完全を期するとすれば，この作業を小学校，中学校の指導内容すべてについて行っておく必要があるが，冗長になるので，ここでは割愛する。これまでの考察から，上に述べた立場からの内容の吟味の上に立ち，公理的方法の考えに基づいた学習指導をすれば，創造的，発展的な学習指導が着実に行える可能性があることを示し得たものと思う。

終章

本論文のまとめと今後の課題

1. 本論文のまとめ

　本論文は，はじめに述べたように，公理的方法の考えにより数学の学習指導を創造的，発展的に進め得るという可能性を示すことにある。これは，ともすると非能率というそしりを免れない創造的，発展的な学習指導の改善を促そうとするものであるが，同時に，ものの見方，考え方を育てるという数学教育の目的への一つのアプローチともなっている。

　そのために，第1章では，公理的方法を具体的に示すユークリッドの『原論』とヒルベルトの『幾何学の基礎』の成立の背景や，それらの本の特徴を基礎に，そこに含まれるいろいろな考えを明らかにした。

　その結果，古典的な公理的方法は，体系化の方法，説得の方法としての意味をもつだけでなく，歴史を溯れば，矛盾の告発に対抗するために論理的な存在を主張する役割を担っていたこと，そして，その底には，世界は論理的なものであるという世界観があり，それにより，論理的に把握しないではいられない，原理から把握しようという精神があることを見てきた。

　また，現代的な公理的方法については，根拠としているもの（公理）を余すところなく見つけるという考えだけでなく，その公理がどのような意義をもち，どの範囲まで力が及ぶものかという見方がヒルベルトに見られ，それがさらに発展して，対象をまとまりのよいものに分析し，後で総合して，当初の問題を解決しようという考えや，共通な公理を見つけて統一的に把握したり，それをもとに新しい事態を解決したりすることにより思考の経済をはかることができるということを見てきた。

　第2章では，それらのいろいろな考えが，「原理（根拠）を探る（明らかにする）」こと，および，「仮設（原理，根拠）をおいて考える」ことの二つに集約さ

終　章　本論文のまとめと今後の課題

れることを考察し，本論文では，これを公理的方法の考えとした。そして，公理的方法を含めてそれらの考えが，日本人に欠けている考え方を補い，数学的な考え方も含めて考える力を伸ばすうえで価値をもつこと，また，創造的，発展的な学習指導を着実に進め得る可能性をもつなどの価値を有することを明らかにした。

　第2章では公理的方法の考えに基づいて学習指導を進めるに当たって留意すべき点を考察し，平等の精神を育み，ともに学び，わかろうとする気持ちを皆がもつようにすること，同時に，それは個人に対して自分から脱落しない意志を要求すること，公理的方法の二つの考えは，本来別々にあるものではなく，二つがともにあってこそ充実した学習が進められることなどをあげた。

　第3章以下は，本論文でねらっている学習指導の可能性を具体的な形で明らかにしたものである。

　まず第3章では，公理的方法に関係の深い論証指導を取り上げた。このとき，まず証明の意味を，従来の「正しいことを確かめ，これを示すこと」におくだけでなく，古代ギリシャと中国とを対比させることにより，「要素を明らかにする」という考えが支配していることを明らかにし，証明をそのようなものと見ることを指導の中に加えることを説いた。この証明の意味は，demonstration の意味に対して，proof の意味に当たるものでもある。そして，証明を「根拠（要素）を探る」ものと見ることにより，次のようないくつかの価値がもたらされることを明らかにした。

　論証の初期の指導で問題になることは，論証しようとすることがらを知りすぎていて，（真なることを）証明する必要を感じず，それを無理じいすると，証明が何をしているのかわからないという問題を生むのに対して，「論拠を探る」という立場ならば，よく知っている事実についてであれ，証明のしていること，証明することの意味がわかること，さらに，証明が厳密になっていく可能性もある。そして，論拠を明らかにしようという立場で証明を見ると，ことがらの本質を明らかにでき，その本質となる論拠を基礎に新しい問題を考えたり，新しい知識を得ることができる。また，そのように考えていくうちに，ことがらを統一的に見る視点も得られる。この中には，公理（仮設）を置いて演繹的に考えるという考え方も用いられている。

　これらのことにより，証明を「論拠を明らかにする」という見方をすることが価値をもち，論拠を明らかにすることにより，仮設（公理）をおいて演繹的に考えるという公理的方法の考えを用いて，発展的，統合的に学習を進めることができることも明らかにした。

　第4章では，構造の考えを取り上げた。ここでは，発見的学習および現代化を

支える一つの教育理論としての役割を果たした『教育の過程』，特に構造の強調の主張とその影響に着目した。そして，我が国の教育において構造を論じた教育者の述べていることが，ブルーナーの主張していることの実現に役立っていないこと，そして，ブルーナーの主張していることの実現に役立つ構造を考えるとすれば，公理的方法に立ちもどることが有効であるという考えを示した。そして，その考えに立てば，たとえば，現代化運動において強調された代数的構造も，ブルーナーのいう意味での効果をもたらすことができることを明らかにし，その可能性を調べる実験的研究調査についても述べた。

いろいろな制約の多い研究調査であったにもかかわらず，かなりの成果を納めたことは，そのことが可能であることを示唆していると考える。だが教師による差（教師による差を除くためにプログラム学習方式を用いたのであるが，それでも日頃の教育の差が出た）が大きいことを考えると，直ちにこれを実施することは難しいと結論せざるを得なかったが，その趣旨が正しく理解されれば，可能性はかなり高く，価値あるものと考えている。

第5章では，小・中学校の内容について，公理的方法の考えを活かすとすれば，どのような問題が解決できるかを具体的な例を用いて考察した。

まず，「根拠を探る」という考えを主体にして，小学校の指導内容の中でも問題の多い「小数の乗法」の指導を取り上げた。ここでは，最初に，小数の乗法を用いる場面について非形式的に答えを求めさせ，そこで無意識に用いている仮定を明らかにし，それを根拠にして，求める答えを得ることができることを示すことにより，かけ算の立式の根拠とするという考えを示した。一般に，小数の乗法は，整数について立式をし，同じ問題場面だからというので，乗法の意味の吟味をあまりすることなく，小数を乗数とする式を立てているという問題点を含んでいる。わるくいえば，そのことにふれないようにしている現実があるが，それを数学的にも，また，確かな知識を得るという考え方を示す意味でも，きちんとした方法の一つを明らかにしたつもりである。

ただ，この考えは，教師がその考えに親しんでいなければならないので，直ちに実践化することはできないかもしれない。将来に活かされることを期待したい。

同じような考えで，正負の数の乗法，とくに，（負の数）×（負の数）についても考察した。この場合は，計算法則に着目させることを含め，かなり論理的なものになっている。しかし，その展開は数の拡張における形式不易の原理を含んでいるものであり，数学の基本的な考え方を経験させるという意味で意義あるものと思う。この考えによる授業は，実際に試みられたこともあり，教師がこの考えに熟していれば可能性をかなりもっているものであることをつけ加えておきた

い。

　不等式の指導は，根拠に着目させるきっかけを大切にする指導の例としてあげたものである。不等式を与えたときに，これを方程式を解くと同じように解こうとする子は多い。このとき，「同じように解いてよいだろうか」「その根拠は何であったか」「それと同じようなことがいえるのか確かめてみよう」とふり返らせ，その根拠を吟味させようというのである。ふつうは，不等式の性質を初めに与え，それをもとに不等式を解いてみようというかなりおしつけ的，解説的な指導が行われているが，上のようにした方が，根拠を確かめるという考え方を経験させることができ，それにより論理的な考えや批判的に考える力も育てることができると考える。

　次に，仮設をおいて考えるという考えによる学習指導を示した。これは，仮設をおいて演繹するという考えを具体化したものである。その例として，平方根の指導を取り上げ，数の拡張の仕方に留意した展開を示している。つまり，既知の数の体系について成り立つ法則，特に，これまでの数が加減乗除について閉じるように拡げられてきたと見ることを根拠にした。$\sqrt{2}$が，新しい数であることがわかったとすると，それを含めての数の集合が閉じるようにするには，新しいどのような数が必要かを考え，それがなければ閉じた体系にならないから数の範囲を拡大していこうと考えるのである。これによって，数を拡張する仕方の原理（形式不易の原理も含めて）が理解されるであろうし，実数がどれほど濃度の高いものかということも知らせ得ると考える。

　次に，小学校の内容として分数の除法を取り上げた。この趣旨は，整数の除法について成り立つ法則が，分数の場合にも成り立つと仮定して，除法の計算の方法を発見的に導くことが可能であることを示すことにある。それによって，一般に説明の難しいとされる分数の除法の計算の仕方が理解しやすいものになるとも考える。ただし，それができるためには，それ以前にその法則についての指導が充実していることが条件となる。

　上では，整数の除法の計算についての法則が分数についても成り立つと仮定して，除法の計算の仕方を考えたが，計算法則は，計算を考えるときにはいつも活用できるはずのものである。しかし，それは数学で形式化されているような表現，つまり，

　　　交換法則　　$a+b=b+a,\ a\times b=b\times a$
　　　結合法則　　$a+(b+c)=(a+b)+c$
　　　　　　　　　$a\times(b\times c)=(a\times b)\times c$
　　　分配法則　　$a\times(b+c)=a\times b+a\times c$

というような形ではなく，子どもらしい表現でなければならないと考え，これを

具体的に示し，その用い方も例示した。また，数学では，計算法則は加法と乗法についてだけであるが，小学校においては，減法，除法について成り立つ法則も含めておいた方がよいと考え，これらもその中に含めてある。それらの法則を，ある程度計算の学習をしたところで帰納し，それ以後は，その帰納した法則が新しい数の計算についても成り立つと仮定して，新しい数についての計算の問題を解決しようと考えるものである。

　計算法則については，これまで様々に述べられているが，ここに述べたことは，それらを集積し，筆者の考えを加えて体系化したものである。これまで，計算法則は，小学校ではあまり価値が認められていなかったが，ここで示したように新しい事態の問題解決に役立て得るような形になっていれば価値が認められるにちがいない。ここに述べた法則は，中学校の正負の数の計算までカバーすることができるものである。

　以上は，主として公理的方法の考えによる学習指導によって，どのように数学の指導が改善されるかを具体的に明らかにしたものである。要約すれば，その考え方により，確かな知識を得させることができ，数学を創造，発展させていく考え方により，創造的，発展的な学習指導を経験させることができるという可能性を示せたと思う。その発見，創造は，原理に基づくものであるので，思いつきに頼る学習の非能率を克服できると考える。さらに副次的に，数学らしいものの見方，考え方を養い，創造的，発展的な態度を身につけることも期待している。

　このことが，より一層着実にできるためには，もう一歩進んで，その立場からの内容の検討が欠かせない。指導法は単に指導のアイディアを知ればすむものではなく，それが内容とつながったものでなければならないからである。

　本論文では，原理を明らかにし，原理をもとに創造的，発展的に学習を進めさせることを基本としている。とすると，これを具体化するためには，どのような原理を抽象すればどこまで発展させることが可能なのかを前もって明確にしておく必要がある。発展させることが可能な内容は，子どもに創造的，発展的な学習を期待してよいものであり，その原理によって演繹不可能なことは教えなければならないことだからである。このことは，言い換えれば，何を考えさせ，何を教えなければならないかを明らかにしておくことになる。

　もちろん，その原理から演繹可能だと思われることをすべて子どもが演繹できるというわけではない。教師の補助的な指導が必要である。しかし，演繹不可能なものまで考えさせて時間を浪費するという愚は避けることができる。実際の授業では，教えなければわかるはずのないことを考えさせていたり，教えなくともわかることを細々と解説しているということを見かける。上に述べた立場で内容の検討を行えば，少なくとも，そのようなことは避けられるはずである。

終　章　本論文のまとめと今後の課題

　　第5章の後半では，上に述べた考えから，具体的な指導内容の検討を行った。このとき，発展の根拠を探る立場と，発展の可能性を見る立場から考察した。

　　こうした考察の結果，現在丁寧に教えられていることの中には，教えなくてもすむと思われることがいくつかあることが認められた。たとえば，「数える経験を適切にしてあれば，数えることができる範囲の数の加法，減法の計算は教えなくてもできる」「乗法は10のかけ算から入り，九々に限定してかからないほうがよい」などということがそれである。

　　そのほかにもいくつかのことが考えられるのであるが，それらの指摘ができたことも，本論文の成果の一つと考える。小，中学校の内容全体をカバーすることと，これらの実証は，今後の課題とする。

　　ここでの指導内容の検討も，ふり返ってみれば，原理を明らかにし，その原理をもとに演繹するという考えを用いている。そういう意味では，指導内容の研究にも公理的方法を用いることになっている。指導内容の検討の仕方については，分数の除法の項でも示したが，「こう考えさせることができるためには，このことを教えて習熟させておかなければならない」という方向での検討の仕方がある。ある原理を根拠に切り開いていきたいが，その原理はどこから帰納できるだろうかという考え方での吟味である。これは根拠を探るという公理的方法の考えに似ている。その原理をもとにすると，どこまでが演繹可能であろうかという見方での研究は，仮説をおいて考える考え方と同じである。

　　要するに，原理を明らかにし，原理をもとに演繹するという公理的方法の考えは，学習指導法の一つの立場を提供するだけでなく，指導内容の検討の一つの立場，考え方をも提供しており，その内容の検討が加わることにより，教えることを的確にとらえて教え，教えないでも子どもが獲得できるものは子どもに獲得させる，言い換えれば，少なく教えて，多くを学ばせるという学習指導をさせることができるための方法を示唆していると考える。

2.　残された問題点と今後の課題

　　しかし，いくつかのことが今後の研究課題として残されている。

　　第1章では，古典的な公理的方法を代表するユークリッドの『原論』，および，現代数学の基礎となった現代的な公理的方法を代表するヒルベルトの『幾何学の基礎』を中心に，公理的方法の考えを支える考えを明らかにする努力をし，公理的方法にいくつかの特徴的な性格があることを明らかにすることができたが，ま

だ，考慮に入れるべきことは多くあるようである。

　たとえば，和辻哲郎は『風土』の中で，古代ギリシャの人々が，論理的に物事を把握する民族であるのは，その背景にある自然が大きな影響を与えていることを指摘している。そのことは，本論文には取り上げなかったが，なぜギリシャ人が論理的に考察する民族たり得たのか，なぜヨーロッパ人が合理的にものを考えるようになったのかということについての一つのすばらしい解釈を与えていると思う。と同時に，ギリシャやヨーロッパの人々と同じ風土をもたないわれわれ東洋人は，努力しなければ合理的なものの考え方を真に学ぶことはできないのではないかと感じる。その意味でも，本論文で取り上げたテーマが，われわれ日本人に欠けているものを補う教育を考えるときにも重要な意味をもっているようにも思う。

　この他にも，人類の歴史，人間の思想について，筆者の目にふれなかった多くの優れたものがあるにちがいない。それらも幅広く取り入れて，より豊かな数学教育学を創り上げていきたいと思う。

　本論文では，公理的方法のもっている多面的な性格のうち，「根拠（公理）を探る」ことと「仮設（公理）をおいて考える」ことの二つに集約し，指導法，および，教材研究の視点として具体的な内容に即して考察した。その中には，公理的方法のいろいろな考えも含めて考察してきたのであるが，本論文では取り上げなかった視点を活かす立場から考えることによって，また，新たな発見があるかもしれない。

　本論文では，小学校，中学校の内容について考察したが，高等学校の内容も含めて考えれば，本論文で取り上げなかった視点も活かせる場が多く見出されるように思う。そして，公理的方法の立場を大切に数学の学習指導を進めておくことが，公理的な体系の理解，公理的に体系化された数学の理解をも早くすることができるように思う。このことも実証的に研究してみたい。ただしこれは，長期にわたるものとなり，多くの人々の協力を求めなければなるまい。

　また，本論文で取り上げた内容についても，多くが理論的な考察に終わっており，仮説のように述べていたことを実験的に調査研究する仕事が残されている。しかし，そこでの仮説は，実験的な調査研究をするための理論的背景としては十分なものだと考える。したがって，その調査研究によって得た結果の位置づけや，実験および調査研究の結果を折りこんだ理論構成をしていくことができると思う。これらについての実験的研究は，できるだけ早く形にしたいと考えている。

　また，内容の研究にしても，つまずきや誤算の研究をも組み入れれば，指導内容についての系統的な研究，理論的な研究を深めることができると考えられる。

終　章　本論文のまとめと今後の課題

本論文の考察は，そのための基礎となると考える。

このように，残されている課題も多いが，このことは，筆者の力のなさというよりも，公理的方法のもつ力，可能性の豊かさの故であると思う。今後の数学教育の理論的研究，実践を含みこんでの体系化の研究のための視点として，公理的方法が一つの重要な役割を果たし得るものであると改めて感じている。

引用・参考文献一覧

A. 和 文

1) 赤羽千鶴：小・中学校を一貫した図形の論証的指導について（日本数学教育学会誌 Vol. 39 No. 9 1957）pp. 3～6
2) 秋谷照之助：論証の基礎的考察（日本数学教育会誌 Vol. 46 No. 9 1964）pp. 6～14
3) 秋葉武夫：背理法指導への一提案（日本数学教育学会誌 Vol. 55 No. 7 1973）pp. 13～17
4) 荒井学：証明の構想を重視した指導（「教育科学 数学教育」誌 明治図書 No. 221 1978.7）pp. 21～28
5) アリストテレス，出隆訳：形而上学(上)（岩波書店 1959）
6) アリストテレス，加藤信朗訳：分析論後書（アリストテレス全集 第1巻 岩波書店 1971）
7) 安保宏：中学1年の図形指導において論証的取り扱いをどのようにしたか（日本数学教育学会誌 Vol. 41 No. 5 1959）pp. 11～15
8) 五十嵐陟：代数教材による論証指導の試案（日本数学教育学会誌 Vol. 44 No. 9 1962）pp. 21～25
9) 石山脩平：ポリス教育の成立と性格（研究社 1962）
10) 石谷茂：中学校における論証の性格（日本数学教育会誌 Vol. 37 No. 7 1955）pp. 2～4
11) 石谷茂：図形教材の系統（日本数学教育会誌 Vol. 38 No. 5 1956）pp. 1～5
12) 磯脇一男：中学校第3学年の図形教材指導について（日本数学教育会誌 Vol. 39 No. 11 1957）pp. 6～9
13) 出 隆：ギリシャの哲学と政治（岩波書店 1943）
14) 伊東俊太郎：ユークリッドと『原論』の歴史（『ユークリッド原論』共立出版 1971）pp. 437～487
15) 稲次静一：公理主義を排除す（算術教育原論 郁文館 1931）pp. 369～375
16) 井上教：群の集合のもつ代数的構造の指導の実践例と結果の考察（日本数学教育学会誌 Vol. 56 No. 5 1974）pp. 2～8
17) 岩瀬盛良：群の考えを伸ばす指導の実例について（日本数学教育学会誌 特集号 1973）p. 303
18) ウェルズ，藤本良造訳：世界文化小史(上)（河出書房 1955）
19) ウェルトハイマー，矢田部達郎訳：生産的思考（岩波書店 1952）
20) ヴェルナン，吉田敦彦訳：ギリシャ思想の起源（みすず書房 1970）
21) 内海庄三：分数指導のねらいと乗除の指導について（日本数学教育会誌 Vol. 40 No. 6 1958）pp. 9～14
22) 榎戸章仁：初期の論証指導について思うこと（「教育科学 数学教育」誌 明治図書 No. 232 1979.5）pp. 95～101
23) 蛯谷米司：思考力の育成と教材の構造化（初等教育資料 文部省 No. 191 1965.11）pp. 15～17
24) 遠藤信三：論理的思考力を伸ばす図形指導の一考察（日本数学教育会誌 Vol. 46 No. 10 1964）pp. 26～31
25) 小倉金之助：数学教育史（岩波書店 1932）

26) 小倉金之助, 鍋島信太郎：現代数学教育史（大日本図書　1957）
27) 大沢康雄：論証指導における評価の方法とその活用（日本数学教育学会誌　Vol. 53　No. 7 1971) pp. 2〜4
28) 大場滋：論証の指導をどうするか（「教育科学　数学教育」誌　明治図書　No. 232 1979.5) pp. 21〜28
29) 柿木衛護：中点連結定理とその発展（「教育科学　数学教育」誌　明治図書　No. 221 1978.7) pp. 87〜94
30) 鍵山勝登：OHPを活用した中点連結定理の導入（「教育科学　数学教育」誌　明治図書　No. 221 1978.7) pp. 76〜91
31) 鍵山勝登：きく学習から論証する学習へ（「教育科学　数学教育」明治図書　1979.5) pp. 102〜108
32) 掛谷宗一：数学の業務（数学教育　東京師範学校附属中学校内　数学研究会編輯　東京目黒書店　1934.10) pp. 1〜7
33) 梶外志子：数を拡張する立場にたっての複素数の指導（日本数学教育学会誌　Vol. 61 No. 7 1979) pp. 17〜23
34) カジョリ, 小倉金之助補訳：初等数学史（上・下）（共立全書　共立出版　1970）
35) 加藤国雄：思考活動からみた論証（日本数学教育会誌　Vol. 39 No. 7 1957) pp. 3〜11
36) 加納昭：構造的な思考をのばす数学指導（日本数学教育学会誌　Vol. 54 No. 1 1972) pp. 2〜8
37) 神山良雄ほか7名：命題の表現方法が仮定・結論・証明にどんな影響を与えるか（日本数学教育会誌　Vol. 43 No. 5 1961) pp. 2〜5
38) 神山良雄ほか4名：論証以前にどんな準備が必要か（日本数学教育会誌　Vol. 41 No. 3 1959) pp. 1〜6
39) 川口延, 内海庄三, 花村郁雄：算数のつまずき分析と完全指導 1, 2, 3（学芸図書　1963初, 1970）
40) 川口延：算数科教材研究の標準化（明治図書　1972）
41) カント, 篠田英雄訳：純粋理性批判（岩波文庫　岩波書店　1961）
42) 岸本善秀：円周角の定理へのアプローチ（「教育科学　数学教育」誌　明治図書　No. 221 1978.7) pp. 53〜60
43) 清野善二郎：初期の幾何指導の一考察（日本数学教育会誌　Vol. 42 No. 11 1960) pp. 7〜9
44) 国宗進：証明の指導に関して思うこと（「教育科学　数学教育」誌　明治図書　No. 221 1978.7) pp. 29〜36
45) クライン, 柴田録治監訳：数学教育現代化の失敗（黎明書房　1976）
46) クライン, 中山茂訳：数学の文化史（現代教養文庫　社会思想社　1977）
47) クーラント, 森口繁一監訳：数学とは何か（岩波書店　1966）
48) 黒崎達：図形の論証指導に関する一提案（日本数学教育会誌　Vol. 47 No. 3 1965) pp. 8〜11
49) 黒田成勝：数学ニ於ケル具體ト抽象トノ聯関（日本中等教育数学会雑誌　22巻1号　1940) pp. 1〜6
50) 小関煕純：図形の論証指導（「教育科学　数学教育」誌　明治図書　1977.4) pp. 21〜29
51) 小関煕純, 家田晴行：図形における論証指導について（その1）（日本数学教育学会誌　Vol. 60 1978.1) pp. 12〜19

52) 小関煕純ほか：図形における論証指導について（その2）（日本数学教育学会誌 Vol. 60 1978.3) pp. 9～18
53) コクセター，銀林浩訳：幾何学入門（明治図書 1965）
54) 古藤怜・金子忠雄：幾何教育と変換の考え（近代新書出版社 1974）
55) 小林一弘：群の指導について（日本数学教育学会誌 特集号 1976）p. 364
56) 小林善一：数学ⅡB（教科書）（教育出版 1980）
57) 小林正守：図形の論証にみる落ちこぼれの対策（「教育科学 数学教育」誌 明治図書 No. 197 1976.9）pp. 34～40
58) 小森一弘：群の指導について（日本数学教育学会誌 特集号 1976）p. 364
59) 近藤洋逸：新幾何学思想史（三一書房 1966）
60) 近藤洋逸：公理的方法について――現代数学の一断面――（数学思想史序説 三一書房）pp. 215～228
61) 佐伯正一：教育内容・教育方法における構造化理論（「現代教育科学」誌 明治図書 No. 98 1966.2) pp. 5～14
62) 坂本博：図形の論証における問題点（日本数学教育会誌 Vol. 41 No. 5 1959) pp. 9～11
63) 笹田昭三：公理的方法と数学教育（鳥取大学教育学部研究報告集 1976) pp. 29～58
64) 佐藤三郎編：ブルーナー入門（明治図書新書31 1968）
65) 佐藤俊太郎：中学数学の「構造」の指導（明治図書 1974）
66) 佐藤利一郎：中学校生徒の論理的思考の特徴について（日本数学教育会誌 Vol. 41 No. 7 1959) pp. 1～6
67) サボー，中村幸四郎，中村清，村田全訳：ギリシャ数学の始源（玉川大学出版部 1978）
68) 沢田利夫，杉山吉茂編：現代教育評価講座4 算数・数学（第一法規 1978）
69) 沢田允茂：現代論理学入門（岩波新書 1962）
70) 塩田五郎：直観像の離脱と新しい直観像（日本数学教育会誌 Vol. 41 No. 5 1959) pp. 6～9
71) 篠原助市：改訂理論的教育学（協同出版 1949初 1967）
72) 篠原助市：「問」の本質と教育的意義（「教育学研究」誌 Vol. 2 1933）
73) 柴田敏男：学校数学と Axiomatics（日本数学教育学会誌 Vol. 55 No. 7 1973) pp. 18～20
74) 柴田敏男：整除問題について（日本数学教育学会誌 数学教育学論究 Vol. 34・35 1979) pp. 21～29
75) 渋谷淳：法則発見の延長上で証明を（「教育科学 数学教育」誌 明治図書 No. 221 1978.7) pp. 37～44
76) 嶋津貴敬：子どもに学ぶ論証指導 ―― 操作をとり入れた「重心の定理」の指導（「教育科学 数学教育」誌 明治図書 No. 232 1979.5) pp. 58～63
77) 清水博：幾何の態度学習について（日本数学教育会誌 Vol. 34 No. 3 1952) pp. 13～16
78) 下村寅太郎：科学史の哲学（弘文堂 1941）
79) 末木剛博：論理学の歴史（「岩波講座 哲学Ⅹ 論理」岩波書店 1968) pp. 1～8
80) 杉岡司馬：図形指導における論理的な考え方の指導（日本数学教育会誌 Vol. 46 No. 6 1964) pp. 5～8
81) 杉山吉茂：公理的な考え方を育てる学習指導へのアプローチ ―― きまりを大切にする算数の授業 ――（「新しい算数研究」誌 1972.12) pp. 27～30

82) 杉山吉茂：証明の意味 —— demonstration と proof —— （日本数学教育学会誌 Vol. 57 No. 5 1975) pp. 23〜27
83) 杉山吉茂：小学校における「負の数」の指導の効果に関する調査と中学校におけるその指導（科学教育研究発表大会講演論文集 1976) pp. 22〜23
84) 杉山吉茂：「考える」能力や態度を伸ばす指導（和田義信編著「考えることの教育」第一法規 1977) pp. 41〜57
85) 杉山吉茂：数学科教師をめざす人のために（一ツ橋書店 1978)
86) 杉山吉茂：証明に基づく発展的な学習指導（日本数学教育学会誌 Vol. 63 No. 7 1981) pp. 2〜7
87) スケンプ，藤永保，銀林浩訳：数学学習の心理学（新曜社 1973)
88) 住谷寛治：構造的な見方・考え方の指導 —— 特に順序構造について —— （日本数学教育学会誌 Vol. 55 No. 7 1973) pp. 2〜12
89) 清宮俊雄：初等幾何学における発見的研究方法について（日本数学教育会誌 数学教育学論究 Vol. 13 1967)
90) 赤摂也：高校における幾何教育（日本数学教育会誌 Vol. 49 No. 7 1967) pp. 6〜8
91) 関泰輔：理解を深めるための図形の論証指導（日本数学教育会誌 Vol. 48 No. 7 1966) pp. 2〜5
92) 銭宝琮校点：算経十書（上）（中華書局 1963)
93) 千田隆：図形教材の指導について —— 中学1年の論証的扱い —— （日本数学教育会誌 Vol. 44 No. 1 1962) pp. 2〜6
94) 高木佐加枝：小学校図形教育の歴史的考察と批判（日本数学教育会誌 Vol. 40 No. 6 1958) pp. 5〜9
95) 高木貞治：近世数学史談（河出書房 1942)
96) 滝本虎一，佐藤敏昭：中学校2学年における論証幾何の導入について（日本数学教育会誌 Vol. 39 No. 11 1957) pp. 2〜6
97) 高久清吉：教授学——教科教育学の構造（協同出版 1968)
98) 高橋野百合：図形教材の論証的扱い（日本数学教育会誌 Vol. 37 No. 9 1955) pp. 15〜18
99) 竹内芳男：算数の学習における論理的思考（日本数学教育学会誌 Vol. 54. No. 8 1972) pp. 2〜5
100) 武隈良一：数学史（培風館 1959初, 1966)
101) 辰野千尋：改訂学習心理学（金子書房 1962)
102) 田中寛一：形式陶冶論（師範大学講座数学教育 建文館 1935)
103) 田中不二夫：公理的構成について理解を深めるための指導（日本数学教育学会誌 Vol. 57 No. 5 1975) pp. 9〜18
104) 田辺元：数理哲学研究（岩波書店 1925)
105) 田辺元：数理の歴史主義展開（筑摩書房 1954)
106) 谷川藤平：数学的な推論の方法（「教育科学 数学教育」明治図書 No. 214 1977. 12) pp. 85〜91
107) ダンツィク，河野伊三郎訳：科学の言葉＝数（岩波書店 1945)
108) テイラー，平田寛，稲垣瑞穂訳：科学と実験の歴史（世界教養全集29 平凡社 1962)
109) デカルト，落合太郎訳：方法序説（岩波文庫 岩波書店 1953)
110) デューイ，帆足理三郎訳：民主主義と教育（春秋社 1952)
111) 寺田文行，野口広：数学ⅡB（教科書）（大日本図書 1980)
112) 戸板官一：発想を生かす指導（「教育科学 数学教育」誌 明治図書 No. 232 1979. 5)

pp. 51〜57

113) 東京都立上野高等学校数学科：図形教材の指導について —— 幾何学の公理的展開(その 1) ——（日本数学教育会誌　Vol. 52 No. 5 1970）pp. 2〜11

114) 東京都立上野高等学校数学科：図形教材の指導について —— 幾何学の公理的展開(その 2) ——（日本数学教育会誌　Vol. 52 No. 9 1970）pp. 9〜16

115) 東京都渋谷区常磐松小学校，片桐重男指導：算数科内容の統合と教材の精選（明治図書　1975）

116) 鳥取八起：図形の発見的論証指導について（日本数学教育会誌　Vol. 42 No. 7 1960）pp. 2〜5

117) 遠山啓：無限と連続（岩波新書　1952初，1960）

118) 遠山啓：現代数学の考え方（明治図書　1963）

119) ドゥブノフ，矢島敬二訳：幾何の証明における誤り（東京図書　数学新書 6　1961）

120) 仲田紀夫：中学 2 年「図形の証明」の指導——目のうろこがとれる過程（日本数学教育学会誌　Vol. 58 No. 9 1976）pp. 9〜15

121) 長瀬文夫：定義的なことばの与え方について(その 1)（日本数学教育会誌　Vol. 46 No. 2 1964）pp. 21〜22

122) 中島健三，杉山吉茂：代数的構造の考えの指導とその活用についての実験研究 —— 群を例として ——（日本数学教育学会誌　数学教育学論究　Vol. 25・26 1974）pp. 1〜34

123) 中野金吾：中学校における論証指導の実践（「教育科学 数学教育」誌　明治図書　No. 13 1961.10）pp. 36〜41

124) 中村幸四郎：数学教育の基礎にある二，三の問題　Ⅲ．数学教育の問題としての公理的方法（数学教育講座　第三巻　基礎項目　吉野書房　1953）pp. 13〜18

125) 中村幸四郎：近世における論証理論の形成について（数学教育の発展　大日本図書　1963）pp. 51〜63

126) 中村幸四郎：幾何学基礎論（輓近高等数学講座 26　共立出版　1934）

127) 中村幸四郎：ユークリッド（弘文堂　1950）

128) 中村幸四郎：「原論」の解説（「ユークリッド原論」共立出版　1971）pp. 486〜522

129) 鍋島信太郎：数学教育本論（池田書店　1954）

130) 新津市教育研究協議会算数部：乗法の意味とその計算の指導をどのようにしたらよいか（日本数学教育会誌　Vol. 49 No.12 1967）pp. 4〜9

131) 西川勇：計算法則の理解を通して計算について論理的に考えさせる指導（日本数学教育学会誌　Vol. 54 No. 8 1972）pp. 10〜13

132) 日本数学教育会編：数学教育の現代化（培風館　1961）

133) 野村武衛：正しい思考の指導について（日本数学教育会誌　Vol. 39 No. 1 1957）pp. 1〜2

134) 野村武衛：算数科における正しい思考について（日本数学教育会誌　Vol. 39 No. 2 1957）pp. 1〜8

135) 芳賀純：現代における教授と学習の理論（佐藤三郎編　ブルーナー他著『教授革命』明治図書新書　1969）

136) 萩原節男，他 5 名：図形の論証における指導法と評価（日本数学教育会誌　Vol. 41 No. 7 1959）pp. 9〜11

137) パスカル，前田陽一他訳：幾何学的精神について（世界の名著 24　中央公論社　1966）

138) 波多野誼余夫編：自己学習能力を育てる（東京大学出版会　1980）

139) 林昭：ベクトル指導の一方法——公理系指導の立場から見た（日本数学教育会誌　Vol. 48 No. 11 1966）pp. 16〜22

140) 林 保，四方実一：学習の心理（関書院　1955）
141) 林伸樹：論証が始まる頃の生徒の思考法（日本数学教育会誌　Vol. 41 No. 9 1959) pp. 1～3
142) 林伸樹：公理的思考の理解を深めるために（日本数学教育会誌　Vol. 48 No. 7 1966) pp. 26～27
143) 林悳護：論理の指導における対偶命題の証明に関して（日本数学教育学会誌　Vol. 57 No. 5 1975) pp. 19～22
144) 原弘道：定義のし方（教師のための初等数学講座12 数学教育　岩崎書店　1959) pp. 29～37
145) ピアジェ，滝沢武久，佐々木明訳：構造主義（白水社　1970）
146) ピアジェ.J, インヘルダー.B., 三嶋唯義，滝沢武久訳：創造的知能の開発（誠文堂新光社　1972）
147) ピアジェ，三嶋唯義編訳：ピァジェとブルーナー（誠文堂新光社　1976）
148) ヒース，平田寛訳：ギリシャ数学史Ⅰ（共立出版　1959）
149) 平林一栄：論証幾何学習の構造（日本数学教育会誌　Vol. 40 No. 5 1958) pp. 10～13
150) 平光昭久：ブルーナーの問題提起に対する一反省（大阪音楽大学研究紀要　第10号　1971) pp. 75～104
151) ヒルベルト，寺阪英孝，大西正男訳：幾何学の基礎（現代数学の系譜7 共立出版　1970）
152) 広岡亮蔵：考える子どもをつくるための指導はいかにあるべきか（初等教育資料　文部省　No. 191 1965.11) pp. 1～4
153) 広岡亮蔵：教材構造入門（明治図書新書　1967）
154) 広岡亮蔵：授業改造入門（明治図書　1969）
155) 広岡亮蔵：学習論——認知の形式（明治図書　1973）
156) 広岡亮蔵：ブルーナー研究（明治図書　1977）
157) 広中平祐：学問の発見（佼正出版社　1982）
158) 福岡力：定義について（日本数学教育会誌　Vol. 37 No. 11 1955) pp. 2～4
159) 福岡力：論証の発見（日本数学教育会誌　Vol. 41 No. 1 1959) pp. 2～5
160) 藤永保：思考心理学（大日本図書　1976）
161) 二葉潤一：半群による代数構造の指導案（その1）（日本数学教育学会誌　特集号　1975) p. 302
162) 二葉潤一：半群から群へ——代数構造の指導案（その3）（日本数学教育学会誌　特集号　1976) p. 363
163) ブートゥルー，河野伊三郎訳：数学思想史（岩波書店　1943）
164) 船山良三，平井勇，早雲義正：幾何の学習は理論的思考を修練するか（日本数学教育会誌　Vol. 39 No. 9 1957) pp. 7～12
165) 船山良三：二値代数学の提唱——教材としての意義と価値（日本数学教育会誌　Vol. 44 No. 2 1962) pp. 16～21
166) プラトン，藤沢令夫訳：国家（プラトン全集11 岩波書店　1976）
167) プラトン，鈴木照雄訳：饗宴（世界の名著6 中央公論社　1966）
168) ブリトゥーロ，松田信行訳：幾何の論証とその指導（数学新書16 東京図書　1962）
169) ブルーナー，鈴木祥蔵，佐藤三郎訳：教育の過程（岩波書店　1963）
170) ブルーナー，田浦武雄，水越敏行共訳：教授理論の建設（黎明書房　1966）
171) ブルーナー，佐藤三郎訳：教育革命（明治図書新書10　1967）
172) ブルーナー，岡本夏木他訳：認識能力の成長（上・下）（明治図書　1968）

173) ブルーナー，佐藤三郎訳：教授革命（明治図書新書47　1969）
174) ブルーナー，岸本弘他訳：思考の研究（明治図書　1969）
175) ブルーナー，橋爪貞雄訳：直観・創造・学習（黎明書房　1969）
176) ブルーナー，平光昭久訳：認識の心理学――与えられる情報をのりこえる(中)（明治図書　1978）
177) ブルバキ・ニコラス，銀林浩訳：数学の建築術（「現代数学とブルバキ」付録　東京図書　1967）
178) ベーカー，赤摂也訳：数学の哲学（培風館　1968）
179) ポアンカレ，田辺元訳：科学の価値（岩波書店　1916）
180) ポアンカレ，吉田洋一訳：科学と方法（岩波文庫　岩波書店　1953）
181) ポアンカレ，河野伊三郎訳：科学と仮説（岩波文庫　岩波書店　1959）
182) ボッホナー，村田全訳：科学史における数学（みすず書房　1970）
183) ポリア：いかにして問題をとくか（丸善　1954）
184) ポリア，柴垣和三雄訳：帰納と類比（丸善　1959）
185) 堀井洋子：数学への招待 ―― 正六角形と正四角錐（「教育科学　数学教育」誌　明治図書　No. 221 1978. 7) pp. 45～52
186) ボル・マルセル，村田全訳：数学の歩み（クセジュ文庫　白水社　1967）
187) 松下作馬：「数学と論証」についての一考察（日本数学教育会誌 Vol. 45 No. 3 1963) pp. 11～15
188) 松丸光男：数量化された図形の論証指導（「教育科学　数学教育」誌　明治図書　No. 220 1978. 6) pp. 5～11
189) マルティン，斎藤義一訳：数理哲学の歴史（理想社　1963）
190) 三塚正臣：数学的論理の概念形成について（日本数学教育学会誌　Vol. 53 No. 1 1971) pp. 17～21
191) 三宅堅：自ら学ぶ態度を育てる論証の指導（「教育科学　数学教育」誌　明治図書　No. 232 1979. 5) pp. 5～11
192) 務台理作：場所の論理学（弘文堂　1944）
193) メザーブ，ソーベル，田島一郎訳：これからの数学（培風館　1967）
194) 森　毅：現代数学とブルバキ（東京図書　1967）
195) 森　毅：数学的思考（明治図書　1964）
196) 文部省：学習指導要領算数科数学科編（試案）（1947) pp. 1～3
197) 文部省：中学校高等学校学習指導要領　数学科編（試案）（1951）
198) 文部省：小学校算数指導書（大日本図書　1960）
199) 文部省：高等学校学習指導要領解説　数学編（1961）
200) 文部省：小学校指導書　算数編（大阪書籍　1969）
201) 文部省：中学校　新しい数学教育（数学教育現代化講座指導資料　1971）
202) 文部省：小学校指導書　算数編（大阪書籍　1978）
203) 矢口俊昭：創造性の育成をめざす論証指導（「教育科学　数学教育」誌　明治図書　No. 232 1979. 5) pp. 66～73
204) 藪内清：中国の科学文明（岩波新書　1970）
205) 山口康助：思考力の育成と教材の構造化（初等教育資料　文部省　No. 191 1965. 11) pp. 12～17 & p. 30
206) 山口康助編著：社会科指導内容の構造化（新光閣書店　1963）
207) 山崎圭次郎，有馬哲，片山孝次：新編数学ⅡB（教科書）（実教出版　1980）
208) 山本正治：ユークリッド第1巻にいう"等しいもの"について（日本数学教育会誌

Vol. 37 No. 9 1955) pp. 12〜14
209) 横山正三：命題関数 p→q に具体的な意味づけをする試み（日本数学教育会誌　Vol. 52 No. 9 1970) pp. 17〜22
210) 吉越重雄：論証指導における一つの試み（日本数学教育会誌　Vol. 50 No. 1 1968) pp. 2〜6
211) 吉田洋一，赤摂也：数学序説（培風館　1954）
212) 吉田洋一，田島一郎編：高等学校数学ⅡB（教科書）（学校図書　1980）
213) ラッセル，平野智治訳：数理哲学序説（岩波文庫　岩波書店　1954初　1965）
214) ラッセル，市井三郎訳：西洋哲学史（みすず書房　1954）
215) リワノフ，松野武訳：新しい幾何学の発見（数学新書22　東京図書　1961）
216) リード，弥永健一訳：ヒルベルト——現代数学の巨峰——（岩波書店　1972）
217) リャーノフ，銀林浩：現代数学の基礎とスタイルについて——ブルバキの論説に関連して——（東京図書　1967）
218) ルイブニコフ，井関清志，山内一次訳：数学史Ⅰ〜Ⅳ（数学新書45〜48　東京図書　1963）
219) ワイルダー，吉田洋一訳：数学基礎論序説（培風館　1969）
220) 和田義信編著：考えることの教育（第一法規　1977）
221) 和田常雄：小学校で論証を（日本数学教育会誌　Vol. 43 No.12 1961) pp. 18〜22
222) 渡辺キミ：論証指導への1つの批判（日本数学教育会誌　Vol. 45 No. 9 1963) pp. 2〜7
223) 現代教育学9　数学と教育（岩波講座　1964）
224) ＳＭＳＧ研究セミナー報告集（日本数学教育会誌　臨時増刊　1965.3）
225) 日本数学会編：数学辞典（岩波書店　1954初　1962）
226) 西洋人名辞典（岩波書店　1956）
227) 教育学事典　1〜6（平凡社　1960）
228) 勝田守一編：岩波小辞典　教育（岩波書店　1956）
229) 教育心理学事典（金子書房　1965，1966）
230) 哲学辞典（平凡社　1954）
231) 理化学辞典（岩波書店　1953初，1958増）
232) 新英和大辞典（研究社　1963）
233) 広辞苑(第2版)（岩波書店　1976）

B. 欧文

1) Allen, Frank B.: The Use of the Axiomatic Method in Teaching High School Mathematics ("The Role of Axiomatics and Problem Solving in Mathematics" Ginn and Co. 1966) pp. 1〜12
2) Arpaia, Pasquale J.: Discoveries in Mathematics: How are they made? (Mathematics Teacher Vol. 67 No. 5 May 1974) pp. 447〜449
3) Ausubel, David P.: Educational Psychology: A Cognitive View (Holt, Rinehart & Winston, Inc. 1963) pp. 148〜152
4) Barker, Stephen F.: Philosophy of Mathematics (Prentice-Hall, Inc. Englewood Cliffs, New Jersey, U. S. A. 1964)
5) Beatley, Ralph: The Third Report of the Committee of Geometry (Mathematics Teacher Vol. 28 No. 6 Oct. 1935 pp. 329〜379, Nov. pp. 447〜449)
6) Betz, William: The Transfer of Training with Particular Reference to Geo-

try (NCTM 5th year book 1930) pp. 149~198
7) Blank, Albert A.: The Use and Abuse of the Axiomatic Method in High School Teaching ("The Role of Axiomatics and Problem Solving in Mathematics" Ginn and Co. 1966) pp. 13~19
8) Bochner, Salomon: The Role of Mathematics in the Rise of Science (Princeton Univ. Press, New Jersey, U. S. A., 1966)
9) Boutroux, Pierre: L'ideal scientifique des mathematiciens (1920)
10) Bruner, Jerome S.: The Process of Education (Harvard Univ. Press 1960)
11) Bruner, Jerome S.: On Knowing —— Essey for the Left Hand (Harvard Univ. Press 1962)
12) Bruner, Jerome S.: Toward a Theory of Instruction (Harvard Univ. Press 1966)
13) Bruner, Jerome S.: A Study of Thinking (John Wiley & Sons Inc. New York 1967)
14) Bruner, Jerome S.: The Relevance of Education (W. W. Norton & Co. Inc. New York 1971)
15) Bruner, Jerome S.: Going Beyond the Information Given ("Studies in the psychology of knowing" selected, edited and introduced by Jeremy M. Anglin W. W. Norton & Co. Inc. 1973)
16) Bruner, Jerome S., Olver, R. R. and Greenfield, P. M., et al: Studies in Cognitive Growth——A Collaboration at the Center for Cognitive Studies —— (John Wiley & Sons, Inc., 1966)
17) Buck, R. C.: Goals for Mathematical Instruction (American Mathematical Monthly Vol. 72 No. 9 Nov. 1965) pp. 949~950
18) Buck, R. C.: The Role of a Naive Axiomatics ("The Role of Axiomatics and Problem Solving in Mathematics" Ginn and Co. 1966) pp. 20~26
19) Byrkit, Donald R.: Taxicab Geometry——A Non-Euclidean Geometry of Lattice Points (Mathematics Teacher Vol. 64 No. 5 May. 1971) pp. 418~422
20) Cajori, Florian: A History of Elementary Mathematics (1986)
21) Carson, George S.: Soma Cubes (Mathematics Teacher Vol. 66 No. 7 Nov. 1973) pp. 583~592
22) Charmonman, Srisakdi et al.: "Pick a Word" A base-26 Generalization of "Pica-Centro" (Arithmetic Teacher Vol. 21 No. 5 May. 1974) pp. 401~403
23) Choquet, Gustave: The New Mathematics and Teaching (Mathematical Education in the America) pp. 71~78
24) Courant, R., Robbins, H.: What is Mathematics? (Oxford Univ. Press 1958 初 1961)
25) Coxeter, H. S. M.: Introduction to Geometry (John Wiley and Sons Inc. 1965)
26) Danzig, Tobias: Number = the Language of Science (A Critical Survey Written for the Cultured Non-Mathemetician 1933)
27) Descartes, Rene: Discours de la Methode (1637)
28) Dewey, John: How We Think (D. C. Heath and Co. 1933)
29) Dewey, John: Democracy and Education (The Macmillan Co. The Free Press 1966)
30) DiDomenico, Angelo S.: Discovery of a Property of Consecutive Integers

(Mathematics Teacher Vol. 72 No. 4 Apr. 1979) pp. 285~286

31) Dodes, Irving Allen: Mathematics:Its Structure, Logic, and Method ("The Role of Axiomatics and Problem Solving in Mathematics" Ginn and Co. 1966) pp. 27~43

32) Edge, W. L.: 31-Point Geometry (Mathematics Gazette XXXIX May. 1955) pp. 113~121

33) Ehrlich, Amos: First Proofs (Mathematics Teacher Vol. 67 No. 8 Dec. 1974) Teacher pp. 689~692

34) Engen. Henry van: Strategies of Proof in Secondary Mathematics (Mathematics Teacher Vol. 63 No. 8 Dec. 1970) pp. 637~645

35) Fawcett, Harold P.: The Nature of Proof (NCTM 13th year book 1938)

36) ed. by Fehr, H. F.: An Example of the Axiomatic Method in Instruction—— The Mathematization of a Political Structure (Mathematics Teacher Vol. 60 No. 5 May 1967) pp. 520~528

37) Fletcher, T. J.: Finite Geometry by Coordinate Methods (Mathematics Gazette XXXVII Feb. 1953) pp. 34~38

38) Freudenthal, H.: Was ist Axiomatik und welchen Bildungswert kann sie haben? (Der Mathematik Unterricht IX. 4 Nov. 1963) ss. 5~10

39) Gessel, Robert C. et al.: Rainy-Day Games (Arithmetic Teacher Vol. 19 No. 4 Apr. 1972) pp. 303~305

40) Gleason, Andrew M.: Axioms, Postulates, and the Teaching of Elementary Mathematics ("The Role of Axiomatics and Problem Solving in Mathematics" Ginn and Co. 1966) pp. 44~48

41) Hallerberg, Arthur E.: A Form of Proof (Mathematics Teacher Vol. 64 No. 3 Mar. 1971) pp. 203~214

42) Hammer, Preston C.: The Role and Nature of Mathematics (Mathematics Teacher Vol. 57 No. 8 Dec. 1964) pp. 514~521

43) Heath, Steven H.: General Finite Geometry (Mathematics Teacher Vol. 64 No. 6 Oct. 1971) pp. 541~545

44) Heath, Thomas L.: A Manual of Greek Mathematics (Oxford at the Clarendon Press 1931)

45) Heath, Thomas L.: The Thirteen books of Euclid's Elements Vol. 1, 2, 3 (Dover Publications, Inc. 1956)

46) Heidlage, Martha: A Coordinate Approach to the 25-Point Miniature Geometry (Mathematics Teacher Vol. 58 No. 2 Feb. 1965) pp. 109~113

47) Henkin, Leon: The Axiomatic Method in Mathematics Courses at the Secondary Level ("The Role of Axiomatics and Problem Solving in Mathematics" Ginn and Co. 1966) pp. 49~56

48) Hilbert, David: Grundlagen der Geometrie (1899)

49) Hildert, David: Axiomatisches Denken (Mathematische Annalen Bd. 78 1918) pp. 405~415 (Gesammelt Abhandlungen Bd. III 1935, rep. 1965) pp. 146~156

50) Hilbert, David: Mathematische Probleme (Gesammelt Abhandlungen Bd. III 1935, rep. 1965) p. 290

51) Hilbert, David: Naturerkennen und Logik (Gesammelte Abhandlungen Bd. III 1935, rep. 1965) pp. 373~387

（原文は，Naturwissenschaften 1930) ss. 959〜963

52) Hilderbrandt, B. H. C.: Mathematical Mode of Thought ("The Growth of Mathematical Idea" NCTM 24th year book 1959)

53) Jansson, Lars C.: A Simple Proof for a Fun Problem (Arithmetic Teacher Vol. 21 No. 2 Feb. 1974) pp. 111〜113

54) Johnson, Martin L.: The Effect of Premise Order on the Making of Transitive Inferences by First and Second Grade Children (School Science and Mathematics Vol. 77 No. 5 1977) pp. 429〜433

55) Jones, Burton W.: Miniature Number Systems (Mathematics Teacher Vol. 51 No. 4 Apr. 1958) pp. 226〜231

56) Jones, Burton W.: Miniature Geometries (Mathematics Teacher Vol. 51 No. 4 Feb. 1959) pp. 66〜71

57) Kane, Robert B.: On the Proof-Making Task (Mathematics Teacher Vol. 68 No. 2 Feb. 1975) pp. 89〜94

58) Kant, Immanuel: Kritik der Reinen Vernunft (1781)

59) Kennedy, H. C.: The Origins of Modern Axiomatics: Pasch to Peano (American Mathematical Monthly Vol. 79 No. 2 Feb. 1972) pp. 133〜136

60) Klein, Felix: Erlanger Programm (1872)

61) Kline, Morris: Mathematics, Texts and Teachers: A Tirade (Mathematics Teacher Vol. 49 No. 3 Mar. 1956) pp. 162〜172

62) Kline, Morris: The Ancients versus the Moderns —— A New Battle of the Books (Mathematics Teacher Vol. 51 No. 6 Oct. 1958) pp. 418〜427

63) Kline, Morris: A Proposal for the High School Mathematics Curriculum (Mathematics Teacher Vol. 59 No. 4 Apr. 1966) pp. 322〜330

64) Kline, Morris: Mathematics and Axiomatics ("The Role of Axiomatics and Problem Solving in Mathematics" Ginn and Co. 1966) pp. 57〜62

65) Kline, Morris: Logic versus Pedagogy (American Mathematical Monthly Vol. 77 Mar. 1970) pp. 269〜270

66) Kline, Morris: Mathematical Thought from Ancient to Modern Times (Oxford Univ. Press 1972)

67) Kline, Morris: Why Johnny can't add

68) Ливанова, Анна: ТРИ СУДЬБЫ (1956)

69) Loomis, Alden H.: The Number 6174——An Arithmetical Curiosity (Arithmetic Teacher Vol. 26 No. 8 Apr. 1979) pp. 23〜24

70) Major, James E.: Rings and Strings (Arithmetic Teacher Vol. 13 No. 6 Oct. 1966) pp. 457〜460

71) Manheimer, Wallace: A Logical Symbolism for Proof in Elementary Geometry (Mathematics Teacher Vol. 46 No. 4 Apr. 1953) pp. 246〜252

72) Maor, Eli: A Unification of Two Famous Theorems from Classical Geometry (Mathematics Teacher Vol. 72 No. 5 May 1979) pp. 363〜367

73) Martin, Cundy H.: 25-Point Geometry (Mathematics Gazette XXXVI Sep. 1952) pp. 158〜166

74) Martin, George E.: Duplicating the Cube with a Mira (Mathematics Teacher Vol. 72 No. 3 Mar. 1979) pp. 204〜208

75) Martin, Gottfried: Klassische Ontologie der Zahl (Köln Kolner Univ. Verlag

1956)

76) Mathews, John H.: Leonard, William A.: A Discovery Activity in Geometry (Mathematics Teacher Vol. 70 No. 2 Feb. 1977) p. 126

77) Meder, Albert E.: Modern mathematics and its place in the secondary school (Mathematics Teacher Vol. 50 No. 6 Oct. 1957) pp. 418~423

78) Moore, E. H.: On the Foundatihn of Mathematics ("A General Survey of Progress in the Last Twenty-Five Years" NCTM 1st year book) pp. 32~57

79) Myers, JR. Robert Harold, JR.: The Role of Axiomatic Method in Secondary School Mathematics (Doctoral Dissertation Harvard Univ. 1972)

80) NCTM: The Revolution in School Mathematics (NCTM 1961)

81) Neufeld, K.: Structure —— Key Word of the Sixties (Arithmetic Teacher Vol. 12 No. 8 Dec. 1965) pp. 612~614

82) OECD: New Thinking in School Mathematics (1961)

83) Pascal, Blaise: De l'esprit geometrique (1657)

84) Pasch, Moritz: Vorlesungen über neur Geometrie (Druck und Verlag von B. G. Teubner Leipzig 1882)

85) Perry, J.: The Teaching of Mathematics (Educational Review Vol. XXIII Feb 1902) pp. 161~162

86) Peterson, John C.: Fourteen different strategies for Multiplication of integers or why $(-1)\times(-1)=+1$ (The Arithmetic Teacher Vol. 19 No. 5 May 1972) pp. 396~403

87) Piaget, Jean.: Le Structuralisme (Collection QUE SAIS-JE? Paris, Pr. Univ. 1968)

88) Piaget, Jean., Inhelder, B., Bruner, J. S.: The Psychology of Intellectua Development and Learning (1976)

89) Poincarè, Henri: La Science et l' Hypothese (1902)

90) Poincarè, Henri: Les Definitions Generales on Mathematique (L'enseignement Mathematique 6 1904) pp. 258~283

91) Poincarè, Henri: La Valeur de la Science (1905)

92) Poincarè, Henri: Science et Method (1905)

93) Polya, George: How to Solve it (Princeton, N. J., Princeton Univ. Press 1945)

94) Polya, George: Induction and analogy in mathematics (Prinston Univ. Press)

95) Pullman, Howard W.: An Elementary Proof of Pick's Theorem (School Science and Mathematics Vol. 79 No. 1 Jan. 1979) pp. 7~12

96) Quadling, D. A. et al.: The Use of the Axiomatic Method in Secondary Teaching (Mathematical Gazette Vol. L No. 373 Oct. 1966) pp. 259~275

97) Reid, C.: Hilbert (Springer-Verlag 1970)

98) Roganovskij. N. M.: Axiomatic Approach to the Teaching of Solid Geometry in Grade IX (Educational Studies in Mathematics Vol. 3 No. 2 1971) pp. 170~179)

99) Rosenfeld, Azriel: An Axiomatic Triangular Geometry (American Mathematical Monthly Aug.-Sep. 1955 Part II) pp. 52~58

100) Rosskopf, Myron F.: Transfer of Training ("The Learning of Mathematics. Its Theory and Practice" NCTM 21th year book 1953)

101) Rosskopf, Myron F. & Exner, Robert M.: Some Concepts of Logic and Their

Application in Elementary Mathematics (Mathematics Teacher Vol. 48 No. 5 May 1955) pp. 290~298

102) Rosskopf, Myron F.: Modern Emphasis in the Teaching of Geometry (Mathematics Teacher Vol. 50 No. 4 Apr. 1957) pp. 272~279

103) Russell, Bertrand: History of Western Philosophy (George Allen and Unwin Ltd, London 1946)

104) Рыбников, К. А.: История Математики (1960)

105) Shoecraft, Paul: A Thinking Model for Deductive Proof (Arithmetic Teacher Vol. 22 No. 3 Mar. 1975) pp. 222~224

106) Shanks, Merrill E.: The Axiomatic Method and School Mathematics ("The Role of Axiomatics and Problem Solving in Mathematics" Ginn and Co. 1966) pp. 63~68

107) Shulman, Lee S.: Psychology and Mathematics Education ("Mathematics Education" Univ. Chicago Press 1970) pp. 50~60

108) Sitomer, Harry: Motivating Deduction (Mathematics Teacher Vol. 63 No. 8 Dec. 1970) pp. 661~664

109) Skemp, Richard R.: The Psychology of Learning Mathematics (1971)

110) Smith, Frank: Divisibility Rules for the First Fifteen Primes (Arithmetic Teacher Vol. 18 No. 2 Feb. 1971) pp. 85~87

111) Smith, G.: Commentary Upon Suppes-Binford Report of Teaching Mathematical Logic to Fifth—and Sixth—Grade Pupils (Arithmetic Teacher Vol. 13 No. 8 Dec. 1966) pp. 640~643

112) Smith, Stanley A.: What does a Proof Really Prove? (Mathematics Teacher Vol. 61 No. 5 May 1968) pp. 483~484

113) Smithies, F.: What is Modern Mathematics (Mathematical Gazette No. 362 1963) p. 12

114) Stone, Marshall: Learning and Teaching Axiomatics Geometry (Educational Studies in Mathematics Vol. 4 No. 1 1971) pp. 91~103

115) Sullivan, John J.: Polygons on a Lattice (Arithmetic Teacher Vol. 20. No. 8 Dec. 1973) pp. 673~675

116) Suppes, Patrick & Binford, F.: Experimental Teaching of Mathematical Logic in Elementary School (Arithmetic Teacher Vol. 12 No. 3 Mar. 1965) pp. 187~195

117) Suppes, Patrick: The Axiomatic Method in High School Mathematics ("The Role of Axiomatics and Problem Solving in Mathematics" Ginn and Co. 1966) pp. 69~76

118) Szàbo Arpad: Der Ursprung des "Euklidischen Verfahren" und die Hormonielehre der Pythagoreer (Mathematische Annalen Vol. 150 1963) pp. 203~217

119) Szàbo, Arpad: Anfange der griechischen Mathematik (1969)

120) Tunis, Harry B.: Individualized Deductive Systems in Geometry (School Science and Mathematics Vol 75 No. 5 1975) pp. 418~422

121) UNESCO: World Survey of Education III. Secondary Education (1961)

122) Van Der Waerden, B. L.: Klassische und Moderne Axiomatik (Elemente der Mathematik Bd. XXII Heft 1 Jan. 1967) ss. 1~4

123) Vaughan, Herbert E.: A Use of the Axiomatic Method in Teaching Algebra

("The Role of Axiomatics and Problem Solving in Mathematics" Ginn and Co. 1966) pp. 77~84

124) Vernant, Jean-Pierre: Les Origines de la Pensee Grecque (Presses Universitalires de France 1962)

125) Vinner, Shlomo: The Naive Concept of Definition in Mathematics (Educational Studies in Mathematics Vol. 7 No. 4 Dec. 1976) pp. 413~429

126) Wells, Herbert George: Outline of History (1934)

127) Weyl, Hermann: Philosophy of Mathematics and Science (Princeton Univ. Press 1949)

128) Weyl, Hermann: A Half-century of Mathematics (American Mathematical Monthly Vol. LVIII No. 8 Oct. 1951) pp. 523~553

129) Wilder, Raymond L.: Introduction to the Foundations of Mathematics (John Wiley & Sons Inc. 1952)

130) Wilder, Raymond L.: Analysis of Axiomatic Method (The World of Mathematics Vol. 3 Simon and Schuster 1956) pp. 1661~1667

131) Wilder, Raymond L.: The Axiomatic Method (The World of Mathematics Vol. 3 Simon and Schuster 1956) pp. 1647~1667

132) Wilder, Raymond L.: The Role of Axiomatic Method (American Mathematical Monthly Vol. 74 No. 2 Feb. 1967) pp. 115~117

133) Wilder, Raymond L.: Evolution of Mathematical Concepts (John Wiley & Sons Inc. 1968)

134) Young, Gail S.: The Role of Postulates in School Mathematics ("The Role of Axiomatics and Problem Solving in Mathematics" Ginn Co. 1966) pp. 85~90

135) Young, J. W. A.: The Teaching of Mathematics in the Elementary and the Secondary School (Longmans, Green and Co. 1907)

136) Zeuthen, H. G.: Die Geometrische Construction als "Existenzbeweis" in der antiken Geometrie (Mathematische Annalen Vol. 47 1896) ss. 222~228

137) The Teaching Mathematics in the Secondary Schools (Ministry of Education Pamphlat 36 Her Majesty's Stationary Office 1958 Rep. 1961)

138) On the Mathematics Curriculm of the High School (Mathematics Teacher Vol. 55 No. 3 Mar. 1962) pp. 191~195

139) Report of the Mathematical Association Committee on the Teaching Mathematics in Public and Secondary Schools (Mathematical Gazette Vol. IX No. 143 Dec. 1919) pp. 393~421

〔執筆者紹介〕

杉山 吉茂 (すぎやま よししげ)　　東京学芸大学教授。教育学博士

　1935年，中国東北（旧満州）に生まれる。1946年に，本籍の山口県に引き揚げてくるまで中国で育つ。そのためか，大陸的な性格をもっている。引き揚げでの死ぬ思いの経験と，親と離れての中学時代の苦労が後の人生を支えているという。

　1949年，母の郷里のつてで名古屋に移り，愛知県立旭丘高等学校を経て，1959年愛知学芸大学を卒業，その後，名古屋市内の小学校で2年，中学校で3年教職につく。1964年考えるところがあって母校の専攻科に入学，1965年に上京，東京教育大学大学院に入学し，和田義信氏に師事する。修士課程を経て，1971年同大学院博士課程単位取得退学，講師として東京学芸大学に入る。1981年に教授となり，現在に至っている。1985年3月に，「数学教育における公理的方法の役割」により，筑波大学から教育学博士の学位を授与された。

　人柄は明るく，飾らなく優しいが，授業研究会などの研究会における批評の厳しさには定評がある。大学卒業後の小学校，中学校での教職経験と，上京後5年程非常勤で高校や予備校で教えたことを含めると，小学校から大学まで教えた経験をもつことになる。子どもも現場もよく知っているので，批評も講演も具体的な話をされる。

　語学にも関心があり，英語，独語，仏語が読める。学生時代にはエスペラントに情熱を燃やし，現在も日本エスペラント学会の会員である。

　スポーツは，高校，大学時代には柔道をしたが，現在は週1度テニスをする程度である。水泳も得意であるが，これは中学時代から好きで泳いでいたためという。ビールを飲んで陽気にはしゃぐ。

　著書および編著書としては，次のようなものがある。

　「数学教師をめざす人のために」（一つ橋書店），「小学校算数の新しい評価」（東京書籍），「中学校数学の新しい評価」（東京書籍），「数学のつまずきとその指導」（東京書籍），「個に応じる学習」（東京書籍），「小学校算数指導のこつ」（学陽書房）ほか。

　現在，日本数学教育学会理事，数学教育論究編集主任。

　その他，日本教育学会，日本教科教育学会，日本科学教育学会，日本教育工学会，日本教育情報学会などの会員でもある。「実践算数数学教育情報」誌の編集委員としても活躍している。

さくいん

〔あ〕

アリストテレス ……………………………32, 40
$a+b\sqrt{2}$ の数の集合 ……………………162, 251
エチカ ……………………………………………25
エレア学派 ………………………………34, 39, 95

〔か〕

角の二等分線 ……………………………………143
仮設 ………………………54, 59, 78, 81, 124, 155, 249
仮説 …………………………………………34, 54
幾何学の基礎（Grundlagen der Geometry）
　………………………………………23, 51, 135
技術知 ……………………………………………90
記数法 ……………………………………………303
逆説　逆理 ……………………………36, 76, 124
九章算術 …………………………………………30
群 …………………………………………157, 198
計算法則 …………………………………………264
形式的陶冶 ………………………………………11
結合の公理 ……………………………51, 60, 135
原始術語 ……………………………………22, 57, 64
原始要素 ……………………………………57, 59, 70
原子論 …………………………………………125
現代化運動 ……………………………………158, 184
現代的な公理的方法 …………………………22, 50, 81
原理 …………………………………39, 49, 68, 75, 80, 99
構造 …………………………17, 57, 69, 80, 92, 155, 164, 187
公理　公準 ………………………………………32
公理的方法の考え ……………………………16, 77, 82, 218
コーディング（coding） ………………………189
古典的な公理的方法 ……………………21, 25, 29

〔さ〕

7の倍数の判定法 ………………………………138
順序の公理 ………………………………………51
小数・分数の導入 ………………………………312
小数の乗法 ………………………………………218
情報の乗り越え …………………………………188
証明 ……………………105, 113, 123, 126, 134, 138, 140
証明の意味 ………………………………………123
剰余系 ……………………………………………162
整数の加法 ………………………………………305
整数の乗法 ………………………………………308
正負の数の乗法 …………………………………230
説得術 ………………………………………46, 124
ゼノン …………………………………………36, 76
存在 ……………………………………………37, 76

〔た〕

代数的構造 ……………………………………18, 196
対話 ……………………………………………42, 142
demonstration …………………………………127
デューイ …………………………………………86
転移 ……………………………………………171, 190

〔な〕

二等辺三角形 ……………………………………149
The Nature of Proof ……………………………15, 113

〔は〕

パスカル ………………………………46, 57, 76, 124
反省的思考 ……………………………………86, 114, 242
範疇的 …………………………………………23, 53, 168
ピアジェ …………………………………………193
非ユークリッド幾何 ……………………………54, 78

ヒルベルト ……………………………52,68
ファンデァヴェルデン……………………21
不等式 …………………………………245
プリンシピア ……………………………25
ブルーナー ……17,92,156,164,178,185,188,202
proof……………………………………127
分数の除法 ………………………200,255,295
ペアノ …………………………………62,80
平行四辺形 ……………………………140
平方根 …………………………………250
ペリー …………………………………12,83
hereditary stress ………………………40
ポリス ……………………………42,75,94,96

〔ま〕

ムーア……………………………………83,100

無定義 ……………………………22,57,70,76
無定義術語………………………23,65,70,121
命数法 …………………………………300
面積 ……………………………………261

〔や〕

ヤング（J. W. A. Young）………………12,92
ユークリッド……………………………26
ユークリッドの原論………21,25,28,38,51,126

〔ら〕

螺旋形（スパイラル）教育課程 …………192
論証 ……………………………105,113,123,128

〔わ〕

ワイルダー………………………………23

著者紹介

杉山 吉茂（すぎやま よししげ）

1935年生まれ。東京学芸大学名誉教授。日本数学教育学会名誉会長。新算数教育研究会名誉会長。

1959年愛知学芸大学卒業。1959年名古屋市立平針小学校教諭，1961年長良中学校教諭。1964年進学のため退職。

1971年東京教育大学大学院博士課程修了。教育学博士（筑波大学）。1971年東京学芸大学講師，1973年助教授，1981年教授。1999年早稲田大学教授。2006年定年退職。日本数学教育学会会長，新算数教育研究会会長，文部省教育課程改訂協力者としても活躍。著書に，『力がつく算数科教材研究法』（明治図書出版社），『豊かな算数教育をもとめて』『初等科数学科教育学序説』『中等科数学科教育学序説』（東洋館出版社）など多数あり。

復刻
公理的方法に基づく算数・数学の学習指導

2010（平成22）年4月10日　初版第1刷発行
2019（令和元）年11月10日　初版第3刷発行

著　　者　　杉山　吉茂
発　行　者　　錦織圭之介
発　行　所　　株式会社　東洋館出版社
　　　　　　〒113-0021　東京都文京区本駒込5-16-7
　　　　　　ＴＥＬ：編集部 03-3823-9207　営業部 03-3823-9206
　　　　　　ＦＡＸ：編集部 03-3823-9209　営業部 03-3823-9208
　　　　　　振替：00180-7-96823
　　　　　　ＵＲＬ　http://www.toyokan.co.jp
印刷製本　　藤原印刷株式会社
装　　幀　　市川衣梨

ISBN978-4-491-02545-2